西北民族大学重点学术著作资助成果
丝绸之路与华夏文明传承发展协同创新中心成果文库

汉代河西屯戍吏卒衣食住行研究

赵兰香 朱奎泽 著

中国社会科学出版社

图书在版编目(CIP)数据

汉代河西屯戍吏卒衣食住行研究 / 赵兰香, 朱奎泽著. —北京: 中国社会科学出版社, 2015.5
ISBN 978-7-5161-6220-0

Ⅰ.①汉⋯ Ⅱ.①赵⋯②朱⋯ Ⅲ.①军队史—研究—中国—汉代 Ⅳ.①E293.4

中国版本图书馆 CIP 数据核字(2015)第 117582 号

出 版 人	赵剑英
选题策划	陈肖静
责任编辑	陈肖静
责任校对	刘 娟
责任印制	戴 宽

出 版	中国社会科学出版社
社 址	北京鼓楼西大街甲 158 号
邮 编	100720
网 址	http://www.csspw.cn
发 行 部	010-84083685
门 市 部	010-84029450
经 销	新华书店及其他书店

印 装	北京君升印刷有限公司
版 次	2015 年 5 月第 1 版
印 次	2015 年 5 月第 1 次印刷

开 本	710×1000 1/16
印 张	29.75
插 页	2
字 数	475 千字
定 价	108.00 元

凡购买中国社会科学出版社图书, 如有质量问题请与本社营销中心联系调换
电话: 010-84083683
版权所有 侵权必究

凡　　例

　　本书所引简牍资料，其中以"1.2"形式标示者，引自《居延汉简释文合校》；以"E.P.T1：2"形式标示者，引自《居延新简—甲渠候官与第四燧》；以"敦简"形式标示者，引自《敦煌汉简》；以"疏勒河流域汉简12"形式标示者，引自《疏勒河流域出土汉简》；以"额济纳简2002ES11SH1：1"形式标注者，引自《额济纳汉简》；以"73EJT1：1"形式标注者，引自《肩水金关汉简》；以"Ⅰ0115④：13"形式标注者，引自《敦煌悬泉汉简释粹》，后不再一一注明。各书可见参考文献。另外，关于"䜼"、"䄠"、"皁"、"呎"四字，由于简文所写较为多样，为行文方便和免致混乱，统一写为今通行之"燧"、"伞"、"皁"、"尺"，不再按原文照录。

　　书中"☑"号，表示原简文漫漶或残缺而看不清字数者；"□"号表示一字不清或不识者；"＝"号表示重文号，用于文书的末尾，尤其是人名的标界；"■"号表示标题的开端或并列条文的开始；"▩"号表示简端有花纹；"回"表示封泥孔；"●"号有四种用法：1.用于一篇、一段的开始。2.用于分句，进一步解释或说明。3.小结作用。4.在律名前使用。

　　本书为阅读方便，正常行文原则上一律使用简化字，对个别容易引起误解的简化字，使用繁体字。

　　所有引用简文中，若原简文整理者已加标点者，本书所引简文也加标点，若原简文整理者未加标点，所有引用简文也将不加标点，特此注明。

　　根据论述需要，一枚简的内容未全部引用的，或加省略号或省。

目 录

绪论 ……………………………………………………………（1）

第一编 衣篇

第一章 屯戍吏卒的衣装简介 ……………………………（3）
  第一节 常服类衣装 ……………………………………（7）
  第二节 防护类衣装 ……………………………………（47）

第二章 屯戍吏卒的衣装来源 ……………………………（52）
  第一节 官府供给 ………………………………………（52）
  第二节 私人自备 ………………………………………（65）

第三章 屯戍吏卒的衣装管理 ……………………………（74）

第四章 屯戍吏卒的衣装特点 ……………………………（85）
  第一节 色彩特点 ………………………………………（85）
  第二节 质料特点 ………………………………………（88）
  第三节 款式特点 ………………………………………（101）
  第四节 军用特点 ………………………………………（111）
  第五节 民族特点 ………………………………………（114）

第五章 衣装与政治、经济、文化、军事的联系 ……………（121）
  第一节 衣装与政治 ……………………………………（121）

第二节　衣装与经济·····················(122)
第三节　衣装与文化·····················(127)
第四节　衣装与军事·····················(129)

第二编　食篇

第一章　屯戍吏卒的食品种类·····················(135)
　第一节　主食类·····················(137)
　第二节　副食类·····················(147)
　第三节　行军备粮类·····················(163)

第二章　食品加工与餐具·····················(166)
　第一节　食品加工方法及主要用具·····················(166)
　第二节　主要餐具·····················(174)

第三章　吏卒食粮的供给方式·····················(177)
　第一节　输粟于边·····················(177)
　第二节　屯田供粮·····················(187)
　第三节　军队自籴·····················(202)

第四章　吏卒食粮的分配和消费·····················(204)
　第一节　主要分配对象和消费状况·····················(204)
　第二节　其他粮食分配和消费情况·····················(217)

第五章　吏卒食粮的管理·····················(226)
　第一节　完备的仓储体系·····················(226)
　第二节　严格的军粮管理要求和实践·····················(238)

第三编　住篇

第一章　河西汉塞的主要建筑形式·····················(271)

目 录

第二章　屯戍吏卒的主要居住点 ……………………………………（275）

第三章　室内陈设与主要生活用具 …………………………………（295）

第四章　河西塞防建筑的规划与营建特点 …………………………（311）
　第一节　烽燧的建筑方法与材料 ………………………………（311）
　第二节　塞防上房屋的营建方法 ………………………………（315）
　第三节　边塞建筑规划设计与营建特点 ………………………（322）

第四编　行篇

第一章　河西交通道路的开辟与管理 ………………………………（333）
　第一节　河西交通道路的开辟 …………………………………（333）
　第二节　以河西为中心辐射的主要交通路线 …………………（334）
　第三节　关防道路管理与通关凭证 ……………………………（342）
　第四节　关防的作用 ……………………………………………（360）

第二章　屯戍地区的交通运输工具 …………………………………（364）
　第一节　畜类运输工具 …………………………………………（364）
　第二节　车类运输工具 …………………………………………（370）

第三章　河西地区的驿、邮、置与文书传递 ………………………（390）
　第一节　河西地区的驿、邮、置 ………………………………（390）
　第二节　驿、邮、置内的交通工具 ……………………………（399）
　第三节　驿传车马制度 …………………………………………（401）
　第四节　诏令文书的传递 ………………………………………（411）

第四章　河西屯戍区的行塞之行 ……………………………………（417）
　第一节　边塞官员的行塞之行 …………………………………（417）
　第二节　巡视天田及行塞凭证 …………………………………（426）

第五章　屯戍吏卒衣食住行引发的几点认识……………………………（433）

参考文献……………………………………………………………………（442）

插图来源……………………………………………………………………（450）

绪　论

"河西"是一个动态发展的历史地理名词,自汉武帝开发河西以来,它即指"金城郡所属之黄河以西、西域三陇沙(即今新疆维吾尔自治区东部之库木塔格沙漠)以东、河西走廊北山(包括龙首山、合黎山、马鬃山等)以南、祁连山脉以北,呈东西走向的狭长地带"。[①]西汉政府在此处置武威、张掖、酒泉、敦煌四郡。据《汉书》卷28《地理志》下载,西汉时,河西四郡共辖有35县。其中,张掖、武威各辖10县,酒泉、敦煌分别辖有9县和六县。包括姑臧、张掖、媪次、鹯鸟、扑擐、缊围、苍松、休屠、宣威、武威、觻得、昭武、删丹、氐池、屋兰、日勒、骊靬、番和、显美、居延、禄福、表是、乐涫、天依、玉门、会水、沙头、绥弥、乾齐、敦煌、冥安、效谷、渊泉、广至、龙勒。[②]

东汉时期,因时局动荡,它的内涵又有所变化,主要表现在"窦融统治河西时,金城郡划归河西。武威郡辖境有过两次扩展,第一次在建武八年(32年)延伸到大河以东,包括祖厉河流域;第二次在安帝时期,安定郡的鹯阴县和祖厉县、张掖郡的显美和张掖属国都尉下的左骑千人官均归武威郡所有"。[③]据《后汉书》载,金城郡乃昭帝时置,统辖十县,即允吾、浩亹、令居、枝阳、金城、榆中、临羌、破羌、安夷、允街。[④]

河西东连关陇,西通西域,北当匈奴,南接种羌,恰似中原王朝的一只臂膀,在汉代就被称为"天下要冲,国家藩卫"[⑤],地理位置十分重要。

---

① 吴礽骧:《河西的汉代长城》,《文博》1990年第1期。
② (汉)班固:《汉书》卷28《地理志》,中华书局1962年版。
③ 贾文丽:《先秦两汉时期"河西"含义演变分析》,《兰台世界》2010年第2期。
④ (南朝宋)范晔:《后汉书》,中华书局1965年版。
⑤ (南朝宋)范晔:《后汉书》卷58《傅燮传》。

玉门关、阳关，是进入西域的咽喉要道。从河西北出居延，可达蒙古高原地区。从防守来说，一旦中原王朝占有河西，不但能控制广大的西域地区，还可"隔绝羌胡"①，切断北方游牧民族与河湟地区羌人或吐谷浑、吐蕃的联系。反之，如果游牧民族控制河西，就可以河西为依托，"北通大漠，南连河湟，西控西域，东则直逼陇右、关中。攻守进退，灵活自如"②。正是因为河西地理位置的重要性和军事战略上的举足轻重，使河西成为中原王朝与西北方、北方游牧民族争夺的焦点。

战国、秦、汉时期，河西一带的居民主要有月氏、乌孙、匈奴等游牧民族。月氏、乌孙先后被匈奴打败而西迁。《史记·大宛列传》："始月氏居敦煌、祁连间，及为匈奴所破，乃远去……"《汉书·张骞传》也载："乌孙王号昆莫，昆莫父难兜靡本与大月氏俱在祁连、敦煌间，小国也，旧在张掖、酒泉地。"乌孙后来也因"不肯复朝事匈奴"③而西迁。这样，河西一度被匈奴所占有。

匈奴是我国古代北方的一支游牧民族，早在秦惠文王时，韩、赵、魏、燕、齐五国就曾联合匈奴"共攻秦"④，说明在战国时，匈奴已经是一支不可忽视的力量。《史记·匈奴列传》载："当是时，冠带战国七而燕、赵、秦三国边于匈奴。"匈奴族以游牧射猎为主，"人习战攻"，经常南下骚扰、侵掠燕、赵等国边境。为此，燕、赵、秦三国皆"筑长城以拒胡（匈奴）"⑤。随后，匈奴乘战国末年诸侯战乱之际，南下占领河套地区，即所谓"河南地"，这对地处西北的秦国无疑是极大的威胁。秦统一六国后，秦始皇为保北部边境安定，派蒙恬率30万大军北击匈奴，收复"河南地"，并筑临洮至辽东万余里长城以拒匈奴，匈奴势力受挫。秦朝末年，"诸侯畔秦，中国扰乱"⑥，而这时匈奴首领冒顿自立为单于。冒顿见时机有利，东"破灭东胡王，虏其民众畜产。既归，西击走月氏，南并楼

---

① （南朝宋）范晔：《后汉书》卷87《西羌传》。
② 高荣：《先秦汉魏河西史略》，天津古籍出版社2007年版，第9页。
③ （汉）班固：《汉书》卷61《张骞传》。
④ （汉）司马迁：《史记》卷1《五帝本纪》，中华书局1959年版。
⑤ （汉）司马迁：《史记》卷110《匈奴列传》。
⑥ 同上。

烦、白羊河南王，悉复收秦所使蒙恬所夺匈奴地"①，后又北服屈射、丁零等部，成为"控弦之士三十余万"，"南与中国为敌国"②的强大的奴隶制政权。

公元前202年，刘邦建汉。次年，匈奴乘汉王朝国力未稳，发兵围攻马邑。韩王信投降匈奴，并与匈奴联兵南下，攻晋阳（今山西太原）。匈奴的崛起，对刚刚建立的汉王朝构成了极大的威胁。公元前200年，刘邦亲率大军击匈奴，结果被匈奴包围于平城白登山达七日之久，后用陈平之计，厚贿匈奴阏氏，方得脱险。

白登山之围后，匈奴侵边气势更盛，汉王朝"数苦北边"。③然迫于当时匈奴兵精马壮，而国内因为秦末以来，连绵不断的战争破坏，经济凋敝，"自天子不能具钧驷，而将相或乘牛车，齐民无盖藏"，"米至石万钱，马一匹则百金"。④百姓疮痍未复，哭泣之声未绝，尽快安定民生，发展生产为当务之急。故汉高祖刘邦采取陆贾等人的建议，对内实行休养生息政策，发展经济；对外采取"和亲"政策，将汉家公主嫁给匈奴单于为阏氏，"岁奉匈奴絮、缯、酒、米、食物各有数，约为昆弟以和亲"。⑤试图通过"和亲"来缓和汉匈关系，进而消弭匈奴对汉王朝边郡的侵扰。

然而，"和亲"政策只是汉匈双方力量不平衡的产物，这种政策不能从根本上消除匈奴对汉朝的威胁。⑥双方虽有"匈奴无入塞，汉无出塞"⑦之约，但"倍约离兄弟之亲者，常在匈奴"，"匈奴数和亲，而常先犯约，贪侵盗驱，长诈之国也。反复无信，百约百叛"。⑧

匈奴的屡次背约激发了汉王朝统治者发誓打败匈奴的决心。文帝中年，"赫然发愤，遂躬戎服，亲御鞍马，从六郡良家材力之士，驰射上林，讲习战陈，聚天下精兵，军于广武"⑨，但因当时国力不济而"喟然叹

---

① （汉）司马迁：《史记》卷110《匈奴列传》。
② 同上。
③ （汉）司马迁：《史记》卷99《刘敬列传》。
④ （汉）司马迁：《史记》卷30《平准书》。
⑤ （汉）班固：《汉书》卷94《匈奴传》。
⑥ 高荣：《先秦汉魏河西史略》，天津古籍出版社2007年版，第72页。
⑦ （汉）司马迁：《史记》卷110《匈奴列传》。
⑧ 同上。
⑨ （汉）班固：《汉书》卷4《文帝纪》。

息"。到武帝时，经过70余年的发展，汉王朝"都鄙廪庾皆满，而府库余货财。京师之钱累巨万，贯朽而不可校，太仓之粟陈陈相因，充溢露积于外，至腐败不可食，众庶街巷有马，阡陌之间成群"。① 西汉王朝为反攻匈奴做好了应战准备。

自元光六年（前129年）以后，汉武帝多次命将出征匈奴。元朔二年（前127年），卫青出云中以西至陇西，大败匈奴楼烦、白羊王，重新夺回被匈奴控制的"河南地"。元狩二年（前121年），骠骑将军霍去病将万骑出陇西，过焉支山千余里，突袭匈奴右部，俘获匈奴浑邪王子及属下八千余人。同年夏，霍去病又率军攻祁连山，得匈奴单于单桓、酋涂王及属下二千余人。经过几次重创，匈奴损失惨重，势力严重被削弱，战争的失败也使匈奴内讧，匈奴单于"怒浑邪王、休屠王居西方，数为汉所破，亡数万人，欲召诛之"。② 浑邪王不得已杀休屠王后率其部众降汉，这样，匈奴故地河西并入西汉版图。

河西"地势西北邪出，在南山之间，南隔西羌，西通西域"③，是中原通往西域及中亚的唯一通道。汉王朝取得河西之后，不仅"断匈奴之右臂"，还在于"张汉家之肘腋"，打通了汉朝同西域各国的交通要道，使西域各国摆脱了匈奴族的奴役和压迫，加强了汉与西域各国的经济文化联系，隔绝了匈奴与西羌的联络，减少了西边的外患。为强化对河西的管理，保障汉王朝西部及西北边地的安全，汉王朝在取得河西之后，在河西设立武威、张掖、酒泉、敦煌四郡，派驻大量的驻军防守于河西一带。驻军按其职责分为候望系统、屯兵系统、屯田系统等组织系统，其中候望系统的官吏组织如下：太守—都尉—候（候官）—候长（部）—燧长（燧）。

太守，是河西边防最高长官。《汉书·百官公卿表上》载："郡守，秦官，掌治其郡，秩二千石。有丞，边郡又有掌史，掌兵马，秩皆六百石。汉景帝中元二年（前148年）更名为太守。"

都尉，据《汉书·百官公卿表上》，初为郡尉，"掌佐守典武职甲

---

① （汉）司马迁：《史记》卷30《平准书》。
② （汉）班固：《汉书》卷94《匈奴列传》。
③ （唐）房玄龄：《晋书》卷14《地理志》，中华书局1974年版。

卒，秩比二千石。汉景帝中元二年更名为都尉"。此处都尉仅指郡都尉，边郡尚有属国都尉、骑都尉、关都尉、部都尉等。据陈梦家先生统计，西汉王朝在敦煌、酒泉、张掖、武威、金城等河西地区都设有都尉。①

太守和都尉皆能置曹辟吏，二府的属官据陈梦家先生考证②如下：

太守府：官员有太守、丞、长史、郡司马；阁下有掾、卒史、属、佐等；诸曹有主簿、功曹等；设有仓、郡库及官吏；下所属有部、郡都尉、农都尉、属国都尉等。

都尉府：官员有都尉、丞、候、千人、司马；阁下有掾、卒史、属、书佐等；有主簿、功曹；设有都尉仓及官吏；下属有候、塞尉、城尉、部候长、燧长等。

边郡太守兼理本郡的屯兵，当边郡被侵时，太守往往与都尉一同领兵出击。都尉直属于太守，管辖郡内边防军事。都尉下凡百里塞设一候官，由候统辖并与塞尉直属若干部。

候，是两汉王朝塞上防守的官员，有候、鄣候、塞候等称呼，驻守于鄣内，这些官名可见于简牍，如下简：

元康元年十二月辛丑朔壬寅朔东部候长长生敢言之候官
官移太守府所移河南都尉书曰……　　　　　　20.12A③

此处"长生"为候长的名字，负责东部的防御，候内之事必须向最高机关太守府禀报。

候属都尉节制，是都尉辖区内每百里之塞上的最高防守官员，"秩比六百石，属官有丞、掾、士吏、令史、塞尉"④等。

候长为候下之防御官员。候将防区分为数段，由候长执掌。其机构称"部"，有候长、候史等官员，如：

---

① 陈梦家：《汉简缀述》，中华书局1980年版，第39页。
② 同上书，第38页。
③ 凡依此简号出现的简文均见谢桂华、李均明、朱国炤编《居延汉简释文合校》，文物出版社1987年版。
④ 陈梦家：《汉简缀述》，中华书局1980年版，第50页。

其输物适部候长	231.108
癸巳北部守候长放敢言之谨移部吏受☐	97.1A
建始二年八月丙辰朔☐北部候长光敢言之☐	141.2
出临木候史钱千二百	72.40

亭、燧是边塞防御系统中最基本的单位,其长官为亭长或燧长。负责亭燧事务,统领亭燧的戍卒。

屯田系统的官吏组织见于史书和汉简记载的有"农都尉、护田校尉、候农令、劝农掾、仓长、仓左、仓曹史"[①] 等。

屯兵系统主统率步骑,御敌战斗。内"置千人,又有骑千人,主骑兵,秩比六百石。属吏有令史、士吏"[②]。

屯戍士卒由边郡士卒、屯田士卒、将屯士卒及属国士卒等组成。

边郡士卒,是边郡太守所辖之武装力量,严守塞防,保卫边疆,抵御来犯。两汉时期,为抵御周边民族南下骚扰,政府在边塞设有数量庞大的边郡士卒,由征发的郡县壮丁组成,共同戍守边境。文献和简牍材料上又称为戍卒。秦汉时期,根据有关法令规定,无论内郡或边郡之成年男子,一生之中都有服两年兵役的义务。内郡之民,一年在本郡服役,称为"正卒";一年或送京师戍卫,称为"卫士",或派遣边郡戍边,称为"戍卒"。与内郡不同,边郡之民服兵役者,两年均在本郡服役,不选送卫士,他们统称为"戍卒"。

边郡士卒主要从事候望和防御作战任务。其中候望系统专为边郡候望、侦察敌情。《汉书·赵充国传》:"窃见西边、北边万一千五百余里,乘塞列燧,有吏卒数千人",就是专指候望系统而言。《史记·匈奴列传》云:"汉边郡烽火候望精明,匈奴不得害",说明候望系统在边防中的作用;在边郡从事防御作战的士卒被称为"骑士"。如《汉旧仪》:"边郡太

---

① 纪忠元、纪永元:《敦煌玉门关、阳关论文选萃》,甘肃人民出版社2003年版,第22页。
② 吴礽骧:《河西的汉代长城》,《文博》1990年第1期。

守各将万骑行障塞，烽火追虏……"汉简中也多见骑士作战记录，籍贯来自边郡，如：

    昭武骑士乐成里羊田　　　　　　　　　　560.6

    氐池骑士安定里彭张成　　　　　　　　　　560.15

    本始元年九月庚子虏可九十骑入甲渠止北燧，……司马宜昌将骑百八十二人从都尉追　　　　　　　　　　　　57.29

    无论是候望系统的"戍卒"，还是征战任务的"骑士"，都以巩固边防为要务，是屯戍士卒的重要组成部分。

    将屯士卒，指由中央派将率领，屯驻于边郡的防御作战部队。主要加强边境防务，奉命征战。如西汉高帝二年（前205年），"兴关中卒乘边塞"。[①] 高后五年（前183年）九月，"发河东、上党骑屯北地"。[②]

    屯田士卒，又称"田卒"或"戍田卒"，是指"以兵营田"，且耕且守的武装力量。其主要任务是在边塞屯田区从事农耕，但在敌情紧急时也参加防御工作。如元帝建昭三年（前36年）秋，"使护西域骑都尉甘延寿、副校尉陈汤矫发戊己校尉屯田吏士及西域胡兵攻郅支单于"。[③] 屯田士卒一方面保证了军粮的供给，另一方面也增强了边防的防御力量，起到了"内有亡费之利，外有守御之备"[④] 的积极作用。

    属国士卒，在文献中有时称作"属国骑"或"属国胡骑"，是属国都尉辖领下附属于汉王朝的少数民族士卒。《史记·卫将军骠骑列传》记元狩二年（前121年）秋，浑邪王来降，"乃分徙降者边五郡故塞外，而皆在河南，因其故俗为属国"。据载，两汉时期河西地区的属国大致有张掖属国、金城属国、张掖居延属国、酒泉属国等。东汉，亦沿用西汉属国之

[①]　（汉）班固：《汉书》卷1《高帝纪》。
[②]　（汉）班固：《汉书》卷97《高后纪》。
[③]　（汉）班固：《汉书》卷70《陈汤传》。
[④]　（汉）班固：《汉书》卷69《赵充国传》。

制。属国士卒的任务,平时为中原王朝侦候、观察塞外敌情,协助中原王朝守边。在边防战争紧张时,协同汉军出击征战。汉武帝曾遣赵破奴"将属国胡骑及郡兵数万以击胡"①,昭帝元凤二年(前79年),匈奴犯边,"入曰勒、屋兰、番和,张掖太守、属国都尉发兵击,大破之,得脱者数百人……属国都尉郭忠封成安侯"②。居延汉简也记载"属国胡骑兵马名籍"③,属国士卒也是汉王朝的一支劲旅。

河西边塞驻军与大规模的建亭障、起烽燧的军事活动同时展开,成为汉代边防军事活动的特点。然而,兵马未动,粮草先行。在边塞士卒"触白刃,冒流矢"④、"斥候望烽燧不得卧,将吏被介胄而睡"⑤的斗争环境里,军队的后勤保障,成为屯戍战略能否成功的关键所在。马克思认为,"战争不但是军力和政治的竞赛,同时也是物质的竞赛。战争的根本基础是物质。如果军队离开粮草、衣装等给养物质条件,要想克敌制胜是不可能的。"恩格斯说:"在任何地方和任何时候,都是经济的条件和资源帮助暴力取得胜利,没有它们,暴力就不成其为暴力。"⑥毛泽东也说:"战争就是两军指战员以军力和财力等项物质基础作地盘,互争优势和主动的主观能力的竞赛。"⑦

军队的后勤保障,最重要莫过于军队吏卒的衣食住行问题。其中衣食是边防战略是否成功的决定性因素。《孙子兵法·军争篇》曰:"军无辎重则亡,无粮食则亡,无委积则亡。"确为至理。住与行也是军队后勤不可或缺的条件。汉代河西地区,在匈奴贵族于北方战败向西战略转移后,就成了汉、匈之间新的斗争热点地区。汉王朝在几次战略进攻胜利之后,为防范匈奴族的再度袭击,"列四郡,置两关",⑧在北向居延、西向敦煌修

---

① (汉)班固:《汉书》卷61《张骞传》。
② (汉)班固:《汉书》卷94《匈奴传》。
③ 谢桂华、李均明、朱国炤:《居延汉简释文合校》,文物出版社1987年版,第622页,512.35B。
④ (汉)班固:《汉书》卷57《司马相如传》。
⑤ (汉)班固:《汉书》卷48《贾谊传》。
⑥ 中共中央马列著作编译局:《马克思恩格斯选集》第3卷,人民出版社1966年版,第211页。
⑦ 毛泽东:《论持久战》,人民出版社1975年版,第69页。
⑧ (汉)班固:《汉书》卷6《武帝传》。

筑防塞，加强对河西边地的防卫。其战略政策也从战争反攻转变为"攻守结合，以守为主"。其"攻"体现在进军西域，"断匈奴右臂"[1]，彻底打败匈奴的宏伟战略上；其"守"就是保卫、开发河西，把它建设为进攻匈奴、经营西域的后方基地。"欲保秦陇，必固河西"，"河西者，中国之心腹"。[2] 河西的地位如此之关键，其防守任务最重要，那么长期驻于此的河西吏卒"住"的问题也就值得探讨了。军队驻扎于河西边塞，衣装及粮草要源源不断地运送于此，必须依靠一定的手段，才能保证军队后方的供应。河西边塞远离京畿，敌情信息要及时传递到中央，也需要信息的快捷。因此，行也是军队后勤保障的条件之一。

河西地区的屯戍活动，据相关考古遗址层位和出土简册看，从武帝时期屯戍活动展开，到昭、宣时期达到鼎盛状态，约在王莽末年衰退，东汉建武八年（32年）以后逐渐接近尾声，故本书的相关讨论当重点以这段时期为主。

汉代河西屯戍吏卒的衣食住行问题，传世文献鲜有记载，而目前学界的研究也相对比较零散，还无成形的系统的研究。20世纪以来，考古工作者在包括河西在内的西北地区发掘出土了大量的汉代屯戍方面的简牍资料，主要有居延汉简[3]、居延新简、[4] 敦煌汉简、[5] 悬泉汉简、[6] 内蒙古额济纳简[7]和疏勒河流域出土汉简[8]等。这些简文中包括大量的屯戍吏卒衣食住行方面的内容。故本书重点以上述简牍资料为依托，结合各地出土的画像石、壁画等考古资料及学界关于此方面的零星研究成果，以期对这方面的问题进行全面考察和研究。

---

[1] （汉）班固：《汉书》卷61《张骞传》。
[2] （清）顾祖禹：《读史方舆纪要》，清光绪五年（1879年）四川敷文阁刊本。
[3] 谢桂华、李均明、朱国炤：《居延汉简释文合校》，文物出版社1987年版。
[4] 甘肃文物考古研究所、甘肃博物馆、文化部古文献研究室、中国社会科学院历史研究所：《居延新简——甲渠候官与第四燧》，文物出版社1994年版。
[5] 甘肃省文物考古研究所编：《敦煌汉简》，中华书局1991年版。
[6] 胡平生、张德芳：《敦煌悬泉汉简释粹》，上海古籍出版社2001年版。
[7] 魏坚：《额济纳汉简》，广西师范大学出版社2005年版。
[8] 林梅村、李均明：《疏勒河流域出土汉简》，文物出版社1984年版。

第一编

衣 篇

第一章 屯戍吏卒的衣装简介

衣装，在此指河西屯戍吏卒的衣服穿着及附属装备。衣，是人类蔽体御寒的最基本物质资料，《释名》曰："衣者，依也，人所依以庇寒暑也。"中国古代很早将衣与饮食二者称为"生民之本"。在衣、食、住、行四项中，衣列于首位，足见衣装在人们日常生活中占有极为重要的地位。

衣装是中华文明的重要标志之一。中华先民的衣装原料从最初的动物皮毛发展到葛麻丝帛，并进一步发展到纺织生产实践，极大地改善了他们的物质生活和精神生活。在发明和改进衣装的同时，先民们也把自己的主观意愿、审美情趣等注入进去，因此，衣装又以物质形式或曰物质文明敏锐、全面而深刻地反映诸如政治、经济、军事、文化等观念形态或曰精神文明的东西，体现出中华民族在这方面伟大的物质文化创造，折射出古代劳动人民的智慧光芒。

衣装是军队吏卒的主要配备之一。它的作用不但能蔽体御寒，而且在战争厮杀中可防护身体，免受敌人刺伤，最大限度地减少伤亡，并最终取得战争的胜利。在我国古代社会，每个朝代士卒的衣装配备都不太一样，外观上，其剪裁设计方面异于其他朝代，集中体现了这个时代国家的政治、经济、军事、文化等观念形态。不但每个朝代在吏卒衣装的外观上表现不同，而且不同兵种、不同部伍的士卒在衣装的外观表现也有一定的区别，以便敌我相辨，兵将互识，保持军队的独立和统一指挥。

军队吏卒的衣装是军队后勤保障系统的重要内容。它不仅包括了军队吏卒的具体穿着、军队衣装的分发、管理等内容，而且也体现出与此相关联的政治、军事、经济等状况。汉朝统治者为了能使统治实现长治久安，向来重视军队吏卒衣装装备建设，不断加强军队后勤保障力量。

屯戍边防的任务非常重要，屯戍吏卒要想取得战争的胜利，完成戍守任务，关键在于后勤保障力量的充足，因此，衣装等战略物资的配备和到位非常必要。衣装问题可直接反映出两汉军队的后勤保障能力，关系到完成戍守任务的质量，影响到整个汉朝军队的统一战争能够胜利与否，还可折射出汉代社会的政治、经济、军事、文化等情况。所以，研究汉代戍边吏卒的衣装问题能够直接或间接反映出当时军队及社会的诸多层面，成为了解汉代社会的一把钥匙。

汉代河西屯戍吏卒的衣装问题，传世文献记载很少，使后人难知其详，但已出土的西北汉简中保存了较为丰富的有关这方面的相关资料，兹据之加以论述。

在已出土的西北汉简中，涉及屯戍吏卒衣装的资料很多，限于篇幅，先举数例有代表性的简文来加以说明：

　　穷虏燧卒苏明
　　练大袭一领印　　布单襦
　　布复绔一两╱　　练□☑
　　布单衣一领　　　布绔
　　卒孟□　　　　　　　　　　　　　　E. P. T58：19①

　　戍卒河东绛邑兰里□逢除
　　皂□复绔一两
　　皂单衣一领
　　布单襦一领
　　布绔一两
　　　　　　　　　　　　　　　　　　E. P. S4. T2：11

　　□□□里蔡□

---

① 凡依此简号出现的简文均出自甘肃文物考古研究所、甘肃博物馆、文化部古文献研究室、中国社会科学院历史研究所编《居延新简——甲渠候官与第四燧》，文物出版社1994年版。

第一编 衣篇

练袍一领

布绔一两

韦绔一两衣

□□□□

褐练一

          E. P. T51：387

□穰邑长安里房□　见

白布单衣一领　∠

白布单二枚　∠

白布单□一领　∠

面衣一枚

白布袜 二两　∠

黄单绔一枚　已

白韦绔一枚　已

行巾劵二枚　已

          E. P. T52：94

戍卒陈留郡平丘□□里赵野

羊皮裘一领受□□

枲履一两

革缇二两

犬练二两

枲□二两

裘练橐封以陈留大守章　　E. P. T58：115

☑布褕襦一领，布绔一两

十月乙巳第十四卒蔡忠取　ᄓ　E. P. T52：186

白练复大裌一领

5

白布单绔一两
☐缥复襦一领
白素带二枚　尸
白布单襦一领
● 凡六物自校具　　　　　　　　E. P. T52：187

驿北亭卒东郡博平☐里皇归来
有方一
靳干幡各一
三石承弩一
革甲鞮瞀各一
弩巾盾一　　　　　　　　　　　14.2

单衣一领自取
布巾一两☐☐
单绔一两自取
☐☐自取
☐阳取
☐☐自取
布……　　　　　　　　　　　214.93

戍卒魏郡 ☐
皂布襌衣一领
皂布复襦一领
练复袭袭一领
皂布复绔一两
枲肥一两
第廿三　　　　　　　　　　　E. P. T59：676

根据以上10则材料所反映的主要衣装信息，我们将河西屯戍吏卒的

6

衣装分常服类和防护类两大类来讨论。其中常服类衣装按身体部位又可分为头衣、体衣、足衣及体衣附加物四大类。

第一节 常服类衣装

一 头衣

头衣，即头上所戴之衣，具有束发、护头、保暖等作用，也被称为元服。《仪礼·士冠礼》曰："令月吉日始加元服。"郑玄注："元，首也。"古代人们头上普遍着头衣。其中，吏与卒的区别为"士冠，庶人巾"。①

1. 冠　在简牍资料中记载较少，下面简文记有：

甲渠鄣守候免冠叩头死罪死罪职事毋状当坐　　E.P.F22：548

候即候官，王国维云："其秩当校尉下之军候，比六百石。"②此处"免冠叩头死罪死罪"虽为敬语，但甲渠鄣守候为守鄣之官员，可允许戴冠。

若从传统文献记载看，汉代官吏都着冠。《后汉书·舆服志》记载了汉代官吏所戴的冠有十八种之多，其中常见的有长冠、委貌冠、武冠、法冠、进贤冠等。

长冠，又名齐冠，高八寸，广三寸，竹皮制作，外用黑色丝织物缝制，冠顶扁而细长。这种冠由汉高祖刘邦发迹前所制，故又称"刘氏冠"。用作祭服，凡爵位达到公乘以上者皆戴。

委貌冠，长七寸，高四寸，上小下大，形状犹如一个倒覆的杯子，用

---

① （汉）刘熙：《释名》卷4《释首饰》，见《丛书集成初编》，中华书局1985年版，第73页。
② 王国维：《流沙坠简二·屯戍丛残考释》之"敦德步广尉曲平望塞有秩候长"条：敦德者，王莽所改敦煌郡名。步广尉即敦煌中部都尉治步广候官是也。……曲者，部曲。《续汉志》"领军皆有部曲，大将军营五部部校尉一人，比二千石。部下有曲，曲有军候一人，比六百石。曲下有屯，汉制，都尉秩视校尉，其下有二候官，候则候官，即校尉下之曲矣，候长之秩百石也。上虞罗氏宸翰楼印，宣统甲寅年石印本。

皂色丝绢制成，是汉代公卿大夫行大射礼时所戴之冠。

进贤冠，为文人儒生所戴。蔡邕《独断》曰："进贤冠，文官服之。"冠体用铁丝、细纱制成，前高七寸，后高三寸，长八寸，冠上缀梁，梁柱前倾后直，以梁数多少区分等级贵贱，公侯三梁，中二千石至博士两梁，自博士以下至小吏一梁。王洪震编《汉画像石》①一书中所收汉代讲经画像石上儒官头上所戴均为进贤冠（图一）。1972年居延查科尔帖汉代烽燧遗址出土有木简画②一枚，上面绘有一戴冠的官吏。此冠前高后低，为进贤冠（图二）。

图一　汉代讲经画像石

武冠，为各级武官朝会时所戴礼冠，因其形状像簸箕，造型高大，也称"武弁大冠"③，甘肃武威磨嘴子汉墓62号墓出土的武冠④，周围裹细竹筋，头顶用竹圈支撑，内衬赤帻，弁的纱孔清晰分明，是已出土的武弁大冠完整实例（图三）。陕西杨家湾出土的军官俑⑤头上戴武冠，山东沂南画像石石墓门上表现墓主人与异族作战的场面中，其墓主人头上也戴武

---

① 王洪震：《汉画像石》，新世界出版社2011年版，第56页。
② 张朋川：《河西出土的汉晋绘画简述》，《文物》1978年第6期。
③ （南朝宋）范晔：《后汉书》志30《舆服志》，中华书局1965年版。
④ 甘肃省博物馆：《武威磨嘴子三座汉墓发掘简报》，《文物》1972年第12期。
⑤ 杨家湾汉墓发掘小组：《咸阳杨家湾汉墓发掘简报》，《文物》1977年第10期，图版三。

冠[①]。由此推理，河西屯戍地区的武官也戴此类冠。

图二　戴进贤冠的汉代居延官吏 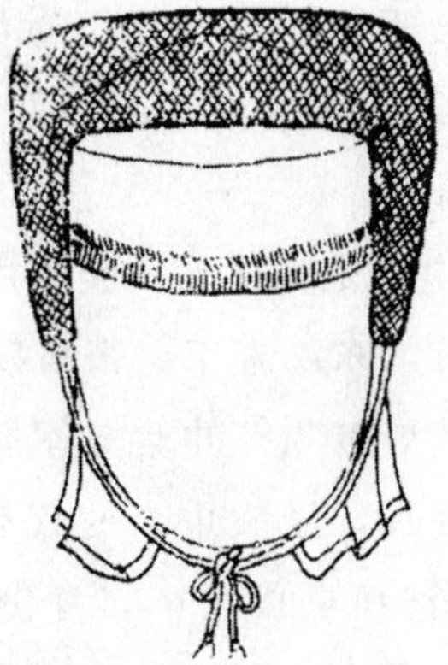　　图三　武威磨嘴子汉墓62号墓出土的武冠

鹖冠，也是武官所戴之冠，因其冠上加鹖形而得名。鹖是一种凶猛、顽强的鸷鸟，它的特点是一旦与敌搏斗，必然至死方休，所以取其勇敢之意。又说："鹖者，勇雉也，其斗对，一死乃止。"1972年居延查科尔帖汉代烽燧遗址出土木简画上方所画为一戴进贤冠的文官，下方还画一戴鹖冠的武官（图四）。此类冠还见于山东武氏祠画像石中的子路像（图五）。

图四　戴鹖冠的汉代居延武官　　图五　武氏祠画像石中的子路像

---

① 山东沂南汉墓博物馆：《山东沂南汉墓画像石》，西泠印社2003年版。

另外,《后汉书·舆服志》还记载有樊哙冠、方山冠、却敌冠、建华冠、术士冠、爵弁、皮弁、远游冠、通天冠等,均各得其所,不得随意戴用。河西屯戍官吏从二千石的太守至斗食吏不等,其所戴冠因官阶不同而有所不同。

2. 巾　是古代庶民裹头用的布帕。秦王朝的百姓因黑巾裹头而被称为黔首,东汉末年,张角领导的农民起义军,"皆着黄巾以相识别,故世谓黄巾贼"。[①] 巾也是军队士卒的头衣。《二仪实录》曰:"古以皂罗三尺裹头,号头巾,三代皆冠列品,黔首以皂绢裹发,亦为军戎之服。"河西屯戍士卒,身份为庶民,其爵位达到公乘及以上者可戴冠,其余戴巾、帻。汉简中提到的屯戍士卒头戴之巾有布巾、絮巾,如:

　　第三队卒干咸絮巾一直廿不五十　　　　E. P. T51：301

　　布橐一　　布巾一
　　絮巾一　　袭袅一
　　布二尺半☐　　　　　　　　　　　　　E. P. T56：101A

　　布复绔一领∠
　　布袜一两∠
　　絮巾一枚∠
　　黄布襌衣一领 毋
　　黄布绔一枚 毋　　　　　　　　　　　E. P. T51：66

　　簪布巾各一
　　绢复襦一领　　　　　　　　　　　　　敦简 634

　　护从者敦煌对苑里干宝年十八

---

① (宋)李昉:《太平御览》卷 687《服章部》引司马彪《续汉书》,中华书局 1960 年版。

第一编　衣篇

　　单襦复襦各二领
　　单衣中衣各二领
　　袭、袭绔□韦绔布绔各二两
　　絮巾布巾各三□□

　　　　　　　　　　　　　　　敦简 1144

　　布□绛一两　见　　白布复袭一领　见
　　总绒一　见　　　　皂布章单衣一领　见
　　袭一领　见　　　　布袜一两　见
　　□□一领　见　　　□一枚　见
　　絮巾一　见　　　　丝绨一两　见
　　白布巾一　见　　　□行縢一两　见
　　□□□一两　见　　袭绛一两　见

　　　　　　　　　　　　　　　敦简 2327

　　絮巾，又作帤巾，为一种大头巾。"巾"、"丝"互通。《说文·巾部》："帤，巾帤也。"《玉篇·巾部》："帤，大巾也。"

　　巾的裹扎方式及称谓，从汉代的情况来说，主要有缁撮、绡头、折上巾、幅巾等。

　　2.1　缁撮　以布将头发束于头顶，打成撮，然后用一长布带将其捆扎，形似小冠，但冠有硬壳，而缁撮仅是一块布巾。20世纪70年代，考古工作者在居延屯戍地区考古时发现的一木板画上[①]，一戍卒头发挽起，以巾裹头，头上长带飘动，此种巾带即为缁撮。可见缁撮是河西军队士卒中最普遍、最常见的巾式（图六）。

图六　居延遗址出土的木版画

[①] 甘肃居延考古队：《居延遗址的发掘和新出土的简册文书》，《文物》1978年第1期，图版三。

2.2 绡头　也是庶人之巾。《释名·释首饰》:"绡头,绡,钞也,钞发使上从也,或曰陌头,言其从后横陌而前也。"从这种作用看,绡头是以一幅布从后而前,在额上相交然后绕髻。很类似于陕北农民用羊肚手巾包头的方法。《后汉书》载向栩少年时,"著绛绡头"。绡头是"俗人"所服,古代士族着绛绡头则表示不做官。河南邓县长冢店汉墓所出画像石中之牵犬人①(图七)及成都天迴山汉墓出土的击鼓说唱俑(图八),其头上系结之物或即绡头之类。

图七　邓县长冢店汉画像石　　　　图八　天迴山汉墓击鼓说唱俑

2.3 折上巾　指折角向上的头巾,为东汉梁冀所制。《后汉书·梁冀传》李贤注对"折上巾"的解释为"盖折其巾上角也"。

2.4 幅巾　"古贱者之服也"。《后汉书·韦彪附义传》注云:"既服冠冕,故解幅巾",说明既就官位,不应再着幅巾。《后汉书·鲍永传》注亦云:"幅巾,谓不着冠,但幅巾束首也。"可见汉代幅巾是未做官时的头衣。但到了东汉末年情况有所改变,郑樵《通志》卷47云:"后汉末,王公名士,以幅巾为雅,是以袁绍、崔豹之徒,虽为将帅,皆著缣巾。时有妖贼以黄为巾,时谓之黄巾贼。"《通志》还云:"袁绍战败,幅巾渡河,按此则庶人及军旅皆服之,用全幅皂而向后幞发,谓之头巾,俗人谓之幞头。"

绡头、折上巾、幅巾都是庶人之巾,因其裹头方式不同而有不同称谓。简牍资料和考古发掘中虽未见其名,但不能排除未在士卒中出现。

3. 帻　为古代男子裹头用巾。《玉篇·巾部》:"帻,覆髻也。"《说文·巾部》:"发有巾曰帻。"《急就篇》颜师古注曰:"帻者,韬发之巾,所以整乱发也。常在冠下,或单著之。"帻从巾发展而来,《后汉书·舆服

---

① 《南阳汉画像石》编委会:《邓县长冢店汉画像石墓》,《中原文物》1982年第1期,图版六:2。

志下》对帻的变迁有一段扼要叙述："古者有冠无帻……秦雄诸侯,乃加其武将首饰为绛帕,以表贵贱,其后稍作颜题。"题即是额,即在额上前面作山。汉初,颜题演变为帽檐,并在颜题上接巾反过来覆盖住头顶。到文帝时进一步加高颜题,"续之为耳",把巾耸起成屋状,在后部收紧。这样,帻的形式大体与现代帽式相类似,至元帝时因其额有壮发,不欲使人见,因而进帻戴之。于是群臣随而戴之。此时的帻式,大抵即《释名·释首饰》中所说的"下齐眉迹然也"。王莽顶秃,又在帻上施巾而戴之。至此,帻完全可以盖住整个头部了。帻和巾有时连用,如《方言》曰:"覆髻谓之帻巾,或谓之承露,或谓之覆髻,皆赵魏之间通语也。"

汉代,着帻者的身份不甚严格,《后汉书·舆服志下》:"上下群臣贵贱者皆服之。"但实际上多为地位较卑贱者所用,《汉官仪》:"帻,古卑贱执事不冠者之所服也。"依据居延汉简资料,河西屯戍小吏也戴帻,如:

获望见一白衣骑以为大卿获衣帻使吏张业下亭言小病叩头☐
              E. P. F22:530

此例中"获衣帻",应理解为获穿着衣,戴着帻。从获使唤吏张业来看,获当为边塞官员之一。

燧长当著帻
弛刑迹负薪水辄持服兵
☐于亭前前树☐作☐使   E. P. T49:13A

燧长是边防候望系统中最基层官吏,此例中燧长当也戴帻,由此看出河西下级边防官员戴帻。那么普通士卒是否也戴帻?简牍资料不见记载。出土于河北望都一号汉墓壁画中的伍佰形象,头上一律戴赤帻。伍佰是官吏出行时走在仪仗队前面作导引的步兵卫队,为普通士卒。《晋书·舆服志》称:"车前伍佰者,卿行旅从,伍佰人为一旅。汉氏一统,故去其人,留其名也。"内蒙古和林格尔东汉墓壁画中卒也多戴帻,由此推断河西屯戍士卒头上有可能戴帻。

汉代的帻主要有介帻和平上帻（或称平巾帻）两种类型。介帻即屋帻，帻顶隆起，如屋顶状。四川博物馆所藏陶俑的头上所戴即为介帻（图九）。平上帻因其顶部是平的而得名，所以也称平巾帻；武威雷台汉墓出土的执戟铜骑士头上所戴即为平上帻（图十）。

图九　东汉持箕持锸俑　　　　图十　武威雷台汉墓戴帻的骑士俑

汉代，帻的颜色以赤色为主，《后汉书》言"刘盆子探得符……后弃之，复还依侠卿。侠卿为制绛单衣，半头赤帻。"董仲舒《繁露》曰："以赤统者，帻尚赤。盆子承汉统，故用赤也。"《止雨书》也曰："执事者赤帻，由是言之，知不着冠之所服也。"至东汉，"光武初起，与诸季市弓弩、绛衣、赤帻"。① 甘肃甘谷发现的汉简也有"令宗室刘江、刘瑜、刘树、刘举等着赤帻为伍长守街"② 之语。

但是，"天子郊庙，则黑介帻"。③ 耕田百姓一般着青帻。《汉旧仪》："凡斋绀帻，耕青帻。"绿帻尤为卑贱者所戴。《汉书》曰："武帝从馆陶公主饮，董偃绿帻傅韝伏殿下"，乃赞曰："馆陶公主庖人臣偃昧死再拜谒。"董偃绿帻傅韝，这是奴仆的一种打扮，其实董偃平时挥金如土，根本不是这种打扮。看来青帻、绿帻尤其为地位卑微者所戴。

二　体衣

体衣，指穿在身上的衣服。古代的体衣包括上衣和下衣，上衣称"衣"，

---

① （宋）李昉：《太平御览》卷 687《服章部》引《东观汉记》。
② 张学正：《甘谷汉简考释》，《汉简研究文集》，甘肃人民出版社 1984 年版，第 90 页。
③ （宋）李昉：《太平御览》卷 687《服章部四》引徐广《舆服杂注》。

下衣称"裳",合称"衣裳"。《说文·衣部》:"衣,依也,上曰衣,下曰裳。"

(一)上衣

我国传统体衣有两种形制,即上衣下裳制和衣裳连属制。上衣下裳制,相传起于传说中的黄帝时代。《易·系辞下》载:"黄帝、尧、舜垂衣裳而天下治,盖取诸'乾坤'。"乾坤有文,故上衣玄,下裳黄。"傅玄《裳铭》曰:"上衣下裳,天地则也;服从其宜,君子德也";衣裳连属制,古称"深衣",始于周代。《礼记·深衣》陆德明引郑玄《目录》:"名曰深衣者,谓连衣裳而纯之以采也。"深衣的样式同当代连衣裙的结构相似,上衣下裳在腰处缝合为一体,其长短为"短毋见肤,长毋被土"(《礼记·深衣》)。孔颖达作疏曰:"短毋见肤者,深衣所取覆形体,纵令稍短,不得见其肤肉,若见肤肉,则亵也。"1982年1月,在湖北江陵马山一号楚墓中出土了一批珍贵的古代服装实物(图十一)。其基本式样为交领、右衽、直裾、长袖、腋下有"裆",领口、衣襟和下摆处有缘饰。上衣、下裳都是由数量不等的衣片分裁后再缝合为一体。这些上下连属结构服装的出土,证明了中国古代文献中关于"深衣"形制记载的真实性。①

图十一 湖北江陵马山一号楚墓出土的深衣

从汉简资料记载看,河西屯戍吏卒所穿的上衣包括袍、禅衣、襜褕、裘、袭、襦、中衣等。

1. 袍 属深衣制,为上衣下裳连成一体的长至脚背的衣服。《广雅·释器》:"袍,长襦也。"《说文》:"袍,襺也。"注曰:"襺,袍衣也,以缊为

---

① 贾玺增、李当岐:《江陵马山一号楚墓出土上下连属式袍服研究》,《装饰》2011年第3期。

袍。"又曰:"以絮曰茧,茧以缊曰袍。"《礼记·玉藻》郑注曰:"纩谓今之新绵也,缊为今纩及旧絮也。"由此肯定,袍首先是衬有棉絮的秋冬季衣服。秦相范雎与魏人须贾有隙,及贾使秦,雎自称张禄先生。"见贾,寒,取一绨袍以赐之。"①《释名·释衣服》:"袍,丈夫著,下至跗(脚背)者也;袍,苞也,苞内衣也,妇人以绛作,衣裳上下相连,四起施缘,亦曰袍。"可见袍长至脚背,男女均可穿着。《东观汉记》载"明德马后袍极粗疏,诸王朝,望见,反以为奇"。又"袁安为光禄勋至清,鹿袍粝食"。②

早期的袍穿在内衣之上,外必有罩衣。《礼记·丧大记》:"袍必有表,不禅衣必有裳,谓之一称"(表,在此指罩衣)。到了秦汉时期,袍开始外穿。《续汉志》:"深衣制有袍,随五时色。袍者,或曰周公抱成王宴居,故施袍……今下至贱更小吏,皆通制袍、单衣、皂缘领袖中衣,为朝服云。"则汉代的袍为朝服,官吏必穿。袍"可以为文,可以为武,可以摈相,可以治军旅",是汉代最普通的体衣。武威磨嘴子汉墓出土一绢底平绣屯戍人物图③,图上人物所穿即为袍(图十二)。

图十二 武威磨嘴子汉墓出土的屯戍人物

---

① (汉)司马迁:《史记》卷 79《范雎蔡泽列传》。
② (宋)李昉:《太平御览》卷 693《服章部十》引《续汉书》。
③ 汪受宽:《甘肃通史·秦汉卷》,甘肃人民出版社 2009 年版,第 214 页。

从居延或敦煌汉简中记载看，河西军队吏卒多穿袍，如：

☐李万官袍一领直钱千二百未☐　　　　　　E.P.T16：11

阳朔元年五月丁未朔丙辰珍北守候塞尉广移甲渠候官
书曰第廿五燧☐
责殄北石燧长王子恩官袍一领直千五百饼庭燧卒赵☐
责殄北备寇　　　　　　　　　　　　　157.5A

赍买皂练复袍一领贾钱二千五百今子算☐　　69.1

李龙文袍一领直二百八十七
袭一领直四百五十　　　　　　　　　　　敦简1614

光交钱买卒冯自为袍一领直千一百光不买赐袍　E.P.T59：31

　　以上简文中涉及的袍有官布袍、皂练复袍、赐袍等。《释名》："皂，早也，日未出时，早起视物皆黑，此色如之也。"复，《释名·释衣服》："衣服有里曰复"，即有里衬的衣，相当于今之夹衣。夹衣纳絮即为棉衣。练，《说文》："缯也。"由此看出，当时屯戍吏卒的袍是由布或练做的黑色棉袍，可由官府提供。

　　2. 禅衣　是无里的单层袍式衣服。《广雅·释言》："禅，与单通，薄也。"《释名·释衣服》："禅衣，言无里也。"《说文》："禅衣，衣不重也。"段注："有衣裳而无里，即单衣。"这种衣服采用单层布帛制作，为一种长衣。禅衣是深衣形式的遗制，上衣下裳连为一体。扬雄《方言》："禅衣，江淮南楚之间谓之䘣，关之东西谓之禅衣，古谓之深衣。"戴震疏证："禅，单通用。"史游《急就篇》卷2颜注也曰："禅衣似深衣而褒大，亦以其无里故呼禅衣。"

禅衣在两汉时期被规定为官吏朝服。江充见皇上,"衣纱縠禅衣"①,应劭《汉官仪》:"谒者皆着绱帻大冠、白绢单衣。"从河北望都壁画看,百官上朝时穿的朝服即为禅衣(图十三),汉代禅衣的颜色有规定,一年四季按五时着服,即春季穿青色禅衣,夏季穿红色禅衣,夏季用黄色禅衣,秋季用白色禅衣,冬季穿黑色禅衣。

图十三　河北望都出土的壁画

实际上,不仅官吏如此,汉代贵、贱者皆穿禅衣。赵王彭祖,每二千石至,"彭祖衣皂布单衣,自行迎"。②东汉陈留尹苞与同郡范史云善。"二人俱贫,出入共一单衣,到人门外。苞年长,常先着单衣前入,须臾

---

① (宋)李昉:《太平御览》卷691《服章部八》引班固《汉书》。
② 同上。

出，解与史云。"①

梁国
睢阳戍卒西尉里玉柱
□里袭一领
皂布复袍一领
皂布禅衣一领
枲布复绔一两
枲菲一两
常韦二两　　　　　　　　　　　　　　179.2A

此简是关于梁国睢阳某戍卒的衣装记录，其中包括皂布禅衣一领，说明禅衣也是屯边士卒的衣装类型之一。

下面简文记载燧卒王晏借给燧长房白单衣一领，可见河西屯戍官吏穿禅衣。

终古燧卒王晏言燧长房五月廿日贷晏钱百七月十日籍白
单衣一领积十五日归七月五日籍晏胡鞍一直二百五七月十日使
晏伐茭七百束又从卒利亲贷平二件晏其夜从毋伤燧户出见卒王音
音不告吏　　　　　　　　　　　E.P.T40：6A

禅衣可由官府提供，故又可称为官禅衣，如：

□五十在陈恭所官单衣直百，在陈诚所　E.P.T65：38

里大夫□
官袭一领
□禅衣一领　　　　　　　　　　　　　67.37

---

① （宋）李昉：《太平御览》卷 691《服章部八》引谢承《后汉书》。

从大量的居延汉简记载来看，当时河西屯戍吏卒所穿除白布禅衣外，还有黄布禅衣（E.P.T 51：66）、皂布禅衣（E.P.T 51：378）等，可由官府提供。

3. 襜褕　是直裾单衣，乃单衣中较长者，亦谓其式"襜襜然有宽裕之貌"。"直裾"，就是垂直的衣裾。制作时将衣襟接长一段，穿时折向身背，直通到底。《方言》曰："襜褕，江淮之间谓之襢容，自关而西谓之襜褕，以布而无缘，谓之蓝褛。"西汉时，襜褕用作便服，《汉书》载："元始五年，有一男子乘黄犊车，建黄旐，衣黄襜褕，著黄帽，诣北阙，自谓卫太子。"同书还曰："何并为长陵令。侍中王林卿通轻侠，倾京师，至寺，拔刀刺其建鼓，并追之。卿迫窘，乃令奴冠被其襜褕，自代乘，变服驰去。"

襜褕在西汉时多为妇女所穿，男子穿着登不了大雅之堂。《史记·魏其武安侯列传》："元朔三年，武安侯坐衣襜褕入宫，不敬。"索隐："谓非正朝衣，若妇人服也。"

东汉时，穿襜褕为社会时髦，不分男、女、官、庶都可穿直裾襜褕，质料有缣、皮、罽等多种。东汉耿纯曾率宗族宾客二千人"皆缣襜褕"。[①] 东汉王阜为益州太守，大将军窦宪贵盛，"以绛罽襜褕与阜，阜不授"。[②] 段颎灭羌有功，上"诏赐钱十万，七尺绛襜褕一具"。[③] 又曰："延岑上光武皮襜褕，宿下邑亭。"[④] 桓谭《新论》曰："余自长安归，道病，蒙絮被罽襜褕，宿下邑亭。"河南密县打虎亭出土的画像石上可见有穿襜褕的男子（图十四）。

襜褕为河西屯戍吏卒所穿的衣装之一，汉简中有记载，如：

图十四　河南密县打虎亭汉画像石

---

① （宋）李昉：《太平御览》卷693《服章部十》引《东观汉记》。
② 同上。
③ 同上。
④ 同上。

第一编　衣篇

　　第十一燧戍卒宜新里秦和
　　□襜褕一领
　　韦单绔一
　　章单衣一领
　　□履一两　　　　　　　　　　额济纳简 2002ES11SH1：1

　　中不审日殄卒周利谓镇曰令史扈卿买我皂袍儋褕　　285.19

　　□皂襜褕一领直千四百七十
　　●□复襦一领直六百
　　绛单襦一领直二百九十
　　收得　　　　　　　　　　　　E. P. T52：188

　　汉简中提到的襜褕有：布襜褕（E.P.T 52：93）、皂复襜褕（E.P. T56：86）、白布襜褕（206.23）。说明当时屯戍吏卒穿白色或黑色的布襜褕。襜褕有单、双层两种式样。

　　4. 裘　《说文》："皮衣也"，系冬季穿着衣服。西汉人"非裘不能具绨绵曼帛温暖于身也"[①] 的认识和流行于东汉的"救寒莫如重裘"[②] 的谚语，生动地反映出裘衣的功能。甲骨文"裘"作象形"衆"，是把毳毛着之于外表而将皮革置于里面的象形。《说文》："裘之制毛在外，故象毛。"说明裘是由动物皮毛制成的衣服。在裘中以狐裘为最贵，其次为虎裘、麑裘、貂裘，再次为犬、羊等皮毛制成的裘。狐裘、虎裘、麑裘、貂裘都为贵族穿着，而犬、羊等皮毛制成的裘为下层百姓穿着。《后汉书》马援叹曰："'殖货财产，贵其能施赈也，否则守钱虏耳。'乃尽散以班昆弟故旧，身衣羊裘皮袴。"

　　裘也是屯戍吏卒所穿的衣装之一，汉简中记载较多，如：

　　相私从敦煌始昌里阴□年十

---

① （汉）刘安：《淮南子》卷13《泛论训》,《诸子集成》，中华书局1954年版，第232页。
② 《三国志》卷27《魏书·王昶传》，中华书局1959年版，第746页。

羊皮裘二领
羊皮绔二两
革履二两   敦简 1146

建昭二年闰月丙戌甲渠令史董子方买鄣卒□咸裘一领直七百五十
约至春钱毕已旁人杜君隽   26.1

□有方完。官绔一两 ┃，裘一领，第┃ E.P.T53：116

□阴安邑便里垣年
官裘一领
章衣一领   38.38

戍卒魏郡
皂布□襌衣一领
皂布复襦一领
练复袭裘一领
皂布复绔一两。
枲肥一两
第廿三   E.P.T59：676

  简文中提到的裘有"羊皮裘"、"袭裘"、"官裘"等，看来当时河西屯戍吏卒所穿的裘以羊皮为主要制作材料，可由官府提供。其中"袭裘"当为"裼裘"。"裼"是罩在裘上的半袖外衣，起饰裘之作用。《礼记·玉藻》"裘之裼也，见美也"。先秦时确立服制，冬时服裘，裘外有裼衣……孔颖达疏："裘之裼者，谓裘上加裼衣，裼衣上虽加他服，犹开露裼衣，见裼衣之美，以为敬也。"《仪礼·聘礼》贾公彦疏："凡服四时不同。假令冬有裘，襯身裤衫，又有襦袴，襦袴之上有裘，裘上有裼衣，裼衣之上又有上服，皮弁祭服之等。"正因为如此，钱玄《三礼名物通释·衣服·衣裳》言："四时均有裼衣，裼衣亦称中衣"。

居延汉简中提到的裘还有复里裘（E.P.T 50：213）、表裘（E.P.T 56：101A）等。里，《说文》："衣内也。"《急就篇》："衣外曰表，内曰里。"复里裘即为有里衬的裘。《说文》又曰："古者衣裘，故以毛为表。"因此，表裘当为穿着时毛朝外皮革在内的裘。

5. 袭　《说文·衣部》："左衽袍也。""袭"通"褶"。《释名·释衣服》："褶，袭也，覆上之言也。"《急就篇》颜师古注："褶，谓重衣之最上者也，其形若袍，短身而广袖，一曰左衽之袍也。"《释名·释衣服》颜注："留幕，冀州所名大褶，下至膝者也，留，牢也；幕，络也，言牢络在衣表也。"说明袭是穿在最外面的袍式衣服，长及膝盖，左衽。衽，是在衣裳的一侧续接一块布，用以叠压另一侧，绕至身后。《释名·释衣服》："衽，襜也，在旁襜襜然也。"《礼记·玉藻》郑玄注："衽谓裳幅所交裂也。……衽属衣则垂而放之，属裳则缝之，以合前后，上下相变。"左衽是将衣裳的左侧续接一块布，穿时左侧压住右侧。于豪亮先生根据出土的部分秦始皇兵马俑的穿着，认为这种衣服的特点是："袖小，衣长至膝，衣下露出过膝的短裤，衣的右襟相当大，从右腋下包抄至背的右下部，腰部束带，把抄之背后的右襟扎起来……它之所以称为袭，实在是因为里面还要穿一件或几件短衣的缘故，因为衣有数重，外面套上的衣服便称为袭。"①

袭也是汉代军中将士常穿之服，东汉末年，吕范随孙策起兵，为帮助孙策整肃军纪，"范出，便释裤，著绔褶，执鞭，诣阁下启事，自称领都督"。②杨济字文通，历位镇南征北将军，迁太子太傅。济有才艺，"尝从武帝校猎北邙下，与侍中王济俱着布袴褶，骑马执角弓在辇前"。③河北望都汉墓壁画出土的伍佰图，其上人物上衣长度在膝盖以上，当为袭（图十五）。

袭也是屯戍吏卒常穿的衣服，如下列简文所示：

---

① 于豪亮：《居延汉简释丛》，《文史》第12辑，中华书局1981年版，第48页。
② 《三国志》卷56《吴书·吕范传》注引《江表传》，中华书局1959年版，第1309页。
③ （宋）李昉：《太平御览》卷695《服章部十二》引《晋书》。

图十五　望都壁画伍佰形象

☑辞贫急毋余财独有私故练袭☑　　　　　　180.23

戍卒觟得安国里毋封建国病死
官袭一领　钱二百册
官绔一两
练一两
初元五年十一月庚午朔庚辰令史☐☐☐廿四☐☐☐　　287.24

皂练复袭☐
皂练复绔一　　　　　　　　　　　　　E.P.T51：727

24

穷虏燧卒苏明

练大袭一领 印

布复绔一两∠

布单衣一领∠

布单襦☐

练☐☐

布练 ☐

卒孟☐☐　　　　　　　　　　　E. P. T58：19

从简文来看，袭有单、复之分。西北汉简中提到的袭还有：布袭（E. P. T51：67）、皂袭（E. P. T52：91B）、布复袭（E. P. T52：332）、白练复大袭（E. P. T52：187）、皂复袭（E. P. T56：69），可看出当时屯戍吏卒所穿的袭是由布或练做的，有单袭也有复袭，有黑白两种颜色，可由官府提供。

6. 襦　《说文》："短衣也，从衣，需声"，《释名》曰："襦，暖也，言温暖也。"说明襦同袍一样是御寒的衣服。《急就篇》颜师古注曰："短衣曰襦，自膝以上。一曰短而施腰者曰襦。"汉乐府诗《孔雀东南飞》："妾有绣腰襦，葳蕤自生光。"此处提到的"腰襦"，长度只及腰间部位。桓谭《新论》曰："待诏景子春素善占，坐事系，其妇朱君至狱门，通言遗襦袴，子春惊曰：'朱君来言与朱为诛，袴而襦中绝者也，我当诛断也'，后遂腰斩。"由此肯定，襦是比袭更短的短衣，长度多及腰部。二者的区别还在于：襦是右衽，袭是左衽。《三国志·魏志·管宁传》曰："管宁常着皂帽布襦，随时单复。"说明襦有单、复之分。《太平御览·服章部十二》引《世说》曰："司马宣王从辽东还，有六十假士，寒冻于车，乞一襦。公乞之酒，左右曰：'官不少襦，可赐之。'公乞之酒曰：'襦，官中物，臣无私施。'"说明襦也是官吏所穿的短衣。图十六为山东济南长清孝堂山郭氏祠石室西壁下层画像，图上人物穿的上衣与襦相符合。江继甚编《汉画像石选》一书中，收集有部分关于胡汉战争的拓片，图上一些士卒上身也穿短襦[①]（图

---

① 江继甚：《汉凤楼藏汉画像石选》，上海书店出版社2000年版，第10页。

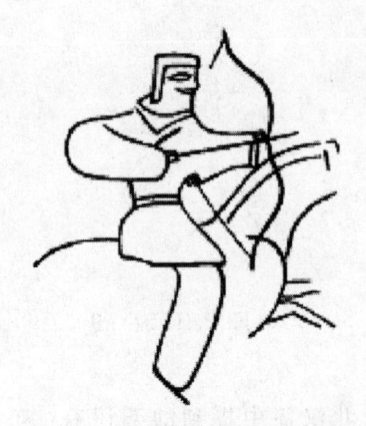

十七）。

图十六　长清孝堂山石室画像石　　图十七　山东济宁博物馆藏画像石

下面二枚简文所记内容都是关于居延地区官吏贳买衣物的记录，一是居延广地燧长陶子赐买练襦之事；二是居延某候官卖绤复襦之事。由此看来，河西屯戍官吏所穿衣装种类中有襦。

责广地次□燧长陶子赐练襦一领直八百三十今为居延市吏
E. P. T59：645

建始□年正月十七日候官□卖绤复襦一两□
二月三日毕　　　　　　　　　　　326.20A

练襦，即缯襦。绤复襦，为一种细葛布做成的复襦。《说文·糸部》："绤，绨之细者。"《诗经》："蒙彼绤绨。"毛传："绨之靡者为葛。"孔颖达疏："绨者，以葛为之，精曰绨。"

另外，屯戍士卒也穿襦，如：

护从者敦煌对宛里干宝年十八
单襦复襦各二领
单衣中衣各二领
袭绔□韦绔布袴各二两

絮巾布巾各三□□

　　　　　　　　　　　　　　　　　　　　敦简 1144

从而说明河西屯戍吏卒都穿襦。居延汉简中提到的襦还有缥复襦、缥复襦、绢复襦、爵复襦、白绅襦等，如：

缥复襦一
袭一
四月壬寅同□　　　　　　　　　　　　　　35.15

白练复大袭一领
白布单绔一两
☑缥复襦一领，
白素带二枚
白布单襦一领
凡六物自校具　　　　　　　　　　　　　E.P.T52：187

簪布巾各一
绢复襦一领　　　　　　　　　　　　　　　敦简 634

山阳亲阳里魏偃　第廿三燧
爵复襦一衣。　　　　　　　　　　　　　E.P.T56：86

第廿五燧卒唐熹
自言赍买白绅襦一领直千五百交钱五百。
●凡并直二千　　　　　　　　　　　　　E.P.T51：302

鄣卒缯大复襦一领□□□□□单衣一领□□□　35.21

缥：《说文》："缥，同络，絮也。"缥：《释名·释衣服》："缥，帛白

27

青色。"爵,赤而微黑的色。《仪礼·士冠礼》:"爵弁,服纁裳。"郑玄注:"爵弁者,冕之次,其色赤而微黑。"䌷,《说文·糸部》:"大丝缯也。""襡"为"襡"的异体字,《广雅·释器》:"襡,长襦也。"

由上简文内容可见,当时屯戍吏卒穿的襦从质料上讲,有布襦、练襦、绤襦、缥襦、縹襦、绢襦、䌷襦;从颜色上讲,有黑、白、白青、赤黑四种颜色;从薄厚上讲,有单襦和复襦;从长短上讲,有短襦和长襦。

7. 中衣　是外衣与内衣之间的衣服。《释名·释衣服》:"中衣,言在小衣之外,大衣之中也。"《礼记·深衣》郑玄注:"深衣,连衣裳而纯之以采者,素纯曰长衣,有表则谓之中衣。"[①] 前文释"裘"一节中,中衣亦称裼衣。从出土的西北汉简来看,屯戍吏卒也穿中衣,如:

护从者敦煌对宛里干宝年十八
单衣中衣各二领。　　　　　　　　　　敦简1144

丞□□□衣不事用　吏卒弩三中衣不事用……283.13

其锡履□□□□粗服衣大红布衣缘中衣聂带竹簪
素履反□十☑　　　　　　　　　　　505.34

缘,为衣服的饰边。《礼记·玉藻》:"缘广寸半",郑玄注:"缘,饰边也。"《说文·糸部》:"缘,衣纯也。"段玉裁注:"沿其边而饰之也。"《礼记·檀弓上》孔颖达疏:"缘,谓中衣领及裹缘也,里用黄而领缘用縓者,领缘,外也,明其外除,故饰见外也。""缘中衣",即有饰边的中衣。《后汉书·礼仪志上》:"执事冠长冠,衣皂单衣,绛领袖缘中衣,绛绔袜以行礼,如故事。"《后汉书·礼仪志上》:"养三老、五更之仪……皆服都纻大袍单衣,皂缘领袖中衣,冠进贤,扶王杖。"《后汉书·舆服志下》:"宗庙以下祠祀,皆冠长冠,皂缯袍单衣,绛缘领袖中衣,绛绔袜,五郊各从其色焉。"《后汉书·舆服志下》:"今下至贱更小史,皆通制袍,单

[①] (清)孙诒让:《十三经注疏·礼记正义》,上海古籍出版社1997年版,第1664页。

衣，皂缘领袖中衣，为朝服。"说明中衣也为汉代朝服之备，分绛缘中衣和皂缘中衣两种。

（二）下衣

下衣也称"裳"，见于出土的西北汉简有绔、裈、帬等。

1. 绔　也写作"袴"，即今之"裤"。汉代的绔有两种类型。其一是无裆之绔。《说文》："绔，胫衣也。"段玉裁注："今所谓套裤也，左右各一，分衣两胫。"《广雅·释亲》王念孙疏证："凡对文则膝以上为股，膝以下为胫。"如此，则绔为套在两胫上的套裤。又《释名·释衣服》云："绔，跨也，两股各跨别也。"按照这种解释，绔也只有两条绔管，左右分置，无裆无腰。其实，通过对已出土的古代绔的实物研究，此种解释不太准确。湖北江陵马山楚墓出土棉绔一件[①]，编号为N25，实物因紧贴尸骨，残损较重，后经报告作者绘出复原图始见规模（图十八）。此绔长116，宽95厘米。由绔腰、绔腿和口缘三部分组成。若以中缝为轴线，左右的形式、结构、分片完全对称。绔腰高45厘米，长121厘米，用四片等宽的本色绢横连，但后腰开口不闭合。绔腿以朱绢为面，素娟为裏，中纳絮，长61厘米，宽约37厘米。绔腿上部、外侧接绔腰，内侧（即后身半幅的一片）上沿略低，绲边无绔腰，而在近裆处留缝嵌入一方长12厘米、宽10厘米的绢片，折叠后形成一个向中轴线斜伸的三角形分裆。绔腿下端连绔缘，缘高9厘米，宽16厘米。此绔前后裆不合拢，后腰阙断为敞口是其特点。从结构上来看，此绔已具有发展得相当完善的绔筩，下有收口，上有分裆，两绔脚也不是左右分离不连属的，而是由绔腰的作用将其作为一个整体。这种一体的开裆绔才是历史上"绔"的典型格式，沿用时间相当长远，从江苏镇江周瑀墓出土的南宋男用开裆绔中仍可看到相同的例子（图十九）。由此推之，汉代开裆绔也应该是这种结构。

在古代，由于绔无裆，多穿在下裳之内，所以用粗布制成，富贵人家也有用丝织品者，但被认为是奢靡之举。后人称衣着华丽、不学无术的年轻人为"纨绔子弟"，即由此来。"纨绔"为细绢制成的裤。

---

① 湖北省荆州地区博物馆：《湖北江陵马山一号楚墓》，文物出版社1985年版，第95页。

图十八 江陵马山　　图十九 镇江周瑀墓出　　图二十 新疆民丰
楚墓出土的绔　　　　土的南宋开裆绔　　　　　出土的绔

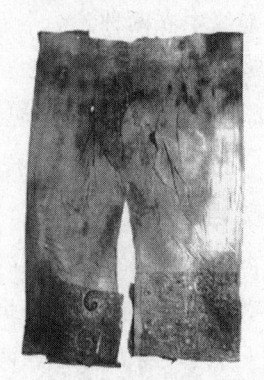

其二是有裆之绔，时称"穷绔"。《汉书·外戚传》："光欲皇后擅宠有子，帝时体不安，左右及医皆阿意，言宜禁内。虽宫人使令皆为穷绔，多其带，后宫莫有进者。"服虔曰："穷绔有前后裆，不得交通也。"师古曰："穷绔，即今之绲裆绔也。"1959年，新疆民丰尼雅遗址东汉墓中出土一男绔，此绔有腰，前、后裆合拢，可视为汉代绲裆绔的例证（图二十）。合裆裤的裆部很大，直线裁剪，不太考虑人体的结构，也称为"大袴"。《汉书》曰："昌邑王贺衣短衣大袴。"朱博，琅琊郡功曹，官属"多褒衣大招。"孟康注曰："招音绍，谓大袴也。"[①]《史记》曰："屠岸贾攻赵，煞朔等，赵朔妻晋成公姊，有遗腹，公宫匿之，生男。屠岸贾索于宫中，夫人置儿绔中。"能将孩子藏于绔中，可见绲裆绔常做得很肥大。

绔在官庶中的区别为官吏穿丝织绔，庶民多穿韦绔、毛绔、布绔等。应劭《汉官仪》曰："虎贲中郎将衣纱縠单衣，虎纹锦绔。"《盐铁论》曰："古者鹿裘皮帽，及其后，大夫、士狐貉，庶人则毛绔。"《后汉书》曰："马援田牧，至有牛马羊数千头，尽散昆弟故旧，身衣羊裘皮绔。"又曰："祭遵，赏赐与士共之，家无私财，身衣韦绔。"

在颜色上，官吏一般穿皂绔或绛绔。《汉官仪》曰："司空骑吏以下皂袴，因秦水行。今汉家火行。宜绛绔。"董巴《舆服志》曰："祀宗庙绛

[①] （宋）李昉：《太平御览》卷695《服章部十二》引《汉书》。

袴，示赤心奉神也。"

绔也是汉代屯戍吏卒所穿的主要着装，汉简中记载较多，如下面简文内容所示：

相私从者敦煌始昌里阴□年十五
羊皮袭二领
羊皮绔二两
革履二两　　　　　　　　　　　敦简 1146

皂布单绔一两　官袭一领　　　　82.16

官章单衣一领　官布橐一
私韦单绔一两　□□□官布复绔一两
官枲履一两　　□私布橐一
□□□□领　　官□□□□□□　217.30

□□□□皂练复绔一两
布单橐一　　　　　　　　　　　317.28

皂练复袭□
皂练复绔一□　　　　　　　　　E. P. T51：727

皂布衣直三百九十
皂袭直二千
袍直千三百
韦绔直六百
皮绔直三百
皮□直六百
橐直二百
张伟三百

31

凡直五千六百九十

除二千四百六十

定三千二百廿五　　　　　　　　　　　　E.P.T52：91B

第卅卒邓耐　卖皂复绔一两直七百第卅燧长淳于☒　E.P.T57：57

民武即从严立买白布绔一两直三　　　　额简 2000ES7SF2：3

□穰邑长安里房□见

白布单衣一领∠

面衣一枚

白布单二枚∠

白布单□一领∠

白布袜 二两∠

黄单绔一枚已

白韦绔一枚已

行巾券 帻二枚已　　　　　　　　　　E.P.T52：94

　　以上简文中提到的屯戍吏卒所穿的绔有羊皮绔、皂布单绔、官布复绔、私韦单绔、皂练复绔、白布绔、黄单绔等。由此看出，当时屯戍吏卒穿的绔，从质料上讲，有布绔、韦绔、练绔；从颜色上讲，有黑、白、黄三种颜色；从薄厚上讲，有单绔、复绔。

　　下面简文记载了在燧长解贺所内赍买皂绔之记录：

自言赍买皂绔一两直九百临桐燧长解贺所已收得臧治所毕
　　　　　　　　　　　　　　　　　E.P.S4.T1：21

　　由此看来皂绔为屯戍官吏所穿之绔。
　　从出土的居延汉简来看，绔多与袍、禅衣等同时出现，袍、禅衣均为深衣制，长度在膝盖以下，即使穿无裆绔也不碍事。屯戍军队中有骑兵也有步兵，因此，无裆绔、有裆绔吏卒都有可能穿。

2. 裈　是汉代人贴身穿的内绔。其形制有两种：一种是合裆裈。《释名·释衣服》："裈，贯也，贯两脚上系腰中也。"《急就篇》颜师古注："绔合裆谓之裈，最亲身者也。"即指这种裈。黄文弼先生在新疆罗布淖尔发现的汉代合裆裈长68厘米、腰围59厘米，裆高40厘米，"有两脚……上通于腰，与裆相连，左右缝之……前后不相通也"①。山东沂南北寨出土的画像石上可见这种裈的形象（图二十一）。

图二十一　山东沂南北寨出土的汉画像石　　图二十二　荥阳汉墓陶楼上的人物

另一种并不缝出裤管，仅用一块布缠遮住腰和大腿间，因形如犊鼻，故称犊鼻裈。《史记·司马相如列传》集解引韦昭《汉书注》："犊鼻裈今三尺布作，形如犊鼻。"司马相如曾着犊鼻裈为佣②。《晋书》曰："王澄尝之荆州，送者倾城，澄脱衣，著犊鼻裈，上树取鹊，旁若无人。"河南荥阳县东汉墓出土的彩绘陶楼③上的人物，其下体所穿即为犊鼻裈（图二十二）。

从出土的西北汉简资料看，汉代屯戍吏卒也穿裈，如下：

布单襦一领
布裈一两
革履革绔各一两　　　　　　　　　　　　敦简633

---

① 黄文弼：《罗布淖尔考古记》，国立北平研究院史学所1948年版，第120页。
② （汉）司马迁著，［日］泷川资言会注，水泽利忠校补：《史记会注考证附校补》，上海古籍出版社1986年版，第1868页。
③ 贾峨：《荥阳汉墓出土的彩绘陶楼》，《文物》1958年第10期，内封图。

33

縑复袭布复襦布单襦褕各一领
　　韦单绔、布袴、革履、枲履各☐　　　　　82.34

　　绐复襦一领　阁 ▎
　　皂复绔一两　阁 T
　　布袭一领　身 ▎
　　布小袴一两身 ▎　　　　　　　　　　　E.P.T59：51

由简文看，屯戍士卒穿的袴为布制。从 82.34 简文和 E.P.T59：51 简文记载来看，绔和袴在一条简文中同时出现，进一步证明二者有严格区分，至于袴的样式具体不详。

3. 帬　在古代文献中或指下裳，或指披肩一类的织物。《说文·巾部》："帬，下裳也。"段玉裁注："若裳则曰下帬。言帬之在下者，亦集众幅为之，如帬之集众幅被身也。"《释名·释衣服》："帬，下裙也，连接裾幅也。"《玉篇·巾部》："帬与裙同。"《集韵·文韵》："帬，也书作裙。"如此，则帬当指样式如今之裙子一类的下裳。

朱骏声《说文通训定声》："帬，如今之披肩。"《方言》卷四："帬，陈魏之间谓之帔，自关而东或谓之摆。"《广雅·释器》："绕领、帔，帬也。"《释名·释衣服》："帔，披也，披之肩背不及下也。"看来，帬也或指绕领或披肩一类的织物。

河西汉简中帬的记载如下：

　　山阳亲阳里魏偃　　　第廿三燧
　　布帬一　衣
　　縑帬一　衣
　　布襌一　衣　　　　　　　　　　　　E.P.T56：86
　　帬襜　　　　　　　　　　　　　　　敦简 2135B

从简文内容看，帬分布制品和丝织品两类。

三 足衣

足衣，指护足之衣，包括枲履、革鞜、革履、韦舃、枲肥、常韦、戈韦沓、袜等。

1. 履 是鞋子的总称。《仪注》："言履者，举总名也。寻文总意，所称虽异，其制一也。"《贾子》曰："天子黑方履，诸侯素方履，大夫素圆履。"这是从款式和颜色区别穿履者的身份。履从质料上亦可分为丝履和麻履两种。《方言》曰："丝作之，麻作之，不借组者谓之履。"

从居延汉简资料看，河西屯戍吏卒穿履。如：

素履自取　　　　　　　　　　　　　　　　　123.50

☐☐为部吏市绛履绔带☐　　　　　　　　　484.19

绔一两　革韦二两　布绔二两　枲履一两　E.P.T58：73

缣……
白布绔一两
白革履一两　　　　　　　　　　　　　　　E.N：14

田卒昌邑国石ß良里公士费涂人年廿三
　袍一领　　　枲履一两
　单衣一领　　绔一两　　　　　　　　　　19.36

以上简文中的素履为白素做成的鞋子，《说文》："素，白致缯也"；绛履为红色的鞋；白革履为皮革制作的白皮鞋；枲履即为麻履或麻鞋。枲，大麻中的雄株，可用来织布。从考古资料来看，屯戍吏卒多穿枲履。20世纪二三十年代，西北科学考察团在内蒙古、新疆一带考察时，曾在汉代烽燧遗址处"捡到麻履、毛衣之类物。麻履有用白毛绳作底，针织甚坚，有用颜色先（红）作者，其形为圆口，与现时同"。① 斯坦因在河西及西域考古发现的"麻鞋里外有三层，中间的一层表面涂蜡，显然是为了防水。结实耐用的麻鞋用麻绳进行了加固，鞋底用很粗的麻绳经纬交织而成，很厚，鞋底满是绳结，平整而结实，就像是在鞋的底部加垫了一块地毯，这些绳结的作用有点类似今天靴子的鞋钉，同时也使鞋子结实耐磨，鞋面用两块或几块棉麻帆布做成，用一排麻线缝合，鞋口处理得很巧妙，鞋口的一圈用一根绳子拉住，可以使鞋子在穿着时紧贴脚趾和脚面上。鞋表和鞋帮用细绳缝合，没有保护脚趾的部分"②。敦煌屯戍烽燧遗址出土多只枲履（图二十三）。

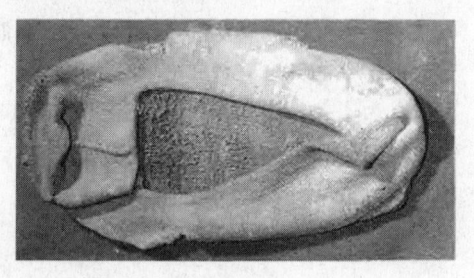

图二十三　敦煌屯戍遗址出土的枲履

2. 舃　厚底鞋。《诗》云："舃者，一物之别名。履者，足践之通称。"鞋单底的称为履，复底为舃，即履下有木，可以走湿地。《释名·释衣服》："复下曰舃。舃，腊也。行礼久立，地或泥湿，故复其下使干腊也。"《中华古今注》也曰："舃以木置履下，干蜡不畏泥湿。"《三礼图》："复下曰舃，单下曰履，夏葛冬皮也。"乐浪彩箧冢曾出土东汉舃实物，外漆黑色，底装木楦，内有槽（图二十四）。舃的底子太厚，行走时很可能会带来不便，山东沂南画像石墓中室西壁刻出的舞剑者，竟将舃脱置一旁，或即基于这种原因。

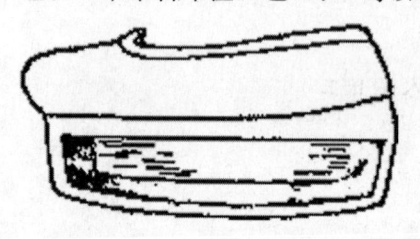

图二十四　乐浪彩箧冢出土的东汉舃

舃也是古代官吏常着的鞋子之一。徐干《古履仪》曰："正会大司马问剑履上殿义，徐言所以，遂见从，着履上殿。时人见咸讥云：'古无履，

---

① 黄文弼：《黄文弼蒙新考察日记》，文物出版社1990年版，第545页。
② ［英］奥雷尔·斯坦因：《西域考古记》，广西师范大学出版社1998年版，第432页。

但有舄。今当着舄上殿，不宜着履。'"《周礼·天官下》曰："屦人掌王及后之范勿，为赤舄、黑舄、赤繶、黄繶、青句、素屦、葛屦。"郑玄注曰："王告服有九，舄有三等，赤舄为上冕服之舄也。王后亦服六，惟祭服有舄。"《风俗通》载"孝文身履革舄而衣弋绨"。

舄也是屯戍士卒所穿的鞋子之一，汉简有证：

山阳亲阳里魏偃	第廿三燧	
爵复襦一衣	韦舄一阁	
皂复襜褕阁	白练绔一阁	
布裈衣一　阁	剑一枚　阁	
布袭一　衣	布幕一　衣	
缣幕一　衣	布襌一　衣	E.P.T56：86

衣皂袍白布绔履白革舄持剑亡　　　　　　　40.1

韦舄，指熟皮做成的舄。《仪礼·聘礼》贾公彦疏："有毛则曰皮，去毛熟治则曰韦。"白革舄，为生革做成的白色舄。《汉书·东方朔传》颜师古注："革，生皮也，不用柔韦，言俭率也。"舄下有木，对于长时间站立于户外的戍边士卒来说，舄或许是很好的护足之物。

3. 革鞮　用革做成的鞋，最早来源于北方少数民族穿着。《隋书·礼仪志》："靴，胡履也。"又《说文》："鞮，革履也，胡人履连胫，谓之络鞮。"看来这种鞋帮较高，可达到腿胫部。自赵武灵王采用胡服骑射后，中原士卒也开始穿革鞮。徐州狮子山兵俑所着为革鞮（图二十五）。居延汉简中出现的"革缇"即为"革鞮"，"缇"与"鞮"通假。

犬皮袜二两受都内
革缇二两
枲履一两　　　　　　　　　　　　　　　　E.P.T59：19

士卒陈留郡平丘□□里赵野

羊皮袭一领受□□

枲履一两

革緹二两　　　　　　　　　　　　　E. P. T58：115

4. 革履　是用牛、羊等皮制成的低帮鞋，是屯戍吏卒所穿的鞋子之一，敦煌汉简有记载，如：

布单襦一领　　布裈一两

革履革绔各一两　　　　　　　　　　敦简 633

敦煌悬泉遗址出土有革履①多只（图二十六）。好美者还可在革履上涂漆，既美观，又能保护皮革。汉简中记有：

故漆履一两直☒　　　　　　　　　　100.23

此处漆履指用白漆涂色作成的白皮鞋。

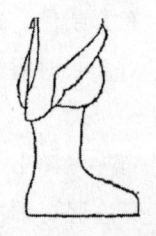

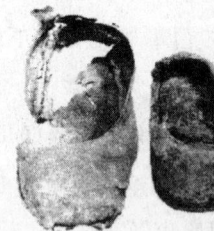

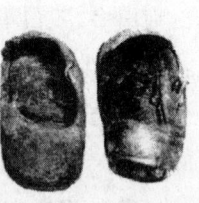

图二十五　徐州狮子山兵俑所着革鞮　　图二十六　敦煌悬泉遗址出土的革履

5. 枲肥　也是屯戍士卒所穿的鞋子之一，如：

枲肥一两　　　　　　　　　　　　　E. P. F19：12

戍卒魏郡□

皂布襌衣一领

---

① 甘肃省文物考古研究所：《甘肃敦煌汉代悬泉置遗址发掘简报》，《文物》2000 年第 5 期。

皂布复襦一领
练复袭裘一领
皂布复绔一两
枲肥一两　第廿三　　　　　　　　E. P. T59：676

汉简中"枲肥"还被称为"枲菲"。如：

梁国
睢阳戍卒西尉里玉柱□里
袭一领
皂布复袍一领
皂布襌衣一领
枲布复绔一两
枲菲一两
常韦二两　　　　　　　　　　　　179.2A

上述二者虽然叫法不同，但实质内容一样。《急救篇》云："草履曰扉"。"扉"通"菲"，《汉书·刑法志》："菲履赭衣"，师古注曰："菲，草履也。"可见"菲履"，指草鞋。《方言》："丝作者谓之履，麻作者谓之扉。"则"菲履"又指"枲菲"。如此，则"枲菲"当理解为用麻绳编成的草鞋，又古从"非"的字常和"肥"相通，《周易·咸》："咸其腓"，《释文》："腓，荀作肥。"《艮》："艮其腓"，《释文》："腓"本又作"肥"。所以，"枲肥"也即"枲菲"。"枲肥"还作"枲萉"。《说文·巾部》："布，枲织也。"段玉裁注："其艹曰枲，曰萉。"均指麻草鞋。

斯坦因在中国西北屯戍遗考古时，在多处发掘出汉代屯戍吏卒曾穿过的绳鞋，如编号为 T.XⅣ.a 烽燧 001 绳鞋，"麻制？鞋面似乎是连为一体的，后半部分向下弯曲，可能便是鞋跟，鞋前端脚趾上部分与鞋帮相连做成平面，后面向上卷起形成鞋帮，后跟为结实起见，加垫了一块衬垫，衬垫制作方法与鞋面相同，做鞋底线绳比鞋面绳粗一些，脚踝中部两侧有一根鞋带，鞋帮上扎鞋带的部分是一块质地较好的帆布之类织物，鞋带穿过紧密成排的鞋带眼将鞋系住，这只鞋做工规整，精细"①。

T.XIVa.002绳鞋："麻制，鞋底用10根较粗线绳做纬线，再用较细的线绳做经线，经纬线上下交织而成，靠近趾端被拧成两股，每股五根。经线分别从这两股上下穿过，这两股纬线相对较长，延长的纬线折回与经线织为一体，两股纬线最终形成一个圈。鞋后跟编织与前端相同，只是线绳没有延长那么多，鞋后跟约2英寸处，鞋底两侧各四个圈，向前延伸还有几个圈，一根双股线绳从鞋跟附近圈中穿过，这样使鞋跟不裂开，最后再用一根线绳将所有圈串起来，紧系在鞋子上，这只鞋与今克什米儿'草鞋'大致相似，长1英尺，宽4.5英寸"②。

上述斯坦因所描述的绳鞋按式样即为文献或汉简中所述之枲肥（图二十七）。敦煌悬泉置遗址考古发掘中也见此类鞋的实物（图二十八）。

图二十七　斯坦因考古所见汉代绳鞋　　图二十八　敦煌悬泉置出土的枲肥

6. 常韦　与尚韦是同名的异写，指用熟皮做鞋面，绱在鞋底上做成的鞋。汉代桓宽《盐铁论·散不足》："古者庶人鹿菲草芰，缩丝尚韦而已。"马非百注："缩丝尚韦，用丝约束，或加之以皮。"王利器校注："此章自履、舄、鞜、衰……以下至章末，多为说履、舄之名饰……自古作履自有尚韦制，与此上下正合……《玉篇·革部》'鞜，音掌，扇安皮也。'今尚云'鞜鞋'。'尚'即'鞜'字。"《广韵》："缩，抽也。"丝，可为丝线，也可为麻绳线或棉线，今河西一带农村还见用缝衣针头能穿过的细麻绳或细棉线绱的鞋子。"缩丝"即"抽线"。"缩丝尚韦"，指用熟皮做鞋面并用线绳绱在鞋底的鞋子，今河西一带农村也把"做鞋"说成"绱鞋"。

---

① ［英］奥雷尔·斯坦因：《西域考古记》，广西师范大学出版社1998年版，第441页。
② 同上。

"尚韦"还作"裳韦"。《急就篇》:"裳韦不借为牧人。"皇象本钮树玉校订:"'裳'作'尚'。"看来"尚韦"或"常韦"多为古代社会上地位低贱者所穿,河西屯戍吏卒多穿常韦或尚韦,汉简中多有记载,如:

贵里淳于休☐衣橐
皂布襦　枲肥　常韦　犬袜二　　　　　　　34.15

袭八千四百领
绔八千四百两
常韦万六千八百……　　　　　　　　　　　　41.17

……☐布复袍一领
皂布章禅衣一领
☐复袭一领。
皂布复绔一两
犬袜二两
常韦二两
枲肥一两。
赉县官袭一领
车第十　　　　　　　　　　　　　　　　E.P.F19:12

戍卒河东北属东邑里张奉上
皂布袍一领　出
缇行縢一　出
白练裳袭一领　出
尚韦二两一　出
皂布单衣一领　出
狗皮袜二两一　出
皂布绔一两　出　　　　　　　　　　　　敦简1686

从居延 41.17 号简文看,当时政府为屯戍吏卒所配衣装中,仅常韦一类记载数量就达"万六千八百",可见其在屯戍吏卒中所穿足衣中的比例之高。

7. 戈韦沓 即黑皮鞋。河西汉简中仅见一例:

戈韦沓一两直八百五十   262.28A

《汉书·文帝纪》孝文皇帝"身衣戈绨",如淳注:"戈,皂也。"颜师古注:"戈,黑色也。""韦",是熟制的皮革。《仪礼·聘礼》贾公彦疏:"有毛则曰皮,去毛熟治则曰韦。""沓"同"鞜"。《集韵·合韵》:"鞜,革履。""也音沓,达合切。"《中国简牍集成》七第 133 页也把"戈韦沓"释作"黑色皮鞋"。

8. 袜 在文献中有多个异体字,《史记·张释之列传》:"王生者,善为黄老言,处士也。尝召居廷中,三公九卿尽会立,王生老人,曰'吾袜解',顾谓张廷尉:'为我结袜!释之跪而结之。'"《汉书·哀帝纪》:"起下,韤系解。"《类篇·皮部》:"皮蔑,足衣也,或作皮末。"《玉篇·韦部》:"袜,足衣也,也作袜。"《说文·韦部》:"袜,足衣也,从韦,蔑声。"除袜、韤、皮末外,见于文献中的还有帓、鞜、鞨、练等字,均指足衣。《释名·释衣服》解释更形象:"袜,末,在脚也。"

汉代的袜子,袜子之上往往有带子,可以系解,使之不易从脚上滑落。《实录》曰:"自三代时已有之,谓之角袜,前后两相承,中心系带。"可见古代的袜为一双,袜上系带。《史记·帝王世家》曰:"武王伐纣,行至商山,袜系解。"图二十九为马王堆一号汉墓出土的袜,袜上有带子可系缚于胫。敦煌马圈湾烽燧遗址 T12:0121 处曾出土一只屯戍吏卒穿过的麻布袜,基本完好,底长 25 厘米,袜筒深 14 厘米,后跟开口(图三十)。此外,敦煌汉代悬泉置遗址也出土残袜。[①]

---

① 甘肃省文物考古研究所:《甘肃敦煌汉代悬泉置遗址发掘简报》,《文物》2000 年第 5 期。

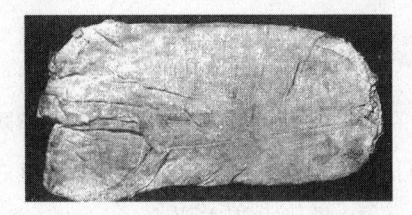

图二十九　马王堆一号汉墓　　　　图三十　马圈湾 T12：0121 出土的
　　　　　出土的绢袜　　　　　　　　　　　　麻布袜

袜的颜色因用途、身份等不同而有所区别。《汉旧仪》曰："凡斋玄豹袜，耕用青袜。"下面几枚汉简是关于屯戍士卒的衣装记录，从中可看出汉代屯戍士卒穿袜，例如：

□□□□里蔡□
练袍一领　　　布绔一两　　　布襦一领
韦绔一两衣　　褐练一　　　　　　　　　E. P. T51：387

□穰邑长安里房□见
白布练二两　∕
行巾券 帻二枚 已　　　　　　　　　　　E. P. T52：94

戍卒陈留郡平丘□□里赵野
羊皮裘一领受□□
枲履一两
革緹二两
犬练二两
枲□二两　　　　　　　　　　　　　　　E. P. T58：115

褐练，在这里指粗布做成的袜子。《诗·豳风·七月》："无衣无褐，何以卒岁。"郑玄笺注："褐，毛布也。"犬练，即用狗皮做成的袜子，也有称犬皮练（E. P. T59：19）、狗衣练（敦简1686）的。见于河西汉简中还有葛练（8.2）、枲练（214.93）等质料的袜子。从来源上看有官练（E. P. T51：507）、私练（303.34）两种来源。

43

四　体衣附加物

体衣附加物，在这里特指吏卒腰间所系的带和腿上绑的行縢。虽然它们不是遮体、护身的衣服，但对屯戍吏卒来说至关重要。

1. 带　古代衣服多无纽扣，常以带将其开襟部分合拢。因此，带起了束腰、紧身之作用。《释名》曰："带，蒂也，着于身如物蒂也。"《说文》曰："带，绅也。男子鞶带，妇人带丝，象系佩之形。带必有巾，故从巾。"带有大带和革带。大带用丝织物制作，一般宽四寸，其结扣放于腹前，腰带打结后多余部分下垂至裙边，叫"绅"，故又称绅带。《论语·卫灵公》曰："子张书诸绅。"《礼·玉藻》曰："凡侍于君，绅垂足如履齐。"又曰："素带终辟，大夫素带辟垂，士练带率下辟，居士锦带，弟子缟带。"绅带打结的方式有两种：一为"纽"，指打成环状易解的活结，如蝴蝶结；二为"缔"，指打成死结不易解开。[①]山西候马东周墓出土的人物陶范上，可见绅带式样（图三十二）。

居延汉简里有白素带（E.P.T52：187）的记载，素：《说文》："白致缯也。"为普通的生丝织物，未经练染，显示本色，纤度和厚度均较适中。白素带，即白色的丝制带子。说明汉代屯戍吏卒用大带系结衣裳。

大带虽然比较华美，却不适于悬荷重物，革带常与大带配用。杨赐拜太常，"诏赐自所服冠帻绶玉，兼革带"。[②] "革带博二寸"[③]，以皮革制成，上有小铁环，"凡佩系于革带"。革带上可装带钩，孙机先生指出："先秦之初将革带系在大带底下。在带钩和带扣出现以前，革带的两端大约多用窄绦带系结。"当"带钩在中原地区广泛流行以后，革带逐渐摆脱了从属于大带的地位，特别在战国时代，武士们多着齐膝的上衣和长绔，腰间只束一条装钩的革带"。[④]此据有理，秦兵马俑坑大批武士腰间束装带钩的革带。河北燕下都遗址出土的铜人腰间所系也为革带（图三十三）。

---

① 孙机：《中国古舆服论丛》，文物出版社 2001 年版，第 253 页。
② (宋) 李昉：《太平御览》卷 696《服章部十三》引《东观汉记》。
③ (宋) 李昉：《太平御览》卷 696《服章部十三》引《礼记·玉藻》。
④ 孙机：《中国古舆服论丛》，文物出版社 2001 年版，第 253、255 页。

贵族或高级官吏的革带上往往有精美的装饰，如"文帝遗匈奴黄金饰具带一，黄金犀毗"。①又班固《与窦将军笺》云，"复赐固犀毗金头带，此将军所带也"。地位低贱者的革带上则无装饰。《汉书·贾山传》"布衣革带之士"，颜注：言贫贱之人也。据《黄文弼蒙新考察日记》中提到的当时中瑞西北科学考察团在黑柳图汉代古兵营遗址曾"发现带钩等物"。图三十一为中瑞西北科学考察团在内蒙古额济纳河流域 K732 房址发掘的一对青铜带扣，"主要是装饰镂空图案的椭圆形扣舌和长方形带环。椭圆形的扣舌上覆盖浮雕和镂空龙纹图案，两层被 2 个铆钉固定在一起，每一端都相当随意地搭在一起，尺寸为 6 厘米×3.6 厘米"。②

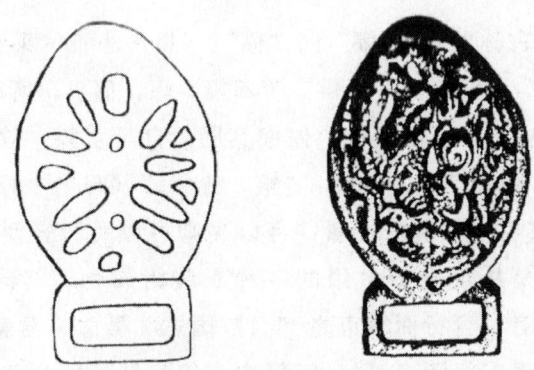

图三十一　内蒙古额济纳河流域 K732 房址发掘的青铜带扣

斯坦因在甘肃长城沿线 T.XⅧ.001 发现"铜带钩铸品，长的一头系皮带，朝外一面铸一狮子头，狮子口伸出一个向右拐的长柄，带扣另一头则是一个猴头形圆扣，用来勾住皮带，另一头圆环通长 $2\frac{1}{4}$ 英寸"。③他在 T.XXⅧ 烽燧发现的"铜带扣有系皮带的柄，带扣稍有弯曲，扣舌在居中，$1\frac{3}{4}\times1\frac{1}{4}\times\frac{1}{4}$ 英寸，编号 0019"。④说明河西屯戍吏卒也系革带。

---

① （汉）班固：《汉书》卷 94《匈奴传》。
② 黄晓宏、张德芳等译：《内蒙古额济纳河流域考古报告》，学苑出版社 2014 年版，第 139 页。
③ ［英］奥雷尔·斯坦因：《西域考古记》，广西师范大学出版社 1998 年版，第 444 页。
④ 同上。

图三十二 山西侯马出土的腰束绅带人物 　　图三十三 河北燕下都遗址出土的系革带铜人

2. 行縢　古称邪幅,"幅"同"偪"。《诗·小雅·采菽》:"赤芾在股,邪幅在下",毛亨传:"诸侯赤芾邪幅。幅,偪也,所以自偪束也。"郑玄笺:"邪幅,如今行縢也。偪束其胫,自足至膝,故曰'在下'。"郑注《礼记·内则》"偪"亦称:"幅,行縢。"《释名·释衣服》也曰:"幅所以自逼束也,今谓之行縢,言以裹脚可以跳腾轻便也。"可知邪幅即为行縢,是从足至膝上用的一种衣装附属物。《诗·小雅·采菽》:"名行縢者,言行而缄束之。"《三国志·吴志·吕蒙传》:"蒙阴赊贳,为兵作绛衣行縢。"居延汉简中有缇行縢(E.P.T51:457)的记载,缇:《说文》:"缇,帛丹黄色",缇行縢,即丹黄色的裹腿。根据咸阳杨家湾出土的汉代陶俑来看,汉军行縢采用大块布帛,四角缀带,绑法有两种。一是先横束于行縢上方一周,再斜绕呈"之"形而下,在行縢下方绕一周紧固,如图三十四:1。二是先横束于行縢上方二周,再斜绕呈"之"形而下,在行縢下方绕二周紧固,如图三十四:2。

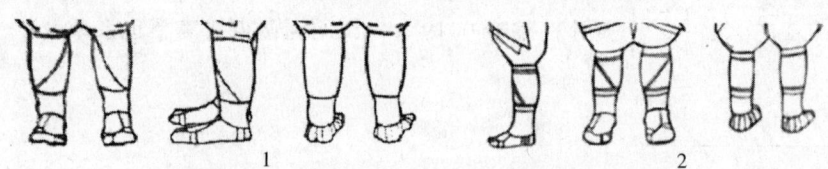

图三十四　杨家湾出土的汉代兵俑所着行縢

第二节 防护类衣装

居延汉简中也见有屯戍吏卒的防护类衣装，如下：

革甲廿完　　　　　　　　　　　　14.22

铁铠三百卅一　　　　　　　　　　285.13

铁铠鞮瞀各三☒　　　　　　　　　E.P.T14：12

第九燧铠鞮瞀各一　　　　　　　　E.P.T48：157

三月余铁铠五十九　　　　　　　　E.P.F22：312

☐穰邑长安里房☐见
白布单衣一领　∠
白布单二枚　∠
面衣一枚
白布练二两　∠
白布单☐一领　∠
黄单绔一枚　已
白韦绔一枚　已
行巾券帻二枚　已　　　　　　　　E.P.T52：94

防护类衣装主要是在战争中起对身体的防护功能，从居延汉简里保存下来的记录，可以清楚地看到防护类衣装已经是河西边塞屯戍地区吏卒主要的装备。铁制类和革制类防护装备同时并存，吏、卒头戴铁制或革制的鞮瞀，身穿铁铠或革甲类甲衣，臂上护射鞲，脸上罩面衣。

1. 鞮瞀　即兜瞀，甲胄之胄，俗称头盔，是吏卒同敌人作战时的特殊防护用具。《墨子·备水》云："选材士有力者三十人共船，其二十人，人擅有方、剑、甲、鞮瞀，十人，人擅苗。"孙诒让注引王引之云："鞮鍪即兜鍪也，兜鍪，胄（胄）也。""瞀"又作"鍪"，《急就篇》注释为"似金而反唇，形似倒锅"。

鞮瞀的制作材料，依据居延汉简中提到的可分为铁制和革制两类。如下面两简文所记：

革鞮瞀四 ▄ 有方一 ▄ 239.81

□铁鞮瞀若干 其若干币绝可缮 49.26

2. 铠甲 是屯戍吏卒作战时穿在身上的防护用具。依据下列简文分革甲和铁铠。

革甲廿完 14.22

木质一 白玄甲十三领
革甲六百五十 铁铠二千七百一十二 E.P.T59：183

2.1 革甲 是用坚厚的兽皮为原料编成的甲衣。《考工记》里有"函人为甲"的制度，函人是专门制造皮甲的工匠，制造皮甲有规范的式样，"凡为甲，必先为容"。还区分了制革、锻革、钻革等工序，指出每道工序应该注意的事项。《考工记》的记录反映了当时革甲制作的技艺和使用的普遍性。革甲目前无完整的实物出土，据考古工作者在湖南长沙、湖北江陵等地墓葬里获得的皮甲实物资料看出，"主要使用的甲片多是圆角长方形的，往往极接近正方形，时代较迟一些的标本则常常是由两层皮革合成的合甲，表面还涂有漆"。①

2.2 铁铠 随着生产力的发展，出现了比革甲质料更为坚固的防护

---

① 参见杨泓《中国古代的甲胄》，《考古学报》1976年第1期。

装备，那就是铁铠。铁铠出现的较晚，《尚书·泰誓》孔颖达疏："兜鍪，首铠也，经典皆言甲胄，秦世已来始有兜鍪、铠之文，古之作甲用皮，秦汉以来用铁。铠、鍪二字皆从金，盖用铁为之，而因以作名也。"《周礼·司甲》郑玄注："古用革谓之甲，今用金谓之铠。"铁铠在文献中也有直呼"铁甲"的，如《吕氏春秋·贵卒》："赵氏攻中山，中山之人多力者曰吾丘鸠，衣铁甲操铁杖以战。"铁铠出现的时间，据杨泓在其《中国古代的甲胄》一文中考证，约在战国时期，这一说法已被近年来的考古新发现所证实。铁铠在汉代文献里又称为"玄甲"。《说文》："黑而有赤色者为玄。"《史记·卫将军骠骑列传》记载，骠骑将军霍去病死后，"天子悼之，发属国玄甲军，陈自长安至茂陵，为冢象祁连山"。这种玄甲送葬的制度，是当时很隆重的葬礼，东汉时也仍旧沿袭着，《东观汉记》："祭遵薨……乃赠将军，给侯印绶，遣校尉发骑士四百人被玄甲兜鍪兵车军阵送葬。"① "玄甲"一词，又常见于汉魏的文学作品中，例如班固《封燕山铭》："玄甲耀日，朱旗绛天。"② 又如曹丕在黄初六年（225年）到广陵古城临江观兵时所赋诗中有"戈矛成山林，玄甲耀日光"之句。③ 以上两例都是以"玄甲耀日"来形容军容之盛，同时也用"玄甲"一词概括军队中所装备的铠甲。

3. 射鞲　射箭者护臂之革袖套，是屯戍吏卒防护身体的护具之一。

　　射鞲一直三百　　　　　　　　　　　ESC18

《说文·韦部》："鞲，臂衣也。"《汉书·东方朔传》："董君绿帻傅鞲。"注曰："鞲形如射鞲，以缚左右手，以于事便也。"射鞲在古代文献中有遂、拾、捍、臂鞲等多种称谓。《仪礼·乡射礼》："遂，射鞲也，以韦为之，所以遂弦者也。其非射之时，则谓之拾。拾，敛也，所以蔽肤敛衣也。"《礼记·曲礼》："野外军中无挚，以缨、拾、矢可也。"郑玄注："拾，谓射鞲。"《广雅》王念孙疏证："拾、捍、鞲皆谓遂也，着于左臂，以扞弦也。"《后汉书·明德马皇后纪》："仓头衣绿鞲，领袖正白。"李贤

---

① （宋）李昉：《太平御览》卷356《兵部》兜鍪条引文，中华书局1960年版，第1630页。
② （唐）李善等：《六臣注文选》卷56《四部丛刊》本，第183函，第28册。
③ （西晋）陈寿：《三国志》卷2《魏书二·文帝纪》，中华书局1959年版，第85页。

注曰："韝，臂衣，今之臂韝，以缚左右手，于事便也。"

2003年，新疆吐鲁番学研究院、新疆文物考古研究所在鄯善县吐峪沟乡洋海夏村的古代墓葬群中，曾发现4件时代相当于商代的古代射韝实物。年代约当商周之际至战国晚期。其中，洋海ⅠM21号墓第2层的墓主人左手腕部套一红牛皮缝制的筒状射韝，上缀二枚铜扣，长12.6厘米、径9.5厘米①（图三十五）；陕西杨家湾兵俑两臂上都戴射韝（图三十六）。

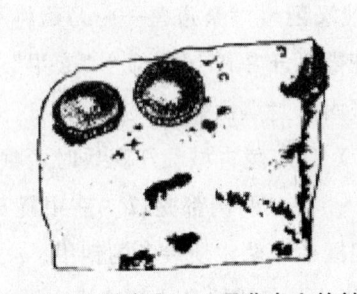

图三十五　洋海ⅠM21号墓出土的射韝　　图三十六　带双射韝的杨家湾兵俑

4. 面衣　指用以遮蔽脸面，抵御风寒的帽具，用时附于帽檐，披于脸前。高承《事物纪原·冠冕首饰·帷帽》说："又有面衣，前后全用紫罗为幅下垂，杂他色为四带，垂之背，为女子远行乘马之用。"这里对面衣的式样解释不甚清楚，只知道是女子远行乘马护面之用。朱和平先生在《中国服饰史稿》第160页中附有面衣图，可知面衣式样。图上的面衣为一块约有成人的脸大小、正方形的布料。布料的正上方开一个长方形小口，小口处蒙上孔隙较大的网格纱。布料的上边两角连接等长的带子，用时可以绑在头上（图三十七）。面衣一词，居延汉简中也有记载，如：

□穰邑长安里房□见

---

① 迟文萃：《古代臂韝刍论：以契丹臂韝为中心》，辽宁师范大学硕士学位论文，2012年，第10页。

白布单衣一领 ╱

白布单二枚 ╱

面衣一枚

白布练二两 ╱

白布单□一领 ╱

黄单绔一枚已

白韦绔一枚已

行巾券帻二枚 已　　　　　　　E. P. T52：94

汉代边塞特别是西北地区冬季寒冷，气候条件较内地恶劣，士卒在烽燧处站岗放哨，查看敌情，带面衣可抵御风寒、防护脸面，并起保暖作用。

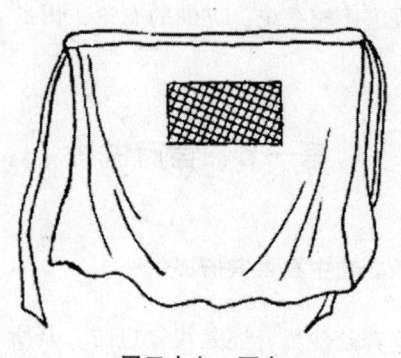

图三十七　面衣

第二章　屯戍吏卒的衣装来源

关于河西屯戍吏卒的衣装来源问题，学界主要有两种争论，一种观点认为是由官府提供，以徐苹芳、陈公柔等先生为代表[①]；另一种观点则认为衣服官给，但也有私衣，以劳榦、黄今言等先生为代表。[②] 笔者倾向于后者。由于此问题学者多是在论述居延汉简内容或秦汉军事制度的文章中捎带提及，目前尚缺乏比较系统、详细的专论。因此，笔者拟就此问题再次展开论述。

第一节　官府供给

一　屯戍士卒的衣装主要由官府提供

汉代，士卒无论奔赴沙场，还是戍守边防，其所穿衣装主要由官府提供。考察西北汉简所记，我们就能得出结论：

　　□□燧卒□逢薛明□
　　官袭一领｜
　　官袍一领｜　　　　　　　　　　E. P. T53：115
　　☑方秋天寒卒多无私衣　　　　　478.5

[①] 见徐苹芳、陈公柔《关于居延汉简的发现及研究》，《考古》1960年第1期；王震亚、张小锋《汉简中的戍卒生活》，《简牍学研究》（第二辑），甘肃人民出版社1997年版，第106页。

[②] 见黄今言《秦汉军制史论》，江西人民出版社1993年版，第301页；劳榦《汉代兵制及汉简中的兵制》，国立中央研究院历史语言研究所集刊第十本第一分本，1942年，第37页。

"官袭"、"官袍"、"无私衣"等用语表明这些衣物由官府提供。简中"｜"是燧卒从官府领取衣物后所作的记号。同样的例子还有很多，如下例两条简文：

戍卒济阴郡定陶池上里史国
县官帛□袍一□□三斤　　　县官袭一领不阁
县官枲履二两　　　　　　　县官帛裌袭一领四斤四两
县官练二两　　　　　　　　县官帛布二两一领
县官□□二两　　　　　　　县官帛布绔一两七斤
县官草履二两不阁　　　　　　　　509.26

右县官
犬袜二□
常韦一两
缇绩一□
缇行縢二□　　　　　　　　　E. P. T51：457

第一条简文是戍卒史国服役前官府配发的衣装，有袍、袭、绔、履、袜、帛布；第二条简文是官府提供给某一士卒的衣装总量。"县官"一词在中国古代封建社会里主要有三种解释：（1）专指皇帝。《史记·索隐》："县官为天子也，所以谓国家为县官者，《夏官》王畿内县即国都也，王者官天下，故曰县官也。"（2）泛指官府。《后汉书·刘矩传》："民有争讼，矩常引之于前，提耳训告，以为忿恚可忍，县官不可入，使归更寻思。"是说刘矩教育人们，当发生矛盾时，要尽力化解，不要轻易入官府打官司。"县官"即指官府。（3）一县的行政长官。《汉书·食货志》："其所在县官，除其本，计其利。"是说县官要为人民谋福利。上述简文中提到的"县官"泛指官府。

从传世文献中照样能找到答案，如：《汉书·赵充国传》载赵充国征羌时，"以一马自佗负三十日食，为米二斛四斗，麦八斛，又有衣装，兵器，难以追逐"。《汉书·杜茂传》记载：建武十二年（36年），"谒者段

53

忠将众郡弛刑配（杜）茂，镇守北边……又发委输金帛缯絮，供给军士"。《后汉书·乌桓传》记载：建武二十五年（49年），乌桓大人郝旦归降后，"皆居塞内，布于缘边诸郡，令招徕种人，给其衣食，遂为侦候，助击匈奴、鲜卑"。《后汉书·显宗孝明帝纪》载：永平八年（65年），皇帝诏"三公募郡国中都官死罪系囚，减罪一等，勿笞，诣度辽将军营，屯朔方、五原之边县，妻子自随……凡徙者，赐弓弩衣粮"。这说明不但边郡兵、将屯兵的衣装官给，而且连刑徒兵、属国兵的衣装也由国家统一配发。宋人钱文子在《补汉兵志》序中言汉兵："衣齐自备"，此话看来不对。[①]

一般情况下，戍边士卒的衣装在士卒出发前已由当地官府禀给，但有时也由边塞机构配发。如下面几条简所示：

袭八千四百领

绔八千四百领

常韦万六千八百

右六月甲辰遣□□□□□□   41.17

第一皂单衣八百领   504.19

受正月余袭二百卅二领

其二领物故

今余袭卅领   E. P. T51：192

复绔百一两一   484.26

从前面官府配发给士卒衣装数量来看，一般都是每件物品一件至两件，但此四例中所举的衣装数量相当大，且又是出土于西北边塞的四枚简，因此可以肯定，戍边士卒的衣装边塞也可以配发。

既然边塞可以提供给戍边士卒衣装，那么边塞又如何提供？笔者认为

---

① （宋）钱文子：《补汉兵志·序》，《二十五史补编》，中华书局1955年版，第407页。

有以下几种情况：

1. 边塞机构配发

　　☒六燧长冯良部辞治枲织☒　　　　　　　E.P.T52：131

此简是关于燧长冯良"枲织"之事的供词。"枲织"二字明显告诉我们，在当时的西北边塞也有纺织业。《黄文弼蒙新考察日记》中曾提到当时西北科学考察团在黑柳图汉代古兵营遗址发现织布用的"纺轮一枚"；斯坦因在甘肃长城沿线考察时也见到"纺轮"[①] 实物。此外，从居延汉简资料还发现有大量的关于士卒衣装原料的记载，如：

甲沟
白素三匹未入
缘二丈未入
絮少泰（七）枚
绪絮一斤三两未入
绳少九十五斤　　　　　　　　　　　　　E.P.T59：342

缥一匹直八百
代素丈六尺直三百六十八
白练二匹直千四百
练一匹直千
皂二丈五尺直五百　　马君卒　　　　　　　284.36

上述第一条简文是关于"白素"、"缘"、"绪絮"等物的未入账记录，第二条简文是关于"缥"、"练"等物的价值记录，二者有共同的特点，即此两例都是关于边塞地区衣装原料的若干记载，这从另一方面说明边塞存在纺织业的可能，因此，戍边士卒衣装可以在边塞就地加工。

---

① ［英］奥雷尔·斯坦因：《西域考古记》，广西师范大学出版社1998年版，第378页。

2. 从各地运到边塞

2.1 直接从各地成批量调拨运往边塞

汉代有专门生产服装的手工作坊,《汉书·百官公卿表》说"少府有东、西织室",《后汉书·百官志》"考工令一人,六百石……主作兵器弓弩刀铠之属,成则传执金吾入武库,及主织绶诸杂工"。由此推断当时的军服生产,也当由各地官府手工作坊承担,成品后统一调拨到军队各部门或运往边塞。然后由边塞机构统一调配,由前例可推知这种情况的存在。

2.2 由内地官府先分配给每个将要去戍边的士卒,并在衣装橐上写上姓名、籍贯、衣装数量名称等,然后由官府组织的、专门的车夫运往边塞,再由士卒自行领取。

一般情况下,戍边士卒在出发前,当地官府按照国家的相关指示并结合当地的实际经济状况授给士卒一定数量的衣装。为了证明他们已经贯彻执行了上级的指示精神,当地官府在衣装授出时就严格把关,以防官衣财物的丢失。我们来看下面几个例子:

贾氏里张□军县官衣□橐   E. P. T53:79

裘练 橐封以陈留大守章   E. P. T58:115

魏郡戍卒贵里淳于休□
衣橐
皂布襦
枲肥
常韦
犬袜二   34.15A

戍卒魏郡邺都里赵元衣橐检   E. P. T52:494

从上例简文看出,官府授给士卒的衣装首先装在衣橐里运出。

囊，《说文》曰："囊，谓橐也。橐，车上大囊也。"《史记》载："韩信已定临淄，楚使龙且救齐，夹潍水阵。韩信乃夜令人为万余囊，盛沙以壅水上流。"可见囊是比较大的袋子。囊内可装食物、军粮等物。《方言》曰："自关而西，食囊谓之掩囊。"《毛诗·公刘》曰："乃裹糇粮，于橐于囊。"《汉书·东方朔传》曰："朱儒长三尺余，奉一囊粟。"《太平御览》注引《江表传》载："魏太祖与马超单马会语。超负其多力，尝置六斛米囊东西走马。"黄金贵先生考证了囊的形制："下有底，上有一出入口，通常以布帛等柔软物缝制，有大有小，可由上而下装衣服、米粮、钱币、杂物等，口可束结，加锁钥，与今天口袋子相类，宜于车载、贮置。"① 囊上还注明"县官"字样。其次，官府授给士卒的衣装在清点完毕并装在衣囊里之后，衣囊要捆扎密封，上面盖上当地官府的印章。衣囊上还捆着一枚封检，"检"即指封检，相当于标签的作用，检上注明士卒的籍贯、乡里、姓名，这样士卒在边塞领取时就不会出现错领的现象。封检上有刻槽。"囗"即为封检刻槽，刻槽内有封泥，上面也盖有当地官府的印章，取下封泥，里面一般还绑有一枚简，简上写着官府授给的衣装数量和种类。只有边塞指定的官员才能打开封泥，以便进行核对。

官府授给戍边士卒的衣装往往专人专车运送，这样既减轻了士卒的压力，又防止官衣财物在路途中丢失。如下简：

　　　　淮阳郡□平第十五车襄平里陈尊
　　　　袭一领　复绔一两　枲履二两　　　　　　　498.12

此简记录了士卒陈尊的籍贯、衣装名称、数量、车号等。"第十五车"表示陈尊的衣装由淮阳郡政府派出的第十五车运送。这样的例子有很多，如下例：

　　　　布单襦一领　□一　黄布绔一两　毋

---

① 黄金贵：《"囊"、"橐"辨释》，《徐州师范学院学报》1994年第1期。

第卌四车　　　　　　　E.P.T52：139

　　☒车夫守　　第廿一
　　☒毕
　　袭一　　　　卩
　　布复袭一　　　卩
　　韦绔一　　　　卩
　　布单襦一　　　卩　　　　E.P.T52：331

　　上例都是残简。其中第一条简文指某士卒的衣装由"第卌车"运送。第二条简文中不但记下了车号，而且记下了车夫的名字"守"。由此看出当时戍边士卒的衣装可由官府组织车马托运到边塞，然后由士卒领取。

　　根据高敏先生的解释，"卒"在汉代指服徭役的"更卒"和服兵役的"正卒"、"士卒"而言。"吏"也是一种服役者，待遇与卒基本相同。[①] 笔者赞同这一说法，根据《续汉书·百官志》关内侯条注引刘邵《爵制》所说："秦依古制，其在军，赐爵为等级，其帅人，皆更卒也，有功赐爵，则在军吏之别。自一爵以上至不更四等皆士也……一爵曰公士，二爵曰上造……皆步卒也，四爵曰不更，不复与凡更卒同也，五爵曰大夫，六爵为官大夫，七爵为公大夫，八爵为公乘，皆军吏也，吏民爵不得过公乘。十爵为左庶长，十一爵为右庶长，十二爵为左更，十三爵为中更，十四爵为右更，十五爵为少上造，十六爵为大上造，十七爵为驷车庶长，十八爵为大庶长。自左庶长至大庶长，皆卿大夫，皆军将也。"吏民的爵级不得超过八级，爵位在九级以上者，尚可以免役，说明"军吏"与"卒"都是服役者。既然去服役，在他们出发前，当地县官有义务给他们配备衣装，或者由边塞机构配发。

　　□□燧长董福　　□□绔直五百

[①] 高敏：《试论汉代"吏"的阶级地位和历史演变》，《秦汉史论集》，中州书画社1982年版，第213页。

　　　　□大人积居官袍直五百燧卒张偃
　　　　□客□偃
　　　　负第三卒主□□□一直钱五百☑
　　　　负第二卒广□布复绔一直☑
　　　　负□□卒傅胜复襦一直☑　　　　　　257.17

　　此简是河西边塞屯戍吏卒配发衣装的简文记录，从简文内容看："□□燧长董福"配发"□□绔直五百"、"□大人积居官袍直五百"。由此可知河西屯戍官吏的衣装也由官府提供。

　　　　☑燧长□陵邑富里张阳护
　　　　官布复袍一领
　　　　犬纬一两
　　　　枲履一两
　　　　□□□□□□□□□□今俱传行贾则贩以
　　　　出入关可休遣补令所请传☑　　　　73E.J.T6：34

　　此简中燧长张阳护有官布复袍一领，犬袜一两，枲履一两。
　　下面简文记载：

　　　　☑□为部吏市绛履绔带☑　　　　　　484.19

　　"市"在这里做动词"购买"来讲。此例"为部吏市绛履绔带"说明吏若无"绛履绔带"，当由边塞机构人员为其到市场购买。
　　其实，无论在何地配发衣装，我们依据上文都能够肯定，屯戍吏卒的衣装主要由官府提供。

二　官府配发衣装对象

　　官府配发衣装对象与集兵方式有关。两汉集兵方式分三个阶段：
　　第一阶段：西汉前期。以征兵制为主，征兵的对象主体上是国家编户中的小农。征兵的种类和役期，目前存在一些分歧，黄今言先生认为："征兵的种类有'卫士'和'正卒'，役期各一年，共计兵役期为两年。""正卒，是指服役于郡国的地方兵役，它包括不同地区的轻车、材官、骑士和楼船士等兵种。正卒的任务主要是习射御、骑驰、战阵之类，定期'都试'，接受军训。然后返回乡里，听候调遣。'卫士'来源于正卒，是从经过训练之后的地方兵中调发而来，主要任务是屯卫京师。如果被调发戍守边防，则被称为'戍卒'。"① 如此看来，戍边士卒的役期为一年至两年。如敦煌郡的戍卒多来自南阳、颍川、陈留、东郡、魏郡、上党、河东、弘农等内郡县邑，役期为一年。但亦有一部分来自酒泉、敦煌等边郡县里的，这些边郡戍卒的役期为两年。当然，如果战事旷日持久，则"过年之徭"、"逾时之役"的情况也存在。《盐铁论·徭役篇》说："今中国为一统而方内不安，徭役远而内外烦也。古者，无过年之徭，无逾时之役。今近者数千里，远者过万里，历二期，长子不还，父母愁忧……"戍卒分"乘塞卒"、"屯田卒"、"都水卒"、"驿置卒"、"邮亭卒"等兵种，分别担负候望、檄巡、屯田、治水、邮驿、治安以及调作"省卒"，为各县置伐运菱苇等临时勤务。②

第二阶段：自武帝至西汉末期。此时既行征兵，也有募兵，还辅之志愿兵、谪兵和刑徒兵制，但志愿兵带有偶发性，而谪兵和刑徒兵多为战争激烈时的应急之举。故当时主要实行征、募兼施的兵役制度。汉政府招募的兵员称为"应募士"，其成分比较复杂。在边防中广为应用。《汉书·宣帝纪》神爵元年，西羌反，汉廷"发三辅中都官徒、弛刑士及应募……诣金城。《汉书·王莽传》载王莽为伐匈奴，"募天下囚徒、丁男、甲卒三十万人，转众郡委输五大夫衣裘、兵器粮食……"《居延汉简》290.12："出麦食马三匹，给尉卿募卒吏四月十六日食。"汉代募兵没有固定的服役期限，往往取决于募兵的使用状况或战争需要。应募为兵者通常享有一定的"赏赐"或"赐钱"；谪兵，在汉代是将那些有特殊身份的人如有罪吏、亡命、赘婿、商贾等，用强行手段遣其戍边的制度。谓之"七科谪"。即"吏有罪一、亡命二、赘婿三、贾人四、故有市籍者五、父母有市籍六、

---

① 谷霁光：《府兵制度考释》，台北弘文馆出版社1985年版，第307页。
② 吴礽骧：《敦煌悬泉遗址简牍整理简介》，《敦煌研究》1999年第4期。

大父母有市籍七，凡七科也"。汉武帝时，多次发谪戍以充边防。《汉书·张骞李广利传》："益发戍甲卒十八万酒泉……而发天下七科谪。"《汉书·武帝纪》武帝天汉元年："发谪戍屯五原。"谪戍在汉代仅行之于汉武时期。谪兵不仅役期长，"无有还期"，而且即使立有战功也往往得不到应有的奖赏；刑徒兵也称"弛刑士"，是已经被判刑，因遇皇帝"大赦"或"诏令"而解去刑具、赭衣的人。《居延汉简》中有许多刑徒充军戍边的记录。如：

元康二年五月癸未以使都护檄书遣尉丞赦将弛刑
五十人送致将军车□发　　　　　　　　　118.17

志愿兵主要指两汉军队中的"良家子"和"私从者"。何谓"良家子"？向来解释不一。通常对之释作良口、良民、有爵者，其中包括出身门第较高的普通地主。良家子从军，有征也有募。李广曾以"良家子从军击胡"。[①] 居延汉简中亦有"坐从良家子自给车马为私事论疑也（40.6）"的记载。所谓"私从者"，谷霁光先生认为是"兵士己身服役和自备军马私装，其册籍不在正规军籍之内，资粮也不由公家发给"。[②] 其说甚是，私装自备，对于广大农民来说比较难以办到。能够私装从军者，自当多为地主、商人。《汉书·匈奴传》师古注云："私负衣装及私将马从者，皆非公家兴发之限。"《汉书·赵充国传》云："愿罢骑兵，留弛刑应募，及淮阳、汝南步兵与吏士私从者，合凡万二百八十一人。"

第三阶段：自光武帝至东汉末期。募兵制逐渐代替征兵制。当时被募对象，有破产农民、刑徒，也有少数民族兵。至于运用刑徒兵作战或戍边的情况，东汉较西汉普遍。

官府提供衣装对象，从文献记载，主要为征兵制、募兵制和刑徒兵制下的广大士卒。谪兵制和志愿兵制下的良家子、私从者除外。

---

① （汉）班固：《汉书》卷54《李广传》。
② 黄今言：《秦汉军制史论》，江西人民出版社1993年版，第46页。

三　官府配发衣装时间

官府一年分夏、冬两次给士卒配发衣服。如居延汉简所示：

　　　官予夏衣如□☑直五百六万五千一百□□　　E.P.T52：330

"官予夏衣"指官方给予士卒夏衣。由此证明夏衣禀给。又《后汉书·耿弇列传》："先是恭遣军吏范羌至敦煌迎兵士寒服。"佐证了汉政府对士卒冬衣禀给。同样的例子也见于《张家山汉简二年律令·金布律》："夏以四月尽六月，冬以九月尽十一月禀之。"

四　官府配发衣装数量

对于官府配发衣装，首先，其配额数量官府有基本规定，《张家山汉简二年律令·金布律》中规定的配额数量可视为汉政府的基本配额，"诸内作县官及徒隶，大男，冬禀袍表裏七丈，络絮四斤，绔二丈，絮二斤；大女及使小男，冬袍五丈八尺，絮一斤半斤；未使小女，冬袍二丈，絮一斤，夏皆禀襌各半其丈数而勿禀绔"。其次，戍边士卒的衣服主要由当地的政府供给，由于每个郡县的经济状况不一样，所以来自不同郡县的士卒，其所供给的衣装数量也不一样。

　　　田卒淮阳郡长平北利里公士陈世年廿三
　　　袭一领　　犬练一两
　　　绔一两　　私练一两　　　貫赞取　　　　　509.7

　　　田卒，淮阳郡长平东洛里公士尉充年卅
　　　袭一领　　　私单绔一
　　　犬练一两　　私练一两
　　　私绔练　　　貫赞取　　　　　　　　　　509.7

　　　士卒济阴郡定陶池上里史国

县官帛□袍一□□三斤　　　县官袭一领不阁

县官枲履二两　　　　　　县官帛袭袭一领四斤四两

县官练二两　　　　　　　县官帛布二两一领

县官□□二两　　　　　　县官帛布绔一两七斤

县官草履二两不阁　　　　　　　　509.26

戍卒河东绛邑兰里□逢除

皂复绔一两

皂单衣一领

布单襦一领

布绔一两　　　　　　　　　　E.P.S4.T2：11

戍卒河东北屈东邑里张奉上

皂布袍一领出　　　　　　白练袭袭一领出

皂布单衣一领出　　　　　皂布绔一两出

缇行幐一出　　　　　　　尚韦二两一出

狗皮练　　　二两一出　　　　　　敦简1686

由上例看出，来自不同郡县的士卒，其官府提供的衣装种类和数量都不相同，但来自同一个地方的士卒装备相同；来自同一个郡但是县不同，其衣装装备也不同，这又反映出不同郡县的经济水平，这也进一步证明了戍边士卒的衣装官给。

五　屯戍吏卒衣装官给条件

1. 汉代官府对纺织业的重视

汉代官府对农桑业很重视，每年必由皇后亲自举行养蚕仪式，《三辅黄图》说上林苑有蚕馆，为皇后亲蚕之地。汉代设有蚕官，《汉旧仪》云：汉代置"蚕官令丞"，为指导全国养蚕事业的专职官，从汉《张迁碑》文有"蚕月之务，不闭四门"两句，也可以见到汉代地方官吏对蚕事的重视。汉《金文录》卷四有"大富虫蚕王"铜器，是蚕事时的用具。

由于官府对纺织业的重视，使得农桑业迅速发展，蚕桑生产盛极一时，当时出现了大规模的桑田，如《史记·货殖列传》说："齐鲁千亩桑……此其人皆与千户侯等。"关中地区，也是"五谷垂颖，桑麻敷棻"。

桑树栽培技术也进入一个新阶段，《氾胜之书》："治肥田十亩，荒田久不耕者尤善，好耕治之。每亩以黍、椹子各三升合种之。黍、桑当俱生，锄之，桑令稀疏调适。黍熟获之。桑生正与黍高平。因以利镰摩地刈之，曝令燥；后有风调，放火烧之，常逆风起火，桑至春生，一亩食三箔蚕。"这是我国关于桑树直播育苗技术的最早记载，系统总结了培育桑树的方法。在蚕桑生产基础上还有了一些蚕丝业专著。《汉书·艺文志》杂占类著录有《种树减果相蚕》十三卷；姚振宗《后汉艺文志》记载有《王景蚕丝法》。这些专著虽已失传，但从中可见当时对蚕桑生产的重视程度。

蚕丝纺织业的发展在当时已经具备较高水平。汉武帝元封元年（前110年）东巡海上，封禅泰山，一路上用于赏赐臣僚的绢帛有百万匹，足见蚕丝纺织生产之盛，丝织品产量之高。

家庭是纺织业生产中最主要的力量，社会中大部分纺织品，出于农村家庭手工业，两汉时期纺织已是家庭主要劳动内容之一。《汉书·食货志》服虔曰："一月之中，又得夜半十五日，凡四十五日也。"家庭纺织获得的产品一部分自家消费，另一部分充当赋税被征收，还有一小部分流入市场。

汉武帝所推行的均输、平准政策使得各地的贡赋特别是纺织品输入中央，据《史记·平准书》记载，在元封四年（前107年）的一年中，政府征求到民间的输帛500万余匹。人民没有加赋，而国家财政得以富裕起来。500万匹帛是一个值得注意的数字，根据西汉的牙尺推算，500万匹就是2400万平方米左右，而当时全国人口至多不过五六千万（西汉末年统计数为5960万左右），由此可知当时纺织生产的发达。这是士卒衣装能够官给的基本因素。

2. 官营手工业规模宏大

汉政府设立"典丝"官，专门负责丝织品的质量检验以及原料储存和发放等事务；设立"染人"，负责丝帛及其他纺织品的染色。长安设有"东织室"和"西织室"，由织室令主管，纺织规模很大，如设在陈留郡襄邑（今河南睢县）和齐郡临淄（今山东临淄）的"三服官"，都拥有织工各数千人，织制各种王室专用的精美丝绸，其工具之复杂，技巧之高超，是一般布衣百姓无法达到的。

规模宏大的官营手工业有条件满足军队内官吏的衣服供给。除京师长安外，各地郡县政府当也有专门的织室，为戍卒提供衣服。兵卒所受衣服，由各地的官府织室承担，成品后统一调拨于军队各部，军衣才能出现统一规格的情况。

3. 纺织工具先进

汉代纺织工具，在山东肥城孝堂山郭巨祠、山东嘉祥武梁祠、山东滕县宏道院、山东滕县龙阳店、江苏沛县留城镇和江苏铜山洪楼出土的汉画像石上的纺织图中皆可以见到，主要有络车、纬车、织机三种。另外见于文献的，还有缲车①、络车②、机杼③、梭④等，这在当时都是比较先进的纺织工具。随着纺织工具的逐步改进，纺织速度也随之加快，汉乐府民歌《上山采蘼芜》叙述一个弃妇和旧夫偶然重逢时的一段简短回答，说"新人工织缣，故人工织素，织缣日一匹，织素五丈余，将缣来比素，新人不如故"。汉乐府中另一首人人皆知的长诗《孔雀东南飞》，说刘兰芝在焦家"鸡鸣入机织，夜夜不得息。三日断五匹，大人故嫌迟。非为织作迟，君家妇难为"。这两首诗反映出当时纺织速度是很快的。正是因为纺织工具先进，纺织速度加快，政府才有能力组织人力生产统一的军服。

第二节　私人自备

一　屯戍吏卒衣装中部分为私衣

劳榦先生认为："据汉简所记，戍卒衣食由公家供给……除公家

---

① （宋）李昉：《太平御览》卷825《资产部》引《通俗文》。
② （宋）李昉：《太平御览》卷825《资产部》引《方言》。
③ （宋）李昉：《太平御览》卷825《资产部》引《列女传》。
④ （宋）李昉：《太平御览》卷825《资产部》引《通俗文》。

的衣食以外，还有一部分是私家的，但由烽燧发下，再由戍卒来取，可见不是亲自带到烽燧，而是由戍卒家中交给县官，再运到烽燧的。"黄今言先生也认为："汉代士兵的衣服除'官给'者外，还有'私衣'。"如："戍卒南郡穰邑□里何翘利衣橐（326.8A），戍卒颍川郡陕郏翟里成适，年卅二，为部卒取私橐□（32.7）"，这些所谓"衣橐"或"私橐"，当是由戍卒家里寄去的衣物包裹，用以弥补"官给"之不足。

二位先生的观点笔者总体赞同。但由于其观点缺乏一定的论据支持，理解起来尚有些困难，因此还需要补充和补正说明。首先，从已经出土的大量的汉简资料看，汉代屯戍吏卒在官给衣装之外，确实还有一部分私衣。如黄今言先生引"戍卒颍川郡郏翟里成适，年卅二，为部卒取私橐□（32.7）"一例来看，"私橐"即指装士卒私人衣装的口袋。"私"与"官"相对。官给衣装有时写"官"或"县官"字样，有时省写。

　　田卒淮阳郡长平东洛里公士尉充年卅
　　袭一领　　　私单绔一　　犬紾一两
　　私紾一两　　私绔练　　贯赞取　　　　509.7

　　官章禅衣一领　官布橐一　　私韦单绔一两
　　官布复绔一两　官枲履一两　私布橐一　　217.30

其次，上例提到的"私单绔"、"私紾"、"私绔练"、"私韦单绔"、"私布橐"均指戍卒私人带来的衣物。并且我们看出，官府配发的服装，或写"官"或"县官"字样，或省写，但对于私人的衣物一定要写明"私"字样。以防官私财物混淆。

二　私衣来源方式

既然戍边士卒有私衣，那么这些私衣又是如何来的呢？依据居延汉简资料，有四种来源方式：

1. 由士卒家中交给官府，再由官府代办托运到边塞，而后士卒自行领取。

为了行军的便利，一般情况下，士卒的衣装可由官府集中托运到边塞，然后由士卒领取。我们来看下面两条简：

南阳郡戍卒衣橐　　　　　　　　　　　　E.P.T17：12

右南阳私衣物橐百一十一　　　　　　　　E.P.T52：84

上述两例是居延边塞官员所做的已经运到居延的南阳郡戍卒的衣橐记载。例1虽然没有如例2那样写上衣橐总量，但还是能看出籍贯为南阳郡的所有戍卒的衣橐，当包括官衣橐和私衣橐。例2还对南阳郡所有戍卒的私衣橐做了专门记载。说明私衣橐也是集中运到边塞。运送的方式如同前面所论主要由专门的车夫运送。

2. 通过购买、贳买的方式得到。

汉代，政府除了以钱支付军官和士卒的俸饷外，还常用布、帛、絮等物来替代。居延汉简有所谓的奉帛（89.12）、禄帛（39.30、95.7、E.P.T65：79、394.1）、禄用帛（210.27、266.15、480.11）、禄布（E.P.T59：297）、禄县絮（E.P.T6：81）等称谓。

由于布、帛、絮等可以代替钱币来充当俸禄，因此一些内地去戍边的士卒临走时往往捎带上一些内地产的布、帛、絮等物品到路上或边塞去卖。当然，以布、帛、絮等加工成的袍、绔、襦等成品，其使用价值远超过布、帛、絮的使用价值，所以在交易时更常见的是衣服等织成品的交易。西北汉简中有大量的关于吏卒买卖或贳买衣物的简文，如：

□□卒贳买衣财物它官尉史□所言府●一事集封　E.P.T4：66

第五燧卒马赦贳买□□县絮装直千二百五十第六燧长王常利所
今比平予赦钱六百　　　　　　　　　　　E.P.T56：17

67

阳又卖同燧卒菜意官袭绔遮虏季游君所，直千六百五☐

             E. P. T11：3

☐鄣卒张霸　受阁帛一匹　出帛二丈三尺☐　E. P. T65：63

出帛一匹从民吴口买贳缯襦一领☐绛　E. P. T65：65

临木燧卒程当　受阁帛一匹
甲渠尉取直谷卅三石
出谷十六石五斗五升布买绛
出谷三石三斗买三斤庄襦
出谷三石五斗买履一两
光交钱买冯自为袍一领直千一百光不买赐袍 E. P. T59：31

☐买衣物令史吏所　 104.21

  "贳买"，是一种赊货交易，《说文·贝部》："赊，贳买也。""贳，贷也。"段玉裁注："贳买者，在彼为贳，在我则为赊也。《周礼·泉府》：'凡赊者，祭祀无过旬日，丧纪无过三月。'郑司农云：'赊，贳也。'"又《史记·高祖本纪》："常从王媪、武负贳酒。"韦昭也曰："贳，赊也。"无论是购买还是贳买，它都是屯戍士卒得到衣物的方式，也是补充屯戍士卒衣物不足的方式。

  除了士卒的衣装部分为私人自备外，官吏的衣装也是部分为个人自备。士卒贳买衣物主要是为了换取钱财，而官吏购买衣物则为缺乏基本的衣物。

中不审日殄卒周利谓镇曰令史扈卿买我皂袍襜褕　285.19

七月十日鄣卒张中功贳买皂布章单衣一领直三百五十三
燧史张君长所钱约至十二月尽毕已旁人临桐史解
子房知券☐☐　 262.29

第一编 衣篇

阳朔元年五月丁未朔丙辰殄北守候塞尉广移甲渠候官
书曰第廿五燧
责殄北石燧长王子恩官袍一领直千五百饼庭燧卒赵囗
责殄北备寇　　　　　　　　　　　　157.5A

吞远候史季赦之
负不侵卒解万年剑一直六百五十
负止北卒赵忠袭袭一直三百八十
凡千卅囗　　　　　　　　　　　　　258.7

由上例中看到官吏购买的衣物有皂袍襜褕、皂布章单衣、官袍、袭袭等。

3. 由家乡的亲人寄到边塞。

湖北云梦睡虎地四号墓出土了两件木牍①，其中有一件木椟上记载有个名叫黑夫的士卒说：

黑夫前寄盖就书曰：遗黑夫钱，毋操夏衣来。今书节（即）到，母视安陆丝布贱，可以为蝉裙襦者，母必为之，令与钱偕来。其丝布贵，徒[以]钱来，黑夫等直佐淮阳，攻反城久，伤未可智[知]也。愿母遗黑夫用，勿少。

与黑夫同去的另一个名叫惊的士卒也在信中说：

钱衣，愿母遗钱五六百，囗布谨善者毋下二丈五尺。
……室弗遗，即死矣。

这是秦在进行统一战争时期，二位前线士卒向家中写信要求家人给他们寄衣服和钱之事。这两封信说明早在秦时，士卒就有自备衣装的事情。汉依秦制，士卒在官府授衣不足时，也由本人自行解决。居延汉简中有这

---

① 湖北孝感地区第二期亦工亦农文物考古训练班：《湖北云梦睡虎地十一座汉墓清理简报》，《文物》1976年第9期。

样一条简,记载的是关于一个名叫初的戍卒写给他丈人的一封信,信上说:

●初叩头多问
……初寄赣袜布二两□□者丈人数寄书
使初闻丈人毋恙初叩头幸甚幸甚丈人遗初手衣已到　乙附51

"手衣"即指手套,陆云《与平原书》称曹操的手套为"手衣"①,北齐·王江妃木方所记随葬衣物中也有"故锦手衣一具"②。"丈人遗初手衣已到"是说初的丈人寄给初的手衣已经收到。短短的一两句话就让我们知道在边塞,士卒经常寄出或收到家乡亲人寄来的衣物。当其衣装不足时,也可以写信给家乡的亲人,由他们的亲人将衣物寄到边塞。

4. 士卒出发时随身携带。

我们在居延汉简资料里经常看到有士卒行道贳买衣财物简。如下面三例:

甘露三年十一月辛巳朔己酉临木候长福敢言之谨移戍卒吕异众等
行道贳买衣财物直千如牒唯官移书令鱳得泺涫收责敢言之
　　　　　　　　　　　　　　　　　　　E. P. T53:186

这是候长福就士卒吕异众等人行道贳买衣财物一事写成的牒书,要求官府收取债务。"责"与"债"通假。"行道"指去服役的路上。

第十七部甘露四年卒行道贳买名籍　　　E. P. T3:2

甘露三年戍卒行道贳买衣财物名籍□□　E. P. T53:218

此二例对行道贳买衣财物的士卒还编成了名籍。既然士卒在"行道"贳买衣财物,其必然随身也携带一点衣物以供贳买。所以,私衣来源的方

---

① (晋)陆云:《陆士龙文集》卷8,《文渊阁四库全书·集部》,台湾商务印书馆1983年版,第1063页。

② (清)端方:《陶斋藏石记》卷13,兰州大学图书馆藏线装本,第四本,第6页。

式之四为士卒出发时随身携带。这种情况一般出现在士卒单个去服役的路上，如果集体出发去服役，官府会组织专人运送士卒的衣装，这样士卒就不会随身携带衣物，也不会出现行道贯买衣物的事。

对于戍边士卒私衣的来源问题，劳榦先生的观点只涉及来源的第一种方式，黄今言先生的观点只涉及来源的第三种方式。由于两位先生只是提出问题而没有进行进一步的论述，因此本书对此作了相关阐述。另外，对于戍边士卒私衣来源的第四种方式，是对劳榦先生"可见不是亲自带到烽燧"这句话的补充。

三　屯戍吏卒有私衣的原因

通过分析，我们发现士卒衣装中确实有一部分是私人衣物。这就给了我们种种疑问，士卒衣装既然由官府提供，为什么自己还要准备一些？是国家提供不起还是其他原因？这都是必须要考虑的问题。

1. 经济水平的限制

恩格斯说："没有什么东西比陆军和海军更依赖于经济前提。"[①] 经济实力是汉王朝能不能完全提供给士卒衣装的关键因素。"汉兴，接秦之敝，诸侯并起，民失作业，而大饥馑。"而后"天下既定，民亡盖藏"，到了"孝惠、高后之间，衣食滋植"。"至武帝之初七十年间，国家亡事，非遇水旱，则民人给家足，都鄙廪庾尽满，而府库余财。京师之钱累百钜万，贯朽而不可校。""是后，外事四夷，内兴功利，役费并兴"，当时，"卫青比岁十余万众击胡"，"兵甲转漕之费不与焉。""而胡降者数万人皆得厚赏，衣食仰给县官，县官不给，天子乃损膳，解乘舆驷，出御府禁臧以澹之。"[②] 在汉王朝鼎盛时期尚且如此，以后更不待言。因此，两汉时期，国家的整体经济水平还存在一定的差距，不可能完全解决士卒的衣装等基本装备问题，不足部分当然由士卒自行解决。另外，我们从前面的分析中发现，由于受各地实际经济水平限制，各地官府提供的衣装数量和种类都不相同，条件好的提供的衣装数量和种类一般较多，条件差的则次之。这

[①] 中共中央马列著作编译局：《马克思恩格斯选集》第3卷，人民出版社1966年版，第210页。

[②] （汉）班固：《汉书》卷24《食货志》。

样在士卒出发前就已经存在衣装装备的不一致，到了边塞之后，那些衣装带得少的士卒就必然会存在不足的问题，既然官府没有能力提供充足的衣装，不足部分理所当然由士卒自行解决。

2. 继承自秦以来士卒衣装自行解决的传统

秦时士卒衣装资料相对汉时来说要少，从出土的秦始皇陵兵俑的着装来看，阵容强大的秦王朝军队衣装统一而整齐，说明秦王朝军队的士卒衣装官给。又从前举湖北云梦睡虎地四号墓出土的两件木牍上所说的事情，即关于黑夫和惊两名戍卒给家里人写信，要求家里人给他们寄衣物的例子，说明自秦以来，士卒衣装在不足时就由士卒自行解决。

3. 与集兵方式和役期有关

前文说过，征兵制、募兵制和刑徒兵制下的广大士卒衣装官给，那么，谪兵制和志愿兵制下的士卒衣装自然是自备。此外，士卒自备衣装与役期也有关，征兵制、募兵制和刑徒兵制下的广大士卒衣装虽然官给，但如果出现"过年之徭"、"逾时之役"，后方供应又出现短缺时，士卒衣装在出发时自备一些，将是应急之举。

4. 与官府配发衣装的时间有关

士卒在边塞戍边、作战或劳作，其衣服的破损情况比较严重，而官府给士卒配发衣装的时间相对来说是固定的，前文已经论述了官府一年分夏、冬两次给士卒配发衣服。这样，士卒的需要与国家的供给在一定时间内会产生矛盾，当这种矛盾发生时，士卒只能依靠自己的能力自行解决。

四 屯戍吏卒自备私衣条件

1. 两汉时期家庭纺织业的发展

两汉时期的家庭纺织业在先秦的基础上又有长足进步。种植桑麻、养蚕织绩是当时农民家庭副业不可缺少的内容。甘肃酒泉汉墓出土有陶纺轮[1]，证明当地家庭纺织业的存在。1972年武威柏树乡旱滩坡汉墓中出土的汉简上记有"蚕桑矢"、"桑叶"等药物名称，居延汉简有"干桑一分半"[2]的记载，这都说明河西地区的蚕桑生产已具有一定发展。《汉书·

---

[1] 甘肃省文管会：《甘肃酒泉县下河清汉墓清理简报》，《文物》1960年第2期。
[2] 《居延新简》，第97页，E.P.F40：191B。

地理志》载，酒泉郡禄福县有"呼蚕水"。呼蚕水以"蚕"命名，或许与其地的蚕桑生产有关。汉肩水金关遗址出土的《永始三年（前14年）诏书册》上，提到"治民之道，宜务于本，广农桑"之言，李并成先生认为："广农桑"的要求很可能在张掖等地得以实施[①]。1973年发掘的嘉峪关魏晋墓室壁画中有桑园图，还有蚕桑丝织工具图，表明当时桑蚕生产颇受重视。画上桑树生长良好，枝叶茂密，这也说明边郡桑麻种植的扩大（图三十八）。纺织业已是这一时期家庭产业的组成部分。家庭纺织业的发展是士卒衣装能够自带的重要因素。

图三十八　酒泉下河清汉墓出土的桑树壁画

2. 士卒成分的复杂性

两汉集兵方式的多样性，决定了屯戍士卒成分的复杂性，它既有农民、豪民、刑徒，也有谪民、少数民族，还有良家子与私从者。《汉书·匈奴传》师古注云："私负衣装及私将马从者，皆非公家兴发之限。"良家子和私从者自愿戍边，由于其特殊的身份，其地位较一般材官、骑士为高，在军队中往往担任一定的官职，在官给衣装不足时，他们能够自备起衣装。并且所备衣装在同等条件下要多些。

由上，笔者认为：汉代戍边士卒的衣装来源主要由官府提供，但由于国家经济水平、集兵方式、兵役期、官府配发衣装的时间等多种原因，士卒也备有私衣，这也是补充或防备官给衣装的不足。

---

① 李并成：《古代河西走廊桑蚕丝织业考》，《敦煌学辑刊》1997年第2期。

第三章　屯戍吏卒的衣装管理

军队是国家机器的重要组成部分。从某种意义上说，它是国家力量的体现。对于国家调拨的军用物资，管理相当严格。屯戍士卒的衣装从授出、运送、保存到领取等各个环节，官方都有严格的程序，管理也相当细致入微，以防止官方衣财物的丢失，保证官方廪给的衣装具体到位。

一　授出与运送过程中的管理

首先，在士卒出发前，当地官府授给士卒一定数量的衣装。为防止官衣财物的丢失，官府授给士卒的衣装要装在衣橐里运出，橐上注明"县官"字样。衣橐捆扎密封，上面盖上当地官府的印章，附捆一枚封检，检上注明士卒的籍贯、乡里、姓名。封检上有刻槽，刻槽内有封泥，上面也盖有当地官府的印章，取下封泥，里面一般还绑有一枚简，简上写着官府授给的衣装数量和种类。只有边塞指定的官员才能打开封泥，以便进行核对。官府授给士卒的衣装专人专车运送，这样边塞官员在核对时，既可以核实各地官府对国家政策的执行情况，又可以检查运送士卒衣装的车夫是否有偷盗情况，而且也便于以后士卒对自己衣装的领取。具体例证，我们在前面论述士卒衣装来源上已说得很清楚，在此不再赘举。

其次，除了官给衣装由专人专车运送外，私人自备的私衣，也是装在衣橐里，由专车运送，橐上封上私人的印章，以防止官私财物的混淆，如下简：

戍卒河东郡安邑尊德里张常☐
☐衣橐封以私印　　　　　　　　210.26

此枚简是关于戍卒张常的衣橐记载,橐上盖有张常的私人印章。由此看出官私衣装在戍卒赴边时都有专人专车运送,既有利于管理官私财物,也减轻了戍卒行道的累赘,为戍边节省了时间。

二 保存过程中的管理

屯戍吏卒的衣装无论是官给还是私人的都属士卒财产的一部分,因此在运来之后由边塞派专人迎接和收取。

戍卒颍川郡郏瞿里成适年卅二　为部卒取私橐　32.7

此简是边塞派戍卒为部卒领取已到达边塞的戍卒衣橐的记录。

衣橐领取后要置于专门的地方保管,否则也会造成官私财产的丢失并影响到军心的稳定。由此,士卒的衣装在清点、校对完毕后,要置于专门的阁中保存,有专人看护,称为"守阁卒"。为了有效管理士卒的衣装,边塞机构作出规定,无论是官给还是私衣衣装统统放入阁中保存。如果士卒需要,则去阁中领取。这既是保存官私财产的最佳手段,又体现了边塞严格的军事化管理作风。

□绔复襦一领阁 ｜ 皂复绔一两阁 ┰
布袭一领身 ｜ 布小裤一两身 ｜　　　E.P.T56：51

山阳亲阳里魏偃　　第廿三燧
白练绔一阁 ｜　　布袭一衣　布襌衣一阁 ｜
(第廿三燧、衣、阁后书)　　　　　　E.P.T56：86

以上两例中提到的"阁"即为保存士卒衣装的地方。

三 领取过程中的管理

当士卒需要衣物时就去阁中领取,如果本人忙,可以由别人代替,但守阁人员必须做出笔录,写清楚是自取还是别人代取。若是他人代取还要

75

记下取物人的名字。另外，记载清楚所取衣物的名称、数量及取物时间也是必不可少的。以下两例是守阁人员在士卒领取衣物后做的记录：

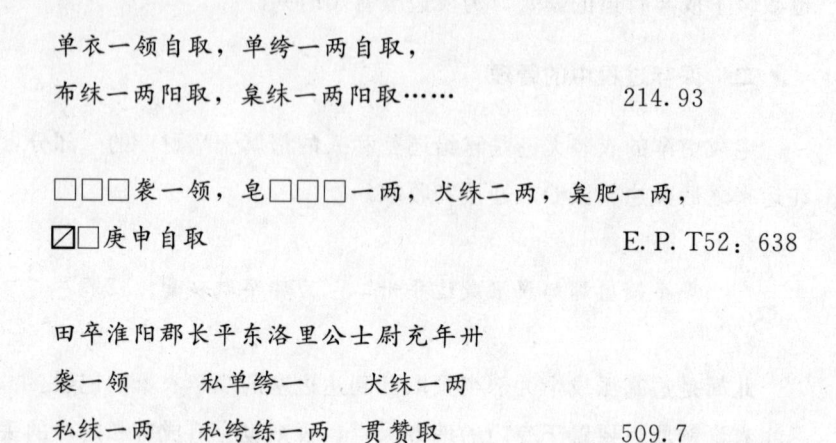

单衣一领自取，单绔一两自取，
布练一两阳取，枲练一两阳取……　　　　214.93

□□□袭一领，皂□□□一两，犬练二两，枲肥一两，
□□庚申自取　　　　　　　　　　　　　E. P. T52：638

田卒淮阳郡长平东洛里公士尉充年卅
袭一领　　私单绔一　　犬练一两
私练一两　私绔练一两　贯赞取　　　　509.7

从上例看出，某士卒存入阁中的衣装，既有自取的，也有别人代取的，而守阁人员都记得清清楚楚。包括士卒所取衣物的名称、数量和时间。存入阁中的衣物既有官给的又有私人的，这一点在士卒领取衣物后，守阁人员也要记下来。

"贯赞取"的意思推测可能有两种情况。

1. "贯赞"可能是某个士卒的名字。"贯赞取"可能为贯赞领取之意。同样的例子还有，如下面两条简所示：

田卒淮阳郡长平北利里公士陈世年廿三
袭一领　　私练一两
绔一两　　犬练一两　　贯赞取　　　　509.6

田卒淮阳郡长平业阳里公士□尊年卅
袭一领　　私绔一两
绔一两　　犬练一两　　贯赞取　　　　509.10

这两例也照样出现"贯赞取"。结合前例来看，尉充、陈世、□尊这三个士卒都是来自淮阳郡长平县的,属于老乡,而且都属田卒,有可能还在一块工作,因此完全有可能派他们的同伙或老乡去代领衣物,"贯赞"有可能是这种身份的代领人。若这种推论能够成立,应该写上"委托贯赞代取",还要有贯赞本人的信息资料及亲自画押才为完整,否则就有可能造成人为的混乱。

2. "贯赞"也有可能是专门负责士卒领取衣物方面的守阁人员。"贯赞取"指守阁人员贯赞将士卒的衣物从阁中取出,交给士卒,然后在士卒衣物簿上记下自己的名字。

四 平时的管理

两汉时期,政府虽然取得了对匈奴等少数民族战争的多次胜利,但匈奴对汉朝的威胁还是没有从根本上得到遏止,因此,政府派往边塞戍边的士卒一直没有间断。这样,大批的衣装一直会运往边塞,由于这个原因,边塞机构光做好以上几方面的工作是不够的,每天的出入账必须定期清理,否则就会出现死角,为官吏的贪污受贿创造条件。士卒的衣装被领取后也不是万事大吉,如果发生衣物的买卖怎么办?如果因此发生官司怎么办?此外,对在管理环节上的那些官吏的管理也是不可忽视的。因此,边塞机构除做好以上环节的管理外,还加大平时管理,以免造成疏漏。主要工作有以下几方面:

(一)季度汇总,定期校核

士卒的衣物官方有专账管理,对每一件衣物从入库到领取都有详细的记载,因此留下了大量的出入账簿。为了有效管理这些账簿,边塞官员每一季度做一次汇总,汇总时,对每一件衣物的出处都要查证清楚。

□官取□□卒七月尽九月物故衣出入簿　　　　56.40A

此例是边塞官员做的从七月到九月之间士卒衣装出入的账簿。"七月尽九月"这恰好是三个月,为当年的第三季度。因此也说明这是边塞官员做的季度账。

士卒济阴郡定陶池上里史国
县官帛□袍一□□三斤　　县官袭一领不阁
县官枲履二两　　　　　县官帛裘袭一领四斤四两
县官𥿠二两　　　　　　县官帛布二两一领
县官□□二两　　　　　县官帛布绔一两七斤
县官草履二两不阁　　　　　　　　509.26

☒绔复襦一领阁│　　皂复绔一两阁┬
布袭一领身│　　　布小裈一两身│　　E.P.T56：51

戍卒魏郡邺马带里龙马
布复襦一领衣□
皂布单衣一领衣□　　　　　　E.P.T51：378

田卒昌邑国邱成里公士□叨之年廿四
袍一领　　　单衣一领
枲履一两　　绔一两卩　　　　303.47

以上四例是边塞官员校核士卒库存衣装时做的记录。由上看出，校核时必须记下每个士卒的籍贯、姓名、衣装的种类、数量、去向。"阁"在此指在阁中保存，"不阁"则为不在阁中保存；"衣"、"身"均指衣或绔等已被士卒领走并在士卒身上穿着。"│"、"┬"、"卩"符号是边塞官员校对后做的记号，除以上符号外，见于西北汉简的还有"在亭"、"右在阁官"、"右在官"、"见"、"封"、"毋"、"出"、"已"、"∠"等书写形式，在此只对意义做出解释，至于原简将不再一一列举。"在亭"、"右在阁官"、"右在官"、"见"、"封"均指原物还在阁中封存；"毋"、"出"、"已"指原物已经领出或不在阁中；"∠"、"│"为边塞官员依据原始档案和出入账簿进行对照查验清楚后做的钩校符号，表示"确实如此"。如"绔复襦一领阁　│"指绔复襦是一领，而且确实在阁中保存；"布袭一领身"│"指布袭是一领，而且确实穿在身上。

第一编　衣篇

在校对、核实时，若发现原物缺失或与记载不符合，查验员记录下来，写成牒书后上报上级部门。如下面这枚简：

　　六人衣少物别名牒书一编敢言之　　　　　　E. P. T51：114

此简就是查验员在校核时发现问题，然后写成的牒书。说明边塞官员在校核时工作确实认真负责。尽管这样，我们仍能够看出一些漏洞。拿校核账簿的记载方式来说，其记载方式多种多样，有的记载了衣装的去向，有的不但记载了衣装去向，还记载了衣装重量，如例509.26号简所示。笔者认为例509.26号简的记载方式很可取，因为士卒的衣装无论是官给的还是私人的，其质量和重量都不一致，若仅记了衣装去向而没有记其重量，就会存在守阁人员偷梁换柱的嫌疑。记载方式的多种多样，不但为后期的统账带来一定的麻烦，而且也为一些官吏的造假或贪污制造了便利。

（二）严查官授衣装的变更、贳买等活动

官授衣装在士卒从阁中领出后，官方还要继续追踪查实。

　　疑宫等变更衣服县里　　　　　　　　　　　　146.99

此简文是说官方怀疑士卒宫等人私自变更县里配发的衣服。从原简的口气探出，这样的事情也是官方禁止的。

根据前面的分析，戍边士卒私衣来源的方式之一为通过买卖、贳买衣物得到。那么，政府又如何对待这种事，是听之任之还是严厉管制？

　　二月戊寅张掖大守福库丞熹兼行丞事敢告张掖农都尉护田校尉府
　　卒人谓县律曰臧它物非钱者以十月平价计案戍田卒受官袍衣物贪
　　利贵贾贳予贫困民吏不禁止浸益多又不以时验问　　4.1

　　第卅四卒吕护买布复袍一领直四百
　　又从鄣卒李忠买皂布□　　　　　　　　　　　49.10

79

阳又卖同燧卒莱蕙官袭绔遮庑季游君所
　　直千六百五☐　　　　　　　　　　　　E. P. T11：3

　　☐自言五月中富昌燧卒高青为富卖皂袍一领直千九百甲渠
　　☐令史单子巽所　　　　　　　　　　　E. P. T51：314

　　☐始五年二月部卒賞买衣物骑司马令史所名籍　E. P. T51：210A

　　买衣物令史吏所　　　　　　　　　　　104.21

以上资料包括吏卒买卖衣物和賞买衣物两大活动，活动地点主要发生在"行道"和"居署"中，交易人有卒—民、卒—卒、吏—卒三种。买卖或賞买的衣服有官府配发的，也有士卒私人的。

　　毋得賞买衣财物大守不遣都吏循行☐
　　严教受卒官长吏各封　　　　　　　　213.15

　●甲渠言部吏毋铸作钱发冢贩卖衣物于都市者　E. P. F22：37

从以上资料看，私衣物的买卖行为政府似乎没有严格的规定，而官衣物的买卖或賞买是政府禁止的行为，边塞明确规定"毋得賞买衣财物"，和"贩卖衣物于都市者"。

　　☐卒禁賞买皆入为臧公从☐　　　　　　E. P. T52：334

此简文规定，对于犯法者，官府追查后，原物及所收钱财都要充公"为臧公从"，即没收所賞买的衣财物。这样做一方面是为了防止官衣财物的流失；另一方面，賞买是一种赊货交易，必然存在欠账、赖账等问题，容易形成债务纠纷，影响军队内部的团结，不利于对士卒的有效管理。

甘露三年十一月辛巳朔己酉临木候长福敢言之
谨移戍卒吕异众等行道赇买衣财物直千如牒
唯官移书令鱵得泺湾收责敢言之　　　　E.P.T53：186

□□卒赇买衣财物它官尉史□所言府●一事集封　E.P.T4：66

□赇买衣物及见在身者各如牒先以□　　E.P.T54：2

从以上简文看出，对于边塞士卒的赇买活动，政府要求各个官员查证，逐次上报。对赇买者进行登记造册，形成"赇买衣财物名籍"。

赇买衣物名籍上要注明赇买者的身份、名字、赇买物品、价钱、时间、地点（行道或居署）、见证人或保人。

元康二年十一月丙申朔壬寅居延临仁里耐长卿赇买上党潞县直
里长寿字孙青复绔一两直百五十约至春钱毕已姚子方□
　　　　　　　　　　　　　　　　　　　　E.P.T57：72

由此简文所示：赇买的时间为"元康二年十一月丙申朔壬寅"，赇买者为"耐长卿"，"赇买物品"为"复绔一两"，价钱为"直百五十"，见证人或保人为"姚子方"。

赇买过程中形成法律纠纷的也进行登记，形成"士卒赇买衣财物爰书名籍"，并进行相关调解。

元康四年六月丁巳朔庚申左前候长禹敢言之
谨移士卒赇买衣财物爰书名籍一编敢言之　　10.34A

对于无视士卒赇买衣物之类的事情，官府也要对相关人员进行追查论罪。即使士卒赇买衣物，价格也以"平价计"，绝不能有"贪利贵价"的暴利行为发生。4.1号简文中提到的"平价计"中"平"为"月平"。孙诒让《正义》云："月平者，汉时市价，盖每月评定贵贱，若今时朔望为长落也。"《汉书·食货志》载王莽令"诸司市,当以四时中月实定所掌,为物上中下之贾,各自用为其市平,即此月平也"。月平是官府评定市价,买卖以月平为准,否则就会受到惩罚,张家山汉简《津关令》提到《过平令》应该就是与月平相关的条令。

> 第五燧卒马赦贳买□□袍县絮装直千二百五十第六燧长王常利所今比平予赦钱六百　　　　　　　　　　　　E. P. T56：17

此简文中马赦被迫以1250钱的低价将袍卖给燧长王常利。官府查明后,依照月平,令燧长返还给马赦600钱。

对于汉代戍边士卒间的衣装买卖、贳买行为,政府不可能从根本上得到遏止,理由如下:

1. 由于受各地经济水平的限制,官府提供给每个士卒的衣装都不一样,衣物的短缺迫使士卒去买卖、贳买衣物。

2. 汉代,布、帛、絮可以代替金银,充当一般等价物,政府提供给官吏的俸禄往往用布、帛、絮来代替,而布、帛、絮又恰好是最基本的衣料,因此服装的买卖、贳买行为没办法从根本上禁止。

3. 一部分郡县还提供给士卒布、帛、絮,这也提供给士卒买卖、贳买衣物的机会。

4. 汉代边塞上的官吏服役期限往往超过一年,衣装不足时也必然去买卖或贳买。

总之,客观的、经济上的先天不足,加上制度上的部分不合理,造成吏卒间的买卖、贳买衣物行为不可能从根本上解决。所以因为买卖、贳买衣物行为造成的官方财产的流失是必不可免的,由贳买造成的财产纠纷也是经常化的。

(三) 注意对守阁卒的管理

吏卒的衣装财物由守阁卒专门看护,其责任重大。若发生衣财物丢失等情况,其所受的嫌疑也最大,更容易出现贪污受贿之类的事情。为了吏卒的财产安全,也为了从根本上杜绝守阁卒贪污受贿的事情发生,边塞机构注意对守阁卒的管理,对守阁卒的每一件衣物的来龙去脉都要查证清楚，如守阁卒购买的衣物，边塞机构要专门料理。

  守阁卒市买衣物名籍一编敢言之   E. P. T65：56

此简对守阁卒购买的衣物另编册籍，然后上报上级有关部门，以便防患于未然。

五　意外事件后的管理

士卒赴边服役，国家供给服装，如果战死或病亡等意外事件发生，其原有衣物也是专门造册，专账管理。我们在汉简中常见到"戍卒物故"的简文，如下：

  戍卒物故   484.68

  ☐□有物故言□   239.41

何谓"物故"？《汉书·苏武传》："前以降及物故，凡随武还者九人。"颜师古注："物故谓死也，言其同于鬼物而故也。一说，不欲斥言，但云其所服用之物皆已故耳。"王先谦《汉书补注》引宋祁曰："物，当从南本作殁，音没。"可见"戍卒物故"即已故去的戍卒的衣物。对于这类戍卒的衣物由汉简所见也是专账管理。

  第十七候长使吏输死卒冯未央裘绔絑屦……☐ E. P. T2：8

  ●竟宁元年戍卒病死衣物名籍   49.17

  ☐戍卒物故余见簿☐   E. P. T59：684

  甲渠候官五凤二年五月戍卒物故衣名籍 E. P. T59：12

83

从上例看出，士卒死后，边塞官员派专人把死卒的衣物运到他的家乡，而且还要登记造册，形成专门的士卒死亡衣物名籍或物故簿。因为士卒死后，他的衣物既包括官衣财物，又包括私衣财物；既有穿在身上的，还有存放在阁中的衣物。这样做的目的既可以防止官方财物的丢失，又对士卒的家属有个最起码的交代。而且士卒死后，政府照样供给衣衾，好生安葬。如下面简所说：

戍卒觮得安国里毋封建国病死
官袭一领　官绔一两　练一两　钱二百卌　　　287.24

从这条简上我们看出，当时戍边士卒死后，政府不但供给袭、绔等最基本的衣物，而且还有一定的抚恤金。这既激励了士卒在边关安心服役、认真作战，又安抚了死者家属。表现了汉政府对士卒的人道主义关怀。

其实，对于士卒死后的安抚政策，汉代早有法令规定。《汉书·高帝纪》载五年八月，汉王下令："军士不幸死者，吏为衣衾棺敛，转送其家，四方归心焉。"八年十一月，又下令"士卒从军死者，为槥，归其县，县给衣衾棺椁葬具"。注引《金布令》曰"不幸死，死所为椟，传归所居县，赐以衣棺，则遂为常法焉矣"。这一政策，是士卒在战场上能够冲锋杀敌、奋勇拼搏的关键因素。

从汉代政府对吏卒的衣装管理方面可看出，当时包括衣装管理在内的军队后勤管理还存在一定不足，如边塞官员在记载吏卒衣装入阁、领取方面的方式就不统一，这在一定程度上影响到军队物资的安全和有效分配。而官给衣装的不足和不统一情况也给吏卒衣装的管理带来很大的不便。瑕不掩瑜，尽管这样，汉代政府对吏卒衣装的管理还是具有很多优点可寻，如从整体上来说，吏卒的衣装从政府发放到吏卒领取还是比较严格，在最大限度上维护了国家利益，保卫了国家财产不受侵犯。其对战亡或病死士卒的衣装管理也体现了政府的人性化管理，有利于军心的稳定和调动士卒冲锋陷阵的积极性。

另外，汉代政府对吏卒的衣装管理反映出中国古代在国家管理方面的宝贵经验。其严谨的管理作风，对于今天的国家管理仍有一定的借鉴作用。

第四章 屯戍吏卒的衣装特点

第一节 色彩特点

  色彩在古代社会曾与政治相联系并具有尊卑的象征。如春秋时期，黄色代表大地，表示地位最尊的中央。《诗经·邶风·绿》中"绿兮衣兮，绿衣黄裳"，用以讽刺尊卑不分、上下颠倒。《论语·乡党》"君子不以绀緅饰、红紫不以为亵服（内衣）"。从《论语》可知，孔子把色彩分为正色、杂色、美色、恶色，并且相互不能随便混淆。

  汉代官阶等级以印绶的颜色和冠帽种类加以区分，即皇帝和诸侯王赤绶、相国绿绶、公侯将军紫绶。东汉光武帝时期，对服装、车辆等用色都作了规定，以赤色为最尊，标明汉朝应有的"火德"，并制定百官以"五时服色"，随季节更换服装，按"四时"迎气，立春之日于东郊，用青色；立夏之日于南郊，用赤色；立秋之日于西郊，服饰色皆黄色；立冬之日于北郊，服饰色皆黑。《汉书·萧望之传》："敞备皂衣二十余年，颜注引如淳曰：'虽有五时服，至朝皆著皂衣。'"《论衡·衡材篇》"吏衣黑色"。河北望都1号汉墓壁画官员服色为黑色。居延汉简记载官吏也必须具备皂单衣，如下简：

  皂单衣毋鞍马不文史诘责骏对曰前为县校弟子未尝为
  吏贫困毋以具皂单衣　　　　　　　　　　E. P. T59：58

  《两汉会要》有这样的记载："特进、列侯以上锦缯，采十二色，六百石以上重练，禁紫绀丹，三百石以上五色采，青绛黄红绿，二百石以上四采,青黄红绿。"由此看出,汉代官吏有青、赤、黄、黑的"五时服色";有皂色的朝服;还可允许穿彩色衣服,官阶越高,色彩越丰富。下列是出土于居延地区的关于官吏衣装颜色的一法律条文,如下:

  律御史大夫□□□□从吏民非宿卫从官列侯以上□□＝
  得衣绛青□卮黄得□☒
  □□□□绛衣以□嫁女得衣绛□其昏礼□□□□□＝
  □□□吏三百石以上☒
  □得衣铜□五未参韦及紬纯黄出□□□□□□名＝
  上练□宿卫从官☒   E. P. T52:120

  此简为残简,文意不是很明了,从仅有的简文文字记载看出,绛、绛青、卮黄、纯黄等颜色是官吏衣装颜色的一部分,而且官阶不同,衣装颜色似乎也有区别。

  告吏治绛单   484.21

  从此简文看,绛色衣服也是官吏必备的衣装。
  从敦煌马圈湾遗址出土的丝织残片颜色来看,有朱红、深红、绛、紫、黄、月白、天蓝、浅蓝、深蓝、翠绿、墨绿、白、黑、烟色、茶色等多种,由此得出河西屯戍官吏的衣装颜色丰富多彩,官阶不同,所穿衣装颜色不同,皂色单衣为官吏必备朝服。
  与上层社会丰富多彩的衣装色彩相比,同期庶民的衣装色彩普遍单一,主要以麻纤维的本白色和黑色为主。如汉代文献中有"白衣"之谓,这是下层民众生活中最主要、常见的服色。史书记载,成帝微行,私奴客"皆白衣袒帻,带刀持剑"。师古注曰:"白衣,给官府趋走贱人,若今诸司亭长掌固之属。"[1] 洛阳西汉彩绘陶奁上的青年男女皆穿白衣,老年男女穿黑衣[2],这正是当时下层百姓日常衣着的写照。

---

[1] (汉)班固:《汉书》卷72《龚胜传》引颜师古注。
[2] 洛阳市文物工作队:《洛阳金谷园车站11号汉墓发掘简报》,《文物》1983年第4期。

关于汉代军服的颜色，有人考证为"绛色和赤色应是汉代军服的常色"[①]。假设此说法正确，那么汉代屯戍士卒作为汉代军队的一部分，其衣装颜色也当以绛色或红色为主。为了肯定这一点，我们拿居延汉简中出现的士卒衣装颜色作进一步的证明。因为汉代屯戍士卒的衣装颜色在传世文献中阙失，而居延地区出土的简牍资料能够反映这方面内容。并且，在汉代，居延地区是汉政府为防御匈奴等少数民族入侵而设立的重要军事屯戍区，当时有大量的屯戍士卒在这里驻扎，他们留下的文书档案是最原始、最可靠的证明资料，其中包括大量的关于士卒衣装的资料。为了总结屯戍士卒的衣装颜色，笔者特意将有关士卒衣装色彩在整个居延汉简中出现的次数做了统计，具体如下表：

颜色＼种类	绔	袍	袭	襌衣	襦	襜褕	袜	履	巾	行縢
皂	16	7	2	10	3	2				
黄	4			4						
白	8		1		2	1	2	2	1	
緹					1					2
白青					1					

注：皂、黄、白等表示衣装颜色，数字表示某一衣或绔等颜色在已经整理出来的《居延汉简释文合校》和《居延新简》中总共出现的次数。

从上表看出，屯戍士卒的衣装颜色以皂、白、黄为主，跟普通庶民的服装颜色接近，这就说明汉代军服的颜色不一定是绛色或红色。也或者说，当时屯戍士卒的军服颜色不同于中央军和其他地方军的军服颜色。

出土于内蒙古和林格尔的东汉墓壁画上，画有宁城护乌桓校尉幕府图中，此画面反映了汉代军队吏卒的穿着形象。画面上南门下站立的二人皆戴红帻、皂衣、束带、白裤。门的上方四人，皂衣、束带、白裤。门内二人，戴红帻、红衣、白裤、束带，双手前伸，做招呼面前的髡头赭衣人状，门外有同样的髡头赭衣及黄衣者六人，皆低首俯身于后。进入内府，右上方有五个武官，皆戴帻，穿黄绿色绔袭。屋内正中为乌桓校尉，穿红衣。屋檐下垂红色的帐幔，内有四人，上面三人红衣高髻，下一人戴黑

[①] 彭卫、杨振红：《中国风俗通史》（秦汉卷），上海文艺出版社 2002 年版，第 175 页。

帻，着灰衣，跪坐于中坐者前。屋前阶砌下有穿黄衣的执简册文吏，头戴缁撮。从仓库到营门有守卫八人，皆黑帻，白衣裤，吏舍内有二人，皆黑帻，白衣裤。从内蒙古和林格尔东汉墓壁画上卒的穿着颜色看，与河西屯戍士卒的衣装颜色很接近，故可推断河西屯戍士卒的衣装颜色以皂、白、黄为主，颜色比较单一。其颜色搭配据和林格尔的东汉墓壁画上的卒穿着可能为皂衣、束带、白绔；白衣、束带、白绔；黄衣、束带、黄绔几种类型。

第二节　质料特点

对于屯戍吏卒衣装的质料特点探讨，同样采用上述统计方式，我们对在《居延汉简释文合校》和《居延新简》中关于士卒衣装质料名称总共出现的次数进行统计。具体统计如下：

布	皮革			丝织品					缥（絮）
	羊韦	犬皮	牛革	练	缥	縑	素	绔	
103	23	15	8	18	3	4	2	1	13

注：数字表示某一衣或绔的质料在已整理出来的《居延汉简释文合校》和《居延新简》中总共出现的次数。

依据上表看出，当时屯戍吏卒的衣装质料取材广泛，主要有布、皮革、丝织品、絮四类。

一　布类

《说文》："布，枲织也。从巾，父声。"段玉裁注："其草曰枲、曰苨、析其皮曰林、曰木。屋下治之曰麻；绩而缉之曰线，曰缕、曰纑。织而成之曰布。……古者无今之木绵布，但有麻布及葛布而已。"依据以上解释，布在汉代一般指麻布或葛布。

麻布，依据原材料又有大麻、苎麻、苘麻、蕉麻之分，其表皮纤维经过浸沤、劈分、织结等工艺处理，都可织成布。

大麻，桑科草本植物，雌雄异株，雄株为枲，雌为苴。常用枲麻制成较细的布，苴麻制成较粗的布。历史上我国大麻纤维使用的主要范围为除东南沿海之外的广大地区。《史记·货殖列传》有"齐鲁千亩桑麻,皆与千户侯等",《汉书·地理志》也有类似的记载。四川盆地在汉代是桑麻种植较为普遍的地区,"蜀汉之布"闻名全国。[①] 湖南长沙马王堆汉墓[②]、新疆罗布泊[③]、敦煌马圈湾烽燧遗址出土有麻布、麻线、麻布鞋及麻布织品等多件。[④]

苎麻又名野麻,属荨麻科。汉时主要分布在黄河和长江流域。其产品称为纻,是一种较为凉爽透气的织物。《左传·襄公二十九年》曰:季札聘郑,"见子产如旧相识。与之缟带,子产献纻衣焉"。《古乐府》曰:"白纻质如月,轻如云,色如银,制以为袍,余作巾。"据《汉书·地理志》记载,当时的豫州(今河南)是出产精细苎麻布的地区。[⑤] 湖南和四川地区也是苎麻种植和利用历史较为悠久的地区。马王堆汉墓和湖北江陵凤凰山汉墓都出土过苎麻布片。到了东汉,苎麻还进一步向广西的偏远山区传播[⑥],《后汉书·哀牢传》记载了云南哀牢山区的少数民族能用苎麻纺绩"织成文章如绫锦"的"兰干细布"。[⑦] 苎麻喜欢温暖而湿润的气候,其茎叶生长期的适宜温度为18℃—30℃,在这个范围内,温度越高,茎的生长越快,其生长期的相对湿度在70%以上,而且要求土壤中有充足的水分。根据这些条件,现今我国苎麻生长在北纬19°—32°,即长江流域及其以南地区。但是我国先秦时代直至东汉末年,黄河流域也有苎麻的种植和利用,其中不少地区为著名的苎麻产地,可见当时黄河流域的生态环境还是相当好的。[⑧]

苘麻又称青麻,属锦葵科。其纤维的纺纱性能虽不如大麻和苎麻,但在我国的种植和利用历史亦十分悠久。汉代,主要用来做绳索,用于衣着

---

① (汉)桓宽:《盐铁论》卷1《本议篇》,华夏出版社2000年版,第10页。
② 上海纺织科学研究院、上海丝绸工业公司文物研究组:《长沙马王堆一号汉墓出土纺织品的研究》,文物出版社1980年版,第59页。
③ 黄文弼:《罗布淖尔考古记》,国立北平研究院史学所1948年版,第121页。
④ 甘肃省博物馆、敦煌县文化馆:《敦煌马圈湾汉代烽燧遗址发掘简报》,《汉简研究文集》,甘肃人民出版社1984年版,第506页。
⑤ (汉)班固:《汉书》卷287《地理志》。
⑥ (南朝宋)范晔:《后汉书》卷76《卫飒传》。
⑦ (南朝宋)范晔:《后汉书》卷86《哀牢传》。
⑧ 陈维稷:《中国纺织科学技术史》,科学出版社1984年版,第170页。

原料的记载已经罕见。长沙马王堆一号汉墓出土的苘麻纤维，是从外棺里存放衣物的竹笥上的绳索中取出的。①

蕉麻是我国南方生长的热带植物，属蕉类科。它的品种很多，古文献记载较多的是芭蕉和甘蕉。其茎纤维可作纺织用者，统称为蕉麻。蕉麻用于纺织在汉代的文献中也有记载。东汉《异物志》记载："茎如芋做芽，取蕉而煮之，则如丝，可纺绩也。"

葛是一种草本植物，其茎皮纤维经过加工可织成布，俗称"葛布"。葛是最古老的一种植物，江苏吴县草鞋山新石器时代遗址曾出土了3块葛布残片，是我国目前发现最早的纺织品实物。根据文献记载，汉代在黄河中、下游豫州和青州（今河南、山东等地），及南方的干越（今江南、浙江等地）都生产质量高的葛织物。②葛布的特点是硬挺、凉爽，具有较好的吸湿性绩能，因此多被用来制作夏衣。《韩非子·外储说左下》："冬羔裘，夏葛衣。"明确指出了葛布的用途。葛布有精细之分。细者为绨，粗者为绤。前者多用于贵族，后者多用于平民。《礼记·月令》"孟夏之月……是月也，天子始絺"。汉郑玄注："初服暑服。"《论语·乡党》："当暑，袗絺绤，必表而出。"汉代孔安国解释说："暑则单服。絺绤，葛也。必表而出之，加上衣。"意思是说葛布单衣质地稀疏，暑日居家可以穿着，如果外出，则必须加上罩衣，否则被视为无礼。《礼记·曲礼》中还有"袗絺绤，不入公门"的说法，说明葛衣只用作便服，登不了大雅之堂。葛与麻相比，麻的生长期更短，一般在当年种植，当年就可以收取，所以在中原地区，葛的利用逐渐减少，而麻的利用逐步增多，尤其在秦汉以后，麻布成了士庶男女的主要衣料。在棉织物大量使用之前，人们所说的"布"，一般多指麻布，时间一长，穿着麻布衣的庶民阶层，就被称为"布衣"。汉桓宽《盐铁论·散不足》："古者庶人耄老而后衣丝，其余则麻枲而已，故命曰布衣。"说的就是这种情况。

从汉简资料中看出："负麻"也是戍边士卒的任务之一，如下面一条简所示：

---

① 上海纺织科学研究院、上海丝绸工业公司文物研究组：《长沙马王堆一号汉墓出土纺织品的研究》，文物出版社1980年版，第59页。
② （汉）班固：《汉书》卷28上《地理志》。

三人负麻人反十八束反复卅里人再反六十里

疏勒河流域汉简 112[①]

"负"在这里为"背负"之义。士卒"负麻",说明当时边塞地区一定种麻。麻既可以编绳索,也可以织布。因此,麻布当为戍边吏卒的主要衣料。

除麻布外,葛布也是屯戍吏卒的衣料之一。在罗布淖尔北岸汉代古烽燧亭遗址出土有一条汉简,上面记载:

绤袍一领　络□一两　　　　　　　　简五五[②]

居延汉简里也有相关记载,如:

建始□年正月十七日候官□卖绤复襦一两☑二月三日毕　326.20A

"绤",细葛布。《说文》:"绤,绨之细者也。"《诗经》:"蒙彼绤绨。"毛传:"绨之靡者为葛。"孔颖达疏:"绨者,以葛为之。其精尤细靡者绘也。"

由此可证,汉代驻守在北部和西北部地区的屯戍吏卒主要穿麻布和葛布衣装。

汉代的布以幅广为规格,幅指布的宽度,《说文·巾部》:"幅,布帛广也。"《汉书·食货志》:"布帛广二尺二寸为幅,长四丈为匹。"《汉书》曰:"太山以布为货,广二尺二寸为幅,长四丈为匹。"说明汉代的布标准幅宽为2.2尺。汉制一尺相当于今之23厘米,可以算得当时一匹布的规格幅宽在50厘米上下,长度在9.2米上下。一幅布有经线80根,称为一升。《仪礼·丧服》郑注:"布八十缕为升。""升"也写作"稷"或"缕"。《汉书·王莽传》颜注引孟康曰:"缕,八十缕也。"《说文·禾部》:"布之八十缕为稷。"汉代的布,依据其织物组织规格可分为七稷布、八稷布、

[①] 林梅村、李均明:《疏勒河流域出土汉简》,文物出版社1984年版,第39页。
[②] 黄烈编:《黄文弼历史考古论文集》,文物出版社1989年版,第394页。

九稷布、十稷布等。《居延新简》也有记载，如：

戍卒东郡聊成昌国里何齐贳买七稷布三匹直千五十……
E.P.T56：10

终古燧卒东郡临邑高平里召胜字游翁
贳买九稷曲布三匹匹三百卅三凡直千　　　　282.5

惊虏燧卒东郡临邑吕里王广
卷上字次君
贳买八稷布一匹直二百九十
鳞得安定里随方子惠所舍在上中门第二里三门东入
任者阎少季薛少卿　　　　　　　　　　　287.13

戍卒魏郡贝丘珂里杨通
贳买八稷布八匹匹直二百卅并直千八百册卖郑富安
里二匹不实贯知券
常利里淳于中君　　　　　　　　　　　　311.20

  七稷布即七升布，则幅内有五百六十根经线，八稷布为幅内有六百四十根经线，十稷布为幅内有八百根经线，其密度为十六根/厘米。如此看来，七、八稷布较粗疏，九、十稷布则较细密。

  七稷布常是刑徒和奴隶穿的布料。《史记·孝景本纪》："令徒隶衣七稷布。"十稷布在当时是质量上乘的布，质量上可以与丝织罗、绮相仿。此外还有十一稷、十二稷布。十至十二稷都被称为细布，而以十稷布为常制。《晏子春秋·内篇杂下第六》："夫十总之布，一豆之食，足于中免矣。""总"即"稷"，《说文·糸部》："布谓之总。"

  从文献记载来看，一般平民百姓穿质地比较粗疏的布衣，如《庄子》："鲁君闻颜阖得道之人，使人以币先焉。颜阖守门，粗布之衣，而自饭牛。"贵族官僚若穿此类质地的衣服则为无奈之举，如《礼记·玉藻》：

"年不顺成，君衣布。"一般来说，贵族官僚常穿质地细密的布，《说苑》："古有用无文者，禹是也。土阶三等，衣裳细布，当此时，黼黻无所用，务在完坚。"《汉书·王莽传》载："自公卿以下，一月之禄十稯布二匹。"看来十稯布是官吏常穿的布的品种。居延汉简记载：

  ☐二月禄布二匹☐   E.P.T59：297

  今毋余七稯布☐   268.5

  今余广汉八稯布卅九匹直万一千一百廿七钱九分 73E.J.T10：72

由以上三枚简可知，河西屯戍官吏的禄布有七稯布和八稯布两种规格的布匹，结合文献记载，推断河西屯戍官吏自七稯布至十稯布皆有。

由于士卒的衣装有官配给的，也有私人自带的，前面列举戍卒贳买布匹的例子中自七稯布至九稯布皆有，所以士卒穿自七稯布至九稯布做的衣装。

布除了以原料、织物组织规格区分外，还以纺织线的颜色区分，如绋是用杂色线所织的布，《说文》："绋，氐人殊缕布也。从丝，并声。"段玉裁注："殊缕布者，盖殊其缕色而相间织之。耕之言绋也。"敦煌汉简中有记载：

  当欲燧卒宾德成卖布一匹直钱三百五十临要燧长当责尽四月奉
  察适燧卒王未央卖绋一匹三百七十当责察适燧长尽四月奉
  恵敢卒狐卖练一匹贯钱四百九十又布钱百卅四凡直六百廿四
  当责造史诛子病☐尽四月   敦简838A

此简文是关于敦煌地区烽燧吏卒买卖布匹的记录，依据简文内容可知，绋也是屯戍吏卒所穿的布料之一。

斯坦因在《西域考古记·古代中国长城的第一批遗存》一节中提道："芦苇束里发现了灰色丝织品残片、一块结实的大麻白布片。"[①] 还提道：

---

① [英] 奥雷尔·斯坦因：《西域考古记》，广西师范大学出版社1998年版，第335页。

"从简文看，麻很可能是最主要的衣料，烽燧遗址出土的麻布片证实了这一点，从烽燧遗址出土的丝带和某士卒脱去丝织物的记载表明，丝织物并非只有军官才能享用。……在小屋的南脚下，发现了一个相当大的垃圾堆，在一大堆芦苇秸秆和马粪中发现了20多枚简和大量的纺织品碎片，丝绸数量最多，另外还有毛织物和棉纺织品，可能是用树的纤维织成的。"①

由斯坦因的考古日记记载看，屯戍吏卒除了穿麻布做的衣装外，还穿丝织品、毛织品和棉织品衣装。

棉布在中国出现得较晚，汉代的棉布指非洲棉和亚洲棉。当时非洲棉主要在狭义上的西域即今新疆地区种植，汉代文献称其"白叠"或"帛叠"。② 亚洲棉即木棉③，当时主要在西南地区种植，汉代文献称"桐华布"，《华阳国志·南中志》："哀牢夷出梧桐木，'其华柔如丝，民绩以为布'，'洁白不受污，俗名曰桐华布'。"后世文献称"古贝"。④ 这两种服装质料均以洁白为特点。曹丕写道："代郡黄布为细，乐浪练为精，江东太末布为白，故不如白叠故鲜皮也。"不过，当时棉布并未普及中原地区，丝帛和麻布还是服装的主要衣料。大致在东汉中期之后，原产西亚地区的石棉布传入中国，时称"火浣布"，但由于是异域的物品，因此在当时只是少数人的珍物，屯戍士卒来自全国各地，故穿棉布衣服的也定有，但不多见。黄文弼先生在罗布淖尔考察时，其所得"所有织品，以毛麻为大宗，丝织品次之，棉布则不一见"。⑤

---

① [英]奥雷尔·斯坦因：《西域考古记》，广西师范大学出版社1998年版，第335页。
② 《史记·货殖列传》："榻布皮革千石。"裴骃集解引《汉书音义》曰："榻布，白叠也。"司马贞索隐引《吴录》曰："有九真郡布，名曰白叠。"张守节《史记正义》"白叠，木棉所织，非中国有也。"《梁书·高昌传》："草木，有实如茧，茧中丝如细纻，名为白叠子，国人多取织以为布。布甚软白，交市用焉。"《后汉书·西南夷传·哀牢人》："土地沃美，宜五谷、蚕桑。知染采文绣，罽毲帛叠，兰干细布，织成文章如绫锦。"
③ 刘兴林《先秦两汉织机的发展与布幅的变化——兼论海南岛汉代的广幅布》："海南岛、云南一带历史上同属木棉布产区，二地早期种植的棉花都是原产印度的亚洲棉（属木棉），与新疆引入的原产非洲的草棉不同，属两个系统"，《中国历史文物》2009年第4期。
④ 李延寿：《南史》卷78《林邑传》，中华书局1975年版，第1948页。
⑤ 黄烈编：《黄文弼历史考古论文集》，文物出版社1989年版，第371页。

二 丝织品类

我国是养蚕治丝的发源地，被誉为"丝国"。丝织品也是古人制衣的重要原料，质地柔软、光滑，称"帛"或"缯"。《说文》："帛，缯也，凡帛之属皆从帛。"《说文》又言："缯，帛也，从丝，曾声。"《急就篇》颜师古注云："缯者，帛之总名，谓以丝织者也。"《汉书·娄敬传》："臣衣帛，衣帛见；臣衣褐，衣褐见，不敢易衣。"颜师古注："帛谓缯也。"

缯帛也是屯戍吏卒的衣料种类之一，汉简中有记载，如：

将军哀怜诚寒愿得襦及缯以自给　　　　　　　敦简 183

高沙燧长纪孝正月尽二月奉用钱千二百
负□□□□直千三百六十又皂缯　　　　　　E.P.T52：531

绛百匹杂缯百匹又以其所捕斩马牛羊奴婢财物尽予之
　　　　　　　　　　　　　　　　　　　　E.P.T52：569

帛一匹　出帛一匹从民吴□买贷缯繻一领□绛　E.P.T65：65

钱十一万三千五百八十六
其十一万四百卅四调钱
二百二千八百六十二赵丹所买帛六匹直
二百九十库所买直。　　　　　　　　　　　168.13

□□□五练袭一领表里用帛一匹糸絮　　　　203.45

右庶士士吏候长十三人禄用帛十八匹二尺少半寸
直万四千四百四十三　　　　　　　　　　　210.27

□四月禄帛□

☒钱四百☒　　　　　　　　　　　　　　266.9

出河内廿两帛八匹一丈三尺四寸大半寸直二千九百七十八
给佐史一人元凤三年正月尽九月积八月少半日奉　303.5

受六月余河内廿两帛卅六匹二丈二尺二寸少半寸
直万三千五十八　　　　　　　　　　　　509.8

帛千九十四匹二尺五寸大半寸直钱卅五万四千二百　509.15

　　简文中提到的皂缯指黑色的丝帛，《后汉书·舆服志》："千石以上皂缯覆盖。"杂缯指各式丝织品，是一个统称，《汉书·地理志》："有译长，属黄门，与应募者俱入海，市明珠、璧流离、奇石、异物，赍黄金、杂缯而往。"

　　汉时丝织品品种繁多，在缯或帛的统称下，还分为纨、绮、缣、绨、缦、素、练、绫、绢、缟、锦、绣、纱、罗、缎等花色品种[①]。若从是否有花纹变化来判断，素、练、缥、绉、缣属于平素类丝织物，是由平纹或平纹变化组织为基础的一类织物。此类织物占了古代丝织品的绝大多数，其中又有纤度、密度、原料加工方法、后加工方法等不同，衍变出许多品种来。

　　缣，一般指经重平、纬重平或方平组织的丝织物。《说文》："缣，并丝缯也。"《急就篇》颜师古注："缣之言兼之，并丝而织，甚致密也。"《释名》曰："缣，兼也，其丝细致，数兼于绢。染缣五色，细且致，不漏水也。"这类缣织物，质地细密，是官吏常穿的衣服质料，《续汉书》："张奂少立志节。……董卓慕之，使其兄遗缣百匹。奂恶卓为人，绝而不受。"《东观汉记》："马援行亭鄣，到右北平，诏书赐援钜鹿缣三百匹。"从汉简资料看，戍边士卒也穿缣做的衣服，如：

---

① 李仁溥：《中国古代纺织史稿》，岳麓书社1983年版，第41页。

任城国亢父缣一匹幅广二尺二寸长四丈重廿五两
直钱六百一十八　　　　　　　　　　　敦简 197OA

卖缣一直钱八百约至□☒　　　　　　　163.3

□既自言五月中行道赍买皂复袍一领直千八百
☒□卖缣长袍一领直二千
皂绔一两直千一百
皂□直七百五十
●凡直六千四百
居延平里　男子唐子平所　　　　　　　206.28

吞远燧卒夏收　自言责代胡燧长张赦之赦之买收
缣一丈直钱三百六十　　　　　　　　　217.15

绢，一种丝织品，质地比缣稀疏。《说文》："绢，缯如麦绢。"段玉裁注："绢者，麦茎也。缯色如麦茎青色也。"《急就篇》颜师古注："绢，生白缯，似缣而疏者也。一名鲜支。"《墨子·辞过》："治丝麻，捆布绢，以为民衣。"湖南马王堆汉墓出土的衣物多是由绢制成的，质地有粗细的分别，细绢被用于面料或边缘，粗绢则用于里衬。绢也是屯戍吏卒的衣料之一，如：

簪布巾各一
绢复襦一领　　　　　　　　　　　　　敦简 63

素，是未经练染的普通生丝织物，纤度和厚度均较适中。《玉篇》："素，生帛也。"简牍所见汉代河西屯戍吏卒使用素制品衣装，如：

素一尺白　　　　　　　　　　　　　　132.20B

买白素一丈直二百五十　凡九百七十九　　　　214.26

　　练，是对于丝织物练熟后却未经染色的熟绢的别称。《说文》："练，缯也。"《释名》云："练，烂也。煮使委烂也。"可见练主要突出了丝绸在精练后柔软、光滑的效果。范晔《后汉书》曰：马太后诏曰："吾为天下母，而身服大练，食不求甘，左右但着帛布，无香熏之饰者，欲身率下也。"练也是吏卒所穿的衣装质料之一，屯戍吏卒穿练袍、练袭、练绔等。

　　　布复袍一领
　　　枲履
　　　练复袭一领　　　　　　　　　　　　敦简1916

　　　賞买皂练复袍一领贾钱二千五百今子算☐　69.1

　　　自言行道到县索关寄一匹练绔☐
　　　城北☐里男子王子高家　　　　　　　135.13

　　　皂练复袭☐
　　　皂练复绔一　　　　　　　　　　　　E.P.T51：727

　　缥，是生丝经过练熟且已经染色了的织物。《释名》："缥，帛白青色。"可见缥是白青色的熟丝织品；以缥织品为衣装质料也见于吏卒群体中，如：

　　　白练复大袭一
　　　缥复襦一领
　　　白布单襦一领
　　　白布单绔一两
　　　白素带二枚
　　●凡六物自校具　　　　　　　　　　　E.P.T52：187

我国人民很早就掌握了织物染色工艺，早在春秋时期的人们就已经掌握了各种花草的性质并用在织物染色上。《周礼·地官》："地官，掌染草"，郑注："染草，蓝蒨（茜）、象斗之属"，贾疏："蓝以染青，蒨以染赤，象斗染黑。"汉代丝织品品种多样，也是基于汉代丝织品练染工艺的发达。官府手工业有专门的练染署和主练染的官吏，如《三辅黄图》卷三说西汉"未央宫有暴室，主掖庭织作染练之署"。《续汉书·百官志》言："大司农属官有平准令丞"，注曰："掌知物价，主练染，作采色。"汉代许慎著作《说文》中比较详细地记述了各种染色植物的性质，如"蓝染青草，茜草可以染绛、绮色以茜染故谓之绮"。所练染出的颜色，据《说文》解释：绿为帛青黄色，缥为帛白青色，绮为帛经缥纬，缇为帛丹黄色，紫为帛青赤色，绀为帛深青而扬赤色，繰为帛如绀色，红为帛赤白色，绛为大赤色，缁为黑色，练为纯赤色，纁为浅绛色等。

据李仁溥先生考证，"红花、紫草、栎斗、青芦、蓝靛、黄栀子、五倍子等几种容易种植和采集的植物的根、果实、叶及皂矾、朱砂等天然矿物"[①]是当时人用的主要染料。汉代的陈留郡曾为当时种染料地区之一，赵岐《蓝赋》序中说："余就医偃师，道经陈留，此境人皆以种蓝染绀为业，蓝田弥望，黍稷不植，慨其遗本念末，遂作赋曰：'同丘中之有麻，似麦秀之油油。'"赋序中陈留郡种蓝也种绀，可见其练染业的发达。

正是由于汉代丝织业和练染工艺的发达，所以汉代官吏的衣装品种较多，颜色较丰富，而普通士卒也能穿得起丝织品做的练袍、缣长袍、缥复襦、练复绔、练复袭等丝织品衣装。

三　毛、皮类

汉代河西地区畜牧业发达，牛、羊、犬的毛或皮也被加工成屯戍吏卒的衣装原料。前文已提及屯戍吏卒穿用动物的皮毛制作的裘、韦绔、革鞮、革履、韦舄、犬袜等。斯坦因在敦煌汉代烽燧遗址上发现的第T.V.005号方形皮革片，外表涂黑。又在T.Ⅳ.c.003号发现一鞣革残片（山羊皮？）一条边上的毛发尚为去尽。[②]敦煌马圈湾烽燧遗址出土的毛织

---

① 李仁溥：《中国古代纺织史稿》，岳麓书社1983年版，第41页。
② ［英］奥雷尔·斯坦因：《西域考古记》，广西师范大学出版社1998年版，第431页。

残片共十二件，其中有一双毡鞋（T12：02），"红色白里，以棕、白两色毛线相间绣人字形图案。鞋口沿及跟里以牛皮包裹，鞋底已残"。①

四 絮类

絮是夹在袍、襦等衣服里面的保暖材料。《汉书》曰："帝以公主为老上单于阏氏，使宦者燕人中行说傅公主。说既至，因降单于，单于爱幸之。其得汉之缯絮，以驰草棘中，衣袴皆裂敝，以视不如旃裘坚善也。"在此例中，汉赐匈奴单于絮，是汉皇帝基于匈奴地区冬天寒冷，怜惜单于而赐予的。匈奴得絮后，故意"以驰草棘中，衣袴皆裂敝"，并因此认为絮"不如旃裘坚善"，其行为带有明显的挑衅性。但由此知絮具有保暖功能。居延汉简里有许多关于絮的记载，如下：

络絮百卌斤　　　　　　　　　　　　　　　113.4

虞卒等二人糸絮各一斤　直二百　　　　　　89.3

络絮二斤直百卌☐　　　　　　　　　E. P. T59：21

以上简文中的"絮"与我们现在所称的"棉絮"不同，其种类有丝絮、络絮。《说文》："絮，敝绵也。从丝，如声。"段玉裁注："凡絮必丝为之，古无今之木绵也。"《急就篇》卷二："绛缇絓䌷丝絮绵。"颜师古注："䌷之尤粗者曰絓，茧滓所抽也。渍茧擘之，精者为绵，粗者为絮。今则谓新者为绵，故者为絮。"司马彪《续汉书》曰："光武建武二年，野蚕成茧，民收其絮。"也可证絮为丝絮。

从居延汉简资料来看，官府提供给屯戍吏卒的衣装也包括袍、襦等夹絮类衣装。

---

① 甘肃省博物馆、敦煌县文化馆：《敦煌马圈湾汉代烽燧遗址发掘简报》，《汉简研究文集》，甘肃人民出版社1984年版，第506页。

第三节 款式特点

由于传世文献对屯戍吏衣装记载鲜少，汉简中虽有对吏卒衣装的记载，但对其款式与着装则无详细说明。因此，对于屯戍吏卒的衣装款式与着装特点只能依照出土的相关文物资料进行推测，作出大致的判断。目前，考古出土的汉木简画、汉兵马俑、汉代衣物实物、汉代画像石也有一部分，若依据河西汉简中对吏卒衣装的记载，参照这些实物资料，可以大致还原出当时屯戍吏卒所穿的衣装款式和着装特点。

一 常服类衣装款式特点

1972年，在居延肩水金关遗址出土木版画一幅，画面高20厘米、宽25厘米，上用墨线绘有一士卒在马下，侧脸、微须，穿紧身窄袖单衣，衣长至脚踝处（图六）；同年，在居延查科尔帖也出土木简画一幅，简微残，残长17厘米、宽3厘米，木简的两面用墨线绘画，其中一面上方画一佩剑的官吏，侧脸，微须，头戴进贤冠，身穿长袍，下部画一匹鞍马，似乎为上部官吏的骑乘。木简的另一面上方也画有一官吏，侧脸，微须，穿长袍，有方格纹的袖缘，袍下露出黑靴，头上所戴推测可能为鹖冠或武冠，穿长至足的单衣。此简绘画风格与汉代肩水金关出土的木版画风格一致（图二、图四）。

这几幅图是迄今发现的关于汉代河西屯戍吏卒最直接也是最靠谱的衣装款式资料。从图上人物穿着看：官吏与普通士卒还是有区别，官吏头上一律戴冠，其中文、武官员所戴的冠式都不一样，文官戴进贤冠，武官戴鹖冠或武冠。士卒头上戴巾，缁撮为巾的裹扎样式之一。吏与卒都穿长衣，其中官吏的衣服廓形明显较士卒要大；士卒的衣服长至脚踝处，而官吏的衣服长度有的在脚踝处，有的甚至长至脚面；吏与卒的衣服袖缘和领缘都饰边；吏与卒脚上都着履。

从前文所述内容看，汉代河西屯戍吏卒无论是头衣，还是体衣、足衣，其衣装品种比较丰富。肩水金关出土的三幅木简画内容并不能包含当时吏卒所穿衣装的全部，因此，我们再从目前出土的画像石上汉军吏卒的穿着来继续探讨这一问题。

胡汉战争是汉代政治、军事的主题，其主题表现形式除在河西屯戍遗址出土的木版画或木简画上有反映外，各地还有其他形式的有关屯戍或胡汉战争题材的画面出现。如江继甚编《汉画像石》中也收集有多幅关于胡汉战争的拓片，如图三十九、图四十、图四十一。其中图三十九画像石为河南永城出土[①]，石上人物戴冠，博衣宽袖，衣长在脚踝处，长裾，右衽，此类衣服当为深衣；图四十为山东济宁博物馆藏画像石，石上人物戴平巾帻，衣服廓型比图三十九画像石上的人物所穿看要稍窄一点，袖子也较宽，衣长在脚踝处，长裾，右衽；图四十一也为河南永城出土的画像石，石上人物戴平巾帻，上衣长度在膝盖处，直裾、右衽，下衣穿绔，腿上裹行縢，脚上着履。

图三十九　河南永城出土的画像石 　　图四十　济宁博物馆藏画像石 　　图四十一　河南永城出土的画像石

图三十九和图四十上的人物或正在举杯，或迎接归来的队伍，当为军中官吏；图四十一人物直接处于与敌拼杀过程中，手中拿剑者当为军中士卒；倒在地上的或被攻打的对象，头戴圆筒状或尖状高帽[②]，当为匈奴人。拓片内容定性为胡汉战争的场面，河西是胡汉战争的前沿阵地，所以图中军士卒穿着当也为河西屯戍士卒的基本穿着款式。

山东苍山县向城镇前姚村也出土一胡汉战争题材的画像石[③]，石上人

---

① 江继甚：《汉风楼藏汉画像石选》，上海书店出版社2000年版，第28页。
② 李少南：《山东博兴县出土汉代骑马俑灯》，《考古》1987年第2期；王思礼等：《山东微山县汉代画像石调查报告》，《考古》1989年第8期。此两篇皆认为匈奴男子头戴圆筒状或尖状高帽。
③ 王洪震：《汉画像石》，新世界出版社2011年版，第4页。

第一编 衣篇

物有骑马的、坐车的和徒步弯弓作战的，其汉军人物坐车者一人戴冠，其余一律头戴平巾帻，衣长为在膝盖稍下点长度的衣服，衣服上衣领和袖缘有缘边，束带，曲裾（图四十二）。

图四十二 山东苍山县出土的胡汉战争画像石

刘光华编《甘肃通史》内收有武威磨嘴子东汉墓出土的绢底平绣屯戍人物图一幅，图上二人，其中一人头上戴胄，穿黑色单衣，单衣很长至脚面。另一人穿白衣，衣服似乎也较长（图十二）。

汉代人的穿衣观念以博衣宽袖为美。无论是当时最具代表性的"深衣"，还是作为朝服的"禅衣"，无不体现了这一审美特征。《汉书·隽不疑传》载隽不疑"冠进贤冠，带櫑具剑佩环玦，褒衣博带"。据《睡虎地秦墓竹简·封诊式·穴盗》记载，当时上层社会人士穿着的一件"衣"，要用布五十尺，用帛作里，内装丝絮五个，另用五尺缪缯镶边。1973年在洛阳东关发现一座东汉墓，出土男、女陶俑，其衣装全都是"宽袖长袍、衣裙曳地覆足"。上图中汉军官吏穿着，其衣服廓型比较宽大，比较符合汉代博衣宽袖的衣装款式特点。

汉代官吏博衣宽袖的着装款式特点，可能是受了儒家思想的影响。我们把春秋战国以来学习儒家典籍并信奉儒家思想的人称为儒生。儒者所着之衣称为儒服，如《庄子·田子方篇》云："举鲁国而儒服。"秦的"焚书坑儒"对儒家思想是一种打击，儒服在秦不流行。汉初，刘邦对儒服也持厌恶态度。《史记·郦生陆贾列传》载："沛公不好儒，诸客冠儒冠来者，沛公辄解其冠，溲溺其中，与人言，常大骂。未可以儒生说也。"以致当时名儒叔孙通降汉时，因为他身着儒服而被刘邦憎恶，叔孙通"乃变其服，服短衣，楚制"，得"汉王大喜"。

到汉武帝时，随着儒家思想的推崇，以博衣宽带为基本特征的儒服也相应受到人们的喜爱。《续汉书·礼仪志》"先吉日，司徒上太傅若讲师故三公人名，用其德行年耆高者一人为老，次一人为更也。皆服都纻大袍单衣，皂缘领袖中衣，冠进贤，扶玉杖"。这是儒服的最典型写照。图四十三为成都东乡青杠坡汉墓出土的画像砖，图上儒吏戴进贤冠，穿大袍单衣，正在讨论经书。山东沂南东汉墓前室东壁上横额画像砖上官吏也戴进贤冠，博衣宽袖（图四十四）。

图四十三　成都青杠坡汉墓出土的画像砖　　图四十四　山东沂南汉墓壁画

齐思和先生早年曾对儒服形制进行整复，也认为儒服的特点是较为华贵和宽大。[①] 前述河南永城出土的画像石和山东济宁博物馆藏画像石上的人物即为博衣宽带的儒服，这是儒服对整个社会服装包括军服的影响。

社会上流行的博衣宽袖式，又长又宽，往往会带来诸多行动的不便，由此政府下令，限制官员衣服的长度，《汉书·朱博传》载朱博为琅琊太守，"敕功曹、官属多作襃衣大袑，不中节度，自今掾史，衣皆令去地三寸"。这种款式也不符合军队中的作战需要，汉政府对军队的衣服长度曾有严格规定，具体如下面一条简所示：

大守府书塞吏武官吏皆为短衣去足一尺告尉谓第四守候长忠等如
府书方察不变更者·一事一封七月庚辰掾曾佐严封

E.P.T51：79

[①] 齐思和：《儒服考》，《史学年报》1931年第1卷第2期，北京师范大学历史学会办。

此简反映了大守府对边塞武官吏员衣服的长度规定，令其衣服皆为短衣，并且要去足一尺。武官吏员所穿衣服尚且如此，那么他们所属部下人员的衣服更不能超过此制。

以上是我们以考古实物为依据，来还原屯戍吏卒的基本穿着，为了能进一步说明问题，我们还可照样采取前述的统计法，对《居延汉简释文合校》和《居延新简》中关于吏卒主要衣装名称总共出现的次数进行统计。具体统计如下：

绔	袭	袍	禅衣	襦	裘	袜	枲履	襜褕	巾	常韦	枲菲	革鞮	行縢	面衣	带	袴	帻	韦舄
88	39	37	35	21	20	39	24	7	6	6	5	5	5	4	3	2	1	1

注：数字表示衣装名称在已经整理出来的《居延汉简释文合校》和《居延新简》中总共出现的次数。

结合此表，依据前面对屯戍吏卒着装的分析，我们能推断出汉代河西屯戍吏、卒的主要着装：官吏头戴冠或帻，士卒头上戴巾或帻；吏、卒的上衣常穿袍、禅衣、袭、襦、裘等，下裳多穿绔，但也穿袴之类的衣装，脚上穿袜、枲履、枲菲、革鞮、韦舄。一般着三重衣。二者的区别为官吏的衣服整体上比士卒的衣服宽且长点，士卒衣服多紧身窄袖款式，部分士卒腿上裹扎行縢。

二 防护类衣装款式特点

关于防护类衣装的具体款式，汉简中记载较为模糊，河西考古中也无完整的实物出土，但近年来在我国其他地区的考古发掘中，可见有汉代防护类衣装的实物，我们可由此了解其款式。其中铠甲实物的出土情况如下：

1957—1958年，洛阳西郊3023号西汉晚期墓中出土一领铁铠[1]，保存下来的有三百二十八甲片，在一部分甲片上附有绢痕，保存有穿连用的麻索痕迹。说明汉代铁甲的制作是将一块块甲片用皮条、丝或麻等绳索编缀固定在事先裁制好的革或布绢等织物做好的衬垫上的。

---

[1] 中国科学院考古研究所洛阳发掘队：《洛阳西郊汉墓发掘报告》，《考古学报》1963年第2期。

1960年，在内蒙古二十家子汉代城址 T703 的窖穴中出土一领完整的铁铠（图四十五），大约是汉武帝时期的遗物①，此铠甲用长方形甲片编制而成，坎肩式，无袖笼；开襟，襟前有三枚形如纽扣之类的东西，可以相互扣接两襟；在衣领处有左、右和后三组甲片构成一完整的衣领。铠甲下有两条绳索之类的带子，当为编连铠甲的绳索。

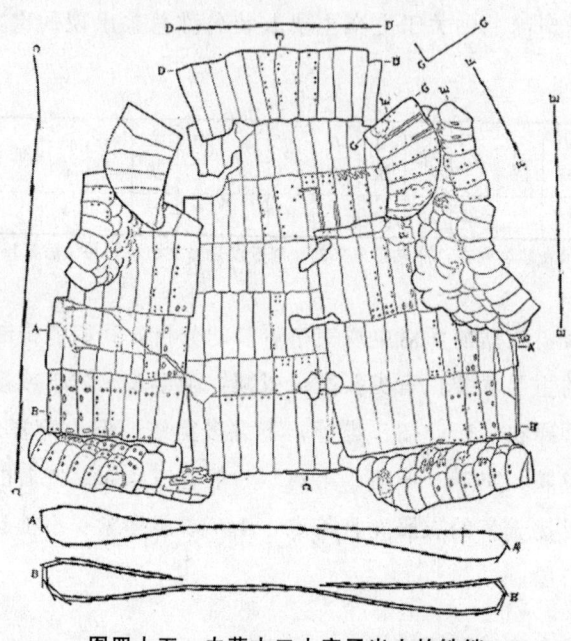

图四十五　内蒙古二十家子出土的铁铠

1968年，河北满城刘胜墓出土铠甲一领，由 2859 片甲片连缀而成，甲片由纯铁热锻制成。形制上也属鱼鳞甲。经复原后其款式为方领，对襟开口，短袖，铠甲里有皮革和绢两层衬里，而领口、袖口、衣襟、垂缘之边也都有皮革和织锦两层包边，左襟上遗有绳索套环两个，似作披挂后结扣之用，但对称的衣襟上已无任何痕迹。编绳用麻。铠甲复原后长 80 厘米、腰围 115 厘米、袖长 34 厘米。②

刘胜墓出土的甲片计有两种，第一种形似槐叶，上端平直，长 3.2 厘

---

① 内蒙古自治区文物工作队：《呼和浩特二十家子古城出土的西汉铠甲》，《考古》1975 年第 4 期。

② 中国社会科学院考古所、河北省文物管理处：《满城汉墓发掘报告》，文物出版社 1980 年版，第 359 页。

米，宽2厘米，厚0.1厘米，甲片上有八个孔，用于编缀铠甲的前后身及左右两肩，方法是将甲片按一定次序以绳串联累积而成，甲片依次叠压排列，相邻侧边的孔相垂合，编至另一端打结，然后回绳编下一排，下排和上排的甲片排列次序一致，但各错开半片位置，并把下排的甲片的上端压在上排之下，编缀时先使绳索穿过相邻甲片重合之侧孔，再引绳穿过本片上角孔，穿过上排甲片下端之纵孔和下排邻近甲片之顶角孔，如此逐片逐排往复编连，使甲片左右串联并与上排结成一体。用这种方法组编的甲身，从正面看似鱼鳞状，所谓鱼鳞甲由此而来。

第二种甲片为长方形而四角抹圆，有六孔，编缀时先编出单个的横排，每排甲片依次叠压，使相邻一侧纵孔重合，每当穿过一组侧孔都在背后打一个结，这样使得组合起来的一排排甲片不易开散错动，编好若干排后，以下排顶部压上排下部，并将各横排之间的甲片上下对齐，再行纵向编连。铠甲的短袖用第二种甲片，先编如上的横排，而各横排按一定数量围成圆环，再将各环编在一起，编连也与垂缘相似。

1965年，陕西杨家湾出土的大型兵马俑中，其中有一部分兵俑身上也着甲衣。甲衣的款式清晰、鲜明，依据兵俑的穿着款式可分为三种类型（图四十六）。[1]

陕西杨家湾出土的这三种类型的甲衣，其甲片形状分方形札甲和鱼鳞甲两种形状，款式分短甲与长甲两类。1型为短甲，2型和3型为长甲。短甲形制简约，长度及腰，腰腹有丝带约束，无披膊，用丝带背挂在两肩，穿着轻便。长甲有披膊，如2型和3型的腰带以下有护腰，其形状呈"U"形。前蔽裆胯，后掩臀部。长甲制作精细，如指挥俑身着细密的鱼鳞甲。鱼鳞甲仅指挥俑穿戴一件，其余军佐不着甲，这说明西汉初年，工细质坚的鱼鳞甲还不普及。刘胜墓出土的鱼鳞甲也仅一件。徐州狮子山楚王陵[2]出土铁甲片多种，考古工作者复制出不同形制的玄甲四领，也分札甲和鱼鳞甲。

---

[1] 参见杨泓《中国古代的甲胄》（上），《考古学报》1976年第1期。
[2] 王恺、葛明宇：《徐州狮子山楚王陵》，生活·读书·新知三联书店2005年版，第134页。

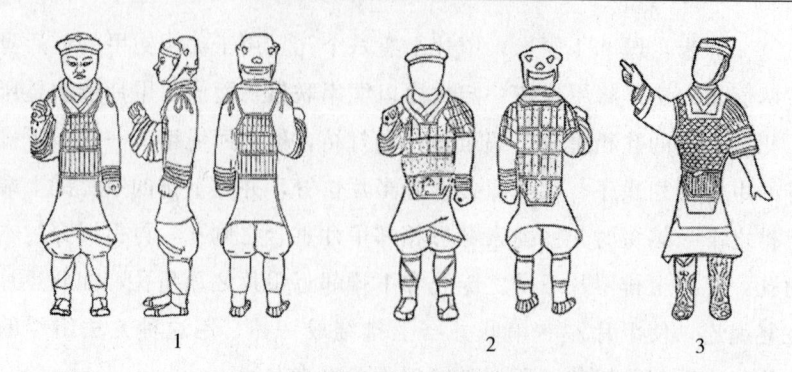

图四十六　穿铠甲的陕西杨家湾兵俑

斯坦因在河西屯戍地区考古时,在一汉代烽燧的烽台低约 30 英尺处的一个小山谷中,"发现了一个大堆垃圾,表明这个烽燧长期有人把手,显然用作人畜活动的场所,在一堆秸秆和牛粪中发现了几件文物,其中的甲很可能是鱼鳞甲"。又说"防御性武器则有盾和甲,三件甲中有两件皮制,剩下一件很可能就是鱼鳞甲,在尼雅遗址发现过一件鱼鳞甲残片,我们还发现两面旗帜残片"。① 考古工作者在居延甲渠塞 A6 烽台上也发现"甲衣上的甲片",还在甲渠候官遗址内发现"铁甲"②,具体样式不详。

由此说明汉代河西屯戍地区的高级将领也着鱼鳞甲,其甲衣的样式当与上述甲衣款式相同或相类似,至于大部分普通军官及士卒着皮甲或铁甲。

有关东汉时期的铠甲实物标本缺乏,目前见到的主要是一些当时铠甲的图像材料。图四十七是 1955 年秋,在河南陕县刘家渠 3 号墓里出土的一件绿釉小陶楼③,楼上的小陶俑头戴鞮鍪,身披铠甲,手持作战的弩机。这座墓的时代,发掘报告定为东汉后期。图四十八是 1962 年 10 月,在河南新野城东张楼村北一座东汉晚期的砖墓里出土的画像砖④,砖上的人也是身披铠甲。根据这些图像材料,杨泓先生认为:"东汉时期的铠甲形制进一步完善了,在身体防护装备上除了身甲外,还有保护脖颈的'盆

---

① [英]奥雷尔·斯坦因:《西域考古记》,广西师范大学出版社 1998 年版,第 425 页。
② 薛英群:《居延汉简通论》,甘肃教育出版社 1991 年版,第 61、86 页。
③ 黄河水库考古队:《河南陕县刘家渠汉墓》,《考古学报》1965 年第 1 期。
④ 王襃祥:《河南新野出土的汉代画像砖》,《考古》1964 年第 2 期,蹶张砖拓片。

领',保护肩膀的'披膊'和护住两腿的'腿裙'。这就更加提高了防护身体各部位的效能。"① 河西屯戍时间跨越西汉至东汉早期,故这种款式的铠甲当也在军中使用。

张卫星先生对两汉时期甲片形制和甲衣款式作了总结,认为汉代的甲衣上的甲片"形制分为长条形、长方形、鱼鳞形、叶形四类,甲的形制依其基本片分为四类:一类由长条形甲片组成,分为无下摆、倒梯形下摆、圆桶形下摆三型;二类由长条形甲片编成;三类由鱼鳞形片编成,分为倒梯形、圆桶形下摆二型;四类由叶形片编成"。②

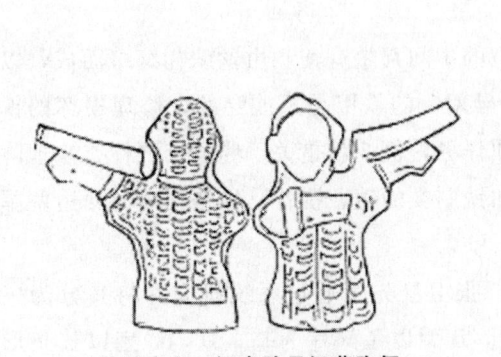

图四十七 河南陕县汉墓陶俑　　图四十八 河南新野汉墓画像砖

汉代铁铠甲的材质,据二十家子汉城出土的甲片的金相鉴定,证明是一种低碳钢。③ 徐州狮子山楚王墓出土的 7 片铁甲片,通过金相组织及夹杂物的判定等方法分析也以铸铁脱碳钢为原料经过锻打制造而成,在铁甲片的制作上有冷锻和热锻两种工艺,制作的产品有较好的质量④。说明汉代的铁甲甲片的材质基本上可定为钢,制作的工艺均采用锻打技术。

---

① 杨泓:《中国古代的甲胄》(上),《考古学报》1976 年第 1 期。
② 张卫星:《先秦至两汉出土甲胄研究》,郑州大学博士学位论文,2005 年,第 130 页。
③ 内蒙古自治区文物工作队:《呼和浩特二十家子古城出土的西汉铁甲》,《考古》1975 年第 4 期。
④ 陈建立、韩汝玢:《徐州狮子山西汉楚王陵出土铁器的金相实验研究》,《文物》1999 年第 7 期。

铁铠虽然结实耐用，但不易直接接触皮肤，为此，铁铠内层设计常衬有一层絮来防止铁片划伤皮肤，看下面几枚简的内容：

铁鞮瞀若干，其若干币绝可缮　　　　　　　　　　49.26

鞮瞀十二条毋组●十一空毋韦绞●毋纤毋四缍　　14.23

第十五燧长李严
铁鞮瞀二中毋絮今已装
铁铠二中毋絮今已装　　　　　　　　　　　　　　3.26

由上三例看，铁鞮瞀、铁铠的中间都垫有絮，由丝织物编缀而成，以防止吏卒身体肌肤受到磨伤。"毋絮"的铁甲是不能穿的，修理损坏的铁甲也是戍边士卒在闲暇时的一项任务，例2就是关于燧长李严检查修理防护装备的记录。从简中我们得知铁制类的铠、鞮瞀已经是当时河西边塞军队中的主体防护装备。

汉代的鞮瞀也由甲片编成，张卫星先生通过系统研究并将其分为三型[①]：A型以长方形片为基本片，B型以鱼鳞片为基本片，C型以长条形片和鱼鳞片为基本片。A、B型流行于西汉前期，C型盛行于西汉到东汉之交。

具体式样从徐州狮子山已经复原的鞮瞀看，由多片甲片组成，有沿边，与文献记载很吻合（图四十九）。徐州狮子山楚王陵出土的甲胄与此类型接近，由圆顶、主体和三层重缘组成，仅在面部开一方形窗口，以丝绦编缀而成。[②] 此鞮瞀的设计不但能护住人的头部，还能护住颈部。鞮瞀的实例还可见于山东临淄齐王墓陪葬坑中出土的一顶铁鞮瞀，由80片铁甲片组成，两侧有护耳（图五十）。又从辽阳北园东汉墓壁画及和林格尔东汉墓壁画上可见汉代的鞮瞀样式并不统一，有些顶上还有缨饰，如辽阳北园东汉墓壁画中人物图，样子颇显威武（图

[①] 张卫星：《先秦至两汉出土甲胄研究》，郑州大学博士学位论文，2005年，第130页。
[②] 王恺、葛明宇：《徐州狮子山楚王陵》，生活·读书·新知三联书店2005年版，第135页。

五十一）。

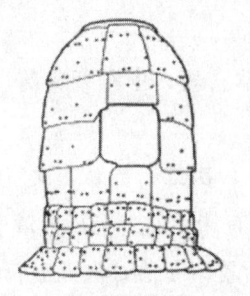

图四十九　徐州狮子山Ⅵ型出土陶俑胄 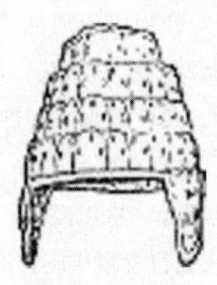　　图五十　临淄齐王墓出土铁胄 　　图五十一　辽阳北园汉墓出土壁画

张卫星先生认为："西汉初年的胄改变了战国时期将头部包严的传统，发展出了专门的护耳、护颈部位，胄的整体造型与战国晚期、秦朝的有所不同。"①

第四节　军用特点

一　具有相对独立的军服着装

相对于社会上其他职业者来说，汉代河西屯戍吏卒的衣装款式具有相对独立的军服着装特点。鞮瞀、铠甲等防护类衣装是军队中的必备衣装，而练袍、练绔、练袭、行縢、革鞮、枲履等衣装也是古代兵士的基本着装。《左传》："襄公三年春，楚子重伐吴……帅组甲三百，被练三千。""组甲"指以丝绵穿组而成的甲②；"被练"指用练做的战袍一类的衣服。考古所见秦始皇兵俑、徐州狮子山兵俑、陕西杨家湾兵佣也都穿练袍、腿绑行縢，脚穿革鞮或枲履。

章是士卒服装上所佩戴的一种徽识。《诗·小雅·六月》："织文鸟章。"郑笺："织，徽织也。……将帅以下衣皆着焉。"《尉缭子·兵教篇》有："将异其旗，卒异其章。""章"即为士卒的徽识。

《尉缭子·兵教篇上》："书其章曰某甲某士。"说明章的作用在于表明该士卒的身份、姓名。若士卒在战场上死亡，便于辨认其遗体。《周礼·

---

① 张卫星：《先秦至两汉出土甲胄研究》，郑州大学博士学位论文，2005年，第84页。
② 杨伯峻：《春秋左传注》，中华书局1990年版，第925页。

春官·司常》郑注:"徽识之书则云:某某之事,某某之名,某某之号。兵,凶事,若有死事者,亦当以相别也。"

《尉缭子·兵教篇上》:"左军章左肩,右军章右肩,中军章胸前。"说明士卒通过佩章的位置、颜色等来区别部伍。

《尉缭子·经卒令》:"卒有五章,前一行苍章,次二行赤章,次三行黄章,次四行白章,次五行黑章,次以经卒,亡章者有诛。前一五行置章于首,次二五行置章于项,次三五行置章于胸,次四五行置章于腹,次五五行置章于腰。"是说在编组士卒时,每一行、每一排的士卒所佩的章的颜色、位置都是有规定的,这样可以使将识卒、卒识将,很好地管理军队。若发生"卒无非其吏,吏无非其卒,见非而不诘,见乱而不禁,其罪如之"。

河西边塞戍卒也实行严格的番号编制,吴礽骧先生依据悬泉简牍,认为敦煌效谷县正卒在"中校"统理下分左、右、中三部,各置假司马一人,领有前、后、左、右、中五曲候,下有令史等士吏。正卒编制,"曲"下以序号列"伍",有"骑士"、"甲卒"、"曲士"、"统卒"、"军候"、"军骑"等兵种。①

依据居延汉简,我们发现当时的屯戍士卒也佩章。如:

　　魏华里大夫曹世
　　皂布复袍一领
　　皂布章襌衣一□
　　练复襃袭一领,
　　皂布复绔一两　　　　　　　　　　　　101.23

　　□□□官章襌衣一领　　官布橐一
　　私韦单绔一两　　　　　官布复绔一两
　　官枲履一两　　　　　　私布橐一　　　217.30

以上两例中的"章襌衣"即指标有徽识的襌衣。并且我们发现章只在

---

① 吴礽骧:《敦煌悬泉遗址简牍整理简介》,《敦煌研究》1999年第4期。

禅衣上有，其他衣服如袍、袭上则没有，说明章是已经绣上去的、不能随便摘取的军服徽识。

二 军用衣装的继承与发展

沈约说："秦灭礼学，事多违古。汉初崇简，不存改作，车服之仪，多因秦旧。"[1] 考察秦汉军队的衣装便知确实存在相同或相似之处。如在常服类衣装方面：秦汉士卒头上大都戴巾或帻，穿长及膝盖的战袍。图五十二为秦兵俑，图五十三为徐州狮子山兵俑，从两图看出，秦汉士卒都戴巾，穿战袍，其长度多长及膝盖。紧袖，右衽，直裾，以带束腰，着三重着装，下体多着绔，脚上穿枲履。

图五十二　秦始皇兵俑　　　图五十三　徐州狮子山兵俑

铠甲类衣装也有许多相似之处，图五十四为秦始皇陵兵俑所着铠甲，图五十五为杨家湾兵俑所着铠甲。二者都由身甲和披膊两部分组成，均采用长方形的大型札甲片。甲片编缀方法大致有两种，一种是上下左右固定的编法，用于甲身腰以上部分。另一种是左右固定编缀，上下活动连缀的编法，用于披膊及甲身腰以下部分，以便于活动。

---

[1] 沈约：《宋书》卷14《志·礼》，中华书局1974年版，第493页。

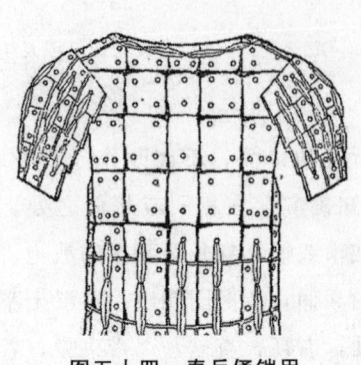

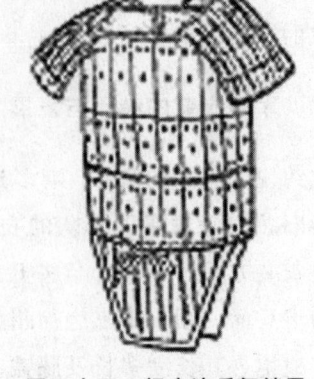

图五十四　秦兵俑铠甲　　　　图五十五　杨家湾兵俑铠甲

由此说明汉代吏卒衣装相对于秦代有一定的继承性。但继承并不等于因循守旧，秦代铠甲多采用长方形或正方形的甲片编连。到了西汉，出现了结构小巧的鱼鳞甲。西汉中期后，中型或小型甲片编缀的鱼鳞甲成为军中的主要防护设备。到了东汉，甲衣对身体的防卫能力进一步加强。

第五节　民族特点

汉代河西屯戍士卒的衣装既具有中原风格，又兼有少数民族风格，体现了两汉时期民族融合的趋势。河西屯戍士卒的主体力量是中原士卒，因此其穿着具有中原服装风格，但士卒中也有一部分为少数民族，主要有来自我国北方及西北方向的匈奴兵、羌胡兵、鲜卑兵、西域兵、乌桓兵等。我们通常称之为"夷兵"或"胡人"。[①]"胡人"的服装被称为"胡服"。由于"夷兵"或"胡人"的存在，使得屯戍士卒的衣装又兼有少数民族风格。

汉代除实行征兵制外，也实行招募。对"应募"从军者，给予一定的经济、政治待遇。《后汉书·马武列传》载中元二年（57年），马武等"将乌桓、黎阳营及三辅募士四万人击西羌"。斯坦因在中国考古中发现：

---

① 所谓"胡之名初本指匈奴，后乃为北族通称"。吕思勉：《胡考》，见《匈奴史论文集》，中华书局1983年版，第398页。

"在长城沿线发现的粟特文书中没有直接的信息,使我们探明这些守土吏及其属下,可能多从远处招募而来。但是,从'关外头'招募外国雇佣军帮助驻守长城,显然与当时的政策完全相符……足以使我们联想到,早在公元前1世纪的前半段,敦煌边防线上已经使用了粟特士兵或其他来自伊朗的士兵。"①

汉代,少数民族及外国人充当士卒,其衣装一般由汉政府供给,但是,正如前面第二章所介绍的,官给衣装毕竟有限,因此,那些"胡人"或"夷兵"也穿民族服装。对于外国民族的士卒所穿的民族服装,我们难窥其貌,但是对于汉代的匈奴族所穿的服装及羌族人所穿的羌服,考古中可零星记载或有实物出土,可大致还原其款式。

一 两汉胡服的款式、质料及其类型

关于两汉时期的胡服,史载多略,往往仅以"披发左衽"② 等寥寥数语给予概括,具体款式则语焉不详。但据此,"左衽"为其服装款式的一大特点,当确定无疑。左衽曾为一种广泛流行于中国北方少数民族中的服装款式。因异于中原传统的右衽汉装,而往往成为中原汉人区分所谓华夷之别的重要标志之一,孔子在论及春秋齐桓公"尊王攘夷"故事时,即不由感叹道:"微管仲,吾其披发左衽矣!"③ 然而,作为一种较为宽泛笼统的记述,左衽仅仅指明了服装衣襟的开口方向,并未道出服装的具体款式、质料等详细内容。从中我们只能粗知其形而不知其实,对于两汉胡服款式仍可谓一片模糊。下面收集的是出土于山东地区汉代画像石上的胡服样式。图五十六为微山县两城乡出土的画像石局部,图五十七为汉战争图之胡人画面(王洪震著《汉画像石》),图五十八为北京王琳藏汉砖胡骑(王洪震著《汉画像石》),图五十九为山东济宁博物馆藏胡汉战争画像石。

---

① [英]奥雷尔·斯坦因:《西域考古记》,广西师范大学出版社1998年版,第374页。
② (汉)班固:《汉书》卷94《匈奴传》。
③ 《论语》卷29《宪问》,广州出版社2001年版,第200页。

图五十六　微山县出土的汉画像石 　　图五十七　汉代画像石之胡人形象

图五十八　汉砖胡骑

图五十九　济宁博物馆藏画像石

　　上面四幅图上，胡卒头戴尖顶或圆筒状的帽，其中图五十六和图五十九上胡卒皆穿紧身衣绔，上衣长度及腰部。图五十七和图五十八上胡卒穿的上衣长度在膝盖位置处，下身着绔。衣服廓形也较瘦小。这种衣装款式即为文献记载的袭绔制。1924年，蒙古诺颜乌拉西汉晚期匈奴6号墓出

土的三件衣裤，可见这种款式的衣装实例[①]（图六十）。

（1）上衣为丝质对襟，原呈红色，后褪变为黄色。衣服的领、襟及肩背处原都有镶有带状貂皮和旱獭皮，袖口上亦缀有宽约7厘米的旱獭皮，由于时间久远，这些皮毛多半脱落，但大致轮廓仍可辨认。衣服全长1.17米，宽1.94米（连衣袖合计），无纽扣之属，估计平时当以腰带束缚。

（2）长裤为棕色，毛质。两条裤腿上各缀有一条红褐相间的长条，裤腿很宽，无开口，腰侧有穿束腰带之孔，裤腿较窄并于脚腕处束口，胯下衬布加裆，裤长1.14米，裤腰周长1.16米。

（3）连袜套绔为棕色，长1.09米，上周长0.5米，袜底长28厘米，这种套裤与现今蒙古族摔跤服中的套裤形制极为相近，两者间或许有着某种联系。

由上推断出河西一部分匈奴胡卒着装以上衣下绔式为主。上衣为对襟或左衽的短衣，紧身窄袖，下衣为束口长绔或紧身长绔，头戴尖顶或圆筒状的帽，脚上多穿革制或毡制靴鞋。《中华古今注》："靴者，盖古西胡也，昔赵武灵王好胡服长服之，其制短黝黄皮。"

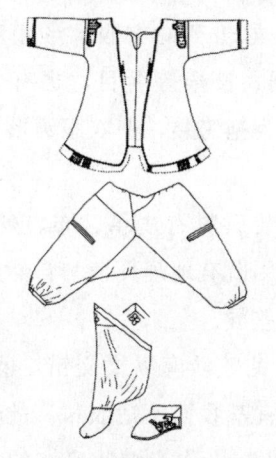

图六十　蒙古诺颜乌拉6号匈奴墓出土的胡服　　图六十一　武威磨嘴子72号汉墓木简画

羌族是两汉时期河西一带的少数民族之一，"羌人逐水草移徙"。羌族

[①] 张睿丽、赵斌：《秦汉匈奴服装形制初探》，《西域研究》2008年第2期。

士卒也见于汉军中,如《汉书·赵充国传》载宣帝时,曾发太常徒弛刑、三河等地材官"并金城、陇西、天水、安定、北地、上郡骑士羌骑与武威、张掖、酒泉太守各屯其郡者合六万人矣"。据悬泉简牍,居住敦煌郡南塞外的羌人部落,有唐调羌、归何羌、归义聊羌、归义垒羌等部。地方政府征羌人马匹,役使羌人迎送过客、转输粮谷、驿置杂役。[1] 羌族士卒的衣装款式可见于武威磨嘴子72号汉墓出土一木版画上。画上为一少数民族男子形象,有须、披发、左衽,穿短袍,袍下有缘边,并画出针缝的线脚,中系腰带,袍下为绔,绔脚处绑裹腿,着鞋,左手下垂,右手举起做招呼状。画中男子形象疑为东汉羌族男子长相及穿着[2](图六十一)。

二 胡服与中原士卒衣装的对比

1. 着装:两汉匈奴族的着装以上衣下裤式为主。由于两汉塞北以游牧经济为主,乘骑射猎,走马畜牧为日常之所需,故不利于骑射的裙裳较为少见,此不仅史载皆无,考古实物亦未有发现者。而中原士卒的着装既有上衣下绔式,也有裙裳式。

2. 款式:两汉胡服,其上衣为对襟或左衽,而中原士卒以右襟或右衽为主;两汉胡人穿紧身窄袖短衣,而中原士卒的衣服廓形相对比较宽大,款式也较丰富,有直裾、曲裾、燕裾、长裾等名目,也有方领、交领、曲领、圆领等领式的变化。羌族人虽为袍绔装,但衣服廓形也比之汉军衣装来说较短和窄。

3. 质料:两汉时期,中原士卒的衣装质料有皮革、布、丝、絮等,而胡服则以皮革为主。造成这种差别的原因既有地理环境与自然条件构成上的差异,也有文明程度与生活方式上的差异。

匈奴族所居之地深处内陆腹地,境内戈壁沙漠纵横交错,风沙弥大,林木与沃野仅限于局部,草原分布较广,宜畜牧而不适农耕,故匈奴"随畜田猎禽兽为生业"、"毋城郭常处耕田之业"。[3] 作为游牧经济的主体——马、牛、羊等牲畜,不仅是他们的生产资料,也是最基本的生活资料。自

---

[1] 吴礽骧:《敦煌悬泉遗址简牍整理简介》,《敦煌研究》1999年第4期。
[2] 张朋川:《河西出土的汉晋绘画》,《文物》1978年第6期。
[3] (汉)司马迁:《史记》卷110《匈奴列传》。

然条件与生产需要最终决定了其以动物皮毛为衣裤的必然性。史载匈奴"自君王以下，咸食畜肉，衣其皮革，被旃裘"①。中原士卒来自较先进的农耕地区，地理环境和自然条件相比较优越点，适宜桑、麻等农作物的种植，所以衣装原料也以丝、麻为主。

4. 两汉时期，匈奴、羌族诸族与中原人民在衣装方面相互学习、借鉴和利用，体现了民族融和的进一步发展。匈奴早先"丝无文采裙韦曲襟之制""无绮绣淫巧之贡，纤绮罗纨之作"②，后来，随着自身实力的壮大和活动范围的推广，原来单纯的衣皮被裘不能完全满足生活所需。面对邻近地区，特别是农业区丰富发达的物质文化生活，为弥补游牧经济自身的不足与缺陷，"自单于以下皆亲汉，经来长城下"，"好汉缯絮食物"。③ 通过和亲、贡献、互市或武力掠夺等形式从周边邻国、邻部（族）获取各类纺织类衣料。前举图六十羌人的衣装在汉军中也有穿着，这也是民族融合和民族学习的结果。

两汉王朝为实现大一统战争的胜利，对于归顺汉室的匈奴等北方民族赐予大量的衣装。武帝时，"胡降者数万人皆得厚赏，衣食仰给县官"。④ 宣帝时，"呼韩邪单于款五原塞"，汉王朝"赐以冠带衣裳"，又"衣被七十七袭，锦绣绮縠杂帛八千匹，絮六千斤"。⑤ 至于那些被招募的少数民族兵、属国兵，衣装更是由汉政府供给，这在一定程度上不能不影响其衣装款式的变化。

匈奴族转徙流动、居无恒处的游牧生活造就了其衣装款式"窄袖利于驰射，短衣、长黝靴皆便于涉草"。⑥ 中原的襦裙、深衣内着开裆绔，而胡服完善的合裆绔可防止骑行时裆部摩擦。革带系扣，固定性强，可垂挂火药刀具等日常物件。"胡服骑射"曾掀起我国最早的服装改革，战国赵武灵王抛弃衣裳连属制深衣，果断吸纳游牧民族的胡服和骑射之术，使赵

---

① （汉）班固：《汉书》卷94《匈奴传》。
② （汉）桓宽：《盐铁论》卷9《论功》，上海人民出版社1974年版，第52页。
③ （汉）司马迁：《史记》卷110《匈奴列传》。
④ （汉）班固：《汉书》卷24《食货志下》。
⑤ （汉）班固：《汉书》卷94《匈奴传》。
⑥ 沈括：《梦溪笔谈》卷1《故事》，《丛书集成新编》第11册，（台湾）新文丰出版公司1985年版，第243页。

国军队作战便捷而成为军事强国。"胡服骑射"废弃下裳改穿绔，对革新中原传统服装有着深远的意义，使胡服得到肯定和传承，衣绔装影响日甚，汉代屯戍吏卒的衣装中，上衣下绔式占有相当大的比例。在政府配发的衣装中，袭也占有很大比例。袭为短衣，左衽。袭，即"褶"也。王国维先生认为："绔褶，三代以上盖无此服，其制本出胡中，赵武灵王后始入中国，自后武士及行旅多服之，历南北朝以至隋唐遂为中国常服。"①除绔褶制外，汉代河西戍边士卒脚上还穿革鞮，这种靴子最早也来源于北方少数民族。说明两汉的军戎衣装中，胡服与中原服装有了进一步的融合。到了魏晋南北朝，这种融合进一步加深。沈括说："中国衣冠，自北齐以来，乃全用胡服。"② 一个"全"字，或许说的有点过分，但胡服对汉族衣装的发展确实影响巨大。

---

① 罗振玉、王国维：《流沙坠简》，中华书局1993年版，第269页。
② 沈括：《梦溪笔谈》卷1《故事》，《丛书集成新编》第11册，（台湾）新文丰出版公司1985年版，第243页。

第五章 衣装与政治、经济、文化、军事的联系

第一节 衣装与政治

在古代社会，衣既具有护体、保暖的"蔽寒暑"[①] 意义，又具有区分不同阶级身份地位的政治意义，"圣人所以制衣……蔽形表德劝善别尊卑也"[②]。"贵贱有级，服位有等"[③]，"虽有贤才美体，无其爵不敢服其服"[④]。衣装的功能不仅是"盖形暖身"，还在于"贵贵尊贤，而明别上下之伦，使教亟行，使化易成，为治为之也"[⑤]；如果衣装丧失等级性，便会破坏尊卑有序的"人伦"关系，导致天下大乱。[⑥]

班固《叙传》记载："汉初定，与民无禁。"颜师古注谓："汉不设车旗衣服之禁。"汉初无服制只能大致可信。汉文帝时，书生贾谊曾上书曰："固当改正朔，易服色，法制度，定官名，兴礼乐，乃悉草具其事仪法，色尚黄……"贾谊在当时之所以上书是因为富商大贾的穿着已与王室无异。"易服色"是维护国家等级的重要举措。汉明帝永平二年（59年）发布的"舆服令"规定了朝、祭服制度，主要包括冕冠、衣裳、鞋履和佩绶等，各有等序，不得僭越。统治阶级在衣服的颜色、质料、款式上皆享有专权。

[①] （汉）刘熙：《释名》卷5《释衣服》，《丛书集成初编》，中华书局1985年版，第77页。
[②] （汉）班固：《白虎通义·衣裳篇》，《景印文渊阁四库全书》，台湾商务印书馆民国三十五年版（1946年），第859页。
[③] （汉）贾谊：《新书》卷1《服疑》，《丛书集成新编》，中华书局1985年版，第508页。
[④] （汉）董仲舒：《春秋繁露》卷7《服制》，《丛书集成新编》，中华书局1985年版，第544页。
[⑤] （汉）贾谊：《新书》卷1《服疑》，见《丛书集成新编》，中华书局1985年版，第508页。
[⑥] （清）苏舆：《春秋繁露义证》，中华书局1992年版，第68页。

在军队中，士卒的衣装在质料、款式、色调等方面来说，似乎更强调军事统一性，但是，我们并不能完全否认它在政治上的阶级差别。

首先，河西屯戍地区的吏与卒在衣装的色彩、质料、款式上是有区别的。色彩是判别一个人社会身份或职业的重要基础。董仲舒说："染五采，饰文章"的目的在于"见其服而知贵贱"。从色调上来说，河西官吏的衣装颜色比较丰富，士卒的衣装颜色主要有黑、白、黄三种颜色。黑、白常常是下层民众日常生活中常见的衣装颜色。

大奴冯宣
年廿七八岁中壮发长五六寸青黑色毋须衣皂袍
白布绔履白革舄持剑亡   40.1

此简中大奴为地位低下的奴隶，其身上穿"皂袍白布绔履白革舄"。至于黄色，这可能与汉代服色尚黄有关。汉武帝元封七年（前104年），正式下诏改正朔，易服色，表示受命于天，把元封改为太初元上，以正月为岁首，服色尚黄，数用五；从质料上来说，河西屯戍官吏多穿丝织品和上等的麻布衣装，而士卒穿十稷布以下的衣装；与贵族穿狐裘、虎裘、麂裘、貉裘等不同的是，屯戍士卒穿的主要有犬裘、羊裘。革鞮和麻布衣不但为屯戍士卒所穿，也为庶民阶层所穿。桓宽《盐铁论·散不足》："古者，庶人贱骑绳控，革鞮皮荐而已。"又："古者庶人耄老而后衣丝，其余则麻枲而已，故名曰布衣。"从着装上来说，军中官吏博衣宽袖的深衣，一般士卒衣服的长度相对较短、较窄。戴冠是上层男子的特权，不同的官职，有不同的冠帽。而屯戍士卒只能戴巾或帻。陕西扬家湾众多兵俑中，穿鱼鳞甲的只有一人，其地位必定高于其他人。这些都说明军队中的政治差别。因此，研究汉代河西屯戍士卒的衣装，可从侧面反映当时政治上的某些方面。

第二节 衣装与经济

衣装作为人类物质文化的一个载体，它的发展变化与社会经济紧密相连。

一　屯戍吏卒的衣装反映出两汉时全国及地方的经济发展水平

河西屯戍吏卒的衣装主要由国家提供，部分为私人自备，这说明国家整体经济水平发展还不是很强，不能完全解决军队的衣装装备问题。另外，从国家提供给士卒的衣装数量上也可看出当时国家的经济实力。其次，戍边士卒主要由各郡县征发，在士卒出发前，每个郡县负责提供给士卒一定数量的衣装。依据前面的分析，我们看出各个郡县提供的衣装种类和数量都不一样，因此，可看出当时主要郡县的经济水平差距。如据前所举，当时的河东郡比济阴郡的经济水平好一点，而济阴郡又比淮阳郡的条件好。根据士卒衣装的来源和数量，我们就能了解两汉时全国及地方的经济发展水平。

二　戍边吏卒的衣装反映了秦汉及两汉时商品价格的发展变化

吏卒的衣装，从质料上来说，有布织品也有丝织品。居延汉简在记载吏卒衣装的同时，也对当时的布匹等价格做了若干记录，如布价：

入　布一匹直四百
绀絮二斤八两直四百
凡直八百　　　　　　　　　　　　　　　　　　　308.7

此简，布价一匹值 400 钱

胡中文布记
尹圣卿二匹直六百
孙赣二匹直六百
张游卿二匹直六百　　　　　　　　　　　　　　E. P. T56：72A

此简，布价一匹值 300 钱。

从以上史料来看，居延地区的布价平均约为每匹 309 钱，这价格比秦时高出五六倍。《秦律·金布律》规定秦："钱十一当一布。"意思是一布值 11 钱。《秦律·金布律》又云："布袤八尺，幅广二尺五寸。布恶，其袤不如式者，不行。"依此，布八尺为一布，值钱 11 计算，量制是十尺一丈，四丈一匹；则布一匹为 55 钱。反映出秦汉商品价格的发展变化，汉代的物价较秦要高得多。

布价如此，我们再来看丝织品的价格，从文献资料及西北汉简中也可以看出，当时丝帛价格比布的价格高出很多。"丝一斤二百八十五钱，素一匹六百二十五钱，白练一匹，直一千四百钱。缥一匹，直八百钱。"[①] 仅拿练与布来对比，一匹白练要比一匹布高出一千多钱。汉代的粟，每石在一百一十钱左右（167.2），一匹白练可换十石粟还要多。这是一个惊人的数字，当时的燧长月俸为六百钱（33.1；57.8），两个月的月俸还买不到一匹白练，由此既可以看出当时布价与丝织品价格的差异，也可以看出粮食价与手工业产品的价格差距。布价与丝织品价格比之粮食价高出很多，用布或丝织品织成的衣服，其价格就更高了，如：

贳买皂练复袍一领贾钱二千五百今子算☐   69.1

建昭二年闰月丙戌甲渠令史董子方买鄣卒威裘一领
直七百五十   26.1

第卅八卒累忠绔一两直七百其五百阁　其二百☐ 82.11

燧卒子章自言责第卅八燧长赵☐官袍一领直千四百五十验问收
                                         甲附 22

肩水☐☐燧卒陈☐贳买布裘一领布绔一两并
直八百界亭☐☒   73E.J.T1：55

此简中袍一领值 1450 钱、一领值 2500 钱、威裘一领值 750 钱，绔一

---

① （晋）刘徽：《九章算术》，《丛书集成新编》第 40 册，中华书局 1985 年版，第 721 页。

124

两值 700 钱，袍的价格比每匹布价高出几乎 2200 钱，比每匹白练高出 1100 钱，可见当时的商品价格差异。屯戍吏卒间贯买衣装时的价格差异反映了两汉时期商品价格的差异和同一种物品的价格波动。

三　国家对吏卒衣装的投入开支反映了当时老百姓的负担情况

虽然每个郡县提供给士卒的衣装数量不同，但我们可按一个士卒最基本的穿着：一袍、一绔、一履、一袜、一巾来计算国家为这个士卒衣装所投入的开支。居延汉简中能找到有关士卒衣装价格的记录，如：

　　□李几官袍一领直钱千二百　　　　　　　　E. P. T16：11

　　第三队卒干威
　　絮巾一直廿不五十　　　　　　　　　　　　E. P. T51：301

　　皂襜褕一领直千四百七十　　复襦一领直六百
　　绛单襦一领直二百九十　　收得　　　　　　E. P. T52：188

　　卖缣长袍一领直二千
　　皂绔一两直千一百　　　　　　　　　　　　206.28

　　自言责甲渠终古燧长徐带履钱百六十服负　　E. P. T51：407

根据以上衣装价格的记录，按一个士卒一巾、一袍、一绔、一履来计算国家为这个士卒的衣装一年所投入的财力：20＋1200＋1100＋160＝2480 钱。黄今言先生统计西汉的军队数量大致在 80 万—100 万，东汉的军队数量约 20 万—30 万。① 由此可算出西汉政府在军队的衣装上投入的财力约为 198400—248000 钱，东汉为 49600—74400 钱。两汉政府按冬、夏两次给士卒廪衣，如此则西汉为 396800—496000 钱，东汉为 99200—

---

① 黄今言：《秦汉军制史》，江西人民出版社 1993 年版，第 224 页。

148800 钱。表面看来，西汉政府在军队衣装上投入的财力比东汉时高，但是，在集兵方式上，西汉以征兵制为主，到了东汉，募兵制逐渐代替征兵制。在征兵制下，国家提供给士卒衣装数量的多寡，士卒无条件接受。但募兵制下，军队中包括衣装在内的所有开销很可能都由国家供给。加上东汉时期战争仍很频仍，因此，这一时期政府在士卒衣装上投入的财力远超过 148800 钱这个底线。虽然士卒衣装主要由官府提供，但归根结底还是由老百姓负担，国家以赋税的形式从老百姓的身上征收。两汉的军费开支很多，有粮食费、衣装费、武器费、边防工程费、战争费、军功赏赐费、安葬抚恤费、归降费等，单就衣装费用就有这么多，何况还有其他费用。因此，依据汉代河西屯戍吏卒的衣装，可了解当时老百姓的负担情况。

四 边塞吏卒间的衣装买卖有利于边地经济的互通有无

从前面我们列举的大量吏卒贳买衣物的简文中，看到戍卒经常贳买从家乡带来的衣物和布、帛。这些被贳买的物品都是戍卒家乡的特产。吏卒间衣装贳买反映了两汉时期的货币经济关系。贳买活动虽然为官方所禁止，但这一活动客观上来讲，有利于边地经济的互通有无。河西边地经济文化较内地欠发达，内地的物品在边地交流与买卖，对当地文化和经济皆有利。

汉代丝织品的产地以齐、蜀两地为大宗。《论衡·程材篇》云："齐郡世利刺绣，恒女无不能。"说明齐地的丝织品很著名。《盐铁论·本议篇》有"东阿之缣"；有产于任城国亢父的，如"任城国亢父缣一匹，幅广二尺四寸，长四丈"。蜀锦也是比较出名的，左思《蜀都赋》"百室离房，机杼相合，贝锦斐成，濯色江波"。襄邑的锦也很有名，《说文》："锦，襄邑织文也。"左思《魏都赋》有"锦绣襄邑，罗绮朝歌，绵纩房子，缣总清河"的诗句形容襄邑的锦绣产品以工艺精湛而出名。河内帛也很出名，汉简说：

出河内廿两帛八匹一丈三尺四寸大半寸直二千九百七十八
给佐史一人元凤三年正月尽九月积八月少半日奉　　303.5

巨鹿缣也比较有名，《太平御览》卷八百十八引《东观汉记》云："马援行塞鄣，到右北平，诏书赐援巨鹿缣二百匹。"三辅出白素，《范子计然书》"白素出三辅八百匹"，此素的价格比亢父缣贵。布的产地以蜀为名，《盐铁论·本议篇》有"齐阿之缣，蜀汉之布"的记载。也有简文记载"广汉布"的情况。

出广汉八稷布十九匹八寸大半寸直四千三百廿给吏秩百一人
元凤三年正月尽六月积六月　　　　　　　　90.56，303.30

来自齐郡、任城国、襄邑、河内、巨鹿、三辅等地的戍卒在离开家乡时，往往将家乡有名的布、帛带到边地贳买，进一步促进了边地的经济发展和文化交流。

第三节　衣装与文化

衣装，是人类文化的物化形式，是记录人类文明的具体象征符号。河西屯戍吏卒的衣装首先以物化的形式，再现了两汉时期先民在衣装方面的文明程度。

屯戍吏卒的衣装从质料上来讲，有丝帛、麻布、葛布和各类动物皮毛，反映出两汉先民在衣装原料的采集和应用方面已具有一定的水平。在布、皮、丝帛等质料中，当时棉布虽然已经出现，但还没有被广泛引用到中原地区。汉代丝织技术已达到相当高的水平，印染技术十分发达，丝织物种类繁多，工艺精湛。但丝绸也较贵，主要还是上层社会的消费品，士卒穿着以麻布、皮革为主要衣料。其原料易得，制作工艺简单，反映了当时社会生产发展情况；从衣装名称来说，屯戍吏卒的衣装品种比较丰富，单是上衣就有袍、裘、袭、禅衣、襦、襜褕等名称。说明文明程度的渐进，使得当时社会能够提供出如此丰富的衣装产品。

衣装不仅以物质发展为前提，而且还反映出一个时代的哲学观、美学观等精神文化的内容。两汉屯戍吏卒的衣装若从哲学观、美学观角度来说，其穿着打扮上反映出儒家的中和思想。

屯戍吏卒的穿着以袍服居多，这符合儒家的中和思想。儒家重礼，主张人的行为、观念都要保持中和，不可过火。"中和"既是儒家哲学思想的核心，完美人格的境界，又是服装审美的基准。在孔子的心目中，"中庸"是一种理想的人格美。也是服装美，孔子认为人要适度，穿衣也要适中，以"雅"作为一个重要的审美标准。提倡人要有"文雅"美，反对服装的花里胡哨、奇形怪状。《战国策》提出"服奇志淫"的观点，也就是说，服装不雅的人，也必然志不雅，俗不可取。认为"文质彬彬，然后君子"，主张内在美和外在美的统一。袍、单衣均为曲裾深衣，穿着后端庄、规整，在以儒家思想为核心的汉代，不但是士庶众人的穿着，也是军队士卒的穿着，反映出儒家思想对当时人的穿着影响。

从美学观的角度来说，两汉屯戍吏卒的衣装廓型以宽为美，这既反映了当时社会的流行情况，也反映出儒家哲学思想对人们思想观念上的渗透和审美情趣的引导。

从整体风格来看，屯戍吏卒的衣装还体现出一种人与自然的和谐，浑然一体的凝重美。这种衣装款式风格恰恰与儒家"天人合一"的哲学思想相统一。"天人合一"思想是中国传统文化最为深远的本质之源，这种观念产生了一种独特的服装设计观，即服装设计的凝重、宽大飘逸，弱化人体线条，"把自然的人体隐藏于宽大的袍袖之中，给人以神秘、内敛之美，力求与'天'合而为一的神韵"。[①] 这恰恰跟西方文化中强调人体曲线相反。

屯戍官吏的衣装颜色又反映出汉代的"阴阳五行学说"和"五德终始说"。阴阳五行学说是将自然现象与人事政治相对应，以期为现实生活提供理论指导。据《礼记·月令》可知，仲春之月，其数八，衣青衣，服仓玉；孟夏之月，其数七，衣朱衣，服赤玉；孟秋之月，其数九，衣白衣，服白玉；仲冬之月，其数六，衣黑衣，服玄玉。阴阳五行学说规定了人们在不同的季节内必须相应地使用某种服色和数字。"五德终始说"是阴阳五行学说中的另一重要思想。《文选·魏都赋》李善注引《七略》

---

① 仪平策：《中国服饰简史》，辽宁大学出版社 2002 年版，第 124 页。

曰:"邹子有终始五德,从所不胜,木德继之,金德次之,火德次之,水德次之。"《吕氏春秋·应同》载:"土气胜,故其色尚黄……金气胜,故其色尚白……火气胜,故其色尚赤……水气胜,故其色尚黑。"阴阳五行学说认为,历史是由所谓"五德"轮流支配着,在某德轮值的时代须有某种特殊的服色、某种特殊的制度和某种特殊的政治精神和它相配。[①] 阴阳五行的这些理念在汉代服制中有明显的表现。

史载西汉政权新立,高祖诏令"群臣议天子所服,以安治天下"。群臣议曰:"春夏秋冬天子所服,当法天地之数,中得人和。……中谒者赵尧举春,李舜举夏,兒汤举秋,贡禹举冬,四人各职一时。""五服衣始于此。"[②]《后汉书·礼仪志上》载:"立春之日……京师百官皆衣青衣,郡国县道官下至斗食令史皆服青帻,立青幡……至立夏。""立夏之日……京都百官皆衣赤,至季夏衣黄。""立秋之日……京都百官皆衣白,施皂领缘中衣,迎气于白郊至立冬。礼毕,皆衣绛,至立冬。""立冬之日……京都百官皆衣皂,迎气于黑郊。礼毕,皆衣绛,至冬至绝事。"[③] 四时之气各有不同,人们在不同时节应随之而动,更换服装色彩,以应时气的变化。

"衣裳是文化的表征,衣裳是思想的形象。"[④] 衣装既是物质生活的重要组成部分,又是文化生活的一部分;表现出一个民族,一个社会、一个时代的风貌,反映人们的物质文明、科学技术、审美习惯等;反映了内在的精神涵义,它以一种特殊的符号形式,表现出社会的不同形态。

第四节 衣装与军事

汉代河西屯戍吏卒的衣装问题,既属于文化范畴,又属于军事范畴。屯戍吏卒的衣装反映出当时军队方面的若干问题。依据简牍资料对屯戍吏卒衣装名称的记载,使我们对两汉河西屯戍吏卒的穿着有了比较详细的了

[①] 张荫麟:《中国史纲》,上海古籍出版社 1999 年版,第 134 页。
[②] (宋)李昉:《太平御览》卷 689《服章部》引《汉杂事》。
[③] (南朝宋)范晔:《后汉书》卷 15《礼仪志》。
[④] 张志春:《郭沫若与服饰文化初探》,《郭沫若学刊》2009 年第 2 期。

解。然而，吏卒衣装品种虽然比较丰富，但从侧面也反映出军队着装的不整齐。两汉政府在配发军队士卒的衣装时，并没有对士卒衣装的颜色、质料、款式等做出完全统一的标准，而是依靠地方政府自行决定和配发。由于各地方经济发展状况不一，百姓穿戴情况不同，因此所提供的衣装也就不同。士卒的衣装有官府提供也有私人自备的，每个士卒的家庭背景不一样，所带的衣装也不同，造成戍边士卒衣装色调、质料、款式不统一，从而影响到军队的整齐性、军容的美观性。

在军队后勤保障上，国家对屯戍吏卒衣装的供给基本上满足了吏卒穿着的需要，有利于调动吏卒的战斗积极性。但是，汉代大规模的拓边战争与国力尚存在一定的差距，无休止的战争使国家难以长时间按时足量供给士卒衣装。武帝时，"比岁十余万众击胡"，使得"兵甲转漕之费不与焉"。[①] 王莽时，"边兵二十余万人，仰县官衣食，用度不足"。[②] 由此看来，衣装的短缺应该是常常发生的，而这点势必影响到军心的稳定和战争的成功是否。

屯戍吏卒的衣装是军用物资的重要构成部分。国家对吏卒的衣装从授出、运送、领取到平时的管理都比较严格、到位，最大限度地维护了国家和士卒的利益。由于贳买问题不能从根本上得到解决，在一定程度上也带来了管理上的困难。从边塞机构对士卒衣装的管理上也看出一些管理方面的漏洞，尽管这样，其管理思想在今天看来仍然闪耀着智慧的光芒，成为中国古代国家管理的典范。

屯戍吏卒的衣装与前朝吏卒的衣装相比，既有继承又有发展，在整个中华民族的军戎衣装中独具特色和魅力。

法国著名美学家、符号学家罗兰·巴特在其所著《符号学美学》一书中说过："衣着是规则和符号的系统化状态，它是处于纯粹状态中的语言。""如果人类要了解自己，就必须研究文化，必须研究他自己为自我培养而作的努力"。[③] 而通过吏卒衣装这扇窗口，是了解一个时代，一个民族特定的政治环境、军事环境、经济秩序、文化取向的最好途径。通过对

---

① （汉）班固：《汉书》卷24《食货志下》。
② 同上。
③ ［法］罗兰·巴特：《符号学美学》，辽宁人民出版社1987年版，第21页。

第一编　衣篇

汉代河西屯戍吏卒衣装问题考查，力争再现当时屯戍吏卒在衣装方面的生动形象及生活场面，反映出两汉政府在军队吏卒衣装方面的思路导向，体现出两汉军事后勤方面的保障力度，透视出当时社会的政治、经济、军事、文化风貌，为全面了解汉代社会提供了丰富的资料依据。

第二编

食 篇

第一章 屯戍吏卒的食品种类

食,乃人类生存之根本。《尚书大传》言:"八政何以先食?食者,万物之始,人之所本者也。"食同衣一样,都是满足人类生存的基本条件。袁准《正书》曰:"方丈之食,不过一饱;绨袍之绣,不过一暖。"《韩子》也曰:"凡人上不属天,下而不着地,以筋骨为根本,不食则不能活,是以不免于欲利之心。欲利之心不除,其身之忧也。故圣人衣可犯寒,食足以充虚,则不忧矣。"

人类社会对食物的认识和利用随着生产的不断进步而发展。《礼记·曲礼上》曰:"古者未有火化,食草木之实、鸟兽之肉,饮其血,茹其毛。后圣有作,然后修火之利,以炮以燔,以亨以炙,以为醴酪。"人类最早生食,再到把动物的肉烧熟而后食用,后来,逐步发现并发展出农耕,培育出粮食作物和其他农作物,并学会圈养动物,人们的食物种类逐渐多起来。汉桓宽《盐铁论》中记曰:"古者燔黍而食,捭豚相享,宾婚相召,豆羹白饭。今则燔炙满案,臑豚包鳖,胹鲤魔卵,鹑鷃橙枸,鲐鳢醢醯,众物杂味。"可见汉朝时,人们的食物品种已经相当丰富了。

食,也是军队后勤供给最基本的物质保障。《孙子兵法·军争篇》言"(军)无粮食则亡",确为至理。《汉书·贾谊传》:"匈奴之众,不过汉一大县。"汉王朝拥有丰富的人力资源,完全可以组织大规模的军事力量以抗击之,行动所虑者主要就是食物供给问题。粮食等食物的供给是否到位和充足,是戍边战略成功与否的关键。如果食物供应不到位,军事行动很难取得胜利。如李广利伐大宛,"比至郁成,士至者不过数千,皆饥罢",后又"道远多乏食,且士卒不患战患饥"[①],出土汉简亦有此类记录,如

---

① (汉)司马迁:《史记》卷 123《大宛列传》。

郭钦出兵西域时出现：

> 粮食孚尽吏士饥馁马畜物故什五人以食为命兵　　敦简 135

> ☐□□相助为省艰顾致不可不食何敢望肉愿敕　　敦简 136

的情况，终因难坚持而退。赵充国屯戍湟中等地时，曾上奏言，"臣所将吏士马牛食，月用粮谷十九万九千六百三十斛"①，仅此一地之用即可见用量之大。据黄今言先生等推算，西汉至新莽，边兵通常保持在 30 万左右，其一年所需粮食达 800 万石，可谓巨量。② 因此之故，对此问题，汉王朝的统治者不仅认识深刻到"有石城十仞，汤池百步，带甲百万，而亡粟，弗能守也"。③ 而且不惜以极大的人力、物力投入到保障戍边粮食供给的实际行动之中，以输粟于边和屯田边郡相结合的办法，辅之以其他措施，力争克服粮食供应不足问题，并加强对粮食管理和分配的统筹与监管。"有非常之事，然后有非常之功。"④ 两汉大规模的粮食供应和补济行动，基本上适应了屯戍斗争的需求，为汉代屯戍河西、巩固国防奠定了坚实的物质基础，有力地维护了中央集权与大一统局面的安定和较为长久的统治，也是开疆拓土事业的保证。翦伯赞先生曾言，"汉政府在奠定我国疆域的事业中，在中国历史上创造了一页空前辉煌的纪录"⑤，而粮食保障为功至巨。

两汉河西屯戍地区虽然远离繁华的都市，但政府为了边地的安全，通过多种渠道，设法满足边地屯戍吏卒的生活需要，以保证吏卒的食物供应。从出土的汉简来看，屯戍吏卒的饮食结构以谷物类为主食，以肉类、蔬菜、调味品、饮品类等为副食，行军时还有专门的备粮。

---

① （汉）班固：《汉书》卷 69《赵充国传》。
② 黄今言、陈晓鸣：《汉朝边防军的规模及其养兵费用之探讨》，《中国经济史研究》1997 年第 1 期。
③ （汉）班固：《汉书》卷 24《食货志》晁错引"神农之教"。
④ （汉）司马迁：《史记》卷 117《司马相如列传》。
⑤ 翦伯赞：《秦汉史》，北京大学出版社 1999 年版，第 312 页。

第一节　主食类

何谓主食？《汉书·食货志》曰："洪范八政，一曰食……食谓农殖嘉谷可食之物。"《礼记·内则》云："羹食，自诸侯以下至于庶人无等。"郑玄注曰："羹食，食之主也。"孔颖达疏曰："食，谓饭也。言羹之与饭是食之主，故诸侯以下无等差也，此谓每日常食……其黍稷稻粱之属，以礼，正食之外，随等别有，稼穑收获皆等为饭，故云羹食无等。"由此看来主食就是人们每天要吃的、维护生命基本需要的食物，贵贱皆无等，常以黍、稷、稻、粱等粮食作物为主。

中国素称"以农立国"。大约自殷周以来，居住在黄河流域和长江流域的华夏族就以种植谷物为生。周秦以来的文献有很多关于谷物的记载。《周礼·天官》曰："太宰，以九职任万民。一曰三农，生九谷。"郑司农注云："九谷，稷、黍、秫、稻、麻、大小豆、大小麦。"又"凡王之膳食用六谷"。郑司农云："稻、黍、稷、粱、麦、苽。苽，雕胡也。"

居延汉简中也记载有较丰富的粮食作物品种，如糜、粟、谷、黍、稷、大麦、秫、菽、小麦等。

出糜子一斗　　贷鄣卒张抹十月二日　　　　　　4.12

第九鄣卒九人　用盐二斗七升　用粟卅石　　　286.9

凡出谷小石十五石为大石九石　　　　　　　　148.15

出钱百一十籴大麦一石石百一十　　　　　　　214.4

糒粟三斛　　　　　　　　　　　　　　　　　E. P. T59：351

☐黍米一斗　黍米一斗鸡☐　　　　　　　　　E. P. F22：633

137

黍米一斗　稷米一斗	7.15
以食士卒叡	41.9[①]
粱秝四斗	6.6

另外，居延肩水金关考古发现的粮食有小麦、大麦、糜、谷、青稞、麻籽等七八种[②]；敦煌马圈湾遗址出土有大麦、小麦、谷子、青稞、糜子、豌豆等粮食[③]；敦煌汉代悬泉置遗址出土有大麦、糜子、豌豆、扁豆、黑豆等农作物种子[④]（图六十二）。

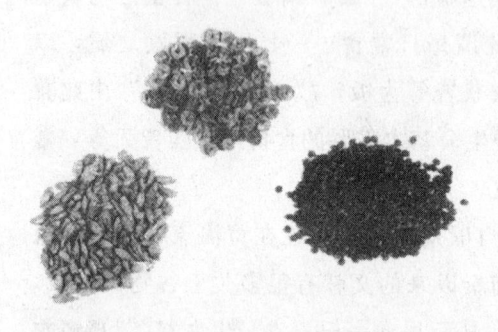

图六十二　敦煌悬泉置出土的农作物种子

以上这些农作物基本上是适应河西地区气候、土壤条件的耐寒、耐旱粮食作物，也是屯戍吏卒所食的主要粮食品种。

一　黍

黍又叫黄米，是出产于北方的一种农作物，籽粒略扁，色黄而黏。《释名》曰："黍，汝也，相黏汝也。"黍是中国古代人们的主食之一。《礼记·曲礼上》曰："饭黍无以箸。"《论语·微子》曰："丈人止子路宿，杀鸡为黍而食之。"谢承《后汉书》也曰："范式与张元伯为友，春别京师，以秋为期。至九月十五，杀鸡为黍，言未绝，而巨卿至。"

各类谷物中，黍列首位。《家语》："孔子侍坐于哀公，赐之桃与黍。"

[①] 甘肃省文物考古所编：《居延新简释粹》，兰州大学出版社1988年版，第9页。
[②] 甘肃居延考古队：《居延汉代遗址的发掘和新出土的简册文物》，《汉简研究文集》，甘肃人民出版社1984年版，第486页。
[③] 甘肃省博物馆、敦煌县文化馆：《敦煌马圈湾汉代烽燧遗址发掘报告》，《汉简研究文集》，甘肃人民出版社1984年版，第505页。
[④] 甘肃省文物考古研究所：《甘肃敦煌汉代悬泉置遗址发掘简报》，《文物》2000年第5期。

孔子先食黍，而后食桃，左右皆掩口而笑。公曰：'黍者所以雪桃，非为食之也。'孔子对曰：'丘知之矣。夫黍者，五谷之长也，郊祀宗庙以为上盛；果属有六，而桃不与焉，为其下，祭祀不登郊庙。丘闻之也，君子以贱雪贵，不闻以贵雪贱。今以五谷之长雪果之下者，是从上雪下也，臣以为妨于教，害于义，故不敢。'公曰：'善。'"

黍性耐旱，且早熟，适于半干旱的河西地区栽培。温燥，喜欢日光强照，对土壤要求低，生长期短。一般在初夏种植，此时雨量充沛，地气潮湿，加之光照多，有利于出苗及植物生长。崔寔《四民月令》曰："四月可种黍，谓之上时。"《氾胜之书》曰："黍者，暑也，种者必待暑。先夏至二十日，此时有雨。强土可种黍，亩三升。黍心未生，雨灌其心，心伤无实。凡种黍者，皆如禾，欲疏于禾。"

黍是河西屯戍吏卒的主食之一，居延汉简有大量关于黍的记载，如：

辛陈万　　又取粟黍斗
又取青黍五斗　　　　　　　　　　　E. P. T4：49A

闰月二日有黄米四。叁月二日又舂一石米六斗，计迼二日算，
贳米二半　出二半　月三日。　　　　E. P. T56：76A

黄米一石　　　　　　　　　　　　　126.23

青黍二石　　　　　　　　　　　　　E. P. T65：317A

"黍米"指由黍去皮后加工而成的黄米，"青黍"为未去皮的黍。"黄米"在此也指黍。

二　粟

粟即谷子，去皮后叫小米。《说文》："嘉谷实也，禾属而黏者也。"段注："古者民食莫重于禾黍，故谓之嘉谷。谷者百谷之总名。嘉者美也。嘉谷之实曰粟。"

粟的种植历史较早。《周书》曰："神农之时天雨粟，神农耕而种之，作陶冶斤斧，破木为耜锄耨，以垦草莽。然后五谷兴，以助果蓏之实。"

粟也是我国古代人们主食之一。《周礼·地官下》曰："仓人，掌粟入之藏。"郑玄注曰："九谷尽藏，以粟为主。"《左传·僖上》也曰："冬，晋荐饥，使乞籴于秦。秦输粟于晋，自雍及绛相继，命之曰泛舟之役。"粟有时候成为口粮或粮食的代名词，桓宽《盐铁论·散不足》记："十五斗粟，当丁男半月之食。"西汉时，政府为了增加粮食产量，曾提出入粟可以拜爵免罪。如《晁错书》议曰："利民欲者，莫如用爵致粟矣。能以粟拜爵者，皆民之有余者也。"可见粟的重要性。

粟也是秦汉时期军粮供应的主要品种之一。秦将王离涉河围巨鹿，当时，"章邯军其南，筑通道而输之粟"。《汉书》记载也曰："有石城十仞，汤池百步，带甲百万，而亡粟，弗能守也。"可见粟对于军事行动的重要性。

粟也是边防吏卒的主食用粮之一，居延汉简中直接以"粟"在简文中出现的名称就有好几种，如粟、白粟、秫粟、粟米等。

廪城仓用粟百卅六石令史□日卒冯喜等十四人廪五月尽八月
皆遣不当。　　　　　　　　　　　　　　E. P. T4：48A

曹史王卿钱四百　籴粱若白粟十石　　　495.7，495.5

出粟卅石　　　　　　　　　　　　　　160.8

度用粱粟一石　　　　　　　　　　　　E. P. T4：61

出秫粟大石二石　　　　　　　　　　　269.12

粟属于耐旱且早熟作物，喜日光强照，生长期较短，适合半干旱的河西地区栽培。汉悬泉置遗址①出土粟的实物，与现在的谷子相同，颗粒

---

① 甘肃省文物考古研究所：《甘肃敦煌汉代悬泉置遗址发掘简报》，《文物》2000 年第 5 期。

圆，皮薄，有白色和黄色两种。《说文》："粟之皮曰糠，中曰米。"汉简也记载有康米，即糠米，指已加工过的比较粗糙的米，如：

  康米卅一石六斗大升大　　　　　　　　疏勒河流域汉简 11

脱粒后的粟也被称为米，故简文中也有直接以米称呼粟的，如：

  出米三升　　　　　　　　　　　　　　326.3

《说文》："米，粟实也。象禾实之形。"米粟也可连用，如《周礼·地官》："掌米粟之出入，辨其物。"如：

  今余粟米四石九斗　　　　　　　　　　15.79

三　粱

粱，为粟的优良品种。《说文·米部》："粱，米名也。"朱骏声《说文通训定声》："按：即粟也。"《三苍》："粱，好粟也。"《郊特牲》曰："饭：黍、稷、稻、粱、白黍、黄粱。"《尔雅》曰："虋，赤苗；芑，白苗。"郭璞注曰："虋，赤粱粟；芑，白粱粟，皆好谷也。"《篇海类编·食货类·米部》："粱，似粟而大，有黄、青、白三种，又有赤黑色者。"《本草纲目·谷部·粱》："粱，即粟也。考之《周礼》，九谷，六谷之名，有粱无粟可知矣。自汉以后，始以大而毛长者为粱，细而毛短者为粟。今则通呼为粟，而粱之名反隐矣，今世俗称粟中之大穗长芒，粗粒而有红毛、白毛、黄毛之品者，即粱也。"

粱也是屯戍吏卒的主食之一，如：

  粱若白粟十石　　　　　　　　　　　495.7，495.5

四　麦

麦，是广泛种植于我国北方地区的粮食作物。《尔雅》曰："夏时民乏食，麦最先登。"意思是说人们在青黄不接时，麦子先熟，给人们食用。"麦"字在商代的甲骨文中已有出现，这说明早在商代就已经种植麦子了。春秋战国时期，麦类作物的种植主要在北方地区。《毛诗·墉·柏舟·桑中》曰："爰采麦矣，沫之北矣。"

麦分大麦和小麦。《广雅》曰："大麦，麰也；小麦，䴰也。"《孟子·告子篇》曰："今夫麰麦，播种而耰之，至于日至之时皆熟也。"赵岐注曰："麰麦，大麦也。"《太平御览》引《淮南子》注曰："牟，大也。故称麰也。"大麦也被称为"矿麦"。《齐民要术·大小麦》："关田唯矿麦。"注："大麦类。"《文选》卷五十七注引崔寔《四民月令》注云："大麦之无皮毛者曰矿。"《玉篇》云："矿，大麦也。"《艺文类聚》引魏·黄观奏云："小麦略尽，惟矿麦、大麦，颇得半收。"又《本草·植物实名图考》云："矿麦，今山西多种之，熟时不用打碾，仁即离壳。但仁外有薄皮如麸，打不能去。"

大麦具有早熟、耐旱、耐盐、耐低温冷凉、耐瘠薄等特点，因此，栽培非常广泛。居延破城子遗址有大麦实物出土。大麦较小麦颗粒瘦而长，不甚饱满，长穗芒。为屯戍吏卒用食粮之一，如：

出穅麦二石六斗　　　　　　　　　　　　　387.23

出穅二石六斗，以廪夷胡燧卒　　　　　　　253.6

□月八日受燧长上官武大麦四石七斗五升　E.P.T10：3

小麦，《广雅》："小麦，䴰也。"又作"徕"。分春小麦（旋麦）和冬小麦两种。《广志》曰："旋麦，三月种，八月熟，出西方。"这是春小麦；《夏小正》曰："九月树麦。"《月令》云："仲秋之月，乃劝种麦。"《尚书大传》曰："秋昏，虚星中，可以种麦。"说的都是冬小麦。冬小麦也被称为宿麦。《汉书·武帝纪》："遣谒者劝有水灾郡种宿麦。"颜注曰："秋冬种之，经岁乃熟，故云宿麦。"《说文》："芒谷，秋种厚薶，故谓之麦。麦，金也，金王而生，火王而死，有穗者也。"这种麦颗粒短而饱满，皮厚，与现在冬小麦相同。

《氾胜之书》曰："凡田六道，种麦为首。"可见麦也是我国主要的粮食作物。小麦在汉代以冬小麦为重，董仲舒曾建议汉武帝："愿陛下幸诏大司农，使关中民益种宿麦，令毋后时。"① 由此可见冬小麦在汉代倍受重视的情况。

居延汉简中也有记载，如：

载肩水仓麦小石卅五石输居延　　　　　　75.25

小麦十二石石九十　　　　　　　　　　　260.25

出麦六十石　　　　　　　　　　　　　　90.46

简文记载证实居延屯戍区也种植小麦，小麦是边塞吏卒的主食之一。

五　稷

稷也是古黏代的一种粮食作物，同黍很相似。黍分两种类型，以秆上有毛，偏穗，种子黏者为黍；秆上无毛，散穗，种子不黏者为稷。《本草纲目·谷部稷》："稷与黍，一类二种也。黏者为黍，不黏者为稷，稷可做饭，黍可酿酒，犹稻之有秔与糯也……今俗通呼为黍子不复呼稷矣。"《毛诗》曰："有稷有黍，有稻有秬。"

稷在古代文献里有称为高粱的，如《九谷考》："稷，北方谓之高粱。"稷也被解释为粟，如《礼记·曲礼下》曰："凡祭宗庙，稷曰明粢。"《尔雅》："粢，稷也。"郭璞注曰："今江东呼粟为粢也"。孙炎曰："稷，粟

----
① （汉）班固：《汉书》卷 24《食货志》。

也。"《尔雅义疏》也言："粱，一名稷。稷，粟也。"又杜预注："黍、稷曰粱。是黍、稷皆得粱也。"经典黍、稷连言，以今北方验之，黍为大黄米，稷为谷子，去掉壳就是我们熟知的小米。其米色质黄，煮熟后黏性不大，多用作主食。

居延汉简中有稷的记录：

对祠具
鸡一　　酒二斗
黍米一斗　盐少半升
稷米一斗　　　　　　　　　　　　　　　10.39

由此可见稷也是屯戍吏卒的主食品种之一。

六　秫

秫为稷的一种。《说文》曰："秫，稷之黏者也。"《尔雅》孙炎注曰："秫，稷粟也。"《广雅》曰："秫、稷，粳也。"秫也有解释为稻之黏者。如崔豹《古今注》曰："稻之黏者为秫，禾之黏者为黍。"《礼记·月令》曰："仲冬之月，乃命大酋，秫稻必齐。"《广志》曰："秫有赤者，有白者。"秫也为屯戍吏卒的主食之一，汉简有记载，如：

籴秫四斗　　　　　　　　　　　　　　　6.6

出秫粟大石二石　　　　　　　　　　　　269.12

七　豆或菽

豆或菽，为豆类的总称或单指大豆。朱骏声《说文通训定声》言："古谓之尗，汉谓之豆，今字作菽。菽者，众豆之总名。"《广雅》曰："大豆，菽也。小豆，荅也。豆、豌豆，留豆也。豆角谓之荚，其叶谓之藿也。巴菽，巴豆也。"《尔雅》曰："戎菽谓之荏菽。"郭璞注曰："孙叔然以为大豆。"《左传·成公十八年》："周子有兄而无慧，不能辨菽麦。"杜预注："菽，大豆也。"

豆菽也是边郡屯戍系统的食粮之一，可用作吏卒的食物，也可用作祭祀用品或牛马食。简文有记：

以食士卒菽	居延新简释粹 41.9
胡豆四石七斗	310.2
至觫得出钱百廿一买豆三石	312.10A
斋芥菽	E.P.T31：23

十一月十五日为记邑中夏君壮多问
少平滄食如人马起居得毋有它今自买鱼得二千二百秦十头
付子阳与子阳将车人粟十三石牛食豆四石栓西垣乘轴一付
              E.P.T44：5

"胡豆"，因来自古代少数民族地区而得名。《古今事物考》曰："张骞使外国，得胡豆，今胡豆有青有黄者。"《邺中记》曰："石虎讳胡，胡物皆改名，胡豆曰国豆。"《管子》亦云："北伐山戎，出冬葱及戎菽，布之天下。今之胡豆是也。"居延遗址出土豆之实物，颗粒圆而青色，与当今之青豌豆相同。

八 糜子

糜子，居延简文又作"穈"、"靡"等，《说文》："穈，穄也。"段注："穈，黍之不黏者。"《广雅·释草》："穈、䅌穄，穄也。"故穈实与䅌穄同，只是两种不同称呼而已。糜子亦为汉代边防屯戍系统主要用粮之一，如：

出糜大石五石四斗	148.10

卒陈贺穅糵三石三斗三升少审登取　卩	
卒苏登穅糵三石三斗三升少审登取　卩	44.26

五月食三石三斗三升少四月甲午卒徐寿取卩	55.17

九　稻米

中国是世界上栽培稻最早的国家之一。早在七千年前，长江下游就出现了以河姆渡居民为代表的稻作文化。秦汉时期是中国水稻生产的大发展时期，长沙马王堆汉墓和湖北江陵凤凰山汉墓出土有稻谷实物。稻子去皮后的子实也称为米。居延汉简除了直接记录各种农作物外，已经加工成的各类米也有大量的记录，有"善米"、"粺米"、"粳米"等，简文如下：

□候史孙卿米二斗五□	
今习当诣居延□	E.P.T27：21B

吏十六人　用粺米四斗八升少用梁□	E.P.T4：56

廿八日　粺米七斗	E.P.T40：201

□□孙少君遗粳米□肉廿斤	乙附51

善米一石糒米三石食之	E.P.T57：68B

关西曹王谏米四斗	敦简417

万卿初炊糜米二斗又梁米一斗	E.P.T26：5

敢言之府记曰米糒少簿二百二十六斛六斗六升　　E. P. T6：54

《尔雅·释草》曰："一稃二米。"粺，精米，《说文·米部》："粺，椑也。"段注："粺者，米一斛舂为九斗也……粺谓禾黍米，椑谓稻米，而可互称，故以椑释粺。"《玉篇·米部》："粺，粝清米也。"《毛传》："彼宜食疏，今反食精粺。"《郑玄笺》："米之率：粝十，粺九。"稗，通粺，精米；粳，同"秔"，《说文·禾部》："秔，稻属。粳，秔或从更声。"段注："粳与粳皆俗秔字。"由此可证，稻米也为屯戍吏卒的用粮之一。又结合前文对粟的解释中，粟有时也被称为黄米或米，则河西汉简中出现的米或指粟米，或指稻米。当时的简文记载者或从米的颜色记载，如"白米"；或依米的质量记载，有"善米"、"麋米"、"粗米"；或按作物品种记载，有"粺米"、"粳米"等。

依据居延汉简所记，稻米也是屯戍吏卒的主食品种之一。

第二节　副食类

副食，在这里泛指一切主食之外的副食。汉代屯戍系统在大力保障边塞吏卒主食供给的同时，还重视各类副食品的日常补济作用，以调节饮食，缓解粮食供给的压力。从汉简记载的情况看，汉代河西军民的副食品主要包括肉食类（含动物油脂和杂碎）、蔬菜类、调味品类、饮品类等。

一　肉食类

肉，也是屯戍吏卒的副食品之一。下面简文是关于河西屯戍吏卒肉食类账簿记录：

第四燧长□之菜钱二百一十六又肉钱七十凡二百八十六
第一燧长万年菜钱二百一十六　　　　　　　159.4

●凡肉五百卌一斤直二千一百六十四脂六十三斤直三百七十八

脂肉并直二千五百卅二
凡并直三千二百一十二脂肉六百四斤　　　286.19A

头六十　　　肝五十　　　乳廿
肺六十　　　迹廿　　　　舌廿
胃百□百钱　颈十钱　　　界十
宽卅　　　　心卅斤
二百　　　　黄将十
肠益卅　　　卖雠直六百七十●凡四百五十　286.19B

□肦及狗肉直卅　阳朔四年　　　E.P.T5：54A

鱼百廿头　　　　　　　　　　　E.P.T.44：5A

□卤备几千头鱼千□食相□☒　　　220.9

肉卅斤直百廿丁取　　胃肾十二斤直卅八尊取
肝一直卅二尊取 卩　　祭肉少十六
肠一直廿七尊取　　　粟直廿四祖取 卩
牛□直百丁取 卩　　　祭肉直六十八丁取 卩
胃八斤直廿四丁取 卩　祭肉直开丁取 卩
肋肉直七十丁取 卩　　牛头直百八十丁取 卩
　　　　　　　　　　　　　　　E.P.T51：235A

受甲渠君钱千　二百五十买羊一
　　　　　　　出百八十买鸡五只
　　　　　　　出七十二买骆四于
　　　　　　　出百八十六籴米七斗
　　　　　　　出百卅沽酒一石三斗
　　　　　　　凡出八百六钱

148

今余钱二百　　　　　　　　E. P. T51：223

宜农辟取肉名
尚子春十斤直二斛
萧子少十斤直二斛
郑子任十斤直二斛
孟子房十斤直二斛
陈伯十斤直二斛
许子叺十斤直二斛
（以上为第一栏）
郑昭十斤直二斛
胡弈十斤直二斛清黍
田子柳十斤直二斛清黍十二斛黍斗其三
翟大伯十斤直二斛清☐
杨子任二十斤直至三
●凡付夫人粟二十黍斛
●凡肉百二十斤直二十三斛
（以上为第二栏）　　　　　　E. P. T40：76A

☐☐任头直五斛
杨子仲取脾直三斛
李子崖取肠直三斛五斗黍
陈伟君取脯直三斛
（以上为第一栏）
斡幼光取宽直二斛黍凡肠☐
陈子房取边将迹直二斛清黍☐
唐子春取项直一斛清黍
孙任君取应肋于朗值二斛清黍
陈伯取肝直二斛……☐大凡直粟三十九斛
（以上为第二栏）　　　　　　E. P. T40：76B

149

脂七斤　出四斤八两付东官　余二斤八两直十五　　E.P.T51：381

取□猪一青黍十斛如其□□□□　　　　　　　　E.P.T59：108

正月丁未买牛肉十□☑　　　　　　　　　　　　237.26

□□足下日相见言敢具意因道□意欲买羊☑　　　103.46A
具移部吏卒所受腊肉斤两人　　　　　　　　　　E.P.F22：202

以上所摘引的简文反映出屯戍系统肉食补济的情况。从简文所记可见，肉食有猪（直记为"肉"或"脂肉"者）、牛、鸡、羊、鱼等肉类，同时还涉及了不少的动物内脏，品种较丰富。简文159.4又反映出屯戍系统似有专门的副食补贴费。燧作为最基层的单位有之，则其他机构自不必言。再从简文内容看，肉食副食品基本为购买所得，发挥了市场的调剂功用。有补贴费，又发生了许多的市场交易活动，二者情况颇为相符。简文E.P.T40：76A、B还较为详尽地记录了肉食的具体分配情况，牵涉人员较广，更说明了这一情况。这很可能是一种定期分配行为。

屯戍地区的牛、马主要用于运输和作战，一般不用于宰杀食用，但若牛、马病死或意外死亡，其肉类也可食用。除上面所引简文外，下再引部分相关简文对肉食品逐一叙述。

1. 猪肉类

居延汉简载有：

出豚一　　　　　　　　　　　　　　　　　　　339.10

□□猪一青黍十斛　　　　　　　　　　　　　　E.P.T59：108

猪在古代名称很多，最常见有彘、豕、豚等称谓。《淮南子·泛论训》"以为彘者，家人所常畜而易得之物也"。上述简文记载说明汉代河西屯戍地区饲养猪，以青黍为饲料。西汉王褒《僮约》记："后园……持梢牧猪，种姜养芋。"可见汉代的猪或圈养或放养。汉代河西地区水草丰美，猪饲养便利，图六十三为武威磨嘴子 53 号汉墓木屋后壁之喂猪壁画图，图上的猪肥而硕大，可见汉代河西一带养猪之兴盛，猪肉也从而成为屯戍吏卒的肉食品之一。

图六十三　武威磨嘴子 53 号墓木屋后壁之喂猪图

2. 羊肉类

羊是食草动物，生存能力很强。东汉越骑校尉马光，冬日腊祭一次"用羊三百头，米四百斛，肉五千斤"。① 若以每头羊出肉 20 斤来算，则用羊肉 6000 斤，可见汉代养羊业的发达。河西一带"地广人稀，水草宜畜牧"，养羊业尤其兴盛，汉简记载居延一带有

羔羊万余　　　　　　　　　　　　　E. P. S4. T1：12

居延汉简中也记有羊的买卖，如：

出羊一头大母子程从君巨买贾泉九百
出羊一头大母子程从君巨买贾泉九百黍十五
出羊一头大母勒君兄买，贾泉千……　　413.6A

受甲渠君钱千　出二百五十买羊一　　E. P. T51：223

---

① （南朝宋）范晔：《后汉书》卷 41《第五伦列传》。

河西屯戍地区有繁荣的养羊业，因此边塞供吏卒可有大量的羊肉供食用。

3. 下水、油脂类

河西屯戍吏卒也食用动物的下水，依前引简文 286.19 和 E.P.T40：7B 所示，包括心、肺、肠、宽、胃、边将迹、肝、肾、舌、头、蹄、项、脾等。

边塞的牛主要用于牛耕或拉车，但若牛死后，其下水也可做吏卒的食品，如：

  牛胗一只　母　直六十　　　　　　　　　　　217.29

牛胗即牛舌，一条需 60 钱。

  肉卅斤直百廿丁取
  胃肾十二斤直卌八尊取
  肝一直卌二尊取
  牛□直百八十丁取　　　　　　　　E.P.T51：235A

此简把牛的肉包括下水按各部分价值折卖给吏卒食用。按这条简文记载，肉一斤值 4 钱，胃肾 12 斤值 48 钱，每斤也值 4 钱，一件肝值 42 钱，一件牛头值 180 钱。

脂是动物的油脂，也是吏卒的肉食品之一，在河西屯戍地区也是按价格折卖：

  出钱百七十　买脂十斤　　　　　　　　　　　133.10

此处一斤脂值 17 钱。

  二月壬寅买脂五十斤斤八十　　　　　　　　　237.46

一斤脂值 80 钱。

　　　脂六十三斤直三百七十八　　　　　　　　　　286.19

居延新简载：

　　　脂七斤　出四斤八两付东宫　余二斤八两直十五　E. P. T51：381

这是最便宜的脂价，每斤为 6 钱。

4. 鸡肉类

汉代民间养鸡业极盛，《西京杂记》记载，关中人陈广汉家中有"万鸡将五万雏"，这是当时文献记载中的养鸡业规模之最。洛阳还出了一个养鸡专家，《列仙传》称其"养鸡百余年，鸡皆有名字，千余头，暮栖于树，昼日放散，呼名即至，贩鸡及子，得千万钱"，人称其为"祝鸡翁"。

鸡肉也是屯戍吏卒的肉食品之一，敦煌悬泉置遗址出土的《元康四年鸡出入簿》简册，记载了悬泉置当年用鸡招待来往官员和使者的情况：

　　　出鸡一只（双），以食长史君，一食，东。
　　　出鸡一只（双），以食使者王君所将客，留宿，再食，东。
　　　出鸡二只（双），以食大司农卒史田卿，往来四食，东。
　　　出鸡一只（双），以食丞相史范卿，往来再食，东。
　　　出鸡二只（双），以食长史君，往来四食，西。
　　　　　　　　　　　　　　　　　　　　Ⅰ 0112③：113—121

这份简册还记载了鸡的来源：

　　　入鸡二只（双），十月辛巳，佐长富受廷。
　　　入鸡一只（双），十月甲子，厨啬夫时受毋穷亭卒口。
　　　入鸡一只（双），十二月壬戌，厨啬夫时受鱼离乡佐逢时。
　　　十月尽十二月丁卯，所置自买鸡三只（双），直钱二百册，率只

（双）八十，唯廷给。　　　　　　　Ⅰ0112③：122—126

鸡还用于祭祀中，如：

对祠具
鸡一　　　酒二斗
黍米一斗　稷米一斗
盐少半升　　　　　　　　　　　　10.39

以下二枚简文是关于屯戍地区鸡的买卖的记录：

出百八十买鸡五隻　　　　　　　　E.P.T51：223

朱君长偿鸡钱廿
王聚卿廿　候卿廿　□卿廿　　　　E.P.T51：402

由此可见屯戍吏卒的肉食品中有鸡肉。

5. 鱼肉类

历史上河西一带河流、湖泊众多，额济纳河、黑河、居延河都是河西一带著名河流，河内产鱼。据汉简所载之冠，河西地区有专门卖鱼的，鱼的供应量还是较为可观的。居延新简之《候粟君所诉寇恩事》简册记：

时粟君借恩为就载鱼五千头
到觚得贾直牛一头谷廿七石约为粟君卖鱼沽出时行钱卌万……
恩到觚得卖鱼尽钱少因卖黑牛并以钱卅二万付粟君妻业……
还到第三置
恩籴大麦二石付业直六千　　　　　E.P.F22：6—13

按照简册记载，寇恩帮粟君运鱼到觚得销售，出发时商定一头鱼拟售80钱，但到觚得后，市场情况发生了变化，一条鱼大约只售20钱至30

154

钱，而当时一石谷约值 3000 钱，一头鱼的价格与一升谷子相当。可见鱼的价格较低廉。

鱼卅头直谷三斗　　　　　　　　　　　E.P.T65：33

按此简所载，一头鱼也值谷一升。

居延汉简还载：

鱼五千头宫得鱼千头在吴夫子舍……
卤备几千头鱼千□食相　　　　　　　220.9

鲍鱼百头　　　　　　　　　　　　　263.3

由"官得鱼千头"和"备几千头鱼千口食"可知河西屯戍吏卒食鱼肉。鱼的种类从简文记载有鲍鱼，即用盐腌咸鱼。

斯坦因在河西长城一线考察时，发现一"木制鱼叉，用树枝叉砍成，顶端有一个刻槽，刻槽处系有一根双股绳子，长 4.5 英寸，倒刺长 1.75 英寸。编号为 T.XVII.007"。[①] 我国考古工作者在居延遗址也发现屯戍士卒用过的渔网[②]（图六十四）。可见当时食鱼的普遍性。

图六十四　居延遗址出土的渔网

6. 狗肉类

简文记有：

□朌及狗肉直册　阳朔四年　　　　　　E.P.T5：54A

---

① ［英］奥雷尔·斯坦因：《西域考古记》，广西师范大学出版社 1998 年版，第 443 页。
② 甘肃居延考古队：《居延汉代遗址的发掘和新出土的简册文物》，《文物》1978 年第 1 期，图版二。

说明狗肉也为屯戍吏卒所食用。

二 蔬菜类

蔬菜是人们日常生活中不可或缺的生活资料，对维系人类身体健康有着十分重要的作用。居延汉简中有吏卒食用菜的记录，如：

第四燧长□之菜钱二百一十六又肉钱七十凡二百八十六
第一燧长万年菜钱二百一十六　　　　　　　　159.4

从简牍记载来看，河西吏卒食用的蔬菜品种大约有葱、韭菜、葵菜、芜菁、荠菜、芥菜、戎介等。

1. 葱　《说文》："葱，菜也。"《礼记·内则》云："脍，春用葱，秋用芥。"葱为多年生草本植物，叶圆筒状，中空，茎叶有辣味，是常用的蔬菜或调味品。居延汉简有买葱的记录：

买葱卌束束四钱给社　　　　　　　　　　　32.16

葱三畦　　　　　　　　　　　　　　　　　506.10A

由此看来，葱是屯戍吏卒的蔬菜品种之一。

2. 韭　即韭菜，《说文》："韭，菜名，一种而久者，故谓之韭。"《通志》云："韭性温，谓之草种乳。"韭菜为丛生菜类，叶细长而扁，夏秋间开白花，属多年生宿根草本植物，百合科葱属，故文献中将韭菜解释为地上长得比较长久的菜，性质较温和。韭菜的叶和花嫩时供蔬食。

韭菜属于耐寒性蔬菜，对温度的适应范围较为广泛，对土壤的适应性较强，今河西地区仍有广泛的种植。出土的居延汉简中有省卒择韭菜和种植韭菜的实例：

省卒廿二人　其二人养　二人涂泥　□人注泥
　　　　　　四人择韭　一人注竹关　　　　269.4

卒宗取韭十六束其三束为中舍二束掾舍十一束卒史车父复来☐二石
唯掾分别知有余不足者园不得水出☐多恐乏今　　E.P.T51：325A

城官中亭治园条
韭三畦　　葵七畦
葱三畦　　凡十二畦
其故多过条者勿减　　　　　　　　　　　　506.10A

3. 葵　是汉代重要的蔬菜品种之一。《说文》："葵，葵菜也。"《淮南子·说林训》："葵可烹食。"《急就篇》颜师古注："葵，卫早间之菜，倾叶而蔽日者也。"可见葵是叶子肥大的一种可烹制的蔬菜。葵一般为夏季菜。《诗·豳风·七月》："七月亨葵及菽。"《仪礼·士虞礼记》也曰"夏用葵"。葵菜也是屯戍吏卒的蔬菜品种之一，如：

葵子一升昨遣使持门菁子一升诣门下……　　E.P.T2：5B。

青黍三石梁粟一石五斗☐月☐日☐☐邑中夏君壮多问
麹四斗　　葵二斗…
飱食如常长☐☐☐起居得毋有　　　　　　　E.P.T44：8A

4. 芫菁　也是汉代人食用的蔬菜品种之一。东汉桓帝永兴二年（154年）六月发生水灾，朝廷下诏"令所伤郡国种芫菁以助人食"，可见芫菁还可替补主食。芫菁又称为蔓菁、鸡毛菜。《本草衍义》"芫菁"条："今世俗谓之蔓菁。夏则枯，当此之时，蔬圃中复种之谓之鸡毛菜。食心，正在春时，诸菜之中诸菜之中，有益无损，于世有功。"[①] 简牍所见，屯戍吏卒的蔬菜食用品种有芫菁，如：

出廿五毋菁十束　　　　　　　　　　　　　175.18

---

① （宋）寇宗奭：《本草衍义》卷19《芫菁》，《丛书集成初编》，中华书局1985年版，第108页。

5. 荠菜　又名地菜，叶子鲜嫩，味道甘甜，也是屯戍吏卒食用蔬菜品种之一。《说文》："荠，蒺藜也，从棘，齐声。"《玉篇·棘部》："荠，甘菜。"《诗·邶风·谷风》："谁谓荼苦，其甘如荠。"居延汉简载有荠菜种的价格：

　　　　大荠种一斗卅五　　　凡直七千三百五十二
　　　　戎介种一斗直十五　　□钱五千五百　　　　262.34

说明屯戍吏卒也食用荠菜。

6. 戎介　《尔雅·释诂》："戎，大也。"《方言》卷一释文同义。介，通芥，即芥菜，《说文·艹部》："芥，芥菜。""戎介"即指"大芥菜"。《一切经音义》卷六"芥子"注引《字林》："芥，辛菜也"，《广韵》："芥，辛菜名"，可知芥菜是一种辛辣的蔬菜。

三　调味品类

盐、豉、酱、糖等调味品也为屯戍吏卒所食用，其中用量最大的为盐。

1. 盐　乃人们生活之必需品，是维持人体生理平衡的重要物质。《后汉书·朱晖列传》："盐，食之急者，虽贵，人不得不须。"《管子·地数》曰："齐有渠展之盐，燕有辽东之煮。十口之家，十人喑盐；百口之家，百人喑盐。凡食盐之数，一月，丈夫五升少半、妇人三升少、半婴儿二升少半。"《太平御览》卷八百六十五引《续汉书》曰："虞诩为武都太守，始到郡，谷石千五百，盐石八千。视事三岁，谷石八千，盐百。"盐也是西北边塞吏卒的重要食用品。居延汉简载：

　　　　官卒十一人，盐三斗三升　王武成卒　　　E.P.T53：136

　　　　鄣卒李就　盐三升　十二月食三石三斗三升少
　　　　十一月庚申自取　　　　　　　　　　　　254.9

郭卒张意　盐三升十二月食三石三斗三升少　十一月庚申自取
　　　　　　　　　　　　　　　　　　　　　　　　　　　　203.14

这当是按月给吏卒发放食盐的记录，吏与卒每人每月都可以领取3升食盐。当时的盐可能来自凉州地区。《凉州记》曰："有青盐池，出盐正方半寸，其形似石，甚甜美。"

2. 豉　是一种调味品，为屯戍吏卒所用：

　　诩豉汁取诩二月食不取☐　　　　　　　　E.P.W：78

　　度用豉半斗　　　　　　　　　　　　　E.P.T4：106

　　出钱廿五籴豉一斗……　　　　　　　　214.4

《释名》曰："豉，嗜也。五味调和，须之而成，乃可甘嗜也。故齐人谓'豉'声如'嗜'。"豉以豆为主要原料制成。《急就篇》颜师古注："豉，掫也，幽豆而为之也。"谢承《后汉书》："羊续为南阳太守，盐豉共壶。"盐、豉连用，说明豉以豆为主料，盐为辅料加工而成。

3. 酱　也为古代人们的调味品之一。《论语·乡党》曰："不得其酱，不食。"可见酱的重要性。酱用食盐腌制而成。《风俗通》："酱成于盐而咸于盐，夫物之变有时而重。"

汉代的酱有豆酱、肉酱等类别。《急就篇》颜注："酱，以豆合面而为之也。"《太平御览》卷八百六十五引《论衡》曰："作豆酱恶闻雷，此欲使人急作，不欲积久"，这是以豆为原料做成的豆酱；《太平御览》卷九三六引曹操《四时制》："郫县子鱼，黄磷赤尾，出稻田，可以为酱"，这是以鱼为原料做成的酱。酱也是屯戍吏卒的调味品，敦煌汉简载：

　　酱二斗　　　　　　　　　　　　　　　　敦简246

4. 饴　在此指饴糖，是用麦芽制成的糖。《说文》："饴，米煎也。"

159

《广雅》:"饴,畅也。"《礼记·内则》:"枣栗饴蜜,以甘之。"《论衡·本性》:"甘如饴蜜。"居延汉简中有饴的记载如下:

  ☐饴五十斤   237.32

从简文记载看,河西屯戍区也用饴,但数量不大。

四　饮品类

酒为一种奢侈饮品,以粮食作物酿成。《释名》曰:"酒,酉也,酿之米麹酉泽,久而味美也。亦言䣼也,能否皆强相䣼持也;又入口咽之,皆䣼其面也。"从汉简资料看,河西屯戍吏卒的饮品有酒,如:

  出酒一石四☐☐☐   146.78

  ☐佐博受☐酒二石   237.9

  斗予麦计廿又斗酒   274.25A

河西边塞一般常备酒。如:

  伏地再拜伏地请具酒少酒少且具拜   10.25B

此简为屯戍点酒少,当地屯戍官员向上级请求,要求上级给他们供给酒的记录。

汉代的酒首先用于祭祀祖先神灵。《汉书·景帝纪》记元年诏:"高庙酎"注引张晏"正月旦作酒,八月成,名曰酎"。河南南阳英庄汉墓出土一块画像石[①],画像分层排列,顶部为一祠堂,堂内放祭品,左置五盘,右盘六耳杯,其下置奠酒,中间一樽,两侧各一提梁壶,再下放有肴馔,

---

① 韩玉祥、李陈广:《南阳汉代画像石墓》,河南美术出版社 2000 年版,第 123 页。

左置一叠案，中置二圆盒，右置三碗，最下拴一犬看护祭品。除用酒祭祖先外，同时还以酒祀神灵。《后汉书·东夷传》中马韩"常以五月田竟祭鬼神，尽夜酒会，群聚歌舞"。

酒可以用来招呼客人。古语常说："无酒不成席。"河南南阳市唐河县湖阳出土的画像砖[①]，画面右侧为重檐楼阁建筑，屋内帷幕下有二人面对面而坐，中间案上放一樽，两人正在畅饮，中间为阙楼，阙楼旁站立一门吏正在迎接一辆奔驰而来的轺车，上坐前来赴宴的客人，旁有一随从骑士。画像表现了当时主人宴饮宾客的场面。下面这枚简记录了悬泉置买酒招待外国使者的情况：

```
梁米八斗         直百五十
即米三石         直四百五十
荞二             直五百
酒二石           直二百八十
盐豉各一斗       直三十
酱捋酱           直百
往来过费凡       直千四百七十
肩水见吏廿七人   率人五十五人              73E.J.T21：2—10
```

按照该简文记载，悬泉置为每位使者提供的酒为每顿1斗（大约相当于2000毫升）。

酒作为谷物佳酿，深得古人的喜爱，赏赐、犒劳或答谢别人也用酒来表达一种情感。

□奉延所□尽□□赐河东□卒吏余半月酒直   300.6

这是朝廷赏赐给边塞吏卒的酒。

---

① 周新献：《石上春秋——南阳汉画与汉文化》，中国文联出版社2003年版。

陈袭一领直千二百五十居延如里孙游君所约至☑□
　　朝子真故酒二斗　　　　　　　　　　　　　　E. P. T59：555

这是买卖成交后，当事人沽酒犒劳见证人的情形。

汉简中还有不少与酒有关的祝福语，如"愿调衣进酒"、"足衣善酒食"、"近衣强奉酒食"。人们将酒与衣、食这两种生活必需品相提并论，说明酒在河西边塞生活中有着重要的地位和作用。

大多屯戍区主要通过市场交易获得酒，如：

　　酒二石三斗直四石六斗　　　　　　　　　　　E. P. F22：457A

这条简文记录反映了市场交易中酒的价钱，敦煌汉简也记有酒的价格：

　　酒一石八斗直二百七十　　　　　　　　　　　敦简 776

饮酒成为汉代的一种时代风尚，《汉书·丙吉传》："吉驭吏耆酒，数逋荡，尝从吉出，醉欧丞相车上。"小小的驾车小吏，竟然醉酒后在丞相车上呕吐，可谓奇闻，更有甚者，如《汉书·陈遵传》谓遵饮酒竟然致"曹事数废"。当时的军中饮酒也是如此，如《汉书·爰盎传》："会天寒，士卒饥渴，饮酒醉，西南陬卒，卒皆卧。"《汉书·赵充国传》："五府复举汤，汤数酒醉酗羌人，羌人反叛。"军中士卒饮酒后随地而卧，军中官吏醉酒后致使羌人反叛，足见醉酒能误事甚至误国，故汉代政府曾下令禁用或限制酒买卖。如汉景帝中元三年（前147年）："夏旱，禁沽酒。"《汉书·武帝记》天汉三年（前98年）"初榷酒沽"应劭注曰"县官自沽榷卖酒，小民不复得沽也"，韦昭曰："谓禁民沽酿，独官开置，如道路设木为榷，独取利也。"居延简也有：

　　甲日初禁沽酒群饮者　　　　　　　　　　　　E. P. T59：40A

《汉书·文帝纪》注引汉律云："三人以上无故群饮酒，罚金四两。"但是，还是不断有人违背禁令。如：

所得酒饮之拓奴对曰从厩徒周昌取酒一石昌私沽酒一石拓奴
198.13

此简文中厩徒周昌私沽酒一石并与他人一同饮酒而受到上级的责问，显然"私沽酒"是边塞不允许的。

第三节　行军备粮类

古代行军作战皆有战备粮，以备充饥。《墨子·备城门》："为卒干饭，人二斗，以备阴雨，使积燥处，令使守，为城内堞外行餐。"《太平御览》卷八百六十引《汉书》曰："李陵击匈奴，兵败，令军士人持二升糒、一片冰相待。"这里的"干饭"、"糒"皆为行军所备粮类，在河西屯戍地区也配备。

一　干饭

饭，《说文》："饭，粮也，从食，反声。"段玉裁注："食之者，谓食之也，此饭之本义也。"即用粮食做的饭食。干饭，依《墨子·备城门》篇所言，为干燥后之熟饭，是行餐用粮。出土的河西汉简中有这方面的记载，如：

夫人付奉世干饭八石奉世付芒得八百
夫人付奉世干饭五石奉世自予夫人千
夫人付奉世干饭八石奉世自予夫人二百
夫人付奉世干饭八斗奉世付芒得六百
夫人付奉世眉一石直百五十　奉世付光七百
凡干饭廿一石八斗眉一石为钱三千六百卅八
▲见入钱三千六百卅八钱三千六百卅八

163

（以上为第一栏）

干饭眉计

（以上为第二栏） E.P.T57：69 A、B

可见屯戍地区常备有干饭以做备粮用。

二 糒

糒，《说文》曰："糒，干食也。"《玉篇·米部》："糒，干饭。"《集韵·怪韵》也曰："糒，干饭。"《广韵·至韵》："糒，糗也。"《释名》曰："糗，齲也，饭而磨散之，使齲碎也。糗，候也，候人饥者以餐之。"可见糒是米、麦等磨散后的干粮。谢承《后汉书》："沈景为河间相，恒食干糒。"汉代行军作战，多备糒，如《史记·大宛列传》："益发戍甲卒十八万，酒泉、张掖北，置居延、休屠以卫酒泉，而发天下七科谪，及载糒给贰师。转车人徒相连属至敦煌。"《东观汉记》曰："严尤击江贼，世祖奉糗一斛、脯三十朐。"

糒也是河西屯戍吏卒的用粮之一，如：

骑马兰越燧南塞天田出西南去以此知而 E.P.T68：27

糒宿食处毋辨餐具务省约如往事有 E.P.F22：485

上述士卒越塞去追敌人，"盛糒三斗"以作为路上用粮，士卒按时不能归燧，路宿他处，也必须备糒食用。

居延汉简还有专门的糒米簿书，如：

右糒米簿 E.P.T59：180

甲沟言米糒少簿尉史候长傅育等
●当负收责皆毕遣尉史持□诣府 E.P.T6：65

初师宾先生认为"汉简之糒,或称'米糒',即炒熟米麦,舂磨为粉,可久储不变质"。① 简文多提及。如:

  盗所主守燧县官警糒四斗五升□   E. P. T52:339

  □石警糒●二千五百六十六石七斗二升少 E. P. T53:121

官吏巡行塞上各燧,糒米是否预备也为调查对象之一。如果缺失,将受到责罚,如:

  候史广德坐不循行部涂亭趣具诸当所具者各如府都吏举部糒不毕又省官檄书不会会日督五十。 E. P. T57:108A

简文中候史广德因"不循行部"、"部糒不毕"受到上级责罚。
  由上文可知干饭、糒均为汉塞之备粮,用于吏卒外出时路上携带和食用。至于干饭是否就是糒?由于文献记载缺乏而不详知。
  干饭、糒用的计量单位一般用"斗"和"石",这两种单位均为汉代容量和重量单位。

---

① 初师宾:《汉边塞守御器备考略》,《汉简研究文集》,甘肃人民出版社 1984 年版,第 154 页。

第二章 食品加工与餐具

第一节 食品加工方法及主要用具

从食品加工方法上来看,河西屯戍吏卒的食品可分生制类和熟制类两种。

一 生制类

生制食品一般不需加热这一过程,原料用风干、腌、酱、渍、泡等方法制成。当时,河西屯戍地区食品生制方法主要是把肉做成"脯肉"或"腊肉"来食用。

1. 脯 《说文》:"脯,干肉也。"《释名·释饮食》:"脯,搏也,干燥相搏着也。"脯的制作是将肉切成块,煨上姜、椒、盐、豉等调味品煮熟,然后晒干。《周礼·天官》注:"不加姜桂以盐干之者谓之脯。"《仪礼》言:"乡饮酒,主人立于西阶,东,荐脯。使出,祖,释较,祭脯。士冠,宾东面,荐脯。""荐"为进献之意,即向东进献脯肉。"祭脯"指以脯肉为祭祀品。《东观汉记》有"方坐啖脯"句,即坐下来吃肉脯之意。

居延汉简也有

  买牛肉百斤治脯   269.5

  肠八十董子恩取脯八十董子恩□   233.1B

的记录。

2. 腊 干肉的一种。《释名·释饮食》:"腊,干昔也。"做法通常将

动物的肉肢解后晾晒风干。《周礼·天官》郑玄注曰:"大物解肆干之,谓之干肉,若今之凉州乌翅矣。"居延汉简有

   煮鸡腊   E. P. T52：40

的简文。从汉简资料来看,屯戍地区的腊肉按部按人口实行分配制,如

   具移部吏卒所受腊肉斤两人   E. P. F22：202

二 熟制类

  熟制食品需将原料加工、切配、加热、做熟后食用,河西屯戍区有专门从事食品加工并给亭燧吏卒做饭的士卒,称为"养"。《说文》:"养,供养也。"《礼记·郊特牲》:"凡食养阴气也,凡饮养阳气也。"《汉书·儿宽传》颜注曰:"养,主给烹炊者也。"汉简中也有"养"的记录,如下面简文:

   第四部   ☐其十二人养
   凡见作七十二人得慈其九百☐☐   E. P. S4. T2：75

  一个部有十二人专门做饭,看来吃饭的人数还是不少。

  (一) 食品加工工具

  1. 谷物加工工具

  熟制食品在制作前,首先要将粮食作物进行加工,方可炊制。粮食加工工具见于汉简或考古实物的有舂碓、磑扇等。

   第十九碓磑扇赍舂籔扬顷町   E. P. T6：90

  此简文为《仓颉篇》之佚文,其中舂碓、磑扇等物为粮食加工工具。

1.1 舂碓 指用木、石做成的捣米器具，用来捣掉谷物的皮壳或将谷物捣碎。《易·系辞》："断木为杵，掘地为臼。"即最初使用木杵、土窝（臼）进行谷物加工。后来发展到用石杵、石臼。石杵、石臼又叫碓。《说文·石部》："碓，舂也。"王筠注："杵臼在手，碓则任足。"考古工作者在今安西县的巴州二号城的北垣南侧的黄土层中出土一长66厘米、宽45厘米的大石臼，石臼窝的直径为23厘米，深16厘米。[①] 舂碓的实物，河西戍所内也见，1973年在肩水金关遗址堡屋F_1西南小屋的地面上，考古工作者发现一圆口圜底舂窝，内壁用白灰，坚硬、光滑的舂碓。[②]

1.2 磑 即今之石磨，也是加工米、麦的器具。《正字通》云："碎物之器，晋王戎有水磑，今俗谓之磨。"玄应《一切经音义》卷十四："磑，北土名也，江南呼磨也。"由《六书故》可知其形："合两石，琢其中为齿，相切以磨物为磑"，磨磑因为由两扇磨板组成，故也叫磑扇。其中上扇顶部隆起有凹槽，可装转柄。考古发掘也见其形，如河北满城西汉中山靖王刘胜墓出土的石磨，"分上下两扇，上扇表面中心作圆形凹槽，周边突起，当中有一道横梁，两侧各有一个长方形孔，底面满布圆窝状磨齿，中心稍有内凹，下扇磨齿亦为圆窝状，中心有一圆柱形铁轴，上面有铜漏斗"。[③] 圆窝状磨齿磨出的面一般较粗，至东汉时，放射状磨齿出现，磨出的粮食颗粒较细，安徽寿县茶庵东汉墓出土的石磨，磨齿分两种，一种是放射状沟槽，另一种是纵横叠错的斜齿，后一种效率高，并沿用至今。居延汉简也有边塞使用磑的记载：

磑一合蔽尽不任用　　　　　　　　　　　　128.1

受六月余石磑二合完　毋出入　　　　　　E.P.T51：90

河西塞上每个烽燧都备有石磨，考古工作者在居延地区的乌兰德鲁布

[①] 岳邦湖、钟圣祖：《疏勒河流域汉代长城考察报告》，文物出版社2001年版，第109页。
[②] 甘肃省文物工作队、甘肃省博物馆：《汉简研究文集》，甘肃人民出版社1984年版，第158页。
[③] 中国社会科学院考古研究所：《满城汉墓发掘报告》，文物出版社1980年版，第24页。

津烽燧（F84）以东发现一例①。汉河西转台庄城西北角也出土 1 件石磨，直径 24 厘米，中间有孔，孔直径 3.5 厘米②。内蒙古额济纳旗 K749 城北 4.5 公里处，考古工作者也发现汉代居民用的磨盘（图六十五）。

图六十五　内蒙古额济纳旗 K749 城北 4.5 公里的汉代居民用的磨盘

2. 炊事用具

食品的加工还需要炊事用具，从考古发现和简牍资料来看，河西屯戍地区炊事用具主要有灶、釜、甑、箅、瓮、缸等。

2.1　灶　是厨房最基本的设备。《释名·释宫室》曰："灶，造也，创造食物也。"河西考古中多见，居延甲渠塞第四燧、肩水金关、敦煌马圈湾均有发现。如在敦煌马圈湾烽燧遗址，坞内有套房三间，每间室内均有一灶。房屋 1 的灶在室内西北角。房屋 3 在西北角有一灶，房屋 2 东北角也有一灶，保存完好，系土墼砌筑，灶门向南。灶长 1 米，宽 0.78 米，高 0.37 米，灶门宽 0.26 米，高 0.28 米③（图六十六）。

除马圈湾烽燧遗址发现的灶外，斯坦因在紧邻 T.Ⅵ.b 烽燧南面的房屋的东北角也发现一处灶址，此灶"用一道被烧成红色的圆形薄土墙与房子的其他部分隔开，灶间的烧灰已堆至 4 英尺厚"，斯坦因认为"这个灶

---

① 甘肃省文物工作队、甘肃省博物馆：《汉简研究文集》，甘肃人民出版社 1984 年版，第 158 页。
② 岳邦湖、钟圣祖：《疏勒河流域汉代长城调查报告》，文物出版社 2001 年版，第 89 页。
③ 吴礽骧、岳邦湖：《甘肃敦煌马圈湾烽燧遗址发掘报告》，《文物》1981 年第 10 期。

是唯一发现的生火设施"。① 另外，居延汉简中也有关于灶的简文，如下简：

☑灶 一 二68.40

2.2 釜 蒸煮食物的炊具之一，类似于现代的锅。

图六十六 马圈湾烽燧F2之灶

买釜出百 敦简2258A

《急就篇》卷三颜师古注："釜，所以炊煮也。"项羽与秦军战于巨鹿，"乃悉兵渡河，皆沉船，破釜甑"②，以示必胜之心。其中"釜"即指士兵煮饭用的炊具。斯坦因《西域考古记》中提到的他在河西烽燧遗址考古时见到的"陶器残片，有轻微火烧过的痕迹，显然是在敞开的炉子上烧过"③。武威雷台汉墓出土有汉代釜的实物，釜圜底，有烟炱痕，肩腹间凸棱，以便放置灶眼内④（图六十七）。

2.3 甑 一种蒸食炊具，底有孔，古用陶制、青铜制，后多用铜制、铁制，或用木竹制。甑体底小口大，底部留有透入蒸汽的孔，

图六十七 武威雷台汉墓出土的釜甑

或无底而另置箅子。有孔者，如《周礼·考工记·陶人》所说的"七穿"，在陕西咸阳马泉西汉墓已出土这种陶甑实物，为泥制灰陶，外折平口沿，深腹，小平底，有七圆孔，腹上有五道凹弦纹。⑤ 但马王堆1号汉墓所出

---

① [英]奥雷尔·斯坦因：《西域考古记》，广西师范大学出版社1998年版，第370页。
② （汉）司马迁：《史记》卷7《项羽本纪》。
③ [英]奥雷尔·斯坦因：《西域考古记》，广西师范大学出版社1998年版，第429页。
④ 甘肃省博物馆：《武威雷台汉墓》，《考古学报》1974年第2期，图版一百。
⑤ 咸阳市博物馆：《陕西咸阳马泉西汉墓》，《考古》1979年第2期。

土甑是五孔，酒泉嘉峪关墓出土的陶甑有九孔、七孔、五孔、四孔。①

汉代，甑被广泛应用于蒸制食品，不仅用于蒸制米饭和面食，而且用于菜肴蒸制。作酱和作酒曲时都离不开"蒸"这道工序，可见甑的重要性。武威雷台汉墓出土的炊事用具也有甑。敞口、折唇、深腹。甑底有镂孔，圈足，以纳釜口，腹部有瓦纹，附有铺首衔环一对（图六十七）。说明甑在汉代河西地区已经在使用。汉简中也有甑的记载，如：

炊甑一　　　　　　　　　　　　　　　　　　E.P.F22：602

2.4　箅　甑上常置箅，以防止米粒、面食落入釜中。居延汉简中有载：

箅炊帚各一　　　　　　　　　　　　　　　　E.P.T48：18B

"箅"，通"笇"，是甑上所用之蒸屉。《广韵》："笇，甑箅也。"《说文·竹部》："箅，蔽也，所以蔽甑底，从竹，畀声。"《史记·淮阴侯传》："箅蔽声相近……箅，通作笇。"图六十八为江苏宜兴西溪遗址②出土的新时器时代的陶箅。

2.5　瓮　瓮的本义是一种口小腹大的陶制器具。它可以用来储藏食物，也可以用来储水。《急就篇》颜师古注曰："瓮谓盛酒、浆、水、粟之瓮也。"居延遗址如甲渠候官的F_1、F_{16}、F_{20}、F_{23}，金关的F_9等，均发现一种敛口、卷唇、大腹的陶瓮，出土时半埋在地面以下，也有的位于房屋一角，或临近灶台。③是做饭必备器具之一。

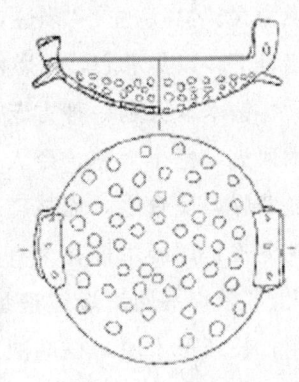

图六十八　箅

---

① 甘肃省文物队等：《酒泉嘉峪关墓发掘报告》，文物出版社1985年版，第30页。
② 南京博物院、宜兴市文物委员会：《江苏宜兴西溪遗址发掘纪要》，《东南文化》2009年第5期。
③ 甘肃省文物工作队、甘肃省博物馆：《汉简研究文集》，甘肃人民出版社1984年版，第158页。

2.6 缸 也是屯戍区所使用的厨房用具，可盛水，也可盛米、麦等食物。斯坦因河西考古中，在一"营房发现的器物中，还有木纺轮和大型灰陶缸的碎片，这个陶缸在打破后又在残片上钻孔，用绳子穿起来，这说明这里的生活条件很艰苦，人们把可用资源都视为珍宝"。①

2.7 火遂、火锥 熟制食品的条件要有火。火遂、火锥都是古代的取火工具，居延汉简有相关记载：

出火遂二具   505.10

出火锥钻二   305.17AB

古代有向阳取火和钻木取火两种方法。《礼记·内则》孔颖达疏："晴则以金遂取火于日，阴则以木遂钻火也。"《淮南子·天文》："阳遂见日而燃为火。"高诱注："阳燧，金也，取金杯无缘者，熟摩令热，日中时，以当日下，以艾承之，则燃得火。"

钻木取火是一种古老的取火方式，《风俗通义·皇霸》："燧人始钻木取火，炮生为熟，令人无复腹疾。"《管子》："黄帝作，钻燧生火，以熟荤臊，民食之，无兹胃之病，而天下化之。"钻木取火的用具是木遂，其方式是用硬木棍在刻有凹槽的木头上钻出火星，并用易燃物引燃而取火。《敦煌马圈湾烽燧遗址发掘报告》称：出土"出火具一件，柳木削制，长条形木块，一端削成较厚略上翘的把柄，两侧钻外缺圆孔，底部呈圆弧形，一侧八个，一侧两个。孔底有烧焦痕迹。长27.3厘米，宽3.3厘米，厚1.3厘米，柄部厚2.5厘米。圆孔直径2.3厘米，深0.9厘米"。"木钻杆一件，红柳枝制成，一端齐平，一端有榫头，榫头上套有木帽，帽顶底部稍大，底部有一圆孔，上小下大，呈圆锥形，用途不明，或许与取火器配套，为出火钻杆"（图六十九）。由报告看出河西一带采用钻木取火方式。

---

① [英]奥雷尔·斯坦因：《西域考古记》，广西师范大学出版社1998年版，第378页。

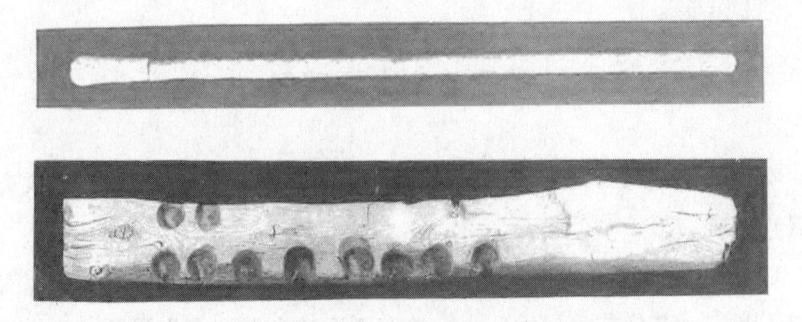

图六十九　敦煌屯戍遗址出土的取火具、钻杆

2.8　烧烤炉　烧烤食品是熟制食品之一，制作过程简单易行，非常适用于屯戍地区。甘肃省博物馆藏有一件圆形的汉代迷你型烧烤炉，青铜制作，非常灵巧，底部小上面大，类似一个大碗，底部镂空方便炭灰漏出，碗口上方有一个圆形的支架，空隙比较细密，既能放肉串，也能放肉片，自然也可以放饼，也能烧水，是一个多用途的烧烤炉（图七十），其制作显然是按照汉军将士们戍边时随身携带方便实用的目标设计的。这只烧烤炉，为我们见证了汉军将士们的生活[①]。

图七十　甘肃省博物馆藏烧烤炉

（二）熟制食品

熟制食品除了我们前文提到的熟肉、干饭、糒外，见于文献的还有饼。饼在汉代是用谷物、面粉制成的食品统称。许慎《说文》："饼，面餐也。"饼有多种，刘熙《释名》："饼，并也。溲麦（溲：调合）面使合并也。胡饼作之大漫冱也，亦言以胡麻着上也。蒸饼、汤饼、蝎饼、髓饼、金饼、索饼之属，皆随形而名之也。"《续汉书》："汉灵帝作麻饼。"张岱《夜航船》："秦昭王作蒸饼，汉高祖作汉饼，金日磾作胡饼。魏作汤饼，晋作不托。"饼在汉代是最普通的烹制食品，汉简中虽无明确记载，但从其普及性和便携性来推断，当时的屯戍吏卒应该有食用。

---

① 王文元：《汉代河西走廊戍边将士的闲暇生活》，http://blog.sina.com.cn/lanzhoulaowang，2014年7月。

第二节　主要餐具

吃饭离不开餐具,从河西汉简记载或考古发掘出土情况看,屯戍吏卒的餐具有碗、箸、匕、案等。

1. 碗　是历代人们使用最多的食器,一日三餐,吃饭、饮茶、喝酒都离不开它。其样式为口大底小、壁有弧度的食器,多为圆形。汉代的碗从质地看,当以陶碗、漆碗为主体,再配以木碗等,大致是吏卒日常生活所需的主要餐具。斯坦因发现的T.Ⅹ Ⅴ.aⅲ.001号碗为一漆木碗,有耳,耳柄及腹壁一部分漆脱落(图七十一)。另外,他在T.Ⅵ.c烽燧的某长官的营房内也"发现一件精美的漆碗残片"[①]。我国考古工作者在居延遗址也发掘出土一带耳的漆木碗[②](图七十二)。

图七十一　斯坦因发现的编号为
T.Ⅷ.0010木碗

图七十二　居延遗址
出土的漆碗

2. 箸　今称筷子。《说文解字·竹部》:"箸,饭攲也。从竹,者声。"《通俗文》:"以箸取物曰攲。"《广雅·释器》:"筴,谓之箸。"《汉书·周亚夫传》:"上居禁中,召亚夫赐食,独置大胾(大块肉),无切肉,又不置箸。亚夫心不平,顾谓尚席(掌席者)取箸。"可见当时以箸进餐已成固定习俗。从箸的质地来看,使用最广泛、沿用时间最长的还是木箸、竹箸或漆箸。河西屯戍地区吏卒也用箸。

[①] [英]奥雷尔·斯坦因:《西域考古记》,广西师范大学出版社1998年版,第373—446页。
[②] 甘肃居延考古队:《居延汉代遗址的发掘和新出土的简册文物》,《文物》1978年第1期。

　　　　　买箸五十只　　　　　　　　　　　　237.27

　　敦煌悬泉遗址还出土有漆筷①。
　　3. 匕　是古代的一种曲柄浅斗，类似后世的饭匙。《说文·匕部》："匕亦所以用匕取饭。"《方言》："匕谓之匙。"在秦汉时期，箸匕相互配合，同时使用。《飞燕外传》：汉成帝皇后赵飞燕"骄逸，体微病辄不自饮食，须帝持匕箸"。《三国志·蜀志·先主传》中曹操和刘备煮酒论英雄时说："先主方食，失匕箸。"武威旱滩坡汉墓出土木匕三件，长19厘米，匕面扁平，细柄②，居延屯戍遗址也见有木匕出土（图七十

图七十三　居延屯戍遗址出土的木匕

三），图中的匕与居延汉简中所记"餔比"（EPT5：15）当同指饭匙。"餔"，食也。《史记·屈原贾生列传》："众人皆醉，何不哺其糟而啜其醨。""匕"通"比"，如陆德明《经典释文》："枇音匕，本亦作朼。"
　　4. 案　《玉篇·木部》："案，食器也。"《急就篇》卷三颜师古注："无足曰盘，有足曰案，所以陈举食也。"《汉书·万石卫直周张传》万石君："子孙有过失，不诮让，为便坐，对案不食。"
　　案分大案和小案，居延汉简有枚简记载如下：

　　　　　将军器记　大案七　小案十　大杯十一　小杯廿七　293.1

　　此简文是对入账的案及杯的数量统计记录，由此也可证案有大、小之分。
　　大案为安置食器之用。《广雅·释器》王念孙疏证："案之言安也，可以安置食器也。"《汉书·朱博传》称："博食不重味，案上不过三杯。"武

---

① 张德芳：《敦煌悬泉遗址》，《敦煌、阳关、玉门关论文选萃》，甘肃人民出版社2003年版，第333页。
② 党寿山：《武威旱滩坡东汉墓发现古纸》，《文物》1977年第1期。

威旱滩坡汉墓出土木案[①]一件，横长方形，长49厘米，宽30厘米，高3厘米，整木雕刻，有沿，左右各凸出一重沿。木耳杯大小各一件，椭圆形，可证为大案（图七十四）。

小案是盛食物的进食器。《史记·田叔列传》："汉七年，高祖往诛之，过赵，赵王张敖自持案进食，礼恭甚。"《东观汉记·梁鸿传》讲妻子向其进食中要"举案齐眉，以示恭敬"。这里说的都是小案。

　　小樽一合　小杯三枚　中盘三枚　小盘十三枚
　　案三枚　铺比一枚　　　　　　　　E.P.T5：15

此简文中把案与盛食或酒的小器物樽、杯、盘等放在一起统计，估计为小案。

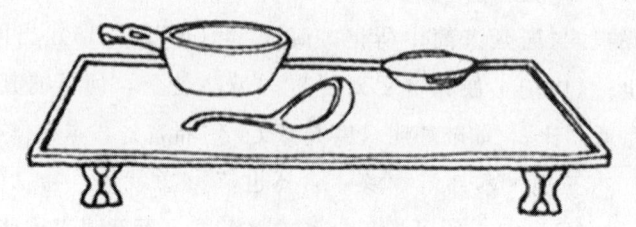

图七十四　进食器：案

---

① 党寿山：《武威旱滩坡东汉墓发现古纸》，《文物》1977年第1期。

第三章　吏卒食粮的供给方式

粟、黍、稷、糜、秫、菽、大麦、小麦都是屯戍吏卒所食之食粮，也是边塞后勤物资供给之大宗。众所周知，汉代，大司农为全国最高财政机构，掌控全国经济事宜，军队的后勤保障亦不例外。"汉连出兵三岁……费皆仰大农"[①]，"四方征暴乱，甲车之费，克获之赏，以亿万计，皆赡大司农"[②]，"武库兵器，天下公用，国家武备，缮治造作，皆度大司农"。[③]屯戍吏卒的食粮供给、生产与调控自然由大司农主管，"千里负担"、"缮道馈粮"的输边行动"费皆仰给大农"[④]，后不再赘言。

第一节　输粟于边

一　概况

白登山之围后，汉匈双方用和亲政策来缓和双方紧张对峙的局面。但是，和亲政策只是汉政府的权宜之计，而边境的安危才是他们的心头之虑。随着西汉政权"救安边境"的总体战略由汉初的消极防御政策逐步向文、景时为反击做准备的积极防御政策的过渡，加强边郡力量，增兵戍守的需要使汉政权的掌控者更注意把戍守食粮问题作为重要国事对待。而其时，边郡本身的食粮生产尚无多少基础，多年的骚扰和攻战，使边郡经济起色不大。为加强防守力量，伺机反击，只有内粮输边以保障供给，终王

---

① （汉）班固：《汉书》卷24《食货志》。
② （汉）桓宽：《盐铁论·轻重》，上海人民出版社1974年版，第30页。
③ （汉）班固：《汉书》卷47《毋将隆传》。
④ （汉）司马迁：《史记》卷30《平准书》。

莽之际,一直是主要的供给措施。大规模输粟于边之议及行动,据文献所记,最迟在文帝年间即有相应活动。晁错是最早上书言事之人,提出了"入粟于边"的重要主张,他引神农教曰"有石城十仞,汤池百步,带甲百万,而亡粟,弗能守也"。所以"使天下人入粟于边,以受爵免罪,不过三岁,塞下之粟必多矣"。而"文帝从错之言,令民入粟边"。① 后错复奏言:"陛下幸使天下人粟塞下以拜爵,甚大惠也。窃恐塞卒之食不足用,大渫天下粟。边食足以支五岁,可令入粟郡、县矣;足支一岁以上,可时赦,勿收农民租。""上复从其言。"② 可以看出,其时,边塞屯戍吏卒的食粮供给问题无疑是重中之重,输粟于边,保证戍守用粮优于内地郡、县。

自武帝大规模反击匈奴、开疆拓土的行动次第展开,边塞特别是河西边郡的戍守任务和军事进攻日益加重,后勤保障尤其是食粮供给问题更显突出,输粟于边的规模和频率不断提升,不仅成为国家行政之重,也成为国家财政支出之大宗。传世文献所及输粟于边的材料,不论是反对意见,还是赞成之议,都反映了汉政权重视戍边斗争的食粮输给问题。只要戍边斗争不停,大规模输粟于边的行动就不中断,而且多是不惜付出巨大代价的。"大家牛车,小家担负,输租强属不绝"③ 的情景连年不绝。"中国缮道馈粮,远者三千,近者千里"④ 的描述绝非虚言。而"大司农取民牛车三万两为僦"⑤ 的规模又可见一斑,以致"天下赋输或不偿其僦费"⑥。王莽时更是"募天下囚徒、丁男、甲卒三十万人,转众郡委输、五大夫衣裘、兵器、粮食,长吏自负海江淮至北边"⑦。纵观这么大规模、高频率的输粟于边的活动,主要是以北方和西北边地为重。武帝时"兴十余万人筑卫朔方,转漕甚辽远,自山东咸被其劳,费数十百巨万,府库益虚"。⑧

---

① (汉)班固:《汉书》卷 24《食货志》。
② 同上。
③ (汉)班固:《汉书》卷 58《儿宽传》。
④ (汉)班固:《汉书》卷 24《食货志》。
⑤ (汉)班固:《汉书》卷 90《田延年传》。
⑥ (汉)司马迁:《史记》卷 30《平准书》。
⑦ (汉)班固:《汉书》卷 99《王莽传》。
⑧ (汉)司马迁:《史记》卷 30《平准书》。

后公孙弘就奏议："愿罢西南夷、沧海而专奉朔方，上乃许之。"① 此后，这一格局基本未变，西北边地成为"入粟于边"的重中之重。出土简牍材料亦有反映：

赐钱百卅万使为弃入粟西河　　　　　　E.P.T59：26

当然河西边地也在其内，如：

入粟大石廿五石　车一两　正月癸卯甲渠官掾谭受誉家
茂陵东进里赵君壮就人肩水里邸宗　　　E.P.T59：100

劳榦先生在《汉代之陆运与水运》一文中有考证言："运输之车运塞上者，且远自梁国魏国诸郡。"②

二 食粮筹集

汉政府为保证输粟于边策略的有效实施，注重粮源的开发和食粮的筹集工作。以传世文献和出土简牍资料所反映的情况看，主要以下述几种措施为主：

（一）民间租赋所得

这种"头会箕敛，以供军需"③的事情在有汉一代的记录不绝如缕，统观粮源比例，此类乃为大宗。

（二）入粟拜爵，入谷射官、除罪

文帝时大兴此例。其时，"匈奴数侵北边，屯戍者多，边粟不足给当廪者"，乃"令民入粟边，六百石上造，稍增至四千石为五大夫，万二千为大庶长，各以多少级数为差"④。此后几成定例，屡为所用。景帝时"又得输粟县官以除罪"⑤。至师旅起而粮食不足时多行"入谷射官，救

---

① （汉）司马迁：《史记》卷112《公孙弘传》。
② 劳榦：《论汉代之陆运与水运》，《历史语言研究所集刊》。
③ （汉）司马迁：《史记》卷89《陈余列传》。
④ （汉）班固：《汉书》卷24《食货志》。
⑤ （汉）司马迁：《史记》卷30《平准书》。

急、赡不给"①。

（三）籴谷积粟，以供边需

汉政府注重发挥市场功能，通过市场行为筹粮输边，有效地弥补了供边之不足。特别在武帝时推行均输平准和盐铁官营之后，更注重利用市场以调剂边地屯戍斗争之军粮所需。"边用度不足，故兴盐铁，设酒榷，置均输，蓄货长财，以佐助边费"②的议论很明确地指出二者之关系。"大农以均输调盐铁助赋"被桑弘羊称为"安边助用之本"③，可见其作用之不一般。昭帝时更完善积粟之策，"令边郡皆筑仓，以谷贱时增其贾而籴，以利农，谷贵时减贾而粜，名曰'常平仓'"。④虽为利农之议，但边郡仓廪积粟有利供边的战略意图是毫无疑问的。宣帝时耿寿昌曾强调"宜籴三辅、弘农、河东、上党、太原郡谷"⑤以备边用。由于这些措施的落实，致有"一岁之中，甘泉仓满，边余谷"⑥的景象。

此外，边郡地方政府及民众以多种方式输粮于军，也是军需粮食的来源组成部分，出土简文多有反映：

  受訾家延寿里上官霸就人安故里谭昌 214.125

  訾家安国里王严 车一两
  九月戊辰载就人同里时褒已到未言卿 267.16

  ☐受平明里刘亲就人☐
  入粟大石廿五石车☐ E.P.T57：26

  出粟大石廿五石 车一两 始建国二年正月壬辰訾家昌里齐
  意就人同里陈丰付吞远置令史长 E.P.T59：175

---

① （汉）桓宽：《盐铁论》卷5《复古》，上海古籍出版社1990年版，第22页。
② （汉）桓宽：《盐铁论》卷1《本议》，上海古籍出版社1990年版，第6页。
③ （汉）班固：《汉书》卷24《食货志》。
④ 同上。
⑤ （汉）司马迁：《史记》卷30《平准书》。
⑥ 同上。

据考证，以上简文中所言及的"安故里"、"安国里"、"平明里"等均为当时河西边郡之地名，可以肯定这类记录乃边郡本地输粟于军之行动，同时，简文多言及"訾"、"赀"按：訾、赀同字同义，即财产，也有写为"茈"者，下有例。

三　输边粮道建设及运输方式

为了有效地输粟于边，西汉政府承秦代治驰道、广交通之遗绪，重视输边道路的建设，强调"天下郡国皆豫治道桥"，"中国繕道馈粮，远者三千，近者千里"。① 张家山汉简所见《二年律令·徭律》亦规定"补繕邑，除道桥"② 为徭役之重要内容。广治驰道，加强运输能力的结果，使输粟于边，保障军需大赖其利。

据传世文献和简牍资料来看，汉代输粟于边主要以牛、马为主的畜力车辆运输，骆驼、驴、骡也多有出现，紧急情况下，纯用人力输送的情况也存在。

文献所及，武帝时有调用"牛十万，马三万余匹，驴、骡、橐它以万数。多赍粮"③。前引"大家牛车，小家担负，输租强属不绝"，"大司农取民牛车三万两为僦"亦为显例。汉简关于牛车的记录随处可见，并编有专门的牛车名籍以便统一协调，略引几例以证。

　　　　发茈家车牛载输候官第　　　　　　E. P. T50：51

　　　　牛车一两　　　　　　　　　　　　187.14

　　　　持牛车一　　　　　　　　　　　　218.65

　　　　牛车名籍　　　　　　　　　　　　43.25B

---

① （汉）班固：《汉书》卷 24《食货志》。
② 《张家山汉墓竹简·二年律令》，文物出版社 2001 年版，第 188 页。
③ （汉）司马迁：《史记》卷 123《大宛列传》。

牛车出入簿　　　　　　　　　　　　　E.P.T52：394

关于"车"、"传车"、"转"即马车的记录亦如是。

入粟大石廿五石　车一两　　　　　　　59.2

入粟大石百石　　车四两
尉史李宗将　　　　　　　　　　　　　122.6

入三年转粟廿五石　　车一两　　　　　E.P.T50：57

入粟大石廿五石　　车一两　　　　　　E.P.T43：177

入郡仓元年六月转二两
麦小石七十五石　　　　　　　　　　　敦简1234

仓谷车两名籍　　　　　　　　　　　　E.P.T52：548

难怪劳榦先生强调，在汉代的居延地区，"其中最显著的，要算在沿河东岸大道上的军马运输了。因为居延这一区域，属沙漠地带，农产品是不能供给大军的需要；近者要从张掖、武威运来，远者更当及于东方的黄河下游……在这条居延的大道上，每日总有不断的车辆和牛马奔驰着"。[①]驴、骆驼运输情况也有简文记录。

官属数十人持校尉印绶三十驴五百匹驱驴士五十人之蜀名曰
劳庸部校以下城中莫敢道外事次孙不知将　　敦简981

橐他持食救吏士命……　　　　　　　　敦简124

[①] 劳榦：《汉简人物眼中的世界》，《汉简研究的现状与展望》，日本关西大学出版社1992年版，第16—21页。

按：橐它、橐他即骆驼。

从输粟于边的直接承担者的运输形式来看，西汉较秦时有所革新，更加灵活多样。秦时，《商君书·垦令》有规定："令送粮无取僦。"而已发现之秦简《效律》亦有此类要求："上节发委输，百姓或之县就及移输者，以律论之"①，纯以自备运输工具，亲自运送为要。

入汉，输边主要方式大致有三种。

（一）为普通百姓的劳役负担

亦可称"更卒"转输，"乃以边为援，使内郡自省作车，又令耕者自转"②。与秦类似，百姓自为。在这种情况下，运输者本人又多以输粮到边后即直接服屯戍之役兼而为之。

   戍卒邺东利里张敞第卅车　　　　　　28.10

   戍卒梁国睢阳第四车父宫南里马广　　303.6

   第卅二卒王弘车父　　　　　　　　　E.P.T57：60

简文中既言戍卒，又为车父，应为此例。

（二）政府统筹，私家资助

出土《二年律令·徭律》的律文规定："发传送，县官车牛不足，令大夫以下有訾（赀）者，此赀共出车牛及益，令其毋訾（赀）者与共出牛食、约、载具。"可视为此类方式的常规要求。

（三）雇人代为输边

这是汉代较秦时明显的不同，也是其时很富有特色的输边方式。当时，被雇输边者统称为"僦人"（简文亦写"就人"），为人服务，受雇取值。从具体情况看，有临时受雇取值者，也有颇具职业性质者，常年从事于此类活动，以此为生。但似以临时受雇的情况为普遍。无论怎么说，受雇取值，代人输边的情况在汉代的普遍存在是毫无疑问的。"大司农取民

---

① 睡虎地秦墓竹简整理小组：《睡虎地秦墓竹简》，文物出版社1978年版，第123页。
② （汉）班固：《汉书》卷66《刘屈牦传》。

牛车三万两为就"和"天下赋输或不偿其僦费",可见雇僦数量之大。而出土汉简资料更有许多具体的此类情况的记录,如:

出钱四千七百一十四赋就人表是万岁里吴成三两半
已入八十五石
少二石八斗三升　　　　　　　　　　　　　　505.15

●元延四年八月以来将转守尉黄良所赋就人钱名　506.26

出钱千三百卌七　赋就人会水宜禄里兰子房一两　506.27

为候之觚得取麦二百石遣就家昭武安定里徐就等
月丙戌赴肩水候官□行毋留止如律令　　　　　562.3A

出钱百一十五行直付
出钱卅买□付还　　　　　　　　　　　　　　562.3B

入粟大石廿五石　　车一两正月癸卯甲渠官掾谭受訾家＝＝
茂陵东进里赵君壮就人肩水里郅宗　　　　E.P.T59:100

男子字游为丽戎智以牛车就载藉田仓为事始元　E.P.T43:92

郡仓居摄三年正月癸卯转一两半两
入　　　　　V居摄三年四月壬
麦小石五十六石二斗五升
辰大煎都步昌候史尹钦燧长张博受就人敦煌利成里
张贺字少平　　　　　　　　　　　　　　　　敦简283

入郡仓元年六月转二两
麦小石七十五石

居摄元年八月己未步昌候长党燧长尚受就人龙勒万年里　　敦简 1234

　　从上述传世文献资料和简牍资料来看，"僦"和"僦人"确实是具有雇佣性质的输边活动的承担者。同时，雇佣"僦人"的主体既有政府，《史记》、《汉书》所记为是；也有民间私人，简文所记多是。而且就所雇之"僦人"所属地而言，内地和边郡都有。简文 E.P.T43：92 则较为明确地记录了一些"僦人"的职业性活动。这种雇佣转输的方式显然更适应繁忙的输粟于边的需要，也更有利于劳动力的合理分配和调节。

　　此外，前引简文官属数十人持校尉印级三十驴五百匹驱驴士五十人之蜀名曰劳庸（981）似可视为输边形式之一，即由边郡屯戍组织自己抽调人员前往指定地区取给。

四　运输管理

　　西汉政府对于输粟于边的运输体系的建设和管理颇为重视。政府对运输者有一套严格的组织体系。从出土汉简资料中关于"车父"的管理即可见其一斑。简文多见"车父名籍"，下引几例以便说明。

　　　　内黄第十五车父魏都　　　　　　　　　101.29

　　　　□阳第七车父□阳里郭王　　　　　　　287.21

　　　　贝丘第三车父田赦　　　　　　　　　　E.P.T56：138B

　　　　南阳枼车父武后第十七车
　　　　（以上为第一栏）
　　　　轮一具楸柔福七辀撐福一折　　佐爰完
　　　　弋轴完
　　　　（以上为第二栏）　　　　　　　　　　E.P.T51：251

　　　　戍卒梁国睢阳第四车父宫南里马广

185

锯二　　承钰二破
　　锯二　　釜一完　　　　　　　　　　　　303.1，303.6

上引"车父名籍"简文，虽未直接言及输粮事宜，但作为输边活动和边境运输活动的主要承担者，对他们的严格管理亦可明晰当时对于输粟于边的管理。上引简文中"车父"都有各自固定的序号，简文"第×车"即是，同时记明车父所属地名，如郡、县、里等。大规模的输边活动往往组织性很强。运输之车运至塞上者，且远自梁国魏郡诸境。① 据汉简之文，山东之车率以若干车编为车队，行数千里，转运之难，大略可想而知运输车队大致是以县为基本单位组织编发的。②

五　输粟于边存在的问题

汉政府大规模的输粟于边的措施和行动，是汉政权加强戍防、巩固疆土、维护中央集权一统局面的有力保证，而边防特别是河西边地的严峻局势又不断加强着这一趋势，使汉政权一直面对着很大的压力。但是，这种经年累月的大规模行动，确实使汉政权付出了巨大的代价，也日益成为国家财政的沉重负担。史料所及，触目惊心。武帝时，转漕之"费数十百巨万，府库并虚"，"大司农陈藏钱经耗，赋税既竭，犹不足以奉战士"。③ 及至王莽时，"边兵二十余万人，仰县官衣食，用度不足"。④ 而其他所言转输之费累百巨万至以亿计之数亦多见于史书所载，不再列举。与此同时，转输过程中惊人的耗费又加剧着这种压力。《汉书·食货志》有大致记录："千里负担馈饷，率十余钟致一石"，或言"率以数十倍而致其一"，不免感叹："边防之食，未易给也。"贾谊在其《新书·属远篇》中亦曾言此，"输将自海上而来，一钱之赋耳，十钱之费弗能轻致也"。多处所言，实为有据之议。汉简材料更具体地反映了这一情况。

---

①　劳榦：《论汉代之陆运与水运》，《历史语言研究所集刊》第 16 册。
②　王子今：《关于居延"车父"简》，《简帛研究》（第二辑），法律出版社 1996 年版，第 279—299 页。
③　（汉）班固：《汉书》卷 24《食货志》。
④　同上。

●右凡十二两　输城官　凡出入折耗五十九石三斗　505.36

按：车十二两，运粮为 300 石，耗损约 60 石，几乎占运量的五分之一，傭费与耗损共计 17.5 石，则运往边地的粮食为 25 石的话，到达目的地时就只剩 7.5 石了。① 这更具体地说明了转输耗费之严重。另据刘光华先生推算：从表是至金关，运粮 25 石，其傭费约 1360 钱左右，表是至金关的距离与长安至表是的距离约为 1：10，据此在长安雇一辆车往表是运粮，其傭费为 1.35 万钱，按 100 钱一石粮价计，折合粮食 135 石，若从关东起运以及转输至居延、西域，傭费更高。所以若靠从内地长途输粮于边，则消耗十石而致达一石大体是不夸大的。②

无论哪种说法和推理，说明的共同问题是输粟于边的耗费惊人。以致出现"天下赋输或不偿其傭费"的现象就不足为怪了。如此高的傭费，且又经年累月，沉重的财政压力，使屯田于边，就地补充的政策和行动成为汉政府解决戍防军粮供给的又一重要举措。

第二节　屯田供粮

一　屯田发展概况

汉代边郡屯田之议，发于文、景之世。文帝时，主父偃曾议秦代"使天下飞刍挽粟"，致"百姓靡敝，孤寡老弱不能相养。道死者相望，盖天下始叛也"。因此教训，倡议"朔方地肥饶……内省转输戍漕，广中国，灭胡之本也"。③ 但未见有多少实际的屯田行动的记录。景帝时晁错复倡议徙民屯边，亦未有多少实际行动。同时，二者所议，与此间我们所言屯田之性质也不太相符，但因事涉屯田之初议，列之以明线索。此处所言为保障戍边军粮之屯田，其性质则因特定意图而有别。翦伯赞先生在其《秦汉史》④ 中曾提及当时的屯田，完全是由于军事上之需要而进行的一种经

---

① 参见张俊民《从汉简谈西北边郡运输的几个问题》，《中国社会经济史研究》1996 年第 3 期。
② 刘光华：《汉代西北屯田研究》，兰州大学出版社 1988 年版，第 16 页。
③ （汉）班固：《汉书》卷 4《文帝纪》。
④ 翦伯赞：《秦汉史》，北京大学出版社 1999 年版，第 178 页。

济措施，明确指出其军事性。刘光华在《古代西北开发史》一书中进一步系统指出：汉代屯田与军事活动有关，是一种军事农业经济，或者说是为了达到一定的军事目的而组织的农业生产活动。可见，汉代戍边屯田的军事目的明确，就是为供给军粮服务。而这种屯田在西汉之际的正式推进，乃在汉武帝元狩年间置令居塞后展开，并逐步扩展到武威、张掖、酒泉、敦煌以至整个河西地区。

1. 令居屯田

令居，汉属金城，今兰州市永登县红城镇玉山村西 500 米许的玉山古城即为该县故址。关于此段塞的修筑，《史记·大宛列传》有记载："而汉始筑令居以西，初置酒泉郡，以通西北国。"《汉书·张骞传》也详此事，语同《史记》，而注引臣瓒语谓："令居，县名也，属金城，筑塞西至酒泉也。"言之较详者则为《汉书·西域传》，云："自周衰，戎狄错居泾、渭之北，及秦始皇攘却戎狄，筑长城界中国，然西不过临洮。汉兴，至于孝武，事征四夷，广威德，而张骞始开西域之迹。其后骠骑将军击破匈奴右地，降浑邪、休屠王，遂空其地，始筑令居以西，初置酒泉郡。"令居起塞后，"汉渡河自朔以西至令居，往往通渠置田官。吏卒五六万人，稍蚕食，地接匈奴以北"[①]，这是令居屯田的佐证，也是汉王朝在河西屯田的开始。

2. 武威屯田

武威是河西走廊的东大门和丝绸之路的重要关隘。据《汉书·李广传》、《史记·大宛列传》等资料记载，太初三年（前 102 年）汉军第二次征伐大宛时，武帝"益发戍甲卒十八万酒泉、张掖北，置居延、休屠以卫酒泉"中的"休屠"，是当时武威郡管辖的规模很大的县，设有北部都尉管理屯田。后来武威置郡，其下设武威、宣威两县，即在休屠以北深入腾格里沙漠之中的地带，应该是休屠边塞向北延伸的部分。

考古发现的汉三角城及其屯区位于民勤县红沙梁乡西北 9 公里处，整座城池筑于一座高 8.5 米的土台之上，台之东北部已倾塌，使城垣看上去略呈三角形，当地因名之"三角城"。城周散落着大量的灰陶片（绳纹的

---

① （汉）班固：《汉书》卷 94《匈奴传》。

居多)、红陶片、碎砖块等物,多系汉代遗物。阎文儒先生1945年初还曾在这里掘得汉五铢钱、漆木片、铜链等物,并断定此城至迟在汉末即成废墟。三角城为石羊河绿洲最北部的城垣遗址,位居汉武威县(连城遗址)北部。《汉书》卷69《赵充国传》载:"武威县、张掖日勒皆当北塞,有通谷水草。"李并成先生考证出这里曾是汉代屯田区。[①]

汉九墩故城及屯区位武威市九墩乡驻地东北5公里处,城内城周地面散落汉代陶片极多,亦有后代陶片,在城北数公里的民勤县蔡旗乡还分布有沙滩汉墓群。九墩故城在汉时无疑亦为屯戍边城,城周沙丘中的弃耕地亦当属昔日军屯垦区。

3. 张掖屯田

武威郡以西为张掖郡辖地,包括今永昌县东大河、西大河和大黄山以西黑河及其支流山丹河、梨园河、洪水坝河流经的地方,以及黑河与讨赖河汇合后的额济纳河流域。据《汉书·地理志》记载,张掖郡番和县有农都尉;据汉简记载,张掖郡还有"日勒田官"(263.14),说明当时张掖郡屯田的规模很大。番和县地处焉支山以东,今武威平原的西部,也就是武帝、昭帝时的张掖郡中部。因此,番和农都尉是张掖郡走廊地区的屯田官。张掖郡屯田活动,西汉一直持续。王莽时曾改张掖郡为设屏郡,现今仍保存有"设屏农尉章"的印文,也就是原张掖农都尉,说明张掖郡屯田一直延续到新莽时。《汉书·昭帝纪》始元二年条:"冬,发习战射士诣朔方,调故吏将屯田张掖郡。"也说明昭帝时张掖为河西屯田区之一。

居延在弱水(今额济纳河)下游,是一处沿河的绿洲地带,是北通匈奴龙城,南达酒泉和张掖的唯一通道,也是西汉西北边塞的门户之一。汉居延县为张掖郡都尉管辖,已出土的大量居延汉简证明张掖郡居延地区是汉代重要的屯田区。

  田卒魏郡黎阳朝阳里冯广   113.1

  田卒魏郡武安吉   119.1

---

① 李并成:《石羊河流域汉代边城军屯遗址考》,《西北师大学报》1989年第3期。

田卒汝南郡平舆临	120.25
下领武校居延属国部农都尉县官承书	65.18
田舍再宿又七月中私归遮虏田舍一宿	127.7
私归宜谷田舍	157.16
租十六石	182.3
驿马田官元凤六年三月辟除	187.16

由以上的"田卒"、"田官"、"田舍"说明居延地区的屯田规模很大，有专门的屯田管理组织，也有专门的田舍供屯田吏卒居住。

居延屯田有两个田官区，"北部以甲渠塞、卅井塞和居延泽包围了的居延屯田区；南部以肩水东西两部塞包围了的驿马屯田区"。① 其规模在河西屯田中是最大的。

陈梦家先生将"居延属国部农都尉"解释为"居延的属国都尉、部都尉、农都尉"②，其中农都尉专门负责屯田事宜。

居延屯垦区大体沿额济纳河分布。居延汉简有大量的关于种植农作物如粟、穈、麦、小麦、黍、胡豆、胡麻等记载，说明这一地区曾为汉王朝的屯田区。居延汉简中多处曾有"代田"③之文，说明在居延屯田区推行过抗旱的耕作技术代田法。

右第二长官二处田六十五亩　租廿六石	303.7

---

① 陈梦家：《汉简缀述》，中华书局1980年版，第4页。
② 同上书，第40页。
③ 据《居延汉简释文合校》统计，简文中涉及代田的有10条之多。年代最早的为273.24（瓦因托尼）"入穈小石十四石五斗，始元二年十一月戊戌朔，戊戌第二亭长舒受代田仓监……"

其二千一百六十五石二斗一升粟　　　　　　214.23

　　粟千五百八十九石二斗四升少　　　　　　　　272.33

由此二简看出当时军队屯田数量很大，生产的粮食量也很大。其粮食不但能供应本郡需要，还有余粮转籴为民。如：

　　使护军屯食守部丞武□以东至西河郡十一农都尉官二调物钱谷漕
　　转籴为民因乏愿调有余　　　　　　　　　　214.33A

4. 酒泉屯田

元鼎六年（前111年），"初置张掖、酒泉郡，而上郡、朔方、西河、河西开官田，斥塞卒六十万人戍田之，中国繕道馈粮，远者三千，近者千余里"。说明西汉时的酒泉不仅有屯田，而且规模很大。

　　载肩水仓麦小石卅五石输居延　　　　　　　　75.25

肩水在汉时属酒泉郡，由此简说明当时酒泉郡有专门的粮仓，其粮食不但可供给本郡吏卒的生活需要，还有余粮接济居延地区。据《后汉书·梁统列传》记载，刘秀建武八年（32年），河西窦融、梁统等率军与光武帝共讨陇右隗嚣。"及嚣败，封统为成义侯，同产兄巡，从弟腾并为关内侯，拜腾酒泉典农都尉，悉遣还河西。"中华书局点校本《校勘记》曰："按《校补》引候康说，谓两汉但称农都尉，曹操始加典字，此误以后世官名称之。"所以典农都尉应该是农都尉之误。还有汉简中也有"酒泉农都尉"（E.P.T22：285）的称呼，这些也说明酒泉郡有屯田，而且还一直延续到东汉。

5. 敦煌屯田

元封六年（前105年），随着塞垣亭障修至敦煌，汉王朝在敦煌也开始了有计划的屯田。《史记·大宛列传》载汉武帝远征大宛，通西域后，"敦煌置酒泉都尉，西至盐水，往往有亭。而仑头有田卒数百人，因置使者护田积粟，以给使外国者"。《汉书·西域传》也说"于是自敦煌西至盐泽，往往起亭，而轮台、渠犁皆有田卒数百人"。

据《汉书·地理志》记载敦煌郡有效谷县，颜师古注曰："本鱼泽障也。桑钦说孝武元封六年济南崔不意为鱼泽尉，教力田，以勤效得谷，因立为县名。"鱼泽障在今敦煌市西水沟、东水沟和安西县的芦水沟下游形成的绿洲上，是当时敦煌的一个主要屯田点。另外还有两个屯田点，一个在玉门关外之大煎都候管辖区，即今敦煌市榆树泉盆地东部，这里地势平坦，水源充足，宜于种植；另一个在阳关都尉所辖的渥洼水西岸地区，这里是一块宜于垦殖的肥沃绿洲，新中国成立后曾在这里发现过汉代的田垄、房基、墓葬等遗址以及石磨、石臼、陶器等遗物，反映出当时戍卒屯田和生活的状况。[①] 疏勒河流域出土汉简也反映出当时敦煌屯田的实事，如：

令玉门屯田吏高年縠田七顷□□弛刑十七人　疏勒河流域汉简947

春秋治渠各一通出块粪三百弃　　　　　　　　疏勒河流域汉简931

敦煌郡下属玉门、阳关、中部、宜禾四都尉，统辖今玉门镇以西、贝什托格拉克以东的疏勒河下游地区。[②] 由"玉门屯田"、"春秋治渠""出块粪"我们不难看出当时敦煌地区的屯田已经引进了渠水灌溉、块粪育苗等比较先进的农业生产方式。

《汉书·西域传》载："遣破羌将军辛武贤将兵一万五千人至敦煌，遣使者案行表，穿卑鞮侯井以西，欲通渠转谷、积居庐舍以讨之（昆陈）。"这段史料也说明敦煌置郡之后，其屯田活动为西汉王朝经营西域打下了坚实的基础。还有贰师将军李广利伐大宛国，获汗血马；赵破奴击败姑师国俘获楼兰王，都是以敦煌为粮草、兵马供应基地而一举获胜的。

二　屯田的组织体系

由于屯田的特殊地位和作用，屯田的组织管理深受政府的重视。从文

[①] 王震亚：《竹木春秋——甘肃秦汉简牍》，甘肃教育出版社1999年版，第88页。
[②] 林梅村、李均明：《疏勒河流域出土汉简》，文物出版社1984年版，第9页。

献资料来看，较为明确的是农都尉一职，《后汉书·百官志》载："边郡置农都尉，主屯田殖谷。"汉简资料事涉屯田组织系统者亦多见之，如下引简文。

二月戊寅张掖大守福库丞承憙兼行丞事敢告张掖农都尉
护田校尉府卒人谓县律曰臧它物非　　　　　　　4.1

三月丙午张掖长史延行大守事肩水仓长汤兼行丞事下
属国农部都尉小府县官承书从事
下当用者如诏书/守属宗助府佐定　　　　　　　10.32

☐国农都尉
☑麦禾苗颇☐死甚可忧惧咎在州牧承宣　　E.P.T59：556

据陈梦家先生考证，当时从敦煌至西河的十一边郡，均设有农都尉官。[①] 至于相关的其他组织人员，文献所记较少，汉简资料所记颇多，且较为复杂，所涉者如下：

护田校尉　　　　　　　　　　　　　　　　　4.1

第二长别田令史耿力德　　　　　　　　　　　47.5

居延农府佐　　　　　　　　　　　　　　　　88.6A

守农令　　　　　　　　　　　　　　　　　　90.4

长别田令史定　　　　　　　　　　　　　　　90.13

---

① 陈梦家：《汉简缀述》，中华书局1980年版，第132页。

日勒田官令史	263.14A
第二亭长舒受部农第四长朱	273.9
监渠佐史	498.10
骍马农令	19.34
代田仓长颀	557.6
左农左长佐宗	E.P.T52∶89
右农□长宗当右农官调阳阳	E.P.T53∶76

刘光华先生对这些复杂的组织人员和体系进行了深入的考证和总结，所理专营屯田生产的直接组织体系基本图示如下：

农都尉——农令——部农长——农亭长
（农府）（田官）（第x长）（第x亭）

上列图解基本上理顺了当时专营屯田的组织体系的脉络。另外，简文所涉护田校尉、别田令史、监渠佐史等吏员职责与田事相涉，当属候望系统兼营屯田的管理人员，不同于专门的田官系统，情况较为复杂。[①] 同时，简文4.1、10.32反映出农都尉又当受太守节制。而中央的最高统辖者当然为大司农。

三 屯田的生产状况

从现有文献和简牍材料来看，汉代河西屯田生产从三方面显示出其良好的状况，也表明了其对于军需供给的水平。

（一）抽调生产经验丰富的人员为生产卒员，并注意相应的分工

据对出土简牍相关卒员的材料抽样来看，负责屯田生产的卒员大都抽

[①] 赵俪生：《古代西北屯田开发史》，甘肃文化出版社1998年版，第51页。

调来自大河郡、淮阳郡、汝阴郡、汝南郡、昌邑国、济阴郡、魏郡、河南郡等地域的戍边人员,且有专门的名籍管理。这些地区恰恰集中于黄、淮流域,属于农业生产发达地区。这一地区的旱田作物区是采用精耕细作程度最高的方法经营农业的地区,因而来自这一地区的田卒当是熟练掌握最高精耕细作的农业技术的兵卒,他们很可能是以农耕技术的高低为标准编制的。[①] 何双全先生也认为"戍边士兵绝大部分来自乡里农村"[②],依据简牍资料记载,这些田卒来源主要集中于以上所言及农业发达地域。在当时戍边人员以小农人口为主的征戍情况下,来自农业发达地区的人员自然具有较丰富的生产经验,这样的举措,有助于屯田生产的良好开展,屯田组织者自不会忽视。同时,针对屯田生产的不同环节,注意对相关人员的分工,简文中出现的:

田卒   303.13

治渠卒   E. P. T65:474

水工   E. P. T65:474

守谷卒   敦简 2326B

等名称及其活动,明确反映了注意生产分工,提高生产成效的情况。

(二) 重视生产技术和方式

从相关资料来看,如下几项举措较为突出。

1. 推广牛耕　在边郡农业生产中推广牛耕以提高生产水平,是受到汉政府的高度重视的。《汉书·昭帝纪》曾有记云:"非丞相御史所请,边郡受牛者勿收责",应邵曰:"武帝始开三边,徙民屯田,皆与犁牛。"由

[①] 尾形勇:《汉代屯田制的几个问题》,《简牍研究译丛》(第一辑),中国社会科学出版社 1983 年版,第 262 页。

[②] 何双全:《汉代戍边士兵籍贯考述》,《西北史研究》(第二辑),甘肃文化出版社 2002 年版,第 532 页。

此可见，牛耕推广于边郡是毫无疑问的。而徙民屯田即可由政府调配耕牛，那么，戍边屯田系统由政府统一提供耕牛以提高生产水平、保障军粮供给应当是很自然的事情。汉简资料也多有记录相关情况者，下引几例以明晰之。

   告□记府卿及居延丞寿□
   马子恩记 □牛掾今臣君当用廿□
   之   □□□取牛掾当得□□   4.4，210.24

   出茭八十束   以食官牛   217.13

   者以道次传别书到相牛大司农调受簿编次不办者 238.36

   □□十石六斗 以食田牛六头六月食 303.51

   积廿九人养牛   512.1

从上引简文看，边郡屯戍系统中有官牛，且设有专门的管理人员如牛掾和养牛人。这些官牛显系由大司农统一组织调配的，简238.36反映可见。而简303.51则明确记录了"田牛"的情况，应指耕牛无疑。可见边郡屯戍系统确实推广了牛耕。当然，边郡屯戍系统之官牛又可用于转输任务，此不多言。

2. 推广代田法 自武帝末年赵过行代田法以来，这种颇适应于西北干旱地区的农业耕作方式即大力推广于河西戍边屯田生产中。《汉书·食货志》记言："又教边郡及居延城。是后边城、河东、弘农、三辅、太常民皆便代田，用力少而得谷多。"由此可见，代田法推广于河西边郡屯田系统是没有问题的。居延简中屡见"代田仓"、"代田长"的记录，更可印证这种情况。如：

  入糜小石十五石始元三年六月甲子朔甲子第二亭长舒

　　　　受代田仓监业都丞临　　　　　　　　　273.14

　　　　舒受代田长顺　以食吏士四人辛酉尽庚寅廿八日
　　　　积百一十二人　　　　　　　　　　　557.6

　　另有简文 148.47、273.24、275.19、275.23、534.3、557.3、557.SA 等均有相关记录。这种专因代田法之兴而创设之"代田仓"，产量提高，对屯戍军粮供给的贡献很大。据陈直先生考证，"在肩水都尉范围以内，总设储仓，分建有五大仓库。一为代田仓、二为斥胡仓、三为肩水仓、四为吞远仓、五为收虏仓或说戚郅亦为仓名，尚未敢定。五仓之中以代田仓规模为最大，自代田之法推行后，谷类品种日益加多"。①

　　3. 重视施肥　在河西边郡的戍边屯田生产中，田间管理还加强了施肥工作，相关的出土屯戍简文可证。

　　　　以九月旦始运粪　　　　　　　　　　73.30

　　　　永平七年正月甲申朔十八日辛丑
　　　　春秋治渠各一通出块粪三百柒　　　　敦简 2418A

　　　　谷十石文华出块粪少一□以上　　　　疏勒河流域汉简 931

　　简文 73.30 为居延汉简中屯戍系统的记录，所记应为屯田生产中田间施肥工作的安排。敦简 2418A 所记关于东汉明帝永平年间田间施肥情况更为具体和富有计算性，显示了对施肥工作的严格要求，可见两汉河西一带屯田之制一脉相承。

　　4. 加强水利建设　河西干旱地区的绿洲农业，生产以水利为贵，屯田生产对此亦高度重视，以保证屯田供粮的能力。从文献记载来看，武帝

---

① 陈直：《居延汉简研究》，天津古籍出版社 1986 年版，第 26 页。

年间的情况较为典型地反映了这一点。当时,全国一度兴起水利建设的高潮,"朔方亦穿渠,作者数万人"①。"自是之后,用事者争言水利。朔方、西河、河西、酒泉皆引河及川谷以溉田"②。而赵充国屯田湟中时亦重视"浚沟渠"③。都说明政府重视屯田水利建设的情况。出土简牍的相关记录则更具体地反映了屯田生产中的水利问题。

　　☐□二年二月丁酉朔丁卯甲渠鄣候护敢言之府书曰治渠卒贳
　　　　　　　　　　　　　　　　　　E. P. T52:110

　　☐□三千四百八十五人敦煌郡
　　☐发治渠卒郡国收欲取□☐　　　E. P. T65:450

　　☐禄　六月戊戌延水水工白裦取　　E. P. T65:474

　　●谨案居延始元二年戍田卒千五百人为驿马田官
　　穿泾渠乃正月己酉淮阳郡　　　　　303.15,513.17

　　春秋治渠各一通　　　　　　　　疏勒河流域汉简931

　　上引简文可见,屯田生产中劳动人员的分工明确,有专人负责沟渠管理,是为"治渠卒"、"水工",治渠活动有明确的时限要求,如敦简2418A,有统一管理人员,即"田官"。周到的水利建设和管理,对保障屯田生产的军粮供给水平无疑有举足轻重的作用。

　　据汉简,屯田水利分为明渠和凿井灌溉两类④。明渠灌溉,指开渠引河水浇灌作物。如在大湾肩水都尉治所,出土了很多记录屯田之简,其中有一条简文载:"始元二年戍田卒千五百人,为驿马田官穿径渠,乃正月

---

① (汉)司马迁:《史记》卷30《平准书》。
② (汉)司马迁:《史记》卷29《河渠书》。
③ (汉)班固:《汉书》卷69《赵充国传》。
④ 参见张芳《居延汉简所见屯田水利》,《中国农史》1988年第9期。

己酉淮阴郡。"①

简文意思为始元二年正月为驿马田官调来淮阳郡戍田卒 1500 人，修浚沟渠，为春种做好准备，可见这条泾渠是有相当规模的。"泾渠"之名在简中还重复出现过一次。此外简文中还出现一些以渠道命名的地名，如"甲渠候官"②、"临渠燧"③ 等，候官、燧分别是候及燧长的治所。它们以渠命名，表明附近有渠道分布。甲渠在居延屯田区，临渠在驿马屯田区。简文中还出现"水门燧"名，属肩水候官所辖，说明此燧附近有水门。简文中的"水门卒"④ 指的是水门燧的兵卒，不是看守水门的卒。但有一条简文是指制作水门之事的，"作门，七十付口，成贤。右水门凡十四"⑤，此简文中"水门"，应是指做渠道上的木闸门。对渠道的管理官吏，简文中也有所反映。简文说"监渠佐史十人，十月行一人"⑥，"监渠佐史"应是专门负责灌溉工作的。

凿井灌溉。汉简中多处提到"卅井"这一名称，如：

辞故卅井候官令史乃五凤三年中为候官　　　　3.8

卅井燧四石　　　　　　　　　　　　　　　　368.11

卅井官以亭行　　　　　　　　　　　　　　　401.2

卅井虽是候官及燧名，但必因其地开凿有三十口井，方始得名。开凿

---

① 谢桂华、李均明、朱国炤：《居延汉简释文合校》，文物出版社 1987 年版，第 497 页，303.15。
② 简中出现很多，如谢桂华、李均明、朱国炤《居延汉简释文合校》，文物出版社 1987 年版，第 6、9、127 页，4.18、6.4、73.1 等。
③ 谢桂华、李均明、朱国炤：《居延汉简释文合校》，文物出版社 1987 年版，第 15、293 页，10.16B、183.10。
④ 谢桂华、李均明、朱国炤：《居延汉简释文合校》，文物出版社 1987 年版，第 530 页，337.9。
⑤ 谢桂华、李均明、朱国炤：《居延汉简释文合校》，文物出版社 1987 年版，第 664 页，565.12。
⑥ 谢桂华、李均明、朱国炤：《居延汉简释文合校》，文物出版社 1987 年版，第 597 页，498.10。

如此众多之井，除供给戍卒饮用外，主要应被用以灌溉。因为卅井塞为戈壁高原，引水灌溉较难，所以需要凿井灌溉。简文中有明确谈到凿井之事的，如说："寘井用百卌七人凡。"① "寘"意同"置"，即凿井用了147人。简文中还有一些地名与井有联系，如"当井燧"②，据简文可以肯定的是居延屯田区开凿有众多的水井，修建了井灌渠道，井灌已有一定的规模。

（三）屯田产量维持了较好的水平

由于各方面的重视和不断提高的生产技术，河西边地的屯田产量不断提升。以下两例简文多为研究者所引，且较具体地成为西北边地屯田产量的一个缩影：

第四长安亲正月乙卯初作尽八月戊戌积二百廿四日
用积卒二万七千一百廿三人率日百廿一人奇卅九人
垦田卌一顷卌四亩廿四步率人田卅四亩奇卌亩百廿四
步得谷二千九百一十三石一斗一升率人得廿四石奇九石

72. E. J. C：1③

入二年　　□□粟百五十六石　　□田二顷七十亩
程卌一石
十月戊寅仓佐□□龙勒万年里索良　　疏勒河流域汉简 615

结合相关文献来推算，当时居延屯田区亩产当在八斗上下，而其时东部东海郡亦在八九斗左右，全国大体上平均亩产也就是1石上下，发达地区如关中、河南、山东等地可能达2—3石。④ 这应是比较合理的推论。由此可见，河西边地屯田的产量虽较内地低，但还是维持了不错的水平。

随着屯田活动的不断展开和经验的积累，河西边地的屯田生产逐步有

---

① 谢桂华、李均明、朱国炤：《居延汉简释文合校》，文物出版社1987年版，第476页，283.55。
② 同上书，第293、543页，183.6，350.7。
③ 甘肃省文物考古所：《居延新简释粹》，兰州大学出版社1988年版，第88页。
④ 杨际平：《从东海郡（集簿）看汉代的亩制、亩产与汉魏田租额》，《中国经济史研究》1998年第2期。

了相当不错的生产情形,屯田的粮食生产的保障性和供给性相应增强。

四 屯田供粮之功效

由以上几点论述可见,两汉河西边地的屯田生产,使河西边郡的大片绿洲从过去私人无法经营的土地变成了良田,组织了秩序井然的农业生产活动,对于戍边军事行动来说,无疑是极为有力的保障供给的组成部分。当时人即认为屯田可以"益积蓄、省大费"[1],"广设屯田……殖谷实边,有省委输之役"[2]。从西汉至东汉,此论不绝,实可说明屯田之作用不容忽视。考之出土居延汉简,有关余谷簿的明确记录不下百余条,而这类简文多记武帝末以来事,虽有大规模的输边活动,但武帝以来不断拓展的屯田生产,无疑对边地屯戍系统多余谷是有贡献的。甚而至于出现如下情况:

守大司农光禄大夫臣调昧死言守受薄丞庆前以请诏使护军屯食守部
丞武以东至西河郡十一农都尉官二调物钱谷漕转粢为民困乏愿
调有余给不　　　　　　　　　　　　　　　214.33A

简文反映了从边郡屯田区内调余粮以济困饥之处的情形。此类情况出现不多,而且应视作特殊情况下的一种调剂措施,但是边郡屯田生产的作用亦由此可见一斑。在这中间,李根蟠先生在《中国农业史》中指出:"河西走廊的屯田规模最大,组织最完善,成效最显著。"[3]

正因为屯田在边郡屯戍军粮供给方面的重要的军事战略作用,汉代屯田自武帝开创以来持续不断,成为有汉一代解决戍边军粮的重要手段之一。后世重视并仿效者,历代不绝。曹操曾言:"定国之术,在于强兵足食,秦人以急农兼天下,孝武以屯田定西域,此先代之良式也。"[4] 可见其影响之探。张德芳先生在论述西域屯田时强调戍边粮食问题,说到底是

---

[1] (汉)班固:《汉书》卷69《赵充国传》。
[2] (南朝宋)范晔:《后汉书》卷117《西羌传》。
[3] 李根蟠:《中国农业史》,台湾文津出版社1997年版。
[4] 《三国志》卷1《魏书·武帝纪》。

个供应问题。正因为如此，汉代政治家始终把屯田看作经营西域的根本。它不仅是一种纯经济行为，而是在西域能否进行有效管理的关键所在，具有重要的政治和军事意义。① 因此我们即是用单纯的经济观点来要求具有军事战略意义的屯田措施，其作用之巨大也是不可否认的。② 此外，屯田生产在促进河西地区社会生产的发展、经济地位的提升以及经济文化的交流诸方面也有重要作用，这已为不少学者所论及，此不赘述。

当然，屯田之兴，并未取代输粟于边的举动，大规模的输边行为仍是戍边军粮的重要保障，屯田则发挥了军事战略上的调剂和补充功能，二者相辅相成，终西汉之治而不辍。

第三节 军队自籴

屯戍吏卒的粮食供给，大规模的输粟于边和屯田生产由政府统一筹划和组织调度，毫无疑问为保障供给之支柱。而相关资料的记录显示，不排除其他方式的补给。前已述及，汉政府强调"籴谷"以实仓廪，保证积粟应急，特别是在边郡置"常平仓"以备一时之需。流风所及，在日常的屯戍生活中，"籴谷"以补充除政府统一供给之外的一时之需的行为多见。

广又从福籴秫四斗直五十四福为广从脏宼燧长史未央　6.6

出钱二百廿籴粱粟二石石百一十　出钱二百一十籴黍粟二石石百五
出钱百一十籴大麦一石石百一十　　　　　　　　214.4

出钱四千三百卅五籴得粟五十一石石八十五　276.5

出钱千二百　余四石籴黍粟十石　多余□□□　286.4

□曹史王卿钱四百　籴粱若白粟十石　　　495.7，495.5

---

① 张德芳：《从悬泉汉简看两汉西域屯田及其意义》，《敦煌研究》2001年第3期。
② 赵俪生：《古代西北屯田开发史》，甘肃文化出版社1997年版，第73页。

☐☐长卿钱二百五十为籴粟　　　　　　　563.7

　　从史弘受千二百　　出钱七十百廿籴粟六石
　　今余钱四百八十　　　　　　　　　　　E.P.T51：5

　　出钱百一十黍粟一石　第九吏孙卿籴今五斗直五十　E.P.T51：71

　　秋当尽籴书到豫缮治仓史部鄣辟☐☐　　E.P.T52：396

　　☐四月奉钱籴粟五十一石来　　　　　　E.P.T51：47B

　　☐☐☐与良民争籴　　　　　　　　　　E.P.T51：739A

　　羸瘦困亟间以当与第一辈去俱去私泉独为籴谷　　敦简41

　　上引简文虽然情况不一，但因为简文为屯戍簿录，为屯戍日常生活或军方来粮行为应是没有疑问的。简 E.T.P52：396，E.P.T51：739A 系官方口吻，且言及"部鄣"则明确其行动当为屯戍系统的军方行为。敦简（41）所记当为一时之需。居延简文 6.6 提及"胕寇燧长"显系军事人员，而所出现的"曹吏"、"长卿"、"从史"、"第九吏"可视为屯戍人员个人籴粮行为。当时边郡屯戍吏员的俸禄发放情况不一，或为直接发放俸钱，或为以物代钱，视具体情况而定。这已为学者共识。在这种情况下，俸钱籴粮成为吏员之补济手段也不为怪。赵充国屯戍湟中时，曾购粮"四十万斛"[①] 的举动也可知军需购粮之常见。总之，不论是军方直接行动，还是军事人员的私人行为，直接籴粮以济屯戍之用，应可视为一种供给补充方式。

---

① （汉）班固：《汉书》卷69《赵充国传》。

第四章 吏卒食粮的分配和消费

食粮的分配和消费是整个屯戍系统食粮的重要环节，分配是否合理，消费是否到位，直接关系到屯戍系统人心安定与否和战斗力的保持状况，也关系到其他相关食粮分配和消费对象的稳定，这是食粮供给和管理最终发挥其积极效用的收官阶段，是最后的落实点，关键性凸显无疑。

第一节 主要分配对象和消费状况

一 屯戍吏员

屯戍官吏的口粮廪给，是屯戍系统粮食的主要分配和消费渠道之一。关于屯戍官吏具体的分配和消费情况，以下分不同情况列引相关简文作些分析与归纳。需要说明的是，屯戍系统人员的食粮分配以月为时限，按月廪给，所以简文多记月分配情况和消费额，下面抽样列举和后面将要叙述的其他情况与此相同，后不再另作说明。言及特殊情况者具体解释。

1. 都尉及其高级属官月供标准为：六十石至十五石不等。

建武三年四月丁巳朔辛巳领河西五郡大将军张掖属国都尉融，
移张掖居延都尉今为都尉以下奉各如差司马千人候仓长
丞塞尉职间，都尉以便宜财予从史田吏如律令
六月壬申守张掖居延都尉旷丞崇告司马千人官谓官县写移书到如
大将军莫府书律令掾阳守属恭书佐丰
已雠
居延都尉奉谷月六十石

居延都尉丞奉谷月卅石

居延令奉谷月卅石

居延丞奉谷月十五石

居延左右尉奉谷月十五石

●右以祖脱谷给岁竟壹移计

居延城司马千人候仓长丞塞尉

●右职间都尉以便宜予从史令田　　　　E. P. F22：70～79

2. 令史、尉史、候长、燧长等中下级吏员月供标准分三种情况。

2.1　三石三斗三升少

令史□□粟三石三斗三升少十二月□□自取 卩

尉史□伊粟三石三斗三升少十二月□□自取 卩

令史皇楚粟三石三斗三升少庚子自取□ 卩

尉史郭当粟三石三斗三升少戍十二月戊申自取 卩　26.21

□□候长王昌五月食三石三斗三升少四月戊戌卒幹有取 卩　39.6

候长郭它稯程三石三斗三升少　　　　　　　　　132.13

万岁燧长郅音三月食粟三石三斗三升少　　　　　217.22

以上为简文所见屯戍系统相关吏员的粮食月分配和消费情况之一种，即月三石三斗三升少。

按：汉代粮食计量单位"石"（王莽时多称"斛"）有大石、小石之分，二者折算比例关系：大、小石间比值为5：3，小石一石合大石六斗。二者只是计量上的差别。

☑大石六石

☑为小石十石　　　　　　　　　　　　　　　　　275.22

凡出谷小石十五石为大石九石　　　　　　　　　　148.15

二条简文所记二者折算比例即为小石一石合大石六斗之数。则三石三斗三升之数以小石为计，合大石为二石之数。在量名的后面，简文有时加一"大"字或"少"字，大即大半，就是三分之二；少即少半，就是三分之一。①

万岁燧长武　糒二石卒魏圣取　　　　　　　　　　38.19

出粟二石　廪夷胡燧长朱处六月食　　　　　　　　177.10

其二石食终古燧长徐殷六月食
二石食俱南燧长周尊九月食　　　　　　　　　　　317.19

以食士吏候长五人人一月月二石　　　　　　　　　E.P.W：5

上列几简所记二石为大石计者，与小石三石三斗三升少为同一标准。这种分配标准与时人消费额度是否相应？据高维刚先生的推算，汉代成年人的月食粮量是 1.5—1.8 石，而从事繁重体力劳动者最高可达三石。②此指大石而言，而屯戍系统多以粟谷（原粮）配给，当时粟米舂合比例为：

粟一斗得米六升☐　　　　　　　　　　　　　　　110.14

即一石粟舂六斗米，是为常例。则 1.5—1.8 石粟可得 0.9—1.08 石米，即可足成年人一月之食。另据黄展岳先生推算，汉一石（大石）不论

---

① 作铭：《汉简中关于食粮计量的"大"、"少"二字释义》，《考古》1960 年第 10 期。
② 高维刚：《汉代的"石"与"斛"及其大小——兼论汉代人口食粮与亩产量》，《四川教育学院学报》1999 年第 2 期。

盛大米或小米,都是 17.55 公斤。① 据以上推算,则屯戍吏员月领二石(大)粟,舂米得 1.2 石,合今 21.06 公斤,较 1.8 石粟即可足一月之食为高,日均 1.44 市斤。而据《汉语大词典》附录《索引卷》所附《中国历代衡制演变测算简表》,汉代的一石(大石)换算为今天的 29760 克,1.2 石则应是 35712 克,即 71.4 市斤,平均每天 2.78 市斤。② 则较前此测算更高。另据简文:

  有食三石度支一月　　　　　　　　　　　　80.23

  此处当以小石计,三石即可一人食一月,也可见其时分配量的足额。其实无论怎么测算,边郡屯戍系统吏员的月粮分配大石二石是较为充足的,这也符合艰苦的屯戍斗争的需要。加上重视副食补给,没有特殊情况,则屯戍者的日常生活还是足够保证的。此处分析月食分配和消费额的标准,也符合下面将叙述的卒、居署家属等情况,后不再逐一细释。

  统观汉简材料所及,此一标准,即月消费原粮小石三石三斗三升少,合大石二石之数,为汉代屯戍系统中下级吏员的基本食粮标准。

2.2 月三石(斛)

当曲燧长□□	四月食三斛	479.9
故武成燧长赵竟	糒粟三斛	E.P.T59:351
吞远候长吴讽	糒粟三斛	E.P.T59:352
故制房燧长庄宣	糒粟三斛	E.P.T59:354

---

① 黄展岳:《关于秦汉人的食粮计量问题》,《考古与文物》1980 年第 4 期。
② 李振宏:《汉代屯戍生活中的古典人道精神》,《历史研究》2001 年第 5 期。

上引简文记三斛即三石，以"斛"为记，当为王莽时简。① 按当时分配情况推断，当为小石之数，则三石约合大石1.8石，为汉代成年人月食常量，但较之二石之量有所下降。

2.3 一石（斛）五斗—六斗

  士吏孙习，十一月食一斛五升，十月丁卯妻　　E.P.T65：294

  □第三十五燧长王诩，十二月食一斛□☒　　E.P.F22：707

  第二十三候长兒政十月食一斛六斗十一月丙申士声翕取
              E.P.T26：3

  第二十五燧长晏戎，十一月食一斛五斗三升，
  十月乙丑妻□取　尸　　　　　　　　　E.P.T65：97

  城北候长窦何十一月食一斛五斗同 十月丙寅掾谭取　尸
             E.P.T 65：8A

上引简文亦为王莽简（理由同上），所见月配粮量分别为一斛五斗、一斛六斗、一斛五斗三升。简文 E.P.T65：294 记"一斛五升"疑为"一斛五斗"之误。计量应以大石而论，则所记月配原粮改为1.5石之量，为前述汉代人月食原粮的底线。较2.2所述情况又有下降。以2.2、2.3所记情况为王莽时而言，这也符合当时边地屯戍系统粮食筹集与供应的实际情况。王莽时，政权危机不断，社会经济疲弊，边地战事多起，是以输边不足，而屯田生产亦不稳定。因此，军粮供给波动较大，分配和消费情况亦随之下降。由此可见，屯戍系统中下级吏员的月食粮标准随着军粮供给的充足与否而有差别。

---

① 森鹿三：《居延出土的王莽简》，《简牍研究译丛》（第一辑），中国社会科学出版社1983年版，第12页。

二　屯戍士卒

屯戍士卒的口粮廪给，毫无疑问是西北屯戍系统粮食分配和消费之大宗，以下抽样列举不同情况进行归纳分析。

1. 月三石三斗三升少

  卒陈贺穈程三石三斗三升少审登取　尸
  卒苏登穈程三石三斗三升少审登取　尸　　　　44.26

  五月食三石三斗三升少四月甲午卒徐寿取　尸　　55.17

  第十六燧卒赵定十月食穈程三石三斗三升少 十月□　58.8

  卒张奉子粟三石三斗三升少十一月丁酉自取　尸　58.19

  鄣卒张竟盐三升十二月食三石三斗三升少　十一月庚申自取
  　　　　　　　　　　　　　　　　　　　　　　203.14

  第十一燧长□十二月□□食三石三斗三升少卒王利取
  卒□□月食三石三斗三升少自取
  卒王利月食三石三斗三升少自取　　　　　　　206.19

参前述屯戍吏员例，此处所列当以小石计。

2. 月三石二斗三升少，三石二斗二升少，三石二斗二升

  卒许就粟三石二斗二升少史谊取　尸
  卒马武粟三石二斗二升少周卿食　S
  卒石昭粟三石二斗三升少□□食　S　　　　　　58.13

  候史刑延寿粟三石三斗三升少□取　尸

209

卒柳世三石二斗二升少自取　卩
卒杨汤三石二斗二升少世取　卩
卒李何伤三石二斗二升少世取　卩　　157.2

□沙燧长遗卿粟三石三斗三升少自取　卩
卒吕延年粟三石二斗二升少自取　卩
卒西门乐粟三石二斗二升少卒吕延年　　191.11

卒袁贤粟三石二斗二升四月戊戌自取　卩
卒成立粟三石二斗二升四月戊戌自取　卩　E.P.T52：570

按：三种计量差额极小，可视为同一标准，且应为小石计。
3. 月二石

出麦八石廪如意燧卒韩充等四人四月食　　10.26

出麦二石以食夷胡卒徐德十一月食□□□重　　13.3

出粟三十石三月以食卒十五人　　160.8

出麦二石以廪水门燧卒王绁五月食⌒　　253.10，284.14

按：所列简文应以大石计，以大、小石折算比例看，与前文第1种情况中所记，可视为同一标准。
4. 月一石九斗三升少、一石（斛）九斗

出麦一石九斗三升少以食斥竟燧卒周奉世九月食　　10.3

卒衡世糒石九斗三升少
卒丁完糒石九斗三升少　　57.26

210

□一石九斗三升少廪广谷燧卒秦讼尹六月食　　177.18，177.20

　　出麦一石九斗三升少以食始安燧卒□□十月食　　183.9

　　出穬麦一斛九斗　以迫卒贡秋正月食　　敦简 316

按：此例简文当以大石计量，大石一石九斗三升少约合小石三石二斗。

5. 月三石（斛）、一石（斛）八斗

　　六月食三石　闰月己亥自取　止奸燧卒栾　　448.4

　　吞北燧卒田悍　正月食三斛　∽正月庚戌自取卩　E.P.T10：1

　　燧卒廉巨　二月食三石　二月壬午自取　　E.P.T40：40

　　吞远燧卒宗叔　　闰月食三斛☒　　E.P.T65：252

　　出穬麦一斛八斗以牧卒麦永三月食　　敦简 313

　　出穬麦一斛八斗以牧卒耿咸三月食　　敦简 314

　　肩水斥候骑士十人正月用食十七石四斗□升　　303.31

　　施刑桃胜之粟三石十一月庚子自取　卩　　26.21

　　（同简有令史、尉史、鄣卒，均为三石三斗三升少）

按：小石三石约合大石一石八斗，简文 303.31 可折合大石约一石八斗。二者为同一标准。

6. 月二石九斗

  卒丁利亲麦二石九斗卒张岁取
  卒张岁麦二石九斗自取   484.27

  施刑士薛齐七月稴糧二石九斗 冖
  施刑士薛齐八月稴糧三石 冖 E.P.T50：135

  按："施刑士"即文献中所记之"驰刑士"，是为服刑人员作为屯戍卒者，依此为据，二石九斗之数可能以小石为计，则所稴糧月食量有降。所引简 26·21 中"施刑士"这份粮食供给表反映了"施刑士"薛齐七、八两个月的口粮，标准不一，说明居延的粮食分配很可能是按照大小月标准进行粮食供给的，从简 464.3 反映出的信息看"施刑士"的粮食比正常的屯戍人员要少。

7. 月二石六斗、二石二斗

  出穊麦二石六斗 以廪夷胡燧卒   253.6

  出麦五百八十石八斗八升以食田卒剧作六十六人五月尽八月
                  303.24

  ☐伤燧卒射勇五月食二斛二斗二升少 五月甲子自取
                 E.P.T59：179

  卒朱并 五月食二斛二斗二升少 五月癸未☐ E.P.T59：182

  止害燧卒李赐 三月食二石二斗二升少☐ E.P.T59：559

  以上所引诸例简文，为卒月粮分配量较为特殊者。如以小石为计，则廪给量过于不足，不合常例，以大石为计，可看出亦超常量为多，二石六

212

斗合小石约四石三斗之数，二石二斗合小石约三石六斗略多，但从简文303.24来看，本简文记六十六人五月至八月四个月廪给量为五百八十石八斗六升，人均月量约为二石二斗，廪给对象为"田卒剧作"，即屯田之重体力劳动者，廪给高于常量，是为合情合理。而其他简文所见同此量者，廪给对象当亦可视为重体力劳动者或特殊任务执行者。反映出屯戍系统有针对特殊情况的分配办法。下列简文也可助理解。

    止害燧卒吴明三月十二日作加食二斗二升大　　28.9

  简文所记燧卒吴明估计因工作量大而加食二斗二升大，可见特殊情况下的多加廪给是正常的。以上1—7的情况所见，为屯戍士卒月粮食分配与消费情况，较之吏员而言，廪给情况较复杂，变动较多，但是，通常配给量和消费额度仍在小石三石三斗三升左右。按上述吏员消费统计量的情况，这种配给是够量的，足以保证屯戍卒员的粮食消费需要。而特殊情况以"施刑士"简和"田卒剧作"、"加食"简为代表，情况如上分析。

  从上面两种分配情况来看，屯戍吏员和卒员的月配给量以大石为计，常例为二石的话，西汉边兵通常保持在30万左右，月消费粮食量简单计算为60万石，年消费量则达720万石。黄今言先生推算年消费量为800万石当在情理之中。而屯戍河西者占边兵主要部分，消费比例蔚为大观。

三　居署人员

  "居署"，指屯戍吏卒家属等因各种原因在规定时间内留住军中。他们的粮食消费也由屯戍系统统一配给。从相关简文所涉及的情况看，当时，屯戍吏卒的家属居署的情况不是个别性的，而是较为普遍的现象。对他们的粮食配给也成为屯戍粮食的消费去向之一。下面摘引较为明确地记录居署家属粮食配给情况的简文，以供分析。

  1. 卒家属

    第十五燧卒陈齐，子大男恭年十五，三石六日取𠂤　E.P.T40：27

妻大女方年卅五
（以上为第一栏）
六月旦居署尽晦●用粟二石九升少
六月乙卯妻取　　卩
（以上为第二栏）　　　　　　　　　　E.P.T44：39

弟大男田年十六，居署卅日用谷三石　　E.P.T48：30

妻大女止□年廿一，用谷二石一斗六升大
弟使男陵年十二用谷二石一斗六升大
凡用谷四石三斗三升少　　　　　　　27.3

制虏燧卒周贤
妻大止氏年廿六用谷二石一斗六升大
子使女捐之年八，用谷一石六斗六升大
子使男并年七用谷二石一斗六升大
凡用谷六石　　　　　　　　　　　　27.4

第四燧卒伍
妻大女女足年十五　见署用谷二石九升少　55.20

制虏燧卒张孝
妻大女弟年卅四用谷二石一斗六升大
子未使女解事年六用谷一石一斗六升大
●凡用谷三石三斗三升少　　　　　　55.25

用谷三石，父大男相年六十，用谷三石
☒用谷三石●凡用谷九石　　　　　　203.27

制虏燧卒张放

214

妻大女自予年廿三用谷二石一斗六升大
子未使男野年二用谷一石六斗六升大　　　　　231.25

俱起燧卒丁仁
母大女存年六十七，用谷二石一斗六升大
弟大女恶女年十八，用谷二石一斗六升大
弟使女肩年十三，用谷一石六斗六升大
●凡用谷六石　　　　　　　　　　　　　254.11

　　简文所见居署家属人员多样，几乎涉及了家庭主要亲近人员，有妻子、儿女、父母、弟妹，同时，对他们的粮食配给根据性别、年龄等实际情况的不同而采用不同的标准，也可见对粮食配给细节之注意。其中简文所涉人员年龄不同而有不同称呼，总体来看，成年男女称"大男"、"大女"，男自七岁以上至成年为"使男"，六岁以下则称"未使男"，女子自八岁以上至成年为"使女"，七岁以下为"未使女"。[1] 粮食配给从时限上看，与屯戍吏卒一样，也是按月配给，"六月旦居署尽晦"、"居署卅日"等记录情况可反映这一点。从具体配给量的情况看：成年男性一般为月三石，按屯戍吏卒配给情况看，当以小石计，较吏卒为少，但探亲人员一般不参加重体力劳动和军事活动，从当时人均消费量来看，三石粮食应能足其一月之食。成年女性一般为月二石一斗六升大，也有二石九升少的情况，即以二石一斗为基本配给量，较成年男性少，这也符合男、女消费量的实际情况。"使男"为月二石一斗六升大，与成年女性配给量同。使女为月一石六斗六升大，较"使男"为少。"未使男"为月一石六斗六升大，同"使女"。"未使女"为月一石一斗六升大，较"未使男"为少。这种配给标准尽管有男女之别和差额数，但以屯戍系统粮食分配的足量特点来看，总体上应符合各种人月食用粮的实际情况。在家属居署受限较宽松，来往较多的情况下，对于"以粮为命"的屯戍系统而言，实属难能可贵。

---

[1] 薛英群：《居延汉简通论》，甘肃教育出版社1991年版，第165页。

2. 吏员家属

  序地候史宋贺　√　六月食糜三石三斗三升少　　　敦简 339

  贺子使男嘉　　六月食麦一石八斗八升半升　　　敦简 349

  贺妻大女君经　六月食麦一石八斗八升半升　　　敦简 350

  却适亭长张奇子小男带　廪一石六斗六升少　　　敦简 1051

  燧长张奇妻大女真孜　取一石七斗一半　　　　　敦简 833

简文可见，候史、燧长等吏员的居署家属人员也是多样的，甚至有儿媳。廪粮标准也是有不同分类，但大致与戍卒家属没有多大差别。

3. 从者、私属、奴

  始建国二年叁月尽三年二月候舍私从者私属廪致　敦简 358

  ●高望部元始元年十月吏妻子从者奴私马廪致　　敦简 545

  五凤三年三月丁丑朔癸卯士吏带敢言之候官燧和吏妻子私从者三月廪
  名籍一编敢言之　　　　　　　　　　　　　　　敦简 998

  贺从者大男宋望　六月食麦二石六斗一升　　　　敦简 321

  私属大男吉元年八月食粟二斛少七斗
  十二月己亥自取　　　　　　　　　　　　　　　敦简 322

  从者大男经　元年八月食麦三斛多三斗　　　　　敦简 323

从者大男经　元年七月食麦二石七斗　　　　　敦简326

　　中舍经　　十月食粟三石　　　　　　　　　　敦简328

　　大奴莘　丿　元年七月　食麦二石七斗　　　　敦简546
　　中舍莘〇　十二月食粟三石　　　　　　　　　敦简550

　　中舍舍从者吉即莘正月食穈麦二斛九斗　　　　敦简548

　　从简文所记相关情况看，有私从者、私属、奴者，均为屯戍官吏人员，屯戍卒不见有者，这也符合私属者的实际社会情况。私属人员居署时的食粮显然也由屯戍系统统一配给，标准大致在二六斗一升—三石三斗，较其他人员亦无多少差别。

第二节　其他粮食分配和消费情况

　　以上就边地屯戍系统粮食分配和消费的主要动向进行了一些归纳和分析。事实上，屯戍系统的粮食分配和消费还有许多其他的情况，兹列之以明。

　　一　传食支出

　　"传食"即对过往屯戍单位各类人员供给食物。

　　□□累治□卒□□以食南阳吏四人　　　　　　237.51

　　临道亭长光以食吏四人　　　　　　　　　　　308.17

　　出粟一石四斗六升大　摄食新除佐史二人积廿二日☒
　　　　　　　　　　　　　　　　　　　　　E.P.T4：77

　　出粟五石二斗二升以食使车师成君卒八十七人丙申一日

积八十七人＝六升　　　　　　　　敦简 1926，1935

出粟一斗二升以食使莎车续相如上书良家子二人癸卯□◿
　　　　　　　　　　　　　　　　　敦简 1927

上述简文都是为过往屯戍单位人员提供传食的相关记录。至于享用传食的人员及具体传食标准如何？简文表达并不明了。张家山汉简《传食律》①有相关记载可补充。《传食律》首先规定了汉代享用传食的人员：

> 丞相、御史及诸二千石官使人，若遣吏、新为官及属尉、佐以上征若迁徙者，及军吏、县道有尤急言变事，皆得为传食。……诸吏乘车以上及宦皇帝者，归休若罢官而有传者，县舍食人马如令。

简文中的"传食"包括人员的饮食和马匹草料。《传食律》同时还规定了相关传食标准：

> 车大夫稗米半斗，参食，从者糳米，皆给草具。车大夫酱四分升一，盐及从者人各廿二分升一。

为防止个别官吏多贪、多得，张家山汉简《传食律》对官吏就食次数、随行人员的人数也作了严格规定：

> 使者非有事其县道界中也，皆毋过再食。其有事焉，留过十日者，禀米令自炊。以诏使及乘置传，不用此律。县各署食尽日，前县以谁（推）续食。食从者，二千石毋过十人，千石到六百石毋过五人，五百石以下到二百石毋过二人，二百石以下一人。使非吏，食从者，卿以上比千石，五大夫以下到官大夫比五百石，大夫以下比二百

---

① 张家山二四七号汉墓竹简整理小组：《张家山汉墓竹简》，文物出版社 2006 年版，第 164 页。

石，吏皆经实从者食之。

简文大意是说，车大夫如果不在本县道办理公务，仅仅为路过该县道，供应饮食不得超过两顿。若在本县道公干，停留十天以上，该县道提供米令其自行做饭，但奉诏书出使及乘置传的，不用此律。同时注明在本地提供"传食"的最后日期，以方便下一个地方按此日期接续供应。关于车大夫的随行人员，二千石的随从不能超过十人，千石到六百石不超过五人，五百石以下到二百石不超过二人，二百石以下仅限一人。不属于"吏"的使者，比照执行。随行人员数量达不到最高限额的，则按实际人数提供饮食。

敦煌悬泉汉简中也有大量关于官员"传食"接待的记载，可进一步补充和丰富张家山汉简《传食律》内容。郭志勇将敦煌悬泉汉简中相关传食简文作了排比和分析，依据不同人员所享用的传食标准分为三类：第一类每餐三升。这类人员主要是郡县官吏及其随行人员，三公府或州郡官府的属吏护送外国使节，也见有县令长的家属及其奴婢。第二类每餐四升及以上，这类人员主要是外国贵族。第三类是特殊标准。其"传食"种类丰富，供应标准远高于一般规定，并且供给酒和肉。主要是奉诏书出使办理特使事务的高级官吏、部族首领等人员。[1]

张家山汉简《传食律》是汉代的法律条文，而敦煌悬泉传食简文则是这一条文在河西边地的具体运用，因此，其传食标准当为河西屯戍系统单位普遍采用的标准。当然在具体执行时，也依靠各屯戍单位具体情况量力而行。

二 马、牛、骆驼、狗等牲畜用粮

汉代，马政建设受到特别的重视，尤其是面对北边和西北各族骑兵迅猛犯扰局面，更是不遗余力地加强马匹的喂养和军用。河西边地又是重中之重，因而马在河西屯戍统中的地位举足轻重，在各种运输、骑乘和军事行动中发挥着无可替代的作用。对马的谷物配给也成为屯戍系统粮食分配和消费的主要渠道之一。这里不想再重复引用诸多史料，以两条文即可见马之重要和供粮与马的必要。

---

[1] 郭志勇：《秦汉传食制度考述》，郑州大学硕士学位论文，2013年，第51—54页。

兵以马为本马以食为命　　　　　　　　　敦简 123

马毋谷气以故多物故　　　　　　　　　　敦简 164

下面主要以出土汉简相关简文内容来具体探究一下河西边地屯戍马匹食粮的分配和消费情况。

二月积二百六十一匹率马日食一斗八☐　　　19.30

出廿一石六斗　合候长候史私马六匹十一月　46.7

马八匹十月食积二百卌匹匹一斗二升　　　　65.2

候史延寿马食粟五石八斗卒汤取　☐　　　　157.2

候长王充粟三石三斗三升少，十月庚申卒护取马食糇程
五石八斗　十月庚申卒护取　　　　　　　　158.2

正月廿一日食马尽廿四日☐二石三斗廿三日食马凡四斗
又四斗又三斗二月二日食马一斗二月十二日食马二斗　142.29A

孙卿食马廪计
月晦日食马二斗
月二日食粟二斗
三日食二斗
四日二斗
十月廿三日食马二斗　　　　　　　　　　414.1A

出麦廿七石五斗二升　以食斥候驿马二匹五月尽八　303.2

第二编 食篇

入传马食卅石八斗　　　　　　　　　　　　　303.22

以食候马积千二百三匹匹一斗二升　　　　　　491.1

马食一石又二月廿日官马食六斗　　　　　　　E. P. T59：170

☐马一匹六月食六石☐　　　　　　　　　　　E. P. T59：673

马一匹用粟二斗　　　　　　　　　　　　　　敦简 544

承私马一匹　　十一月食麦五石二斗二升已廪官　　敦简 353

出谷九十七石二斗　　给廪莫府马食☐　　　　敦简 941

　　以上简文选引了关于马匹食粮分配情况的简文内容，从马匹所属情况看，有官马和私马（主要是相关官员）之别，官马又有传马和驿马之分等，但粮食配给均为官给。从简文所见配给量来看，情况不一。就月食量而言，有六石、五石八斗、五石二斗二升、三石六斗（由简文 46.7 和 303.2 可大致测算出）等。就日食而言，有一斗、一斗一升（可据简文 46.7 测算得出）、一斗二升、一斗八升、二斗、六斗、一石等几种不同情况。一般而言，马的用粮量按马的用途，例如，按军马、驿马、传马以及它们每天劳动轻重而有差别，因而出现上列不同的用粮记录。[①] 按史料所记来看，"军马月之食，度支田士一岁"。[②] 即一匹马月消费量相当于一个士兵年消费量，但在以牧养和草（料）供给为主的情况下，粮谷消耗量大大减少了。[③] 即使这样，屯戍系统的马食谷物量仍是不可小视的数目，仅就以简文出现频率较高的日食一斗二升为常例来推算的话，一匹马年用粮

[①] 参见森鹿三《论居延简所见的马》，《简牍研究译丛》（第一辑），中国社会科学出版社 1983 年版，第 86 页。
[②] （汉）班固：《汉书》卷 69《赵充国传》。
[③] 参见胡宏起《两汉军费研究》，《中国史研究》1996 年第 4 期。

量可（达）四十三石以上。那么，动辄上万匹甚至数十万匹的屯戍马匹，粮食的需用量将是惊人的。这给屯戍军粮的供给显然增加了不少的压力。

牛主要用于屯戍系统转输和屯田生产，除牧养之外，也有部分粮食消费。

  牛六升☐   582.17

  ☐☐十石六斗 以食田牛六头六月食 303.51

  服牛当日食六升大用谷四石诈增☐☐ 509.20

简文所记牛食粮情况不多，就以上三条简文而论，牛日配粮量当为六升，月配粮量在一石八斗左右，而在大量用牛转输和屯田生产的情况下，牛食粮量亦不为少。

骆驼在屯戍系统用于转输甚至军事行动中也是边地常事。骆驼在简文也写作"橐他"。

  橐他持食救吏士命以一郡力足以赡养数十人 敦简124

  出茭三石 四月庚辰候长霸以食橐他六匹行塞至
  廪宿匹二钧   285.11

驼食粮也成为屯戍粮食支出和消费之一项。

河西边地屯戍系统养狗以助警卫的情况已为许多出土简文所证明。

  左后部小畜狗一白传诣官急   74.6

  第十六燧长范利中……狗笼皆破 127.21

  第十八燧长单威……狗少一…… 214.47

南部燧六所狗笼☒   232.28

相关简文还有 227.39、264.32、311.31A、214.5、214.82、E.P.T51：64.6、E.P.T57：108 等，可见当时屯戍系统养狗为普遍现象，几乎每燧都养，且多不止一两只。这些狗的食用粮为官给。

三 制酱、酿酒等用粮

从相关简文所涉来看，屯戍系统的饮食中，酒、酱为常用之物，且多自制，而酒、酱制作原料又以粮为主。

☒以☒小麦麴二斗   284.17B

出钱二百六十四余五斗 籴麴二石四斗   254.14

☒☒共酿二斗麴   E.P.T65：365

阳朔三年正月丁卯朔乙亥置佐博敢言之谨移糒粟麴 269.1

按：麴同曲，酿酒或制酱用的发酵物。① 酿制用曲以斗、石为计，看来用粮量当亦不少。

酱二斗   敦简 246

度用豉半斗   E.P.T4：106

酒一般以黍为原料酿造而成。《春秋纬命》曰："凡黍为酒，阳据阴乃能动，故以麴酿黍为酒。"《汉书·食货志下》载："酒者天之美禄，帝王所以颐养天政，享祀祈福，扶衰养疾，百礼之会，非酒不行。"对酒的功能作

---

① 甘肃省文物考古所：《居延新简释粹》，兰州大学出版社 1988 年版，第 41 页。

了较全面的概括。说明在汉代酒不仅作为祭祀、宴饮、医疗的作用,而且已经渗透到社会生活的许多方面。《汉书·平当传》如淳注:"稻米一斗得酒一斗为上尊,黍米一斗得酒一斗为中尊,粟米一斗得酒一斗为下尊。"一斗米出酒一斗,可见酿酒时原料米在发酵醪液中的浓度肯定是很高的。

至于用豆类、肉类制酱之事前文已述,此不再赘言。由此种种说明酿酒、制酱也需要大量的粮食,这也是边塞食粮消费中的一项。

四 种子用粮

关于种子用粮的记录,简文所及很少,唯下例简文可见。

> 临渠官种薄
> □黄种小石廿五石
> □□沙种小石三石
> □□小石十五石
> ●凡种小石卅三石　　　　　　　　　　　　E. P. T56:29

此处所记当为屯田生产用种子记录,这也在情理之中。更多的情况未见记录。简文有残缺"□黄种"和"□□沙种"无从判断。

五 祭祀用粮

屯戍系统也有不少祠、社的祭祀活动,粮物支出为其中一项重要内容。

> 对祠具
> 鸡一　　　　酒二斗
> 黍米一斗　　盐少半升
> 稷米一斗　　　　　　　　　　　　　　　　10.39

> 候吏所贷黍稷米计
> 王子奈取粟五升直一斗　又贷稷米□斟
> 候疕张卿稷米三升黍米二升为社

> 张俸君稷米三升黍米二升为社
> □□□□☒ 为稷米三升为社　　　　　　　　　　　　敦简 364

简文所见社祭活动主体不太明确，或为私人集资进行，但第二简所记贷粟情况自以官粮为源，列其为支出项之一。

六　调剂他用

边地屯戍系统由于大规模的输边供给和屯田生产的补充，间有余粮而调剂他用的情况也时有发生。

> 守大司农光禄大夫臣调味死言守受簿丞庆前以请诏使
> 护军屯食守部丞武☒
> 乏愿调有余给不☒　　　　　　　　　　　　　　214.33A

> 塞外诸节谷呼韩单于☒　　　　　　　　　　　387.17，407.14

> 肩水部始元四年外胡食度☒　　　　　　　　　　511.16

> 转谷输塞外输食者出关致籍　　　　　　　　　　敦简 682

上引三简文反映了边地屯戍粮食调剂他用的情况。一为转济内地困饥之处，二为转济相关的边地少数民族人员。传世文献也间有相关记录。武帝时，兴兵征伐，"胡降者皆衣食县官"。[①] 呼韩邪率南匈奴归降后，也"转边谷糒，前后三万四千斛，给赡其食"。[②] 强调以边地解决为先，与简文反映情况颇为一致。但是，这类情况的更具体记录未多见。当然，边谷转调他用也不会频繁为之，应调剂一时之需而转输。

---

① （汉）司马迁：《史记》卷 30《平准书》。
② （汉）班固：《汉书》卷 94《匈奴传》。

第五章 吏卒食粮的管理

屯戍活动"以粮为命",无疑需要对所筹食粮进行有效管理。这是各类供给军粮发挥重要作用的关键环节。从相关传世文献记载和简牍材料来看,汉代河西屯戍军粮的管理是积极而有效的,可以说达到了当时所能达到的最高水平。

第一节 完备的仓储体系

河西屯戍系统的仓储体系是整个国家仓储体系的重要组成部分,同时,由于其直接服务于军事斗争,为军粮的转运、储存和分配发挥着独特的作用,形成了富有特色的屯戍仓储系统。

一 粮仓的设置与分布

关于河西屯戍仓储设置情况,文献记载较为简略,从出土居延汉简资料所反映的情况看,其设置与分布大致以军事建制情况逐级而设,同时有一些特殊的仓储方式配合。

1. 各级军事直建仓

都尉仓:

居延仓   204.5

居延城仓   62.55

城仓 84.27、88.14、139.13、142.34、170.1、175.13 等

北仓 174.31

北部仓 204.9

都仓 42.13、502.14B、505.38B、505.43B

府仓 乙附 49

上引各简文中出现的仓名，即应为都尉级仓。"居延城仓"即居延都尉府的仓库，可能设于居延县城内，负责整个都尉府所辖属吏、戍卒的后勤供给。①"城仓"则应为"居延城仓"之简称。"都仓"也应指都尉仓之谓，否则无从理解。"府仓"明显应指都尉级仓而言，因为边郡屯戍系统中"府"大都指都尉府而言。"北部仓"应为北部都尉仓，"北仓"即其简称。按居延汉简的相关情况，也只能作此理解。以此例推，则河西边郡应分设了都尉仓，在军事直建仓中应是所在单位的中心粮仓了。级别较高，依简文与居延农都尉、各候官为同级。② 从简文记录来看，分布上大致是一尉一仓。

候官仓：

肩水仓 10.32、75.25、515.27

候官仓 E.P.T4：57

候仓 E.P.T22：70

简文 75·25 记"肩水仓"当指肩水候官之仓，而简文 E.P.T4：57 则明确记有候官仓。E.P.T22：70 记有候仓可见候官一级也应设有相关仓储，

---

① 甘肃省文物考古所：《居延新简释粹》，兰州大学出版社 1988 年版，第 58 页。
② 同上。

仅次于都尉仓，按情况，应是一候官一中心仓，分布应较都尉仓为多。

部仓：

关于候官所辖各部，即候长级的仓储，简文所记较多。

部仓	183.10
禄福仓	15.18
第廿六Ⅴ廿五仓	101.1
收虏仓	135.7
吞远仓	176.34
第廿三燧仓	176.38，190.10
第廿三仓	206.7
吞远燧仓	E.P.T26：8
庶虏仓	E.P.T40：75A

上引简文之所以言其为"部仓"即候长级仓者，因候长所驻之地在当时又可称"部"，故"部仓"当为候长仓无疑，而其余各仓或以某燧为名，或按某种序号为名，但又不是每燧均设，所以也应属于候长级仓，这类仓是设于各候长所辖烽燧之中心粮仓，为最直接的屯戍吏卒军粮储存与供给点，所以相比都尉、候官仓来看，简文记录较多，说明分布密度较高。据有学者推算，大约每二十几个燧就有一个仓库。① 此外，简文：

---

① ［日］森鹿三：《关于令史弘的文书》，《简牍研究译丛》（第一辑），中国社会科学出版社1983年版，第21页。

五月二十六日第十五萩卿第泰燧长孙卿俱开小仓 E.P.T59：112

所记说明，尽管不是每燧均设中心级粮食仓，但自设有储放粮物之方便小仓。

2. 屯田之仓

由于军事屯田活动的开展，边郡屯戍点又相继设立了一些直辖于屯田官系统的粮仓，成为边郡屯戍仓储系统中一个重要组成部分，直接为屯田生产所得进行储存、转输，发挥了重要作用。从居延汉简记录的相关情况看，代田仓、斥胡仓即属此类情况。① 显然，代田仓之兴，应与屯田生产中推行代田法的生产方式有关，专为屯田服务，而后转输供需，故名。简文所记例引如下：

代田仓：

入糜小石十二石始元五年二月甲申朔丙戌第二亭
长舒受代田仓监隻　　　　　　　　　　　　　275.23

另有简文 273.14、273.24、275.19、534.3、557.3、557.5 等亦记有代田仓。陈直先生考证后认为代田仓规模大，贡献突出（见前述）。

斥胡仓：

受斥胡主仓故吏建　　　　　　　　　　　　　148.3

另有简文 273.8、563.6 等亦记有斥胡仓。

3. 具有储存、转输粮食功能的亭

汉代边郡所设之"亭"，情况较为复杂，因其功用和所属机构之不同而性质各异，如县、乡亭之"亭"，邮亭之"亭"，亭燧之"亭"，但在屯戍系统中，有一种"亭"，简文中屡次提及，如：

---

① 陈公柔、徐苹芳：《瓦因托尼出土廪食简的整理与研究》，《文史》第 13 辑，中华书局 1982 年版，第 51 页。

入糜小石十二石为大石七石二斗征和五年正月庚申朔
庚通泽第二亭长舒受部农第四长朱　　　　　　　273.9

小石十五石始元三年四月乙丑朔丙寅第二亭长舒
受斥胡仓监建都丞延寿　　　　　　　　　　　　273.8

入糜大石八石七斗为小石十四石五斗　二年八月辛亥
朔辛亥第二亭长舒受第六长延寿以食吏卒五人人
六升辛亥尽己卯廿九日积百卌五人　　　　　　　275.21

第二亭长舒受代田仓监隻　其六石以食小亭二人　557.5B

从上引简文可见，"第二亭"确与储存、转输甚至廪给粮食有关，颇具粮仓之功效，视为仓储体系之特殊方式亦无不可。且此类亭又多与代田仓、斥胡仓紧密相关，更可看作是其补充形式。学者多归其为"农亭"。

在此，有必要对当时西北仓储体系的储藏方式和筑造情况作一概略的叙述。从各类记录和考古发现来看，汉代河西边地的粮食仓储形式并不是单一的，而是有仓、有窖，因需而建，因地制宜。

仓，是以土墙围成的方形建筑，称为廪或仓，用来储藏谷物粮食。《说文·仓部》："仓，谷藏也。"《释名·释宫室》："仓，藏也，藏谷物也。"《荀子·荣辱篇》高注："圆曰囷，方曰廪"。《吕氏春秋·仲秋纪》高注："圆曰囷，方曰仓。"廪用来藏米，仓用来藏粮。《文选·籍田赋》引《月令章句》，"谷藏曰仓，米藏曰廪"。和林格尔汉墓壁画中有榜题"繁阳县仓"和"护乌桓校尉谷仓"的两座仓，都是重檐的大建筑，沂南画像石中有一座两层的仓房，面阔五间，上下两层间设简单的平座，所以仓底应高出地平面。陕西华仓遗址[①]1号仓东西长62.3米、南北宽25米，建筑面积1557平方米，据估算，仓内容积近10000立方米，其地面铺地板，据地板骨架孔洞测知，地板比仓内的夯土地面高出86厘米。地板下

---

① 吉敬斌：《西汉华仓遗址》，《陕西史志》2005年第1期。

的气洞和仓顶上的气窗形成对流,设计相当科学。遗址同时出土的"京师仓当"、"华仓"等瓦当文字证明该仓为汉代的京师仓。

关于河西边地的仓,考古工作者发现的河仓古城,俗名"大方盘"是河西重要的储备粮秣的仓库遗址,城为长方形,东西长132米、南北宽17.8米。城垣的上下部均开有1.3米×0.8米的方孔,似为粮仓的通风口,以粮食种类又分为三个隔仓。东仓为42米×14.5米;中仓为42.4米×14.5米,西仓为42.5米×14.5米,隔墙均宽1.8米。城的南北两侧有坞墙,附近也见有烽燧。斯坦因考古发现有记:"距玉门关东五里左右,在商道旁边长城后面有一很庄严的遗址,有三间相连的大厅,全长在五百六十尺左右,这种遗构的用途起初很不明白。坚厚的砖墙,至今有些处所还足足有二十五尺高而只开几个孔穴,显是作为流通空气之用。外围墙内有内围墙,四角有碉楼。建筑的奇特,使我们猜了许久,以为这是用作沿长城线军队驻屯移动以及官吏同政治使节取道碛路时供给一切的仓库。后来在内围墙一角垃圾堆中得到许多中文木简,简上说到从敦煌沙漠田输送粮食以及积储衣物等等,于是把这种猜想充分证实了。所以我们在这里找到了前进的给养根据地,这在卫戍绝塞的军队以及取艰苦的碛路来往楼兰的人都是很需要的。"[①] 之所以不厌其烦地大段引述,就是为了明晰边地粮仓之独特筑造和重要功用。因引文叙述清楚,不再赘论。图七十五和图七十六是在河西屯戍遗址所拍的仓、窖照片。从中也可以感受到其不凡的气势,所附图片引自同书。

另据简牍所见:

☑道居延庶虏仓其下有河

婢几武功

绮缇缝☐☐   E. P. T40:75A

简文后文不知何意,但仓下有河则反映了仓库选址和筑造的用心。据本人理解,这种靠近河流的做法既便于给水,亦可作为防卫之缓冲屏障,

---

[①] 向达:《斯坦因西域考古记》,中华书局1987年版,第134—135页。

可谓筑仓之高明措施。

图七十五　汉代居延城粮仓遗址

窖，也是古代贮藏粮食的方法之一。《说文·穴部》："窌，窖也。窖，地藏也。"窌、窖声近义同，古多通用。《吕氏春秋·仲秋纪》高注："穿窌所以盛谷也。"《史记·货殖列传》："宣曲任氏之先，为督道仓吏，秦之败也，豪杰皆争取金玉，而任氏独窖藏粟。"这种粮窖在洛阳汉河南县城发现过，但仅余窖之底部，上半部已不存在。

在今内蒙古额济纳旗古居延城遗址中确有以窖储粮的情况反映。遗址中粮窖布局精细合理，通气、排水设计独特，显示了高超的窖储技术。（下附图片为台湾陈文豪先生提供，图片摄于 2003 年 10 月"居延考古学术会议"期间，笔者也有幸参加了此次活动。图片中粮窖已被沙土填实，但窖口依然明显。）

图七十六　玉门关汉代粮窖遗址

二　仓储人员配置和组织体系

由于重视仓储，屯戍系统非常注意仓储人员的配置和组织，从相关简文来看，屯戍仓储人员的配置很充分，组织也很严密。

仓令史：

仓令史　　　　　　　　　　　　　　　　　　110.28

☑九十九石　卅三卷　建平二年十月癸未甲渠令史宗
受城仓令史谭　　　　　　　　　　　　　　　84.27

候史徐辅迁补城仓令史即日遣之官移城仓●一事一封
十二月庚子令史弘封　　　　　　　　　　　　142.34

仓长：

三月丙午张掖长史延行大守事肩水仓长汤兼行丞事下
属国农部都尉小府县官承书从事
下当用者如诏书/守属宗助府佐定　　　　　　10.32

☑居延仓长禹移肩☐

☑出毋留如律令　　　　　　　　　　　　　　204.5

……其一封肩水仓长印诣都尉府……　　　　317.1

……十二月辛未将兵护民田官居延都尉谓城仓长禹兼行〔丞事〕
　　　　　　　　　　　　　　　　　　　　　278.7A

八月戊辰张掖居延城司马武以近秩次行都尉文书事以＝＝

233

居延仓长印封丞邯下官县承书从事下
当用者上赦者人数罪别之如诏书书到言毋出月廿八日
掾阳守属恭书佐况　　　　　　　　　E.P.F22：68

都尉以下奉各如差司马千人候仓长丞塞尉职间都尉以＝＝
便宜财予从史田吏如律令　　　　　　E.P.22：70

仓丞：

始建国二年十月癸巳朔乙卯城仓丞□移甲沟候官令史＝＝
鄣卒周仁等卌一人省作府以府
记廪城仓用粟百卌六石令史□日卒冯喜等十四人廪五＝＝
月尽八月皆遣不当□　　　　　　　　E.P.T4：48A

居延仓丞　　　　　　　　　　　　　E.P.T4：48B

□子候□□□□□视仓丞立前□□□毋乒刃木索……
　　　　　　　　　　　　　　　　　E.P.T59：145

建平三年闰月辛亥朔丙寅禄福仓丞敞移肩水金关居延坞长王戎
　　　　　　　　　　　　　　　　　15.18

仓（库）啬夫：

董云　　令史博发
三月丙戌肩水库啬夫宋宗以来　　　　284.4B

永光元年九月乙丑朔丙午受肩水仓
啬夫将延
长武□□　　　　　　　　　　　　　515.27

□居摄二年正月甲午仓啬夫戎付訾家平明里□□　　E.P.T43：65

仓宰：

居延仓宰张立候谨遣戍曹左史寻诣门下问起居叩头叩头

505.4，505.1

仓曹及仓曹史：

八入系罪十二付仓曹王卿□　　　　　　　　　18.2A

☑请仓曹☑　　　　　　　　　　　　　　　　146.84

元始三年八月甲辰朔丁巳累房候长□塞曹史塞曹史塞曹史

155.14A

兼仓曹塞曹史并再再拜言肩水都尉府　　　　155.14B

仓曹吕史召官□　　　　　　　　　　　　　E.P.T65：370

出吞远士吏平四月奉　四月庚戌令史博付仓曹史孙卿
偿具丽卒陈□　　　　　　　　　　　　　　279.17

元始二年四月壬午仓曹史宗付御史赵宏足三月传马候马食　毕
敦简551

仓（库）佐：

居延城仓佐王禹鞮汗里　年廿七　　　　　　62.55

☑库佐安世主毋区处主守而即盗□□□　　　516.19

十月戊寅仓佐☐☐龙勒万年里索良　　　　疏勒河流域汉简615

　　　☐甲沟守厨良受城仓佐阳☐　　　　E.P.T59：565

仓掾：

　　　☐肩水士吏胡充受
　　　☐居延仓掾护　　　　　　　　　　　62.47

仓监：

　　　斥胡仓监　　　　　　　　　　　　　273.8

　　　代田仓监　　　　　　　　　　　　　275.23

仓卒：

　　　吞远燧仓一所　　吏卅七人☐
　　　候长候史☐　　　　　　　　　　　　E.P.T58：81

　　　省城仓卒名　　三堠卒王尊
　　　第三十三卒魏崇　　　　　　　　　　E.P.T65：66

　　上述仓储系统的各类配置人员，其组织关系较为复杂。简文既记有"仓令史"之职，当有"仓令"，但查相关简文，未见屯戍仓储系统有"仓令"的明确记录。而传世文献中明确所记"仓令"者指"太仓令"，是为中央直接掌握的太仓之令，直属大司农，地位类似于全国粮仓的总头目。据《汉书·百官公卿表》所记官级之次序为：令、长、丞，可知令当职高于长、丞。另据《续汉书·百官志》记：仓令秩六百石。汉简记："仓长秩三百石，丞为二百石。"① 因此之故，边郡屯戍仓储系统似不设仓令，而以仓令史兼行其事的可能性较大，且简文记仓令史几乎全为"城仓"，即都尉级仓，地位较高，颇符合这类情况。或统管相应仓储体系也有可能。

仓长，看简文有"居延仓长"、"城仓长"、"肩水仓长"。而居延仓、城仓、肩水仓分别为都尉级和候官级仓，未见有更下之仓设仓长之例，可认为仓长一职为设于都尉级和候官级仓的负责人。

仓丞，从简文记录看，既有"城仓丞"、"居延仓丞"，又有"禄福仓丞"，前二者为都尉级仓，后者为部仓，以秩级而论，仓丞设于上级仓应为辅佐仓令史、仓长处理仓储事宜，而设于较下级仓，即部仓者，则可能为本仓之负责人。

仓啬夫，简文主记"肩水仓啬夫"，或为候官仓之属员。

仓曹，所记与候长紧密相关，或为候长级仓职员，仓曹史则为其属员，处理具体事务。

仓宰、仓掾、仓佐所记均言"居延仓"，或"城仓"应指都尉级仓官属员。以上自仓啬夫下之仓员，以其秩级看，其他仓当亦有此类属员。

仓监，所记与"代田仓"、"斥胡仓"相关，当为屯田属仓负责人。

以此分析推之，仓储系统职员配置当以仓级高低情况为基本依据，仓级高者，则规模大，事务多，故配员多而全，如都尉级仓，有仓令史、仓长、仓丞、仓宰、仓掾等，候官仓亦有仓长、仓丞，以下则或以仓啬夫、仓曹主管，配以相应属员。因啬夫、曹、宰、掾等均为百石以下小吏，互不统属，或是上级派出主管下一级某仓，或为相应仓之属员。同时，由于屯戍军事斗争的特殊性，相应级别的仓官往往由相应级别的军事长官兼任，或者隶属之。因此，仓官往往具有双重身份和隶属关系。另外如果简文 E.P.T58：81 所记是指一粮仓的人员配置的话，则仓库所配吏员为数不少。吏员达 37 人，反映了对仓储问题的重视，同时也可看出屯戍仓储的独特，即军事长官多直接参与管理。

关于仓卒的配置，简文所见仅为上引所记两例，从简文 E.P.T58：81 来看，如果确是一仓所配卒员，那么，仓储配给卒员的人数也是相当

---

① 甘肃省文物考古所：《居延新简释粹》，兰州大学出版社 1988 年版，第 120 页。

可观的，仅一个候长级仓（前已述及吞远燧仓为一候长级仓）就配有卒员86人之多。简文 E. P. T65：66 提及"城仓第三十三卒"，较之吞远燧仓则绝不止于此数。从当时边地屯戍斗争的艰险与粮食保障问题的重要而言，为仓储配备充足的卒员以便担负繁重的粮食储藏、转输和保卫工作也是情理之中的事情。这种配置可能有两种情况。一种为所配卒员专门服务于所属之仓务，不作他用。另一种就是所配卒员在仓务和保卫任务紧时专心于此，相对轻松时则另有他务，但卒员名号隶于所属之仓，以便随时派定任务。无论怎么说，仓储卒员的充足配置反映出屯戍系统的特点和对仓储生命线的重视是毫无疑问的。

第二节 严格的军粮管理要求和实践

关于河西边郡屯戍斗争中的食粮问题，如果说完备的仓储体系的设置与分布为所筹食粮的储存、转输与直接供给军用奠定了物质基础的话，那么，具体事务中的严格管理和运作则是诸种物质基础转化成有生命意义的、充分体现其价值的关键所在了。考之传世文献所及和简牍材料的相关记录来看，汉代河西屯戍系统中对具体食粮事务的管理要求严格，操作规范程度很高。以下选取其中较有代表性的措施分述之。

一 严格量具规范

为了减少和防范粮食出入仓和廪给过程中的差错，提高公正性，屯戍食粮管理中加强对食粮量具的规范要求。

   吞远燧长成则诣官平斗   E. P. T43：69

   正月癸巳甲渠守尉史奉宗敢言之君遣奉宗之府角斛升龠以壬辰平旦诣☐王掾言出买剑须以☐治斛今奉宗未得之官报府不肯为官易弩言辄遣 伤弩☐   E. P. T57：52

   ☐何日量谷具对状   E. P. T59：33

上引诸简文，记有"斗"、"斛"、"升"、"龠"等"量具"，如简文无误，则完全可理解为是对粮食量具的要求，简文分别强调"诣官平斗"、"之府"、"治斛"等行为，显系对粮食量具有一个统一检测和校正的机构，即"府"，当指都尉府。同时，"何日量具对状"则反映出这种检测和校正不是偶然为之，而是有相应的时间规定的，是一个常规性的工作。量具的规范和严格的检测，显然有利于粮食的出纳和各种统计工作的有效展开，是粮食管理中的基础性工作。

二 周密的"入谷"程序

屯戍系统对于各类供给粮食的接收和入仓定有一套周密的措施，以保证所供粮食的接收到位及相应的仓储管理。

1. 专门的接收程序

　　始建国三年三月乙酉朔戊申士吏崇敢言之
　　谨移所杂受门下县吏玉门造矿麦出廪各如　　　敦简 191

　　●始建国三年二月迎卒所受门下县吏矿麦廪卒刺牒
　　敢言之　　　　　　　　　　　　　　　　敦简 192A、B

　　入粮麦五斛——守丞匡受门下县吏　　　　敦简 547

上引简文反映了对来自各地供给之食粮，屯戍系统设有专门人员进行接收和转送，有"守丞"、"士吏"、"迎卒"——专司接收各地转输粮食的吏卒。[①]

2. 明细的进仓登记

　　入谷五千五百二斛　受城仓　吏☐　　　　E.P.T27：11

---

① 吴礽骧、李永良、马建华：《敦煌汉简释文》，甘肃人民出版社 1991 年版，第 352 页。

城仓受转谷如府牒会日册☐　　　　　E. P. T51：467

　　　入粟大石廿五石车一两　　居摄三年三月戊☐　E. P. T7：10

　　　入麦小石百八石三斗　　S　五凤四年十二月丁酉朔戊申＝＝
　　　甲渠尉史充受左农左长佐宗/候汉疆临　　E. P. T52：89

　　　入糜小石十四石五斗　　始元三年正月丁酉朔丁酉第二
　　　亭长舒受代田仓监业　　　　　　　　148.47

以上是关于所受各类粮食的进仓记录简文，纳入量是必记事项。同时，一般都要记明转输人员情况、纳入时间甚至运输工具的情况，如简 E. P. T7：10。进而还得上报主管机构接受核查，如简文 E. P. T51：467，才算一次入仓手续的完结。这充分反映了屯戍系统食粮纳入程序的细密。

三　严肃的廪给程序

边地屯戍系统的食粮供给问题，最终是否落实，取决于食粮发放情况。这一程序，在当时普遍称之为"廪给"。考之居延汉简等相关简文的记录情况来看，屯戍系统的廪给过程非常严肃，有一套严密的程序性工作。下面以吏卒廪给程序为例予以叙述。（当时屯戍系统的食粮分配不仅仅是对吏卒，容后细述。）

1. 确定廪给人员情况

　　　●第廿三燧仓河平四年七月吏卒廪名籍　　176.38

　　　●建平五年十二月官吏卒廪名籍　　　　　203.6

"廪名籍"即对应该廪给的人员进行统计后的簿录，以便确定食粮发放的对象，一般有明细的时间和所发放人员的单位机构等记录。

240

2. 下发领粮通知

  城仓 赵广之印 第八
  辛廪致   88.14

  ☒元始二年二月吏
  辛廪致   E. P. T59：330A

  简文所言"致"，是可借以将己方的意图送达他方作为办事依据的文书形式，其性质犹今公文之"通知书"一类。[①]
  也有以其他形式通知：

  元延二年十月壬子甲渠候隆谓第十候长忠等记到各遣将廪
                214.30

  ☒己未官告将廪士吏谭故第十四燧☒ 272.34A

  上引简文形式又称"官记"，是一种具有通知作用的上级文书，往往有"记到"、"官告"等特别措辞以明示。下发通知后，吏卒方可去领取所发食粮。

3. 诣官廪

  已经收到廪粮通知的吏卒，需到所隶属之供给粮仓领取所发食粮，即"诣官廪"。

  万岁燧长放将□诣官廪六月癸丑平旦入 254.2

  第一燧长诩将部卒诣官廪六月癸丑平旦入 254.9

[①] 李均明、刘军：《简牍文书学》，广西教育出版社1999年版，第277页。

这种"诣官廪"需要"封符"方可获得资格确认而领取所发之粮，同时往返通行才能无碍。

　　今燧食尽愿君襃到为封符遣叩头谨□□取记　89.7

　　☒月六日乙卯封符载吏卒七月食☒　　　　E.P.T27：63

　　☒封符二十六日为吏取食☒　　　　　　　E.P.T40：194

此言"符"，指用作某种权利或执行某项任务之凭证。[①] 而且，"符"的使用对象和范围只限于与军事有关的人和事。[②] 由此更可反映廪给之严肃程度。

4. 钩校

在吏卒人员"封符"、"诣官廪"之后，所在发放单位需对发放情况进行核对，以确定是否领取到位，即为"钩校"，其重要功能就是查实行为是否已经实施或核对是否到位。简文多写作"拘校"。一般以特殊符号表明。如——、〇、卩、ᗱ、∠、丿等。

　　☒月食三石三斗三升少　八月乙卯自取　卩　39.9

　　卒许就粟三石二斗二升少史谊取　　　卩
　　卒马武粟三石二升少周卿食　　　　　ᗱ
　　卒石昭粟三石二斗二升少□□食　　　ᗱ　58.13

　　吞北燧卒田浑　丿　正月食三斛　ᗱ　正月庚戌自取　卩
　　　　　　　　　　　　　　　　　　　　　　E.P.T10：1

有以文字"毕"、"已"等直接表述者：

---

① 李均明、刘军：《简牍文书学》，广西教育出版社1999年版，第418页。
② 甘肃省文物考古所：《居延新简释粹》，兰州大学出版社1988年版，第28页。

□□□䍧卒□□诩三年三月食三石三斗三升少史宣＝＝
付诩毕吞远候长□临解何　　　　　　　　E. P. T59：172
□史尉史分将诸殄北第七䍧会八月晦日平旦廪　已　诣作所
□卒常会晦日旦殄北第七䍧廪以月旦交代罢　　E. P. T5：18

也有文字与符号共同表示者：

中舍舍从者吉即莘　　正月食　　穬麦九斗二年九月丁丑乙
麦一石已出李平党付二石为穬
已付党付莘　0
麦一石三斗　0 ●凡三石三斗九升　毕　　　敦简548

简文中出现多次符号或文字者，则表明钩校行为不止一次。《汉书·陈万年传》记有："（陈汤）后竟征入为少府。少府多金物，属官咸皆钩校，发其奸臧，没入辜榷财物。"亦可见钩校乃当时通行之核查方式。

5. 案核

粮食廪给完，并经所在发放单位钩校后，还需进行统计性的账实核对、账账校订，并将有关事项记录在簿的文书形式即"案"①，是为统计性廪食簿录，以便统一核检。

●甲渠候官建昭三年十月当食案及谷出入簿□　33.9

始建国天凤三年六月甲申朔丁酉三十井鄣候习敢言之＝＝
谨移三月尽六月当食者案敢言之　　　　E. P. T68：194

三十井候官始建国天凤三年三月尽六月当食者案　E. P. T68：195

从简文所记情况看，"案"一般均有明确的时间和统计单位记录，也

---

① 李均明、刘军：《简牍文书学》，广西教育出版社1999年版，第400页。

可以说是各单位为上报备查所做的统计账簿。

6. 上报备案

经过极其严肃认真的通知、发粮、钩校和基层反复统计落实后,上报主管部门备案考核,这种用以禀报的实录文书曰"刺"①,有特殊的行文方式和要求。

☒八月以来吞远仓廪
吏卒刺　　　　　　　　　　　　　　　　　E.P.T43:30A

吞远仓吏卒刺　　　　　　　　　　　　　　E.P.T43:30B

☒始建国五年八月□□□
廪卒刺　　　　　　　　　　　　　　　　　E.P.T65:419A

●永光三年尽建昭元年三月食月别刺

●最凡粟二千五百九十石七斗二升少
凡出千八百五十七石三斗一升
今余粟七百卅三石四斗一升少
校见粟得七百五十四石二斗　　　　　　　142.32 A、B

□仓毋出刺　　　　　　　　　　　　　　　225.8

以上可见,这种"刺"均有明确的时间要求和发放单位,甚至有详细的粮食消费情况,同时有明显的提示标识,简文 142.32 很好地反映了这一点。简文 225.8 则很可能是对未及时上报统计材料的某仓的一种在案记录。

至此,一个完整的廪给程序才算结束。过程之繁复,操作之认真,充

―――――――
① 李均明、刘军:《简牍文书学》,广西教育出版社 1999 年版,第 406 页。

分反映了屯戍系统粮食管理的严谨作风。这一过程实际上也就是仓储支出粮食的严密过程。

四　防范和打击不法行为

对边郡屯戍系统而言，贵粮强管的一个重要方面就是加强对不法行为的防范和打击力度。这在当时"以粮为命"的戍边斗争中是必然而且必要的。

严防偷盗：从相关简文的记录来看，屯戍系统食粮被偷盗的现象并非不见。

    盗所主守燧县官警糒四斗五升□☒　　E.P.T52：339

    □所盗取粟小石三百六十六石六斗六升　E.P.T59：662

    □□尽戊寅积二未还□仓盗去署亡过一日到二日　E.P.T59：337

上引简文记录了几次盗粮行为，第一条简文所记甚至是内部人员所为。可见，严防和打击偷盗行为应该是不容忽视的管理要求。许多简文记录了防范和打击的相关情况。

    ☒迹候备盗贼为职至□年十一月丙午燧卒成望　272.32

    候备盗贼为职至今六月廿☒　　E.P.F22：361

    候官斗食令史备盗贼☒职五年九月九日第四　E.P.T68：140

    宣等皆以书□□□庶士典主迹候捕盗为职□☒　E.P.F22：684

以上四条简文反映出各机构安排有专职人员防盗、捕盗，尽管未明言防盗粮之事，但严防盗粮行为是屯戍系统的重中之重，自然也有"备盗贼"的必要任务。

  ☒酉直符仓库户封皆完☒   72.6

  乃壬申直符仓库户封皆完毋盗贼   257.22

  □五月戊寅尉史蒲敢言之乃丁丑直符仓库户封皆完毋盗贼发者
                   264.9

  建始二年十月乙卯朔丙子令史弘敢言之乃乙亥直符仓库户封皆完毋盗
  贼发者敢言之   E. P. T52：100

  建平三年七月己酉朔甲戌尉史宗敢言之乃癸酉直符＝＝
  一日一夜谨行视钱物臧内户封
  皆完毋盗贼发者即日平旦付令史宗敢言之   E. P. T65：398

  简文中所言"直符"，犹今言值班。《汉书·王尊传》："直符史诣阁下从太守受其事。"师古注："直符史，若今当值佐史也。"这类简文即简牍文书中所谓"直符书"。① 看来，"备盗贼为职者"有明确的值班要求，所看护之重点就是仓库，要巡视"一日一夜"，实际就是昼夜不停，轮班守护。看护情况需及时上报相关机构和主管领导，即"有无盗贼发者即日（平旦）付令史"，并记明巡视日期。若防护不力，将被记录在案，甚至被斥免职务，下引简文可证。

  ●状辞公乘居延鞮汗里年卅九岁姓夏候氏为甲渠 E. P. T68：9

  候官斗食令史署主管以主领吏备盗贼为职士吏冯匡 E. P. T68：10

---

① 李均明、刘军：《简牍文书学》，广西教育出版社1999年版，第240页。

始建国天凤上戊六年七月壬辰除署第十部士吏案匡　E.P.T68：11

　　软弱不任吏职以令斥免　　　　　　　　　　　　E.P.T68：12

而对于防盗、捕盗及协助有功者，给予奖励。

　　☐有能谒言吏吏以其言捕得之半与购赏　　　　　E.P.F22：227

简文"半与购赏"即指捕盗者与协助者平分奖赏。

以上关于防范和打击盗粮行为的内容，均可从作为汉律之重要源渊的《二年律令》中找到法律性依据。可见，这是一贯之措施和实践，既依"律"申之，自当严厉。兹引以为证：

《二年律令·盗律》规定：

　　盗出财物于边关徼，及吏部主智（知）而出者，皆与盗同法，弗智（知），罚金二两，使者所以出，必有符致，毋符致，吏智（知）而出之，亦与盗同法。

《二年律令·捕律》规定：

　　盗贼发，士吏、求盗部者，及令、丞、尉弗觉智（知），士吏、求盗皆以卒戍边二岁，令、丞、尉罚金各四两。令、丞、尉能先觉智（知），求捕其盗贼，及自劾，论吏部主者，除令、丞、尉罚。一岁之中盗贼发而令、丞、尉所（？）不觉智（知）三发以上，皆为不胜任，免之。……

上见二律非常明确地规定了防盗、捕盗的责任制，对防、捕不力者处罚，对捕盗者、协助有功者奖赏。

五　严禁吏卒弄虚作假

由于食粮对于屯戍生活的重要性，部分吏卒或存侥幸心理，弄虚作假

247

以图多得，而食粮管理中对此问题，也有相当的防范和处理。

1. 不得多领多占

  余□四斗　　籴粱粟二石　多余安在　　　　55.3，55.25

  谷四斗属复得严谷四斗校计案☑□严不能多持谷簿谷
                E. P. F22：429

  收曰汝无故复取粟☑　　　　　　　　　　　89.16

  二石多实一石三斗三升当还入　　　　　　109.5

  服牛当日食六升大用谷四石诈增□□　　　509.20

简文所记为屯戍系统的训记类文书，多针对不良行为进行处理而记录在案。六条简文所涉均是多领多占食粮被查核的文书记录。如查证确实需返还。

2. 追查无故少粮

  ☑自少五十五石廿五斤解何　　　　　　　55.18

  ☑敞曰汝粟少四斗所课□☑　　　　　　　270.24

  敢言之府记曰米糒少簿二百二十六斛六斗六升□□□
                E. P. 6：54

简文亦属官方训记类文书，对无故少粮行为进行追究。

3. 严禁私藏私占

  便人足转案报非谷臧二百五十以上　　　E. P. T59：335

　　　　□臧一升谷不可复得□　　　　　　　　E. P. F22：612

　　　　●令史问载食吏敛吏食或一斗或五升几人　　E. P. T65：61

　　第一条简文是对私藏粮谷行为的一种揭露，第二条简文应是对私藏行为的一种处罚，第三条简文可能是对转输食粮者私敛私藏行为的训记和追查。

4. 打击虚领瞒报

　　　　告掾王平尉常书言廪吏卒验毕今不见　　　178.10，190.16

　　　　四时簿出付入受不相应或出输非法各如牒书到394.4

　　　　告第三候长移三月以往卒食少不足名至今不移趣之毋到
　　　　　　　　　　　　　　　　　　　　　　　　E. P. T6：75

　　　　六月丙午殄北鄣守候城仓守□
　　　　书相报不报者重追之　　　　　　　　　　E. P. T52：16A

　　　　律曰诸使而传不名取卒甲兵　禾稼补者皆勿敢擅予　敦简2325

　　第一条简文"虚积八日"的行为被追查，因"积"多用于廪给食粮天数的依据。第二条简文当为查问所廪吏卒不实情况。第三条简文则明确规定出纳不实则受处罚的要求。第四、第五条简文也可能与廪粮瞒报行为有关。而第六条简文为一条律令，与《二年律令·置吏律》规定相符，即："官各有辨，非其官事勿敢为，非所听勿敢听。诸使而传不名取卒、甲兵、禾稼志者，勿敢擅予。"以法律的形式强调官员的职别和分工，不得越职冒为。

5. 纠劾不轨行为

慰史临白故第五燧卒司马谊自言除沙殄北未得去年九
月家属食谊言部以移籍廪令史田忠不肯与谊食89.2

元康元年尽二年
告劾副名籍　　　　　　　　　　　　255.21 A、B

☒十月谷簿出食卒剧食皆多不与☒
☐以其副亮佰史召掾诸官☒　　　　　564.8A

莫作记愿诣
卿掾幸传诣
官属长宣所　　　　　　　　　　　　564.8B

言之官移居延讼还尉卿
☐主吞远谷二千三百五十石　　　　　E.P.T54：8

☒免言缺劾皆以七月旦为日全月禄食谨具封月旦行诣府
●奏封　　　　　　　　　　　　　　E.P.T59：128

☒甚毋状当坐罪当死叩头死罪☒　　　E.P.T59：320

　　对于食粮管理特别是有关廪给过程中出现的不轨行为，可予纠劾，并给予严厉处罚。上引简文均为食粮管理中出现不轨行为时引起纠劾的相关记录。第一条简和第五条简为廪给不到位引起纠纷的记录文书。第三简也是廪给不到位引起纠劾，并传唤主管人员"诣官"训问。第二条简中的"副"当作"假"，是为告劾制作假名籍的行为，而名籍则与廪粮密切相关。第四条简估计为主管粮食人员渎职行为引起的诉讼。最后一条简文应为粮食问题导致严厉处罚的结果。

6. 特殊的"还食"规定

居延汉简中存有一些"还食"名籍：

燕山夫病死二月丙申尽壬寅积七日食　还入　271.23

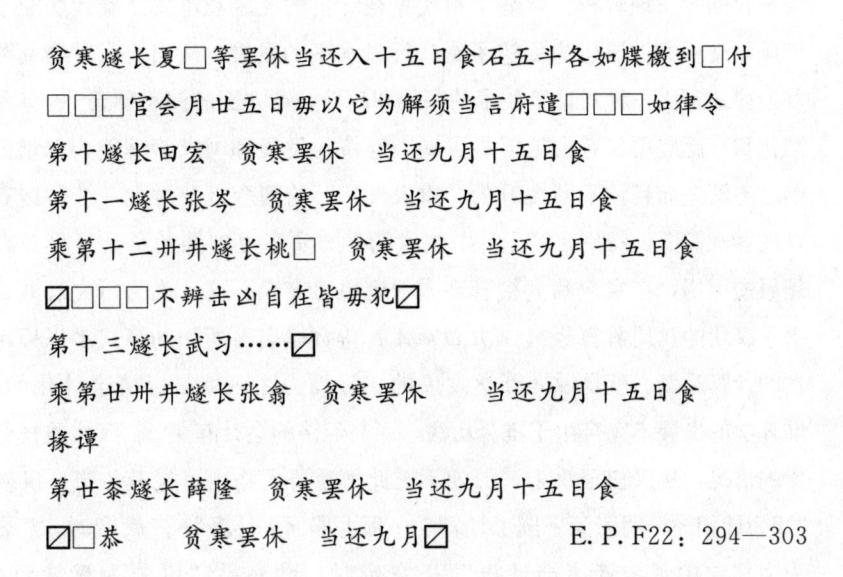

贫寒燧长夏□等罢休当还入十五日食石五斗各如牒檄到□付
□□□官会月廿五日毋以它为解须当言府遣□□□如律令
第十燧长田宏　贫寒罢休　当还九月十五日食
第十一燧长张岑　贫寒罢休　当还九月十五日食
乘第十二卅井燧长桃□　贫寒罢休　当还九月十五日食
☒□□□不辨去凶自在皆毋犯☒
第十三燧长武习……☒
乘第廿卅井燧长张翕　贫寒罢休　当还九月十五日食
掾谭
第廿柰燧长薛隆　贫寒罢休　当还九月十五日食
　□□恭　　贫寒罢休　当还九月☒　　　　E.P.F22：294—303

从简文内容来看，"还食"即指屯戍吏卒因某种原因不再服役，且在特定的期限中，应返还所已廪给的食粮，就具体简文而言，简 27.23 因服役人病亡而返还未消费完的粮食，简 E.P.F22：294—303 为一组简文，所记返还原因为"贫寒罢休"，而且简文强调执行须"如律令"、"在皆毋犯"，可见"还食"乃是一项法律性的规定，不得违反。从简文所标明的时间来看，均以半月为限，可能是罢休前不满半月者交还下半月的口粮。这种"还食"规定，看似冷酷，但恰恰反映了屯戍系统食粮管理的严格，是为尽可能防止军粮的无谓消耗，以满足吏卒或其他人员的粮食消费，这也凸显了边地屯戍斗争中食粮的可贵。

六　严格的会计制度

河西边郡屯戍军粮的有效管理，还有赖于就当时管理水平而言已经相当健全的会计制度。可以毫不夸张地说，如果没有这种会计制度的支撑，其他各种管理措施和实践活动则会混乱不堪。因为，极其庞大的数量运作和复杂的账目关系，没有良好的会计制度的存在是不可想象的。

河西屯戍系统食粮管理中会计制度的良好运作，主要得益于汉代重视会计工作的社会大环境和屯戍系统自身注重会计化管理的小气候。汉代作为中央集权的大一统政权，承继了秦代重视计量的经验和范式。秦代法家治国善于条分缕析的指导思想促进了秦代计量水平的发展。从出土云梦秦简看，云梦秦律显示出一种对计量技术的兴趣和政治观点方面的深思熟虑。[1] 计量的标准化和广泛应用曾有力地促进了秦人经济的发展和国家管理能力的增强，汉继之不辍。而且，不断提升的"重农贵粟"的理念以及对大一统帝国有效管理的客观需要，特别是"上计"制度的强力实行更加推动了会计事务在各个领域的运用，在农业和食粮管理方面则更显突出。这已成为研究者共识。成书于汉代的《周髀算经》、《九章算术》等数学名著所用的算式多以田亩、粮食的计算为例。就是说，算学发展的实际动力之一就是经济会计化的促进。惟算学的发展不完全由于推算历法，而与经济的会计有关。[2] 汉代重视会计工作的情况，从汉初至汉末，历朝不乏此类重要人物也可见其一斑。汉初张苍"迁为计相……明习天下图书计籍……领主郡国上计者"[3]。武帝时，"桑弘羊为大司农中丞，管诸会计事"。[4] 宣帝时，耿寿昌"以善为算能商功利，得幸于上"。[5] 成帝时，"博士许商治《尚书》，善为算能度功用"，谏大夫马延年也"明计算，能商功利"。[6] 这种重视会计，并在中央大力提倡，设专人主管会计事务的朝风，发挥了中央集权上行下效的行政功用。

边郡屯戍军粮筹集与供给之重要和艰难，更促使管理方面的细加核算。从汉简所记相关资料看，屯戍系统对于会计工作也的确是相当重视的。

张掖居延甲渠塞有秩候长公乘淳于湖中功二劳一岁四月十三日
能书会计治官员颇知律令文年卅六岁长七尺五寸得觻得□□

---

[1] 崔瑞德、鲁惟一：《剑桥中国秦汉史》，中国社会科学出版社1992年版，第124页。
[2] 翦伯赞：《秦汉史》，北京大学出版社1983年版，第551页。
[3] （汉）班固：《汉书》卷42《张苍传》。
[4] （汉）班固：《汉书》卷24《食货志》。
[5] 同上。
[6] （汉）班固：《汉书》卷29《沟洫志》。

里……   E. P. T50：14

●居延甲渠第四燧长公乘陈不识中劳二岁九月七日能
书会计治官民颇知律令文年廿六岁☐   E. P. T52：36

张掖居延甲渠塞有秩士吏公乘段尊中劳一岁八月廿日
能书会计治官员颇知律令文   57.6

书佐觚得万年里赵通……能书会计治……   192.25

庶士　　能书会计治官民……   225.30

肩水候官候史大夫尹☐劳二月廿五日能书会计治官民
颇知律令文年廿三岁长七尺五寸觚得成汉里   306.19

上述例引简文多为"阀阅簿"，作为对有功劳者奖励的文书记录。"能书会计"者屡获奖励，可见对其工作的肯定和重视。简文所及有候长、燧长、书佐、士吏、庶士、候史大夫等，亦可反映会计人才分布之广。而且，相关的会计人员又多专职于此。

八月丁丑鄣卒十人
其一人守阁　　二人马下　　一人吏养
一人守邸　　　一人使
一人取狗湛　　一人守园
一人治计　　　一人助　　　　　　　　　267.17

简文是关于鄣卒人员的日作簿，其中提及"一人治计"。"治计"者就是会计人员，是为专门从事会计事务。[①] "鄣"为候官所在地，可见在候

---

① 郭道扬：《中国会计史稿》，中国财政经济出版社1982年版，第177页。

官机构中有专门的会计人员存在。

在屯戍吏卒的普通教育中,强调会计方面的基础知识也是内容之一。简文发现有关于九九术的记录,当用作算术教育。

九九八十一	四九卅六	八八六十四
八九七十二	三九廿七	七八五十六
七九六十三	二九十八	六八卌八
六九五十四	五八卌	
五九卌五	四八卌二	
三八廿四		75.19

另有其他简文也多反映这一情况。这为屯戍系统会计人员的选用和会计工作的有效展开提供了广泛的人才基础。

七 会计化管理的有效运作

有关汉代河西屯戍系统的简牍遗文,就已出土者而言,如果从内容体系上进行划分的话,各类账簿、名籍的简文可以说占了压倒性的比重,而在这些账簿中,有关食粮问题的简文又是占多数的。需要说明的是,"籍"也是账簿的一种形式,是会计工作的重要载体和表现方式。《说文》:"籍,簿也。"以簿训籍,表明二者功能相类。[1] 在与户籍相当的名籍之外,日常编制的各式各样的名簿和账簿都叫作"某某名籍"。[2] 因此,简文中出现的多种"廪名籍"实际上就是有关食粮账簿的一部分。从相当繁复的簿籍遗文来看,河西屯戍系统中食粮管理的会计化运作是极其认真而规范的。

1. 细密的账簿制作

河西屯戍系统的直系管理机构的设置以燧为最基层单位,以上逐次为部(候长)、候官以至都尉,形成一个完整的层级管理体系,兼及各级粮仓,而关于粮食管理的会计账簿的制作即以此为基本依据,形成了一个层

---

[1] 李均明、刘军:《简牍文书学》,广西教育出版社 1999 年版,第 335 页。
[2] [日] 池田温:《中国古代籍账研究》,中华书局 1984 年版。

级化的系统的账目关系。同时，又有关于不同类别、不同情况的针对性账目制作。

1.1　单位制账

A. 部账：

●第四部建始五年正月吏卒廪名籍　　　　　E. P. T53：2

元延三年四月丙戌朔甲寅南部□
五月食名籍一编敢言之　　　　　　　　　75.9

B. 候官账：

肩水候官　廪名籍　谷簿
岁留□　　　　　　　　　　　　　　　　5.16

●甲渠候官甘露五年二月谷出入簿　　　　　82.6

C. 都尉府账：

府食以八月出谷到征和四年二月十五日度尽余有小斗二斗273.25

D. 亭账：

通泽第二亭五月食簿　　　　　　　　　　148.4

E. 仓账：

第廿六Ⅴ　廿五仓五凤五年五月谷出入簿　　101.1

城仓以见　谷二百五十二斛

给水北吏五十九人五月食

黍十五斛用城仓谷　长吏迎受　　　　　E. P. T65：55A

1.2　单位内按食粮人员做的账
A. 官吏账：

河平五年五月官吏廩☐　　　　　　　　193.4

B. 卒账：

●肩水候官元康元年五月邺卒廩名籍　　109.1

C. 吏卒合用账：

●建平五年十二月官吏卒廩名籍　　　　203.6

●第廿三燧仓河平四年七月吏卒廩名籍　176.38，190.10，193.7

D. 居署家属人员账：

☐戍卒家属在署廩名籍　月小☐　　　　191.10

1.3　食粮分类记账
A. 谷类
出入综合账：

初元三年二月入穇穄十二石

粟百六十九石七斗四升

百七十六斗六升穇穄

八石九斗麦

（以上为第一栏）

吏卅九人用谷百廿七石四斗四升其百廿一石四斗四升粟□☒

卒六十九人用谷二百廿一石八斗六升其卅八石三粟百☒

●凡吏卒百八人用谷三百卅九石三斗其百六十九☒

尉史郭常不廪令史魏延年廪正月食粟三石三☒

（以上为第二栏） E. P. T51：359

入谷账：

入谷六十三石三斗三升少
其卅三石三斗三升穄穈
卅石粟　　　　　　　　　　　　　　　　　　303.50

出谷账：

出谷百廿三石　　其一百☒
　　　　　　　廿一石二斗☒　　　　　　　　303.20

余谷账：

受四月余谷万一千六百五十二石二斗三升少　　112.20

☒今余谷千九百五十一石二斗二升
其二百卅五石米糳
四百卅三斗三升少粟　　　　　　　　　　E. P. T52：586

按：居延简中所涉余谷簿录有百余条。

B. 米类

入账：

入米廿四石五斗　　受候官　　　　　　　　敦简 1762

出账：

出米三斗六升　二月三日食辅平司马　进佐子四人再食人用
入正月四时　　　　　　　　　　　　　　　53.2

出入账：

凌胡燧神爵三年九月米出入簿　　　　　　　敦简 1746

C. 粟类

入账：

入粟大石廿五石　车一两　居摄三年三月戊申☐　E.P.T7：10

出账：

出粟小石卌一石六斗六升大☐☐阳朔三年☐　　8.5B

D. 麦类

入账：

入麦小石百八石三斗　S　五凤四年十二月丁酉朔戊申＝＝
甲渠尉史充受左农左长佐宗/候汉疆临　　　E.P.T52：89

出账：

出麦四百七十五石☐斗　　　　　　　　　　90.82

258

E. 糜类

入账：

　　　　入糜小石十二石为大石七石二斗　　　　　　148.41

出账：

　　　　出糜大石五石四斗以食卒☐　　　　　　　　148.10

此外，还有关于秫麦、豆等粮食分类账簿，不再赘引。
1.4　不同时间度的记账
A. 月度账：

　　　　●收房仓河平元年七月谷出入簿　　　　　　135.7

　　　　●甲渠候官甘露五年二月谷出入簿　　　　　82.6

B. 季度账：

　　　　记廪城仓用粟百卅六石令史☐日卒冯喜等十四人＝＝
　　　　廪五月尽八月皆遣不当☐　　　　　　　　E.P.T4：48

　　　　☐☐士吏张贤二年六月尽八月积三月食　　E.P.T43：93

按：上简五月至八月、六月至八月可视为季度时间。

　　　　☐新始建国地皇上戊二年闰月
　　　　尽十二月三时簿　　　　　　　　　　　　E.P.T6：35A

按：四时簿即季度性会计报告，粮食管理中也应有之。

259

C. 半年度账：

　　府食以八月出谷到征和四年二月十五日度尽余有小斗二斗
　　　　　　　　　　　　　　　　　　　　　　　　273.25

按：所记应指前一年八月到次年二月，恰可记为半年度。
D. 年度账：

　　肩水候官地节三年十月以来尽四年九月吏卒廪食名　13.1

　　以食田卒剧作廿人十一月尽八月☐　　　　　　303.28

按：西汉初至中期有以十月为岁首、九月为岁末的惯例，简 13.1 当为年度计而简 303.28 所计十一月至次年八月亦可算为年度时间。这与"上计"制度的影响密切相关。

1.5　实际食用账目

　　右第二亭二月食薄　　　　　　　　　　　　275.4

1.6　其他用粮账簿
A. 官吏俸谷账：

　　三月禄粟☐　　　　　　　　　　　　E. P. T5：161
　　☐十二月辛丑尽二年三月积三月二十叁日禄粟　E. P. T6：102

B. 马食账：

　　出麦廿七石五斗二升　以食斥候驿马二匹五月尽八月　303.2

C. 牛食账：

260

十石六斗　　以食田牛六头六月食　　　　　303.51

D. 狗食账：

　　　石□麦六斗共之官食狗□　　　　　　E.P.T65：171

E. 驼食账：

　　　□驼一匹谷十石五斗□　　　　　　　敦简1057A

F. 种子账：

　　　临渠官种簿
　　　□黄种小石廿五石
　　　□□沙种小石三石
　　　秫□□小石十五石
　　●凡种卅三石　　　　　　　　　　　　E.P.T56：29

G. 贷粮账：

　　　出糜子一斗　　贷鄣卒张抹十月二日　　4.12

　　　□郑候长来愿贷粟八斗　　　　　　　E.P.T65：91

1.7 "计簿"——明细的用粮流水账

　　……
　　二月晦受米黍石麦八石
　　……
　　二日出米二斗麦五斗

三日出米二斗麦六斗

三日出米二斗麦六斗

五日出米二斗麦六斗又二斗

六日出米二斗麦六斗

……

八日出米二斗麦六斗

九日出米三斗麦五斗食马

……

十一日出米二斗麦六斗

十二日出米二斗麦五斗

……

十三日出米□斗

十五日出米二斗

……

……

十八日出米二斗

十九日出米三斗半　　　　　　　　　　　　　　敦简 318A、B

2. 会计账簿形态和记账技术的合理应用

从以上各种账簿制作的情况看，河西屯戍系统食粮管理中发生的会计业务对象较为单一，就是粮食的出纳和廪给，账簿形态主要以册式账簿为主。

元延三年四月丙戌朔甲寅南部□

五月食名籍一编敢言之　　　　　　　　　75.9

●甲渠候官甘露五年二月谷出入簿　　　　82.6

简文 75.9 为册式账簿的表现形式，即"编"。简文 82.6 则代表册式账簿的封面。同时，粮食管理中又以分类账为主要账目类，如前引谷、麦等出入账簿。辅之以辅助账（简 E.P.T56：29）和序时账（敦简 318A、B）。册式账簿和分类账的运用，符合食粮管理中会计业务往来成分较为单一的实际情况。

记账技术在食粮管理中的应用以单式记账法为主，即对食粮业务的记录，一条记录只反映一笔业务，这也符合粮食业务单一的特点。上列简文中此类情况多有，不再赘引。

下列简文还可反映出在粮食管理账目中，以总账和明细账相对应来记账的方式，如：

　　三月食□万一千九百六十八石三钧十斤
　　其三千五百卌石三□☑
　　二千三卌六石积三□☑
　　千石积高沙亭部
　　千七百八石积陷陈亭部
　　千六百八十七石积箕山亭部　　　　　　　　　　178.7

简文中先记三月总食数，后面则对食粮去向的具体情况作详细记录，前半部分所记与后半部分所记总和相等，正是总账和明细账的关系，这是食粮管理中一种进步的会计技术的应用。

记账格式化显明，一般以"出"、"入"等提示词开头，表明食粮的出、纳动向，然后多记明发生食粮业务的时间、事由甚至运输方式等，形成了简明的固定方式，以便会计业务的操作。而且对食粮量化记录的单位也相对固定，"钧"、"石"、"斗"、"升"较为合理地运用于相应的食粮业务中。

3. 会计工作责任制

在屯戍系统的食粮管理中，会计工作还明显地强调责任制，避免在食粮出纳方面的疏漏。

　　主官掾记
　　告郅卿王长宣成左隆食及得余谷凡八石成隆及王长妻

自言府廪其食㒪长施刑所贷一石七斗谭□三斗
　凡二石偿　　　　　　　　　　　E. P. T65：24

　从者经一　元年十一月食麦二斛六斗一升
　写籍者　　一　　　　　　　　　　　　敦简 325

　　上引两例简文中出现"主官掾记"、"写籍者"，反映了食粮账簿制作中需注明经手人即会计人员，以明账目责任的情况。总之，汉代河西屯戍系统食粮管理中会计化程度高，会计账簿的设置和技术的应用较为合理，并强调会计人员责任制，提高了军粮管理的有效性和科学性，郭道扬先生认为：用于核算某种专门费用的会计簿书设置，是西汉官厅会计簿书设置方面的一个突出进步。[①] 而屯戍系统食粮管理中的大量的账簿制作突出地反映了这一点。

八　重视"上计"与相关审核

　　"上计"制度，作为中央有效管理地方，实施集权统治的重要措施，在汉代得到了进一步的发展和完善，对各级政府机构和官吏的考核方式与手段不断丰富和严格，有效地强化着大一统的中央集权统治。这种不断丰富和强化的考核，在边地屯戍系统的食粮管理中也得到了明显的体现，且反映出鲜明的边郡军事组织的特色。下面列引汉简文书中记录明确和富有代表性的内容并加以分析，以图明晰相关情况。

　1. 对具体仓储的直接考核

　　令史弘校第廿三仓谷　十月簿余谷穤糓大石六十一
　　石八斗三升大　　　　　　　　　　　206.7

　　●第廿三㒪仓建平五年十一月吏卒当食者案及谷簿　286.7

[①] 郭道扬：《中国会计史稿》，中国财政经济出版社 1982 年版，第 202 页。

第二编 食篇

第廿三燧仓受谷各有数檄到具移受谷石斗☒　　　317.13

☒八月以来吞远仓廪
吏卒剌　　　　　　　　　　　　　　　　　　E. P. T43：30A

●最仓三所　　　　　　　　　　　　　　　　E. P. T5：78

☒☒丞事谓库城仓居延农延水卅井甲渠殄北塞候写移书到令☒
☒☒☒书如律令/掾仁守卒史☒卿从事佐忠　　E. P. T51：40

六月丙午殄北郭守候城仓守☒
书相报不报者重追之　　　　　　　　　　　　E. P. T52：16A

新始建国地皇上戊三年五月丙辰朔乙巳禅将军辅平＝＝
居成尉仮丞谓城仓间田延水甲沟三十井殄北卒未得
☐☒……付受相与校计同月出入毌令缪如律令　E. P. T65：23A

以上简文为对屯成系统具体仓储的考核记录文书，简文中出现了"第廿三仓"、"吞远仓"、"城仓"等仓名，均为当时屯成系统之重要属仓，对这些属仓的考核，体现在简文中出现的"校"、"校计"、"案"等的考核内容。而且，如果我们就此内容设为一个程序的话，先为各属仓本身统计、查对食粮出纳情况，即"案及谷簿"（简286.7）、后上"剌"（简 E. P. T43：30A）或"具移"（简317.13）、"写移"（简 E. P. T51：40）及"书相报"（简 E. P. T52：16A）等上报文书的方式将本仓粮食出纳情况上报于相应主管部门，以备考核，主管部门派相关人员对之进行"校"（账、实相校）、"校计"（账、账相校）的考核，以便分别优劣，加强监督。其中"最"（简 E. P. TS：78）即为考核情况评定结果的常用语，多指优者而言。这种对各类属仓的考核，实际上也已经体现了屯成系统层级考核的严格程序，特别是基层组织如候、燧等的考核多与此相关。

2. 候官级考核

  校甲渠候移正月尽三月四时吏名籍第十二燧
  长张宣史案府籍宣不史不相应解何　　129.22，190.30

  □城仓居延农延水卅井甲渠殄北塞候写移书到
  遗脱有移名籍遣吏将属居延毋有以书言会月廿日
  如律令/掾仁属宁　　175.13

  ●三十井候官始建国天凤三年三月尽六月当食者案
  　　　　　　　　　　　　　　　　　　E.P.T68：195

  ●卅井言谨拘校二年十月以来
  计最未能会会日谒言解　　430.1，430.4

  上引简文，事涉甲渠候官、卅井候官以及殄北候官的相关考核，第一条简文言及"校四时吏名籍"。第二条简文也事关"名籍"查核，而"吏名籍"正是食粮廪给的重要依据。"会月"又是各项考核统一评品的时机。第三条简文为候官"当食者案"即为对当廪给食粮者进行的统计考核。第三条简文中虽未明确提及粮食问题，但"谨拘校"、"计最"的要求对于食粮管理方面的考核是普适性的。

3. 都尉级考核

  阳朔三年九月癸亥朔壬午甲渠鄣守候塞尉顺敢言之府
  书移赋钱出入簿与计偕谨
  移应书一编敢言之
  尉史昌　　35.8 A、B

  书到拘校处实朕别言遣尉史弘赍□　　317.6

●移校簿十牒言府会☐ E. P. T52：174

☐拘校令与计簿相应放式移遣服治☐ E. P. T52：576

这几条简文，事涉都尉府考核情况，是为屯戍系统较高级别的考核，反映了都尉考核的一般情况，虽未明言食粮问题，但考核程序和要求应是一致的。被考核者上交出纳账簿，且"与计簿相应"或"与计偕"——"上计"材料配有"应书"（汇报情况的文书）报于"拘校处"审核，并于"府会"统一考核期间进行评品。"府会"也可能是太守府的查核行动，但简文未多见更具体的记录。

4. 中央统核

阳朔三年
正月尽十二月
府移大司农部掾条 E. P. T52：47OA

建昭元年十月尽二年九月
大司农部丞簿录簿
算 82.18A

建昭元年十月尽二年九月
☐大司农部丞簿录簿算
及诸簿十月旦见 82.18B

☒居摄三年
计簿算 70.13A

奏闻趣报至上计☐ 484.39

上引诸简文应是有关"上计"一般应先汇总于太守府后最终归于中央

统核的情况，在屯戍文档中出现，当是对屯戍系统"上计"考核情况的记录文书。简文中所反映的时间要求也与汉代"上计"年末统核的情况相符。西汉一度以十月为岁首，九月为岁末，故"上计"材料的时间多以此为记，"元年十月尽二年九月"是为一岁。同时，大司农之于屯戍系统，就是对屯戍系统供给问题的全盘统筹者，对之核查自是必然。

以上所引述之代表材料和相关内容，基本可以反映屯戍系统食粮管理中的层级审核和最终"上计"的严格要求与实践，无疑对屯戍系统食粮的调配和使用起到积极的监控作用。

总之，汉政府在重新确立大一统中央集权的政治格局后，为维持这一局面的持续发展和王朝统治的稳定，在致力于内部安定团结、经济发展的同时，基于宏大向上的帝国精神和亢奋的进取欲望，逐步着手国防建设，将抗击侵扰和开疆拓土的活动有机结合，有效地保护了中原先进的农耕文明，在我国历史上留下了一页光辉灿烂的篇章。这一篇章的最精彩部分当属在河西地区的政治、军事运作和经济、文化的交流。而这一切的有力保证就是强力的军事建设和强大的军事力量的存在，尤其在以匈奴为代表的各种势力时和时乱的压力面前，这种军事压制力量是必然而且必要的。但是，这种压制性力量的存在要求有良好的后勤保障，特别是粮食的有效供给。汉政府对此有清醒的认识，并为之而竭尽全力，发动一切社会力量，采取一切必要手段，较为有效地解决了河西屯戍斗争的这一关键问题，为西北国防的巩固乃至整个国家的安全提供了相应的保证，也为大一统的政治格局和中央集权体制的发展奠定了坚实的基础。而其解决戍边食粮问题的相关政策和实践又为后世留存了丰富的经验和教训，也很值得我们吸取和借鉴。

第三编

住 篇

第一章　河西汉塞的主要建筑形式

关于河西屯戍吏卒的居住问题，传世资料缺乏。20世纪初，斯坦因在中国河西及西域一带考古，发现了大量的汉代屯戍遗址和简牍，此发现推动了我国考古工作者对汉代屯戍遗址的考古和科学发掘。自20世纪二三十年代至今，考古工作者发掘出包括甲渠候官烽燧遗址、马圈湾烽燧遗址、肩水金关烽燧遗址在内的大批汉代烽燧城鄣遗址，使我们从中了解到汉代边塞屯戍吏卒的居住区和建筑模式，当然，由于年代久远，屯戍遗址存留至今的也只剩断垣残壁，故本编对河西屯戍吏卒的居住问题介绍，也只能按照现存考古结果做一些大致的讨论。

依据现存考古发掘结果，屯戍吏卒主要居住在河西一带的塞防上。

塞是一种阻塞边防内外的防御设施。《广韵》："边，塞也。"《说文·土部》："塞，隔也，从土，塞声。"以"塞"作为边防防御设施的专有名词见于汉代文献中，如《汉书·匈奴传》："后数万骑南旁塞猎，行攻塞外亭障，略取吏民去。是时汉边郡烽火精明，匈奴为边寇者少利，希复犯塞。"在居延汉简中也有大量关于塞的记录。如：

甘露元年六月中授为殄北塞外渠井燧长	3.14
东部北部塞	232.19
候长候史数出塞郭迹□☑	478.17

塞有时也被称为长城，如《汉书·匈奴传》载，元朔二年（前127

年),西汉王朝"取河南地,筑朔方,复缮故秦时蒙恬所为塞,因河而为固",此处塞实际上是指秦长城。又竟宁元年(前33年),匈奴呼韩邪单于上书"愿保塞上谷以西至敦煌,传之无穷,请罢边塞吏卒,以休天子人民",也言塞是长城。但是,结合考古发现和文献记载,河西塞的建筑,当有多种形式。

考古所见河西汉塞以长城为主干,是一个立体的、多种建筑形式共同构成的庞大国防工程设施,它包括长城、边城、鄣、烽燧、关、壕沟、木栅、溪谷、水门等工事在内的军事防御设施。

一、长城。河西汉长城结构,据吴礽骧先生实地勘察,可归纳为三类[①]。

1. 堑壕,主要有两种形制。一种多在戈壁、沙漠地区,为中间掘沟,将掘出的沙砾向沟的两侧堆放,形成两道梯形土垄。另一种多在山地或黄土带,为一侧掘沟,另一侧堆筑土垄;或两侧掘沟,中间堆筑土垄,因而土垄较高。

吴礽骧先生认为:"酒泉以东的汉塞(包括居延塞),实际上以堑壕沟构成的,局部地区则以山崖、河流等作自然屏障。"[②] 例如今山丹县境内有段壕沟,深0.8—3米,口宽5—8米不等,全线共长59.95公里,壕沟里沿有壕棱,呈土脊状。今永登县塌墩子沟、大坡沟、马家坪、黄旭沟等地以及河西其他地区所见汉代壕堑形制也与山丹县境内壕沟大体相同,此种壕沟为"因河为塞,因边山险"[③] 所筑汉长城的形制之一。

2. 堑壕外筑塞墙。由于戈壁地区黄土最缺,故塞墙皆以芦苇、红柳、沙砾等作为主要建筑材料。构筑时,掘壕与筑墙同步进行,先以芦苇或红柳捆扎成束,将苇束围成框架,以壕内掘出之沙砾充填,上铺芦苇(或红柳)再放苇束框架,再填壕内掘出之沙砾。如此一层层叠压而上,外侧之高墙筑成,内侧之堑壕亦完工。此种塞墙在外观上全为芦苇或红柳,而墙芯则为沙砾。

3. 凭借自然山川、沙漠等自然险阻以山为屏障者,如张掖以北之龙

[①] 参见吴礽骧《河西的汉代长城》,《文博》1991年第1期。
[②] 吴礽骧:《河西汉塞》,《文物》1990年第12期。
[③] 李并成:《河西走廊东部汉长城遗迹考》,《西北史地》1994年第3期。

首山主峰——东大山、敦煌以北之哈拉湖等沼泽地带。斯坦因有这样描述："对于马或者骆驼而言，这些沼泽和泥塘都是不可过也难以通过。因此，我从一座烽燧前往另一座烽燧，取道沼泽边缘，或者那些不是很难有的带状地区。"①

二、边城，包括郡城和县城。汉代推行郡县制，河西一带的百姓和军队主要居住在边城内。百姓的任务为屯田实边，军队的任务则是屯田、候望和与敌战斗，保证河西边塞的安全。考古发现的如汉宜禾古城、大湾城、休屠城等皆为河西边城。

三、鄣，为塞上险要之处修筑的小城堡，有守卒把守。《汉书·李陵传》颜注："鄣者，塞上险要之处，往往修筑，别置候望之人，所以自鄣蔽而伺敌也。""鄣"同"障"。《史记·匈奴列传》（正义）引顾胤云："障，山中小城。"《史记·白起列传》（索隐）注："障，堡城。"《汉书·张汤传》师古注："汉制，每塞要处别筑为城，置人镇守，谓之候城，此即障也。"如河西一带的甲渠候官鄣、居延都尉鄣等皆是。

四、烽燧或亭燧，为边塞最基层的防御组织，有戍卒候望把守。烽，古人或作燧、篷等字，或异体，或通假。《史记·司马相如列传》："夫边郡之士，闻烽举燧燔，皆摄弓而驰，荷兵而走，流汗相属，唯恐居后。"《集解》骃案："《汉书音义》曰：'烽如覆米，县著桔槔头，有寇则举之，燧，积薪，有寇则燔然之。'"《索隐》引《纂要》云："奥，浙箕也，烽见敌则举，燧有难则焚，烽主昼，燧主夜。"《史记·周本纪·正义》亦同《纂要》之说云："昼曰燃烽，以望火烟，夜举燧以望火光也。烽，土橹也，燧，炬火也，皆山上安之，有寇则举之。"《汉书·贾谊列传》："边方备胡寇，作高土橹，橹上作桔槔，桔槔头兜零，以薪草置其中，常低之，有寇即火燃举之以相告，曰烽。又多积薪，寇至即燃之，以望其烟，曰燧。"按：土橹即土台，意义相同，都为放置桔槔之所。由此也知烽燧的作用为传边警，通消息，防止外寇入边的边防防御设施。《史记·匈奴列传》称："文帝时入代、句注边，烽火通于甘泉、长安。"知汉制于缘边卫要之地，均有烽燧之设，且直达京师，以备非常。

---

① ［英］奥雷尔·斯坦因：《西域考古记》，广西师范大学出版社1998年版，第379页。

烽燧有时也称为亭燧或亭。《史记·匈奴列传》称匈奴入寇定襄、云中，"行破坏光禄所筑城障列亭"。《史记·大宛列传》也言："而敦煌置酒泉都尉，西至盐水，往往有亭。"可知边塞也有亭。《史记·韩安国列传》言武帝元光中匈奴入寇马邑事，称："于是单于入汉长城武州塞，未至马邑百余里，行掠卤，徒见畜牧布野，未见一人，单于怪之，攻烽燧，得武州尉史。"此处所言为烽燧。而同样的事件，《史记·匈奴列传》言："单于既入汉塞，未至马邑百余里，见畜布野而无人牧者，怪之，乃攻亭。是时雁门尉史行徼，见寇，保此亭。"同属一地，一言烽燧，另一言亭，当指同一种地点，故烽燧也可称为亭，如：

●虏守亭障不得燔积薪昼举亭上蓬一烟夜举离合苣火　14.11

五、关，指置于交通要道上的一种建筑设施，如考古发掘的肩水金关，位于今甘肃省金塔县天仓乡北约25公里的黑河东岸、汉张掖郡肩水都尉肩水候官治所（今地湾城，A33）北部600米处，遗址犹存。是汉军进出河西南北的居延古道咽喉处，有关啬夫、关佐及关卒负责居住并把守。

六、木栅、溪谷、水门等工事。《汉书·匈奴传》："起塞以来，百有余年，非皆以土垣也，或因山岩石，木柴强落，溪谷水门，稍稍平之，卒徒筑治，功费久远，不可胜计。"可见塞还包含土垣、山岩、木柴疆落、溪谷水门等多种形式。

河西地区的塞防实行分段、分部管理，如张掖郡属下有殄北塞、居延塞、甲渠塞、卅井塞、广地塞、橐他塞和肩水塞，由居延都尉府和肩水都尉府分管。都尉下辖若干候官，候官管理若干部，部下有燧。每个塞段包括若干烽燧、城、鄣等，如殄北塞由宗间阿玛鄣和若干烽燧构成；甲渠塞由26个烽燧台和一处鄣及塞墙构成；卅井塞由33个烽燧台和若干段塞墙构成；广地塞计有烽燧台17座和鄣一处，无塞墙遗迹；肩水塞有城两座，鄣一处，烽燧39个。此塞以北全无塞墙，在额济纳河上游两岸，又可看到塞墙的遗迹。①

---

① 薛英群：《居延汉简通论》，甘肃教育出版社1991年版，第45—47页。

第二章 屯戍吏卒的主要居住点

考古所见，屯戍于河西汉塞的军队吏卒，以塞防为根据地，主要居住于塞防一带的边城、障、燧、关、营帐、邸阁及亭（传）舍内。

一 边城

边城，顾名思义，为筑于边防地区的城堡。汉政府除修长城抵御匈奴入侵外，还在长城沿线设立军事性质较强的城市。文献中的"边郡"或"缘边郡县"即是边城的分布地区。《汉书·宣帝纪》："中国为内郡，缘边有夷狄障塞者为外郡。"陈梦家说："北边边塞西自敦煌，东至乐浪凡二十一边郡。"从记载看，边城主要作为当时的郡县城、属国都尉或校尉治所，故太守及其属官、县令及其属官、都尉及其主要属官皆居住在边城，边城从而成为边塞地区发号施令的最高级政府单位。边城内的有太守府、都尉府。太守直接听命于皇帝，并将皇帝的旨意派人下达到边防各塞点。都尉是掌握地方军队的武官，秩比两千石，地位仅次于太守。据《汉书·地理志》载，西汉在全国56个郡设立94个都尉治所，其中北部20个边郡设54个都尉治所，占全国的一半以上。太守府和都尉府一道管理边塞各项军务。

边塞官吏的任用、军用物资的发放、戍卒的调动也经边城政府安排。汉简中经常言"诣官"，即为边防上的候长、燧长等官吏向太守部门或上级部门报告塞防上的各项事务，包括吏卒的出勤、各种文书账簿的上报、边塞的军情报告等。

据河西走廊西部等地汉代边塞遗址的考古发掘可知，边城内有官署、宅居，城外有墓地，其构筑比较简单，多系屯戍性质。

边城内居住军队，也有普通百姓。边城内的军队平时被安排屯田、传送公文文书、干杂物等活，若有紧急军事需要则随时出征。边城内的百姓多从内地移民而来，平时农耕，战争需要时随时被征调作战，起"实边"的需要。边城内有商业区即"市"，为屯戍吏卒购买生活用品的主要场所，还有手工业作坊区，制作的手工业品除满足边塞的军事需要外，一部分也放置在"市"上供流通。如汉居延县城在当时不仅是当时额济纳河流域的一个重要的政治、经济、文化中心，而且也是自然条件较好的主要屯田区。城内有百姓住宅区"里"，薛英群先生统计了汉简中出现的居延县城内有 35 个里。[1] 里内"大率居住百家"[2]。李剑农《先秦两汉经济史稿》还指出："各里各市皆有墙，里中之居宅，市中之商肆，皆设于各区围墙之内，各区四面皆有出入之总门，除总门外，各家不能当街破墙辟门。"总门有专人把守。《汉书·路温舒传》中记有"里监门"，是专门看守里的总门，并设吏把守。《汉书·张敞传》："吏坐里间阅出入者，辄辄收缚之，一日捕得数百人。"师古注曰："间，谓里之门也。"

长城是汉与塞外民族的分界线，长城可谓一个特大型的城池，将边城包围在其中，对边城起到保护作用。长城与边城相辅相成，共同形成一道坚固防线。河西北段长城自内蒙古额济纳河入境，经额济纳河向南入甘肃境内。汉武帝在此设居延、修屠两县，属张掖郡，位其最北部。沿此一线，目前已发现汉居延城、破城子（甲渠候官治所）和 K710、K688 等城。汉武帝时还设河西四郡，以保障河西道路交通。目前在疏勒河流域也发现了一批古城，如安西赤金堡古城、汉敦煌古城、酒泉西半城古城、武威三摞城古城等。

考古发现的河西地区的汉代边城规模大小多不等。大的边城城址长宽在 500—1500 米之间，面积在 80 万平方米以上，周长约 4000 米以上。如武威三摞故城、酒泉西半城故城、瓜州城、敦煌故城等。

汉瓜州城，《元和郡县志》载："本汉酒泉郡，元鼎六年分酒泉置敦煌郡。今瓜州即酒泉、敦煌二郡之地。"考古发现的汉瓜州城分外城和内城。

---

[1] 薛英群：《居延汉简通论》，甘肃教育出版社 1991 年版，第 43 页。
[2] 劳榦：《居延汉简考证》，转引自《居延汉简通论》，甘肃教育出版社 1991 年版，第 44 页。

城为夯筑。内城面积约28万平方米,东西565米、南北468.7米。城的中部有一隔墙,将城分为东、西部。城垣顶宽7.5米、底宽7.5米、残高10米。城的四角各有一个角墩,其中西北角墩保存最完好,当时修筑时,在城垣角上用土墼垒砌,夹杂胡杨、红柳层层夯筑,通高18米。角墩的东西均有拱券门,用土墼垒砌,内城东部为衙署驻地,西部为百姓所居。城垣四周有瓮城,西、南垣各有1个,北垣2个。城垣上有24个马面,东、西垣各有5个,南、北垣各有7个。在马面上筑有敌台并放置垒石,是作为防御兵器之用。内城的西部有26座圆形土台,乃古代兵营帐篷底座,内存大量垒石作为兵器之备用。外城有两座比内城低矮的环墙,即"罗城",应是"养马城"的外墙。外城北垣长1338.4米,保存较完整。东垣长530米,西垣长1102.7米,城的总面积80万平方米。城的四角各有1个角墩。城的周围有烽燧9座[①]。

小的边城城址其边长从数十米至五百米不等,面积在80万平方米以下,如居延县城的城址长度为南127米、西122米、北126米、东131米,墙基厚4米,残高1.7米,版筑。[②] 又如石羊河流域的连城、文一故城、王景寨故城等,面积都不大。

边城是长城防御系统中的重要一环,汉政府巩固边防的主要措施:一是修筑长城;二是建筑边城;三是迁徙内地人屯田实边。边城筑于河流沿岸,交通方便、适于耕作的平原地带。"汉冥安古城是祁连山地北坡防御南羌入侵的重要军事重镇,同时也是十分发达的军事屯田区。""转台庄城为冥安县治南端的军事防御阵地,军屯管理官员和屯田戍卒所居。"[③] 边城是长城防线的后盾,从人员和粮草方面为长城防线提供后勤保障。

边城的城墙一般是夯筑,如汉冥安古城的城垣为板夯,夯层厚11—13厘米;汉宜禾古城城垣也为夯筑,夯层厚8厘米;汉萧家地破城子古城的城垣为土夯;汉龙勒县古城也为土夯,夯层厚8厘米。汉河仓城为夯筑,夯层厚11厘米。河西戈壁沙漠居多,在黄土缺乏的地带,其城墙因

---

① 岳邦湖、钟圣祖:《疏勒河流域汉代长城考察报告》,文物出版社2001年版,第93页。
② 薛英群:《居延汉简通论》,甘肃教育出版社1991年版,第37页。
③ 岳邦湖、钟圣祖:《疏勒河流域汉代长城考察报告》,文物出版社2001年版,第89页。

地制宜，充分用于当地易得的材料筑成。安西县的草城，又名"半个城"，城垣为土夯，夯层厚6—8厘米，西垣、南垣残毁后又用红柳、胡杨、芦苇补筑。城西北角亦用红柳、胡杨、芦苇、黄土补筑。

二 障

障是塞上的小城堡，属于形制较小的一种边城，是塞上都尉府或候官治所。《汉书·张汤传》师古注："汉制，每塞要处别筑为城，置人镇守，谓之候城，此即障也。"《后汉书·百官志》："边县有障塞尉。"本注曰："掌禁备羌夷犯塞。"此处所言障塞尉，即驻守障塞之尉。

据考古发现，河西四郡的都尉，大多驻鄣，如武威郡都尉治休屠县之熊水鄣，酒泉郡北部都尉治偃泉鄣，东部都尉治会水县之东部鄣，敦煌郡宜禾都尉治昆仑鄣。但也有治于城者，如武威郡北部都尉治休屠县城。

一个部都尉守塞四五百里，如张掖郡的居延、肩水两都尉分别驻扎在额济纳旗的班登博勒格（K688）和大湾（A35）两地，都是塞上重要的据点，在都尉的防区中，依照汉律，每百里设一候官，如居延都尉所属有殄北、居延、遮虏、甲渠、卅井等候官。

障的规模一般比边城小，目前发现的障城，边长一般在数十米至一二百米之间，绝大多数不在边城之列。鄣在重要关隘也设有关防，如玉门关、阳关等。

障的建筑和边城的建筑有区别，边城的建筑大小、形式不一样，障则大小形制相同，这是因为城内容纳的居民多寡不一，而障内只容纳屯戍吏、卒，并无居民，相当于一个营堡。

在田野调查中，目前河西尚存的障，可以确定的有今敦煌玉门都尉府所驻扎的"小方盘城"遗址（图七十七）；今安西宜禾候官所驻扎的A8遗址；肩水都尉府所驻扎的毛城遗址和肩水候官所驻扎的地湾遗址；居延都尉甲渠候官所驻扎的破城子遗址等。

考古发现的额济纳旗纳河西岸的破城子地点是居延都尉所属甲渠候官治所。经过1931年、1973—1974年两度挖掘，遗址的情况已经基本清楚。这座障是一座土坯方堡，基方23.3米、厚4—4.5米，墙残高

图七十七　玉门都尉府鄣城遗址

4.6米，收分明显。砌法是内、外壁皆三层夹一层芨芨草。鄣内堆积近顶，下层西侧有两间房屋，估计为候官及其下属居所。早期鄣门在东南角，已毁。鄣门内西侧有登鄣顶的早期阶梯马道，约13—15级，上部已残，尽头处的鄣顶部较阔。南侧鄣墙下发现烧毁坠落的木柱、斗等，推测该处曾有木结构的房屋建筑。鄣顶东北角外沿线残存窄土楞，似为女墙。①鄣内有坞，坞门仅残存排叉柱、地栿和门枢的臼窠；门外有一曲壁，坞内经编号的房间共37间，均为夯土墙，草泥地面。坞内西侧的一组房屋均有台基，高0.9米，其中最大的一间即编号为F16的房间内有火墙，根据室内出土的《甲渠候请罪》等简册来看，可能是甲渠候的住室。坞内东侧的一组房屋包括吏卒住屋、灶屋和文书档案屋，坞东北角有牲畜圈。②

比较各遗址中鄣的遗迹，一般呈长方形，面积随地域和官府等级地位而不同。墙垣以夯土版筑或土坯砌筑，墙顶有女墙，障内有房屋数间，是边防官吏的治所和住室。

也有方形的鄣，如居延地区殄北塞上的宗间阿玛鄣，近正方形，31米×32米，土坯筑，大致为南北向，门在南墙靠东部。墙厚3.7米，残高7米，西北部保存较好。鄣内西部有一长方形房子，西壁、北壁和鄣墙空出1米

---

① 甘肃省文物工作队：《汉简研究文集》，甘肃人民出版社1984年版，第480页。
② 薛英群：《居延汉简通论》，甘肃教育出版社1991年版，第85—86页。

左右的夹道，墙土白灰，专家认为此鄣可能是殄北候官所在。①

居延地区红城子鄣形近正方，22米×23米，保存良好，墙高7米，基厚4米，上厚2.8米，土坯作，每隔三层加一层芦苇，有矮城堞，门在南墙靠东部。②

鄣周围3米以内的地面埋设四排尖木桩，完整者高33厘米，间距70厘米左右③，汉简中称为"疆落"（239.22，E.P.T：59.15）。《汉书·晁错传》称"中周虎落"。何谓虎落？《汉书·晁错传》曰："通川之道，调立城邑，毋下千家，为中周虎落。"郑氏注曰："虎落者，外藩也，若今时竹虎也。"苏林注："作虎落于要塞下，以沙布其表，旦视其迹，以知匈奴来入，一名天田。"而颜师古注"苏说非也，虎落者，以竹篾相连遮落之也"。实际上，经在居延地区的考古工作者实地考察与研究，证明虎落就是削尖了的竹、木尖桩，有规则的埋在塞墙之外，尤其是烽台四周更是遍布虎落。这种竹、木尖桩的防御作用在边塞地区的作用是显而易见的。

三　坞

坞，是比鄣规模更小的城堡。田野调查中，坞多附设于障或燧而组成一完整的防御工事。《后汉书·马援传》注："坞，小障也，一曰小城。"《说文》："坞，小障也，一曰庳城也。"两汉时，内郡各地广泛筑坞防御外敌入侵，如《后汉书·西羌传》"使北军中候朱宠将五营士屯孟津，诏魏郡、赵国、常山、中山缮作坞候六百一十六所"。"元初元年春，遣兵屯河内，通谷徼要三十三所，皆作坞壁，设鸣鼓。""秋，筑冯翊北界候坞五百所。"坞内驻军，相当于一个营地，故服虔《通俗文》曰："营居为坞。"

两汉时期的坞的形式多样，据韩国的具圣姬女士考证，有城堡式、楼院式、楼橹式、山间堡垒式等多种形式。④

城堡式坞壁的四周构筑高厚的城墙，大门上有望楼，四隅设有角楼，

---

① 薛英群：《居延汉简通论》，甘肃教育出版社1991年版，第51页。
② 同上书，第56页。
③ 同上书，第480页。
④ ［韩］具圣姬：《两汉魏晋南北朝的坞壁》，民族出版社2004年版，第13页。

第三编　住篇

坞壁内有形状不一、大小不同的房屋建筑。在坞壁的门口有武士瞭望把守，角楼中也是，1957年，考古工作者在广州动物园发掘出土的坞壁模型即为该式。甘肃嘉峪关汉魏壁画中也见此制，坞的形制为一小城，四周高墙围绕，城门上建谯楼，城墙上筑雉堞，旁题"坞"字（图七十八）。

图七十八　嘉峪关壁画中的坞

楼院式坞壁除有坞壁的城墙、望楼、角楼等一般特征外，最突出的一点是院中有三层至五层不等的高楼，1970年，武威雷台汉墓发现有这种楼院式坞壁模型。其四周有高墙，只有正面有大门。门上有门楼，四隅建有高二层的角楼，除正面外，其他三面均筑重墙，重墙设一小门，院中建有五层高楼，楼的正面开窗，以作瞭望和开门窗，门楼与角楼及各个角楼之间有带栏杆的天桥相通。[①]

楼橹式坞壁是一种二层至四层的楼阁式建筑，四周有高墙围绕的城垣建筑，前后有大门各一，门上有门楼，楼的前后都有窗，四隅各有角楼。角楼是坞壁的特征之一，起防御作用。《墨子·城守》诸篇很重视角楼的作用，如《备城门》"城四面皆有高禣磨"即认为城的四角是要害之处，为防守的重点。

山间堡垒式，如《汉书·第五伦传》有"依险固筑营壁"之说。

考古所见，两汉时，河西地区边塞防御设施中也建坞，坞壁在边塞用来做防御工事，关于对边塞坞壁的解释有多种。王国维"营居为坞，盖即

[①] 甘肃省博物馆：《武威雷台汉墓》，《考古学报》1974年第2期。

谓亭也"。① 贺昌群"营坞为屯兵防御值之所,亭燧所在,必筑营坞……坞非谓亭……盖塞上亭坞所在,必筑防御工事,围以城垣,谓之坞壁。大者为鄣为塞,小者为坞"②。劳榦认为"坞却是一个比较薄的墙坞,在汉代的边塞上,凡鄣或台的外面,大都又围了一层比较薄的坞……坞的位置有时是在亭的外面,有的还在鄣的外面"③。依据居延汉简和考古工作者的实地考察,贺昌群和劳榦的说法比较中肯。下列是居延汉简记载有关坞的内容:

长十丈七尺坞
坞高丈四尺五寸按高六尺御□高二尺五寸任高二丈三尺　　175.19

坞上深目十二不事用　　　　　　　　　　　　　　　　　68.95

坞上转射二所　　　　　　　　　　　　　　　　　　　　89.21

临木燧长王横
外坞户下随
内坞户毋一□　　　　　　　　　　　　　　　　　　　　68.63

说明边塞的坞四周有围墙,一般为长汉尺七丈七尺左右,高丈四尺左右的小城,坞上设置转射、深目、矢目等。有外坞和内坞之分。

障内如果驻兵较多,在障外再修一圈坞以供居住,如居延城,里面是障,外面还有坞。坞顶有女墙,女墙上隔一定距离嵌"转射"、"深目"。用于射击或窥探敌情。转射为一Ⅱ形木器,中设圆轴可以转动。居延破城子遗址出土中发现长方形木框多件,其规格大体一致,高约41厘米,内装草帘或皮帘,中心竖装圆轴,轴中部开一内高外低的长方形斜孔,孔下

---

① 王国维:《流沙坠简·考释二·烽燧类》,西北民族大学图书馆藏线装书1914年版,第13—21页。
② 贺昌群:《〈烽燧考〉国立北京大学四十周年纪念论文集乙编卷上》,1938年版,第62—64页。
③ 劳榦:《释汉代之亭鄣与烽燧》,台湾史语所集刊1948年版。

安装小木橛作为把手。持把手转动圆轴,斜孔可以照准左右120°之内的目标,这种装置即为转射,是坞上向外观察装置。坞内沿坞墙四周有房屋供吏卒居住或办公,并有马棚、畜圈等建筑。坞南50米处有一烽台,属候官的瞭望哨。劳榦也根据实地考察,认为:"坞有阶级,有内外门户,有蓬表,有射具,如深目及转射。"①

也有极个别的坞外还有壕沟来阻止外敌的入侵,如卅井塞T148烽台被一长方形坞所包围,坞外有三道与坞墙平行的壕沟,南北各长50米,东边长40米,西边通河。②

烽燧附筑的坞,位于塞内者,坞皆偏于烽燧一侧,与燧连为一体,有狭窄而长的门道,多有双重门设置。位于塞外者,坞皆围于烽燧四周。坞顶上亦有女墙和转射等装置。坞墙多夯筑或土墼砌筑,墙面抹草泥,涂白灰。

坞的规模随所驻之军事机构的等级而定。如敦煌厌胡燧遗址,坞的面积为5.75米×9.25米③,墙宽1—2米,额济纳河黑城遗址东南发现的F99堡为正方形,8米×8米,墙高4米,厚1.3米,版筑,方向正南北,门朝东。④

一般来说,驻有士吏、候长、候史等官员的坞,面积较大,坞内有2—3间住房。一般燧长所驻坞,坞内仅有1—2间居室,仅容数人而已,有的燧还设登燧台阶。

掾庭谨责问第四候史敢第八燧长宗乃癸未私归坞壁田舍

E. P. T51:74

此简所言燧长私归坞壁,说明燧长居于坞内。

---

① 劳榦:《居延汉简·考释之部》,台湾史语所集刊1986年版,第42—45页。
② 薛英群:《居延汉简通论》,甘肃教育出版社1991年版,第70页。
③ 吴礽骧:《河西汉塞》,《文物》1990年第12期。
④ 薛英群:《居延汉简通论》,甘肃教育出版社1991年版,第59页。

四　烽燧

障以下为烽燧或亭燧，是边塞视察哨的单位，亦指基层组织之居址建筑。汉代对于烽燧有着极系统而严密的组织，据汉简所示，当时烽燧之管理，分隶于河西四郡的太守。太守之下置都尉，都尉之下置部尉、候官、候长、燧长，这样就构成了边塞烽燧之层叠的管理组织。燧长之下为戍卒，每一燧有戍卒三人至三十八人不等，亦有多至百人者。故烽燧内所居者为燧长及普通士卒。

考古所见烽燧的一角常连有供屯戍吏卒居住的房屋，房屋的数量和大小多不一，一般随烽燧的规模和吏卒的数量而设，尺寸大小一般在2—4米。房屋的墙垣一般为土墼砌筑。房屋皆有木门，门上有立柱，立柱上凿空可放置门闩，进门还有甬道，室内墙壁以草泥抹平，上面涂石灰。

如卅井塞P9烽燧，名博罗松治，烽燧土坯筑，间以芦苇。台东有两屋，其一屋很小，1.7米×3米，南墙连有通台台阶，与另一屋有门道相通。再东还有一些房子的残迹，台之西南坡有一方形坞壁，30米×30米，土坯筑，坞东壁与台下山坡之间有一列房子，至少五六间，每间面积为3米×（2—2.5）米，筑于高低不平的地表上，坞北也有一间房子。[①] 从出土的汉简分析，这里是卅井候官驻地，因而房屋相对较多，房屋的门处多置有甬道，门为木制，有门立柱，立柱上凿空可放置门闩，以防止外敌的入侵，也可阻止牲畜的进入。室内墙壁以草泥抹平。小方盘城以西汉烽燧中[②]，其中1号烽燧东壁有房屋2间，房屋1，东西3.8米，南北5.2米，房屋2，东西2.86米，南北2.35米，小于房屋1，室内隔墙宽0.2米，外墙宽1.15米，残高0.5米，门甬道南北长2.35米，宽0.6米，门的两侧木质立柱宽0.15米，厚0.08米，立柱凿0.13米×0.13米的方形孔，立柱残高0.6米。

3号烽燧位于2号烽燧之东约2公里湾窑盆地北部边缘戈壁上。烽燧为土墼砌筑，出入烽燧门甬道位于西壁，宽0.9米，长2.7米，木质门系

[①] 薛英群：《居延汉简通论》，甘肃教育出版社1991年版，第63页。
[②] 以下关于小方盘城1、3、9、24、37、75号烽燧和酥油土烽燧案例介绍来自岳邦湖、钟圣祖《疏勒河流域汉代长城调查报告》，文物出版社2001年版，第13页。

两块方木柱对称立于门甬道两侧，方木宽 0.29 米、厚 0.10 米、高 1.52 米，方木凿孔四个，孔径 0.13 米×0.12 米，孔距 0.11—0.15 米，方孔门内侧 0.8 米为第二道门，已残毁，仅保留一木柱。两道门的设置，考古工作者认为有不同作用，第一道门两侧对立的木柱各凿四个方孔，可能是用来插门杠，以阻止牲畜出入，第二道门则是封闭式的，起防风避寒，增加安全的作用。烽燧西南有房屋 3 间。房屋 1：南北 2.45 米，东西 3.1 米，墙残高 0.45 米、宽 0.45 米。房屋 2：南北 4.3 米，东西 3.65 米，外墙宽 1 米。房屋 3：东西 2.8 米，南北 2.4 米，门宽 0.6 米。

9 号烽燧，位于疏勒河北岸清水沟盆地西部边缘一风蚀台地上，西壁有房屋两间，与烽燧连成一体，屋顶已塌毁，屋门向东，进门为甬道，门宽 0.78 米，门甬道进深 0.98 米，向南拐 0.16 米，向西 0.64 米，构成一小方厅，南墙残高 1.08 米，北墙残高 0.74 米，房屋的北墙掘开两个洞，又露出一夹道，可能是通向烽燧台级踏步的，室内墙壁以草泥抹平，不涂垩。烽燧西面从南部开门又有房屋 3 间。

24 号烽燧东侧有房屋两间，房屋 2 为房屋 1 的套房，门向西开，进甬道拐弯通入室内。

一般看来，烽燧附近的房屋是比较规整的长方形或方形样式的房屋，房屋建筑比较规整，有门也有墙，是独立于烽燧的地面建筑，但也有例外，如小方盘城以东 37 号烽燧结构为土墼、红柳、碱块夹胡杨木棒，西侧有房屋建筑，房 1 为半地穴式，南北 3.8 米，东西 2.8 米，壁高 1.8 米。房 2 为地面建筑。75 号烽燧夯筑，夯层中间夹红柳枝条。四壁用粗细不等的木棒夯筑，烽燧东侧有房屋建筑，利用高出地面的风蚀台地作墙壁，半地穴式墙高 1.2 米，屋门位于东南角，门甬道长 4.4 米。考古所见敦煌素油土烽燧的西侧也见一半地穴式房屋建筑，南北 3.8 米，东西 2.8 米，壁高 1.8 米。这种半地穴式建筑风格是因地制宜，充分利用了当地地形而建造的房屋，可节省材料和建筑时间，还具有冬暖夏凉的特点。

斯坦因在河西一带考古时，在其所标注的 T.Ⅷ烽燧遗址附属房屋 i 进行过考古发掘，此屋曾是汉代河西戍卒的居所，在斯坦因之前保存比较完好，但最终毁于斯坦因的考古发掘中。此屋的墙壁用土墼砌筑，屋内墙壁及地面用草泥磨平，屋顶用梁、椽木支撑，上铺柴草和土。房屋的门位于房屋的角落处，进门为一窄道，然后进入室内，门为单开门。屋子的面积从图上看出并不大（图七十九）。

图七十九　T.Ⅷ烽燧遗址附属房屋 i 内部，发掘前

有些烽燧与鄣相连，为鄣的附属建筑，为瞭望和保护鄣的作用，这种烽燧也建有房屋，但房屋只有一间或两间，房屋面积也狭小。

还有一些烽燧中有供吏卒驻防的坞和作为烽台的堠。堠一般是土筑的方台。《通典·烽燧篇》云："台高五丈，下阔二丈，上阔一丈。"居延简：

堠高四丈上堞高五尺　　　　　　　　　　　　　　E.P.T52.27

则其通高约合 10.35 米。甲渠塞第四燧之堠为方形，夯筑，基础 7.7 米×8 米、残高 3.4 米，在烽台的西南角有一灶膛，上方发现烟囱，可能为发布信号生"烟"的装置。堠与坞相连，坞东西长 21 米，南北最宽处为 15.2 米，被隔墙分为两个院落[①]，简文称为"外坞"和"内坞"（68.63），坞墙最厚处为 2.35 米，坞内有房屋 5 间，供吏卒居住。

---

① 甘肃省文物工作队、甘肃省博物馆：《汉简研究文集》，甘肃人民出版社 1984 年版，第 482 页。

守燧的任务很艰巨,"斥候望烽燧不得卧,将吏被介胄而睡"①。为了抵御外侵,烽燧附近埋设木柱,即枪柱,柱上紧缚绳索,即悬索,用以拦截示警。羊头石指大小如羊头的石头,可在坞上抛下击敌,即晁错所说的"具蔺石,布渠答"之蔺石。渠答则是铁蒺藜,有的削出四尖,中心穿孔,可以绳连成长串,《尉缭子·攻权篇》:"城险未设,渠答未设,则虽有城无守矣。"可见其重要性。

万里眺望,布列甚密的河西一带的亭鄣烽燧,犹如一条长龙,在中国的西北,构筑成一条坚强的防线。这道防线不可逾越,是阻止塞外民族的一道坚固的堡垒。

五 关

关是汉代河西边防设施的重要组成部分。关的设置包括主体建筑及配套设施,其中最重要设施是主体建筑关门,门口有房屋供关吏卒办公、休息或居住。关内吏卒相对其他烽燧人员要多,故关门内还建有坞,供关上吏卒居住。

20世纪70年代发掘的肩水金关遗址位于金塔县天仓北25公里、额济纳河上游谷地北口的东岸,位于进出河西腹地、北通居延的咽喉门户。金关的地位从出土简文看,至少有关卡、斥候、驿厩等多种职能。遗址发掘的房屋建筑包括住室、灶屋、仓库、院落等,还出土有渔网、网坠、网梭、丝麻、毛、衣服、鞋、帽、小麦、大麦、糜、谷、青稞、麻籽等。说明金关是塞防上职能相对特殊与建筑相对复杂的军事单位。

据甘肃省居延考古队的考古报告:主体建筑关门,是两座对峙如阙的长方形夯土楼橹,各方6.5米×5米,残壁最高处1.12米,最厚处为1.2米,收分很不明显,基部砌一层大土坯,为49厘米×24厘米×4厘米。楼橹中间的门道宽5米。门前口东侧发现烧残的大门构件:地栿、垫木、门枢、门臼等。门道两侧壁脚残存排叉柱,下垫石块。最粗的方柱每边约21厘米,考古工作者可推测立柱顶部曾有过桥或门楼建筑。楼橹外向北的关墙都是土坯的。关门内外和阕柱两侧也发现与破城子相似的虎落尖

---

① (汉)班固:《汉书》卷48《贾谊传》。

桩，排列成正方形，有的桩埋在方形坑中，有的在下部刻一缺槽，再横贯一横木。关门处有2间房屋，2号房屋内有一通榑顶的土坯建筑。屋内堆积层自上而下有碎土坯、泥块、草泥，次为烧焦的树干、芦草和炭渣，这可能是塌陷的榑顶棚或建筑的屋顶。关内西南侧有坞，坞墙北长36±5米、南长35±5米、东残长24米。东南角敞开，或系坞门所在。坞内有吏卒的房屋，屋内有炕。坞的西南角残存烽台和方堡。烽台外壁贴砌土坯，内芯为夯土建筑，土中斜插许多小木棒。小方堡为13米×12.5米，门窄小，内有迂回曲折的夹道，两侧分布住室、灶屋、仓库、院落等[①]（图八十）。

从布局上看，金关平面呈长方形，为封闭式的坞堡式院落。这种布局既可以防人偷袭、越界、逃跑，又可以防大风、沙暴的侵害。由于墙体皆为土坯加厚砌筑，夏季可防烈日暴晒，冬季可防风寒侵袭，集防人与防自然灾害功能于一体，是汉塞中土木建筑工程的杰作和军事防御体系中的典范。

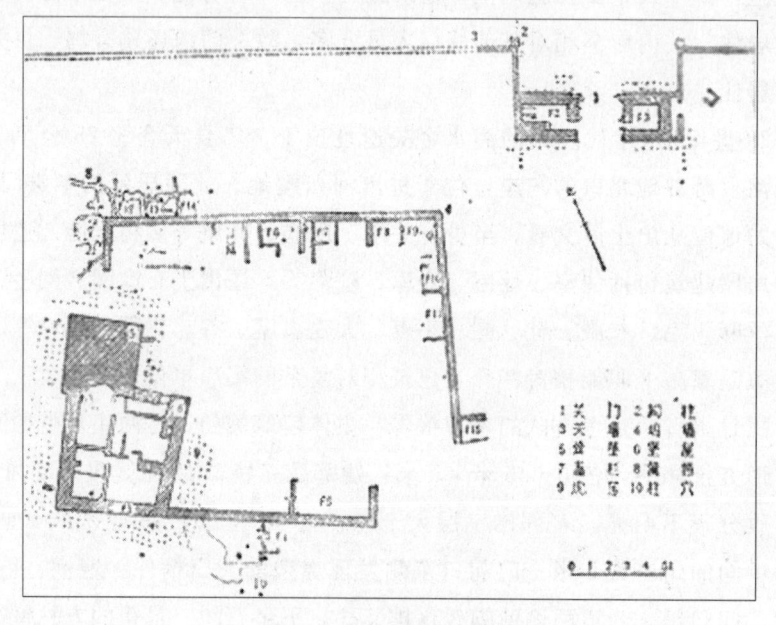

图八十 肩水金关遗址平面

---

① 甘肃省文物工作队、甘肃省博物馆：《汉简研究文集》，甘肃人民出版社1984年版，第484页。

六 营帐

营帐是古代行军扎营常用的军用设施之一。从甘肃酒泉嘉峪关魏晋墓壁画我们看到古代军队设营用帐篷。在墓室北壁墓门东侧下画有一坞壁，坞外有两个小圆帐（图八十一）。在墓室南甬道东侧上端画一营帐图（图八十二），图的中间是一大军帐，帐内坐一武官，帐外左右各立一位军士。中军帐的前后及左侧三面环以三排小军帐，帐前列矛和盾。西侧上端为屯垦图，有牛耕作。① 如下二副图所示。内蒙古和林格尔汉墓后室西壁右下方绘一方形平台，平台上方绘一帐幕，旁题"卧帐"，顶穹庐形，顶端及两角有流苏下垂。卧帐左边有工字形门。② 从考古可见，河西边塞亭障烽燧所设房屋大多很少，而边塞守御需要的兵力很大。因此一定也用帐篷。斯坦因在所著《西域考古记》中提到他见到边塞使用帐篷的线索："我们还找到长城上使用帐篷的线索，长城沿线的营房遗址证明容纳士卒的人数极其有限，不足以容纳紧急状态下临时增派到长城上的部队。"③ "木桩，类似于钉帐篷的木桩，三棱形，下端尖，顶部钝角的一条两侧有人脸刻画模样。"④ 其中T.XII.005号木桩为圆木桩，前端尖朝下劈开，一侧刻槽，槽内捆两根线绳，打上一个滑结。同书还载："有意思的是，我们还找到了长城上使用帐篷的线索，在此以前，我们一直猜想长城上应该使用帐篷，因为长城沿线发现的营房所能容纳的人数极其有限，这种推测的可能性很大。"考古发掘证明了这一点，在河西汉瓜州城的内城的西部，有26座圆形土台，考古专家认为"是汉代兵营帐篷底座"⑤，内存大量垒石作为兵器之备用。

---

① 嘉峪关市文物清理小组：《嘉峪关汉画像砖墓》，《文物》1972年第12期。
② 盖山林：《和林格尔汉墓壁画》，内蒙古人民出版社1978年版，第39页。
③ ［英］奥雷尔·斯坦因：《西域考古记》，广西师范大学出版社1998年版，第418页。
④ 同上书，第429、435页。
⑤ 岳邦湖、钟圣祖：《疏勒河流域汉代长城调查报告》，文物出版社2001年版，第93页。

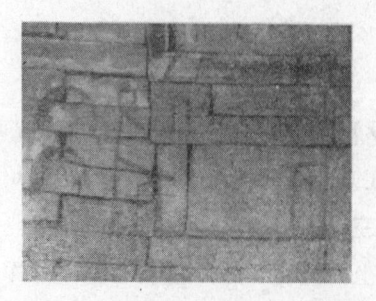

图八十一　嘉峪关墓壁画坞与坞外帐篷　　　图八十二　嘉峪关墓壁画营垒

七　邸阁

何谓邸阁？王国维《观堂别集》卷一《邸阁考》中认为是"边塞地区贮藏军粮、军衣、武器等辎重物资的仓库"。劳榦《居延汉简考证》中提出"盖边塞之邸惟有邸阁，不得有邸舍之邸也……阁之本义为楼阁，为阁道。……储粮之邸略同于阁，故亦曰邸阁矣"。裘锡圭《汉简零拾》对劳氏之说有辩解。据裘锡圭先生的判断：郡国属县设邸，官邸、旅邸的"邸"意义与"邸"的本义相近。候官治所经常有下属各部各燧的吏卒来往，汉简中提到的邸就是供这类人住宿的，其性质与郡国邸、县邸相类。"阁"是储存东西的建筑。"邸"和"阁"这两个名称，本来是分别指一种供来往的人住宿的地方和一种专门存放东西的地方。但是，住宿的人往往有随身携带的东西需要存放。如果这个人是为公家运送东西的官吏，或带着大量货物的商人，存放东西就显得比住宿更为重要。事实上一定有不少邸是同时起阁的作用，邸阁就是在这种背景下产生的。① 按照裘锡圭先生的推理，邸阁既可住宿又可存放东西。《三国志·蜀书·后主禅传》："十一年冬，亮使诸军运米，集于斜谷口，治斜谷邸阁。"汉简所见河西边地有邸阁，并有专门的守阁吏卒居住于此。汉简有记载，如：

十月戊午鄣卒十人省卒六人
其一人守邸　一人门　　二人吏卒养
一人守阁　　二人木工　一人舂

---

① 裘锡圭：《汉简零拾》，《文史》十二辑，中华书局1981年版，第5—8页。

```
一人马下    二人作席    五人受钱        E. P. T65：422

八月丁丑鄣卒十人
 其一人守阁    二人马下    一人吏养
 一人守邸      一人使
 一人取狗湛    一人守园
 一人治计      一人助                  267.17
```

谢桂华先生考证认为"汉代西北屯戍地区，邸与阁是分别设置的；邸与阁均设置在候官所在地；无论是邸与阁，每天都派有一名鄣卒或省卒轮流看守"。[①] "还认为阁是存放官府和戍卒私人财物的处所"。在边塞遗址考古调查中，邸阁的建筑与其他住房建筑已经无法区分，但从汉简资料的记载来看，这种房屋的功能确实是存在的。

八　望楼

望楼，是建在烽燧之上的小房子，主要为戍卒瞭望之用，昼夜皆有戍卒在内，轮流值班放哨，瞭望侦察敌情。其形制，据河西上百座汉代烽燧遗址调查，其平面多作方形，外径与土筑烽台上部等齐，高约1.5米左右，墙顶平砌，无雉堞或瞭望孔等设施。一面开门，敞露无屋顶，或有一半遮阳的草棚，登望楼的方法或以台阶，由一侧转向另一侧入门；或借拉绳、脚窝，攀登而上；亦有用木梯的。[②]

九　传舍

汉代，在河西地区的官道上，每隔一定距离都建有供行人饮食和住宿的传舍，如显美传舍（10.17）、居延传舍（77.16）等。传舍为亭、邮亭、驿或置的附属设施。《释名》曰："亭，停也，人所停集也。"刘邦在秦末曾做过泗水亭亭长，《汉书·高帝记》颜师古注："秦法十里一亭。亭长

[①] 谢桂华：《居延汉简所见邸与阁》，《出土文献研究》第三辑，中华书局1998年版，第132页。
[②] 吴礽骧：《河西汉塞》，《文物》1990年第12期。

者,主亭之吏也。亭谓停留行旅之上。"汉代河西地区也设置亭。如居延的霸胡亭、三胡亭等。亭内传舍一般为政府修筑,官方使者往来,边防传递文书的吏卒都可在此住宿。

驿、置、邮亭都是河西官道上的邮政通信系统。其内有若干房舍,除了供专职官吏、工作人员以及役徒居住外,还有供公差行旅止宿之房舍。《汉书·薛宣传》注:"邮,行书之舍,亦如今之驿及行道馆舍也。"《后汉书·西域传》说"十里一亭,三十里一置,终无盗贼寇警"。敦煌悬泉置遗址总占地面积22500平方米,房屋建筑共27间。东墙下靠南2间和南墙下3间均保存不好,西墙下10间排列整齐,保存较好。房屋分为方形和长方形两种,长方形面积较大,如F6为4米×8米,方形较小,如F9为3米×3米,根据出土的简牍分析,为传舍用房。① 悬泉置"各级官吏百余人,加上兵卒和刑徒,可达400余人"②。这些吏卒的居住之所也为传舍。传舍分上中下三等。其中"沿北坞墙的一组传舍,有四个院落,每个院落前有长廊,中为客堂,后有寝室、洗手间,内有蹲式厕所、净手瓮和排水设施,大约是接待高级官员、外国使者和贵人的所谓'上传'。西坞墙的一组一字型排开的土墼平房,似为接待一般官员和驿置办公处所的所谓'中传'"。③

据河西出土汉简所见,凡使者往来、公职办事、送刑徒、送徙民、送戍卒、逐捕逃犯等公差人员都可在传舍内住宿。在传舍内当差者由戍边士卒充任。传舍还对公差行旅之人提供饮食即"传食"。

> 永始二年三月丙戌朔庚寅,泺涫长崇、守丞延,移过所,遣口佐王武逐杀人贼朱顺敦煌郡中,当舍传舍,从者如律令。
>
> 悬泉汉简 Ⅰ0110①:5

> 元延二年七月乙酉居延令尚丞忠移过所县道河津关遣

---

① 朱慈恩:《汉代传舍考述》,《南都学坛》2008年第3期。
② 何双全:《汉代西北驿道与传置——甲渠侯官、悬泉汉简〈传置道里薄〉考述》,《西北史研究》(第二辑),甘肃文化出版社2002年版,第536—550页。
③ 吴礽骧:《河西汉塞调查与研究》,文物出版社2005年版,第92页。

> 亭长王丰以诏书买马酒泉
> 敦煌张掖郡中当舍传舍从者如律令　　170.3A

上例中第一条简文为边塞官吏佐王武被派往敦煌郡中追逐杀人贼朱顺的过所文书，文书要求沿路传舍提供食宿；第二条简文为居延县令派亭长王丰到酒泉、敦煌、张掖郡中买马的文书，也要求沿路传舍提供食宿。

> 尉须省卒亭一人会月十五日毋失会日
> 毋得使卒卒责署相从饮食命从传食　　敦简979A

从此例所见，边塞戍卒在人员调动时亦有从传舍及传食之例。

传舍之中，有供住宿用的床、席等设施，如：

> 辨传舍床席叩头死罪　　　　　　　　敦简1134

公差行旅投宿时，须得出示相关入住传舍的证明，应劭《风俗通义》："诸侯及使者有传信，乃得舍于传耳。"

十　田舍

考古工作者在额济纳河流域也发现"至少200处古代田舍的遗址"[①]。如在乌民乌苏井东北1.5公里的一个小平顶高岗上有一房子，墙残高1米，厚1米，土坯作，面积为3.5米×5.5米，屋门朝东，在东北角。西北角有炉灶，贴近墙角，从此地出土的汉简和铜镞来看，此屋当为屯田卒所住的田舍。[②] 一些田舍还与烽燧相连，如伊肯河东岸T105烽燧台的"西南有相连的房子残迹，台西200米处有明显的沟渠遗迹"[③]，说明此房屋为田卒住舍。安西县内的巴州一号城，城内有多处房址，均已残毁，城

[①] 薛英群：《居延汉简通论》，甘肃教育出版社1991年版，第53页。
[②] 同上书，第58页。
[③] 同上书，第56页。

为屯田指挥人员所居住，城东南角房迹为屯田士卒所居。①

每个舍都有专门的命名，如下列二枚简所示：

省城仓卒名
三燧卒王尊
第三十三卒魏崇
舍甲春卿舍
薛崇舍中春卿舍
胡□舍□掾舍　　　　　　　E. P. T65：66

卒宗取韭十六束，其三束为中舍，二束掾舍　E. P. T51：325A

以上"甲春卿舍"、"中春卿舍"、"中舍""掾舍"都是士卒住所的名称，住舍者有"仓卒"、"燧卒"等，则必然有田卒，说明田卒所住舍也有专门的命名。

---

① 岳邦湖、钟圣祖：《疏勒河流域汉代长城调查报告》，文物出版社2001年版，第108页。

第三章 室内陈设与主要生活用具

室内陈设和生活用具是了解屯戍吏卒居住与生活条件的重要手段之一，但是关于汉代河西边塞吏卒住所内的陈设与生活用具，传统文献无详细记载，见于简牍资料的记载也只言片语，因此，本章对这一问题的探讨也只作粗略的介绍，不能完全概括其所有。依据现有简牍资料记载和考古发掘资料，见于河西屯戍吏卒住所内的陈设与生活用具主要有席、炕、床、卧榻、几、案、壁柜、灯台、碗架、衣杆、寝具等。

一 席

席是古代最普通的坐具及卧具，上至公卿权贵，下至寻常百姓都离不开席。古代有专门掌席制作的官吏，如《周礼·天官·玉府》曰："玉厢府掌王之衽。"郑司农注云："衽，席。"又《春官》曰："司讥熔掌五席，凡大朝觐、大飨射，凡封国命诸侯，以王位设黼依，依前南乡，设莞筵纷纯，加缫席画纯；诸侯祭祀席，蒲筵缋纯，加筦席纷纯，右雕几；昨席莞筵纷纯，加缫席画纯；筵，甸役，则设熊席；凡吉事，设苇席。"

至汉代时，席仍为广泛使用的坐具及卧具。汉代家具陈设比较简单，炕、床、榻等家具及室内地面就坐之处皆铺席，地上铺席，所以有"席地而坐"；睡觉在席上，所以又有"寝不安席"的说法。

从汉代石刻和砖刻画像相关资料来看，汉席按形制有方形和长方形两种，按用途又可分为单坐、双坐和多坐等。在当时社会，由于席的广泛使用，社会对席需求量较大，编织席成为当时的一门重要行业。《三国志·蜀志·先主传》："先主少孤，与母贩履织席为业。"

河西汉简也多见士卒制席的简文，如：

☑刑张□为□
☑良作席
☑□作屦　　　　　　　　　　　　　　　62.36A

二月十二日见卒忝人
卒解梁苇器
卒沐恽作席
卒郰利作席
卒郭并取蒲　　　　　　　　　　　　　E.P.T59：46

斯坦因著《西域考古记》中也有关于河西吏卒曾经用席的记载，其"发掘出来的各种文物有汉代的灰陶残片，几件残席片和藤编织物"。敦煌悬泉置也出土有草编的"床席"。①

从出土汉简看，河西吏卒所用席主要有秸席、苇席、蒲席等。

1. 秸席

秸席也写作"衽席"，是一种竹编的单席，又被称作箪席。《周礼·天官·玉府》："掌王之燕衣服、衽席、床笫、凡亵器。"郑玄注引曰："衽席，单席也。"贾公彦疏："衽席者，亦燕寝中卧席……司农云'单席'，则卧之箪席。"《说文》："箪，竹席也。"《释名》曰："箪，覃也，布之覃然正平。"又《诗·斯干》"下莞上簟，乃安斯寝"。"莞"，也是席子的一种。《说文》曰："草也，可为席。"莞席之上铺设箪席，因知箪席较莞席精美，所以箪席一般在贵族中多用。《东观汉记》曰："殇帝诏省荏弱平簟。"《淮南子》曰："席之上先藿簟，尊之上先玄酒。王贵之，先本而后末也。"簟席虽较莞席精美，但性凉，《三国志·吴志·朱桓传》："席以冬设，簟为夏设。"秸席在河西屯戍地区也用，如：

八尺□秸席一六尺席九□尺席十三　　　E.P.T40：70

---

① 张德芳：《敦煌悬泉遗址》，见《敦煌玉门关阳关论文选萃》，中华书局2003年版，第334页。

2. 苇席

苇席是用芦苇编织的席子。据了解，芦苇有许多品种，如白皮苇、大头苇、黄苇、青苇等，其中以白皮苇质量最好。白皮苇，杆高笔直，骨节小，皮薄色白，苇质柔韧，是编席子的上等原料。汉代河西地区生长有大量的芦苇，当时烽燧亭鄣的建筑中多使用芦苇，编席也多用芦苇。由于河西地区芦苇易得，故苇席可广泛用于坐席、铺炕、铺床、晒粮食等。

  苇席五枚广七尺长九囗
  省能做苇席及蒲席　　　　　　　　　　　E.P.T5：28

  将军当行塞候长及并居燧借六尺延扁席如牒　E.P.F22：278

  卧内中韦席承尘囗　　　　　　　　　　　E.P.T6：9

此简记载苇席的幅宽为广七尺，长九囗。将军行塞时，坐席用苇席。

3. 蒲席

指用蒲叶编织的席子。《礼记·杂记上》："苇席以为屋，蒲席以为裳帷。"可见蒲席比苇席有更好的柔软度。"君以簟席，大夫以蒲席"，君王应该坐"簟席"，而大夫只能坐"蒲席"，这既是礼节，又证明蒲席没有簟席精美华贵。蒲席为一般官吏及庶人所用，如《盐铁论》："古者庶人蒲席以草经，及后践蒲蒻，复筵方荐帛缘者也。"《东观汉记》也曰："郭丹师事公孙昌，敬重，常持蒲编席，人异之。"《汉书》曰："文帝以莞蒲为席。"此处只能说明文帝生活比较简朴。蒲席也是汉代河西屯戍官吏的坐具或卧具，居延汉简记载有"作苇席及蒲席"的，还有令史安世买蒲席的记录，看来苇席和蒲席是屯戍吏卒广泛使用的席子，如：

  省能作苇席及蒲席 囗　　　　　　　　　　E.P.T5：28

  三尺五寸蒲复席青布缘二　　直三百　　六月戊戌令
  史安世√ 充√ 延年共买杜君所　　　　　　267.7

297

"蒲复席"当为编织比较厚密的蒲席。以青布裹缘,不但美观,还可防止蒲席永久不散开。

居延汉简中还有关于荐席的记载,如下列两简:

  候长到皆告令为卒卧席荐四重令可行　　　E.P.T59:349A

  省蓬干鹿卢完坚调利候卒有席荐不　　　E.P.F22:238

"席荐"即"荐席"。何谓"荐席"?《说文》曰:"席,藉也。"《礼》:"蒻,蒲子也,可以为荐。"《释名》曰:"荐,所以自荐藉也。蒲平,以蒲作之,其体平也。席,释也,可卷可释也。"可见荐席即为蒲席。《别录》弘景也曰:"蒲席惟船家用之,状如蒲帆。人家所用席,皆是菅草,而荐多是蒲也",可证之。《史记》记载:"苏秦激张仪,令相秦,以马荐席坐之。"

一般人就坐或卧铺单张席子足矣。若在大席子上再铺一张小席子,谓之重席。《汉书仪》曰:"祭天,紫坛绀席,登地用六彩,席六重。"此处重席为六张席子重叠使用。《左传·襄公二十三年》:"季氏饮大夫酒,臧纥为客,既献,臧孙命北面设重席,新樽挈之。"此处为悼子设重席,就是要为他设特别的座位,突出它的地位。从汉简资料看,士卒卧席当有蒲席,这是边塞的基本制度。士卒亦可用四张蒲席铺在一起的卧席。

马王堆 1 号墓出土的两条草席,以麻线束为经,蒲草为纬,编法与现代草席编法相近,一条包青绢缘,另一条包锦缘(图八十三)。

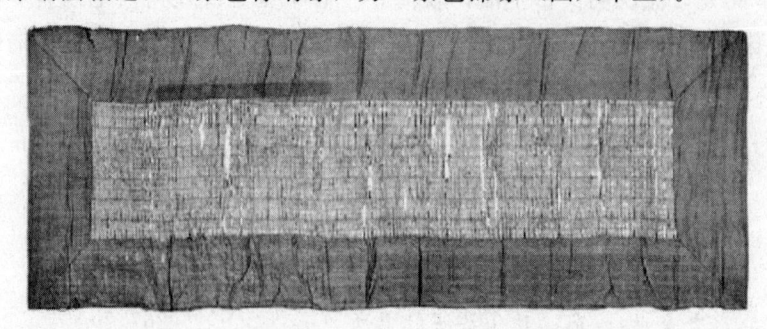

图八十三　长沙马王堆 1 号汉墓出土的蒲席

斯坦因在西域考古时所见的汉代残席，"用棕色粗线编成，横向和竖向的线绳平行交织，线绳两端打结"。① 他还依据发掘材料，对席子制作方法也有记载："先平行放置几根麻绳，麻绳间距 3—3.25 英寸（麻绳现存 5 根），长度在席子长度的两倍以上，在每根麻绳的居中位置打上一个圈，放上一小束草（现存长度约 18 英寸），麻绳余草垂直，用麻绳捆住草，穿过绳圈，接着放上第二束草，重复前面的步骤，位于下面的绳子保持平直，上面的绳子用来捆草，草席原长约 3 英尺 7 英寸，宽 1 英尺 10 寸，边缘很整齐。"②

居延汉简中还记载了席价，如：

六尺席一直百卅五

锸金三直六

付卅

凡二百卅六已得百一十七少百一十八　　　　E.P.T50：144A

《散见简牍合辑》也有"出钱二十买席"的记载，可见，席在边塞的价格并不是很贵。

二　炕

炕是汉代河西屯戍吏卒睡觉休息的室内设施之一。在辞海中，"炕"的解释为："北方人用土坯或砖头砌成的一种床，床底有洞，可以生火取暖。"文献中也有若干关于炕的解释，如《广雅》："炕，曝也。"《诗·匏叶传》："炕火曰炙。"《说文》："炕，干也。从火，亢声。"看来炕是与火有关的一种设施。关于炕的用途，两汉时期的文献阙载，后世文献也只涉及大略。北魏郦道元《水经注》卷六："观鸡寺，寺内起大堂甚高广，可容千僧。下悉结石为之，上加墍。基内疏通，枝经脉散。基侧室外，四出爨火，炎势内流，一堂尽温。"文中所载，当是一种"地炕"或"火地"，但没有加以这类名称。金刘仲尹《别墅诗》："灶下旋添温炕火，床头剩买

---

① ［英］奥雷尔·斯坦因：《西域考古记》，广西师范大学出版社 1998 年版，第 430 页。
② 同上书，第 439 页。

读书油。"这是见于文献的炕的用途的最早记载。炕的早期名称也叫土床,《三朝北盟汇编》卷三中说:"环屋为土床,炽火其下,相与寝食起居其上,谓之炕以取其暖。"此处土床当为炕,所谓"环屋",即室内不仅一个方向有炕。

南人住床,北人睡炕——地域气候不同而致生活习惯不同。南方炎热且潮湿,人住在竹、木床上,上下悬空,利于空气流动,既凉快又不易受潮。河西地区位居我国的西北方,冬季寒冷干燥,屯戍地区在室内多设炕,炕可供吏卒休息取暖。在冬季煨炕时,一面炕就能顶一个火炉子。

炕通过烧柴禾产生的烟和热气通过炕间墙时烘热上面的石板产生热量,使炕受热,从而达到取暖的目的。

炕取材简单,用土坯、泥土等材料做成。炕的构造及制作工序可从现代西北地区一些农村看到,有打泥炕(土炕)、石板炕、烧炕等。建造打泥炕的工序较为复杂,费时费力,其具体做法是先用土、草、水调泥,泥要调和得比抹墙的泥硬(稠)一点,待用。按房子间架大小用土坯做好"炕粗联"(炕圈),在适当的位置留炕洞门,一面大炕一般有两个炕洞门,在两洞门之间做上隔墙,用泥将"炕粗联"周围封闭严实,晾干后在"炕粗联"内装满土,装得比"炕粗联"高出 2—3 公分,呈中间高四周稍低的状态。待备用的泥经过 2—3 天"卧"筋后,在已装满土的"炕粗联"铺一层干芨芨草、黑刺之类,把已"卧"筋的泥摁在上面抹平,泥的厚度约 10 公分左右,待泥晾干至七八分时,用平底石头、杵子、木榔头等工具将炕面打平,打炕时一般隔一天打一次,以免造成"翻浆"。打平后晾 15—20 天左右,待炕晾干后,从炕洞门将装在里面的土全部挖出,又回垫一些干土,煨上麦衣、晒干的牲畜或煤末等。在炕面铺一层草,扣放一个大盆吸收水分,待盆内没有水珠时,说明炕全部干了,即可以使用了。

石板炕的做法常见的是在地面上砌几道小墙,将空间隔成几条坑道,两端留空使道道相通,上以石板为盖,然后在石板盖上抹上泥土,再复用砂泥之类抹平。

烧炕常与锅灶相连,二者只有一墙之隔。一般情况下,炕角头墙壁内做一个烟洞。在烧炕的炕墙外,建造一个锅灶,其烟、火路通向烧炕。在灶上做饭时,产生的高温烟气通过墙壁内洞进入炕体内部,加热炕体,使炕体表面温度升高。这里，灶与炕的功能分别是燃烧和储热。它集烧饭、取暖于一体，高效、充分地利用了热能。

马圈湾烽燧遗址，在烽燧的东侧有坞，坞内建筑有过道和套房三间，其中F1室内东侧有一南北向的土炕，1.90米×1.15米×0.35米，炕边缘用单层土墼砌筑，炕面以草泥抹光。说明河西吏卒睡觉的炕属于土炕。另外，在遗址F2东北角也有一灶，灶后烟道通北墙，墙外即F1土炕。说明河西吏卒所用的炕还有烧炕。

三 床

汉代人的坐卧具除炕外，还有床、榻、枰等。《释名·释床账》曰："人所坐卧曰床，长狭而卑曰榻，言其榻然近地也。"《初学记》卷二十五引服虔《通俗文》曰："床三尺五曰榻，板独坐曰枰，八尺曰床。"居延汉简也有确证，如：

　　床二　其一六尺
　　　一八尺板四枚　　见　　　　　　　　　　E.P.T6：82

可见床的尺寸规格。

　　辨传舍床席叩头死罪　　　　　　　　　　　敦简1134

从此简文看，床、席皆为舍内重要的卧具。

（宋）王观国《学林》卷四特别指出："古人称床、榻，非特卧具也，多是坐物"，它和现代所说的床不是同一个概念。

　　上传外坐床六尺二
　　　外六尺□□□　　　　　　　　　　　　　E.P.T59：395

从此简文中提到的外坐床可知，床也确为坐具之一，其长度为汉尺六尺二，与八尺长的卧床有区别。

301

床一般为木制，如上例中的 E.P.T6：82 简文所言，其一床用八尺板四枚合成。也有石制的，如河北望都 2 号汉墓曾出石床一件，尺寸较大，当为卧床（图八十四）。山东安邱汉画像石也有其例，若从其形推测可能为外坐床（图八十五）。东汉末，西域的胡床传入中原，形如今天的马扎子，可以折叠，是一种轻便的坐具，深得汉灵帝喜爱，在贵族中流行，可以推测河西走廊还有可能已用胡床。

图八十四　河北望都 2 号汉墓床　　图八十五　山东安邱汉画像石

古人设床，多要施帐。《释名》："帐，张也，张施于床上也。"《急就篇》颜注也说："自上而下覆谓之帐。帐者，张也。"据《西京杂记》载：西汉时广川王去疾好盗发前代冢墓，在发魏王冢时，在一室内"得石床方七尺，石屏风，铜帐钩一具，或在床或在地下，似是帐，糜朽而铜钩坠落"。这可能是先秦两汉时期床上施帐的较早例证。从河南新密打虎亭二号汉墓的一幅壁画中也可以看到，宽敞的厅堂中张设一长方形帷帐，墓主人坐在帐中，帐前置案，案上陈设杯盘。①古诗《孔雀东南飞》中也曰："红罗复斗帐，四角垂香囊。"出土的悬泉汉简也有床上施帐的例证，如：

●右使者到县置共舍第一传大县具传舍如式
堂上置八尺床卧一张皂若青帷
龟兹王王夫人舍次使者传　　□内共上
四卧皆张帷床内□
传舍门内张帷可为贵人坐者

---

① 安金槐：《密县打虎亭汉代画像石墓和壁画墓》，《文物》1972 年第 10 期。

吏二人道　　　　　　　　　　　Ⅰ T0114①：112AB①

此简文中记载了龟兹王的夫人路经敦煌，住在传舍内，传舍内置一八尺卧床，床上悬挂一张皂若青色的帷帐。由"传舍门内张帷可为贵人坐者"及上述引文可知，床一般为贵族、女性或官僚阶级使用，一般士卒坐卧休息皆在炕上。

四　卧榻

榻在河西地区有广泛的运用，1972年嘉峪关新城公社以西5里的戈壁滩上清理了数座东汉墓，在1号墓的南壁甬道门东侧的第二层画像砖上可能画得是墓主人，头戴乌冠，高坐榻上，右手持扇。在前室南壁甬道门西侧、西壁和北壁西侧画像上，有主人们在榻上赏乐，榻前置斛等温酒器及炊具。②榻的形制相比较床而言，狭长且低矮，一般为木制。但是也有例外，河西屯戍地区条件简陋，考古发现的榻为比较简易的土台，上面可铺席供使用。例如斯坦因在"紧邻T.Ⅵ.b烽燧南面的土墩，发现了一处保存完好的营房基址，其中一小房间长9英尺，宽7.5英尺，里面有一处灰泥夯成的低矮卧榻，它可能用作办公室，因为这里发现了8枚带字的木简，其中一枚：本始六年三月，癸亥朔丁丑尽辛卯十五日到官"③。斯坦因发现的此卧榻或为屯戍吏卒的坐具之一，也或起办公之用的桌子的功用，具体如何不得而知。卧榻用灰泥夯成，可见边塞生活的艰苦。

五　几

几为汉代室内最常见的家具之一，形制如汉字"几"，一般装曲足。汉代的几依据其用途可分为两种：一种是《尚书·顾命》"凭玉几"之凭几。由于汉代人坐在席上，坐姿压迫下肢，为减轻压力起见，有时乃凭几而坐，膝纳于几下，臂伏于几上。凭靠之几起初是敬老之具，即所谓"养衰老，授几杖"，后来其使用范围逐渐扩大。孙机先生认为："凭几的几面

---

① 甘肃省文物考古研究所：《敦煌悬泉汉简内容概述》，《文物》2000年第5期。
② 嘉峪关市文物清理小组：《嘉峪关汉画像砖墓》，《文物》1972年第12期。
③ [英]奥雷尔·斯坦因：《西域考古记》，广西师范大学出版社1998年版，第370页。

较窄，一般在 20 厘米左右。西汉时的凭几之几面常微向下凹曲，还接近战国时的式样。山东临沂金雀山西汉墓出土的凭几，几面两端雕成兔首状，颇为别致。东汉凭几的几面多为平板，有的在其两侧各装四条栅状足，有的只装一条曲足，这两类凭几的使用情况，在画像石上都能看到。在冬季，几上还加铺织物。"①

另一种是《释名》所称"庋物"之几。孙机先生也指出"这种几的面板为长方形，几上置文书、什物，略如时下北方的炕桌"。20 世纪 50 年代至 70 年代武威磨嘴子汉墓先后出土了两件木几，其中 62 号墓出土的木几长 117 厘米、宽 19 厘米、高 26 厘米，两端各有 3 条曲形足，足下弓形。木几表面残存明显的刀切痕迹，似木俎，但不在炊具处，而在案后②，依照形制当为庋物之几（图八十六）。

图八十六　武威磨嘴子汉墓出土的木几

居延汉简中有一枚简提及几，如下：

大酒几一长七尺　　　　　　　　　　　　　E.P.T51：408

简文中的下酒几当为屯戍吏卒喝酒用的几，长度为汉尺七尺。按类型当为"庋物"之几。

---

① 孙机：《汉代物质文化资料图说》，文物出版社 1991 年版，第 230 页。
② 甘肃省博物馆：《武威磨嘴子三座汉墓发掘简报》，《文物》1972 年第 12 期。

县泉传舍皆为幸伏几	Ⅵ1812②：284
第二传堂上毋伏机	ⅡT0111①：91

"伏"即"凭靠"。《文选·吴质〈答东阿王书〉》"伏虚槛于前殿"，张铣注"伏，凭也"。"机"通"几"，朱骏声《说文通训定声》："机，假借为几。""伏机"即"伏几"也即"凭几"，为座物之几。

六　碗架

斯坦因在河西考古中，在"紧邻T.Ⅵ.b烽燧南面的土墩，发现了一处保存完好的营房基址，有一个用胡杨木做成的宽约1英尺的木架子，上面有一块涂上石灰的芦苇席，还有倭纹的木漆碗"①。斯坦因发现的此处的木架子上置碗，当为碗架之类的家具，实际上，汉代人储藏或放置食物有专门的厨。《论衡·感虚篇》又《是应篇》谓燕太子丹质秦求归，秦王提出的条件有"厨门木象生肉足，乃得归"。辽阳棒台子屯东汉墓壁画中有一厨，厨顶作屋顶形，一女子正在开厨门取物，可见贮有黑色壶。② 河西边塞地区，条件艰苦，这种陈设或因较奢侈而不多见。从当时的实际条件看，各种家具只求简单、实用，因此简易碗架成为屯戍地区室内的陈设之一。

七　灯台

灯是古代人们最基本的夜间室内照明用具。"灯"字从食器中的"豆"转化而来。《尔雅·释器》："瓦豆谓之登。"郭璞注："即膏灯也。"它大约出现于春秋，至西汉时，灯的式样已较繁多，见于武威雷台汉墓的灯就有石灯、连枝灯、铜灯三种样式（图八十七）。其中最常见的铜灯上有盘，中有一枚支钉形的火主，下有底座（柎），可称为豆型灯。使用时，将剥去麻皮的麻蒉（麻干）缚成束支在灯盘的火主上，灯盘中盛上动、植物的油脂，麻蒉用油脂浸过，点燃麻蒉便可照明。这种灯因为用油脂，所以叫

---

① ［英］奥雷尔·斯坦因：《西域考古记》，广西师范大学出版社1998年版，第370页。
② 转引于孙机《汉代物质文化资料图说》，文物出版社1991年版，第218页。

油灯。油灯的灯炷也叫"烛",《新论》："火随脂烛多少,长短为迟速。"表明烛即灯炷要浸在脂里。所以灯又称为灯烛。桓谭《新论·袪蔽篇》中说："余后与刘伯师夜燃脂火坐语,灯中脂索,而烛燋秃,将灭息。……伯师曰：'灯烛尽,当益其脂,易其烛。'"

灯也是河西屯戍吏卒最基本的照明用具,斯坦因在屯戍"营房发现的器物中,有彩绘木块它显然是用作烛台"[①]。马圈湾烽燧遗址,烽燧的东侧有坞,坞内F2室内南墙中部砌一半圆形土柱,平顶,似为灯台。[②] 这两处提到的烛台和灯台通指放置灯烛的灯台。

图八十七　武威雷台汉墓出土的石灯、连枝灯、铜灯

八　衣物架

汉代人常穿的衣物一般放置在衣物架上,这种衣物架或专门做成家具的式样摆在室内,或钉挂在墙上。其中置于室内的放衣物的摆设被称为"衣杆",内蒙古托克托东闵氏墓壁画中可见此物,旁题"衣杆"二字。山东沂南画像石也见此物。由四根木条套装组成的长方形对象,形似汉字"开"。衣杆的两足为爪形[③]。也有用木支架直接钉挂在墙上的衣物架,如斯坦因在中国考古时,在一屯戍营房的小套房里,发现"有四件烽燧里常

---

① [英]奥雷尔·斯坦因：《西域考古记》,广西师范大学出版社1998年版,第378页。
② 甘肃省博物馆等：《敦煌马圈湾烽燧遗址发掘报告》,《文物》1981年第10期。
③ 孙机：《汉代物质资料图说》,文物出版社1991年版,第220页。

用的木支架，它们被漆成不同的颜色，它们的大小差别很大，纹饰也有区别，每件都有用于钉在墙上的榫和挂钩，支架下部的漆多被磨掉"[①]，从这些木支架的出土情况和形制上分析，它们是用来挂衣服和兵器等装备的衣物架。

这种木支架，斯坦因在西域及河西屯戍遗址一带考古时，不止一次见到，如还发现的编号为 T.Ⅷ.004 木支架，"两端厚度一致，支架两端有榫头，长 2.5×1.75×1.25 英寸，底部准头削成圆尖形，上部榫头有 1 英寸的刻槽。榫头前端也被削尖而有刻槽地方被削成斜面。支架下部有两条很深的刻槽与边缘平行。两端刻槽到圆尖的一个小孔处回合，小孔是敞口形。支架的另外两面上有刻纹，上部有一个圆圈或眼，圆眼向较薄的支架边缘，和墙面有辐射状刻线。或者也这么说，从墙面向支架边缘有汇集的刻线，支架的居中置有一弯弯曲曲的刻纹，整个支架的边框用一条刻线表示，上面有黄色和蓝黑色的彩绘痕迹"[②]。

九 壁柜

斯坦因在屯戍营房发现的器物中，还见有"一些常见的木家具和织物残片等。房子里的小壁龛很可能是做壁柜用的"[③]。马圈湾烽燧遗址，烽燧的东侧有坞，坞内建筑有过道和套房三间，西墙也有一壁龛。屯戍吏卒的衣物、财物一般置于专门的邸阁中保存，此处小壁龛若做壁柜之用只能存放一些常用的零碎对象。

十 寝具

被子是屯戍吏卒睡觉或休息时盖在身体上的主要寝具。《说文》："被，寝衣，长一身有半。"又"衾，大被"。《释名》曰："被，所以被覆人也，衾也。其下广大如岸，一授人也。"说明汉代的被子与现代被子的功用相同，都为睡觉时被覆在身体的衾具。被子的长度为一个人身体基本长度还要稍长点。一般为单人被，也有双人被，如《古诗》言："客从远方来，

[①] [英]奥雷尔·斯坦因：《西域考古记》，广西师范大学出版社1998年版，第368页。
[②] 同上书，第433页。
[③] 同上书，第388页。

遗我一端绮。文彩双鸳鸯，裁为合欢被。著以长相思，缘以结不解。"此处"合欢被"即为双人被。

被子从质料上来讲，可分为丝绸被子与布被。《诗》曰："锦衾烂兮。"《传》曰："楚子次于干溪。雨雪，楚王皮冠、秦复陶、翠被、豹舄，执鞭鞭出。"从汉代文献记载来看，汉代官吏一般盖丝被，《汉官典职》曰："尚书郎入直，供青练白绫被，或锦被。"

布被一般为普通百姓盖，官吏盖布被在汉代常被认为是节俭的做法。《后汉书》曰："祭遵奉公，家无私财，布被，夫人裳不加彩。"《东观汉记》曰："王良为大司徒，在位恭俭。妻子不入官舍，布被瓦器。"《史记·汲黯传》中汲黯曰："'公孙弘位至三公，俸禄甚厚。为布被，此诈也。'上问弘，弘谢曰：'有之。夫九卿与臣善者无过黯，然今日廷诘臣，诚中臣之病。夫以三公为布被，饰诈以钓名。且臣闻管仲相齐有三归，侈拟于君，桓公亦霸；晏婴相景公，食不重肉，妾不衣丝，齐国亦治。今臣位为御史大夫而为布被，自九卿以下至小吏，无差，诚如黯言。且无汲黯申之，陛下安闻此言？'天子以为谦让，愈益厚之。"此文内公孙弘位至三公而盖布被，被汲黯知道后上告皇帝。汲黯认为公孙弘的做法是在欺诈皇上。而公孙弘的辩词只能说自己简朴，并不能否定汉代官吏都盖布被。

《诗》："肃肃宵征，抱衾与裯。"（裯，单被也）。由此文看出被征调士卒也有盖的被子。居延汉简有一简文记载如下：

☐袍缣被一，完　　　　　　　　143.29

绵被一　　　　　　　　　　　敦简1043

此文内缣被是丝绸被子的一种。《说文》："锦，襄邑织文也。"绵被，即为有丝绵被子。缣被和绵被可能为屯戍官吏所用。一般士卒来源于平民，当为布被。穷苦者也有无被子的，如《汉书·王章传》："初，章为诸生学长安，章疾病，无被，卧牛衣中。"屯戍士卒也有穷苦者或来源于犯人的，因此无被子盖当也发生于屯戍士卒中。

依考古发现，汉代高级官吏室内寝具还有氍毹、㲨、毡等高级毛织品。

氍毹是用毛或毛麻混织的毯子，可用来铺床，也可用作地毯。《三辅黄图·未央图》："温室以椒涂壁，被之文绣……规地以罽宾氍毹。"敦煌马圈湾烽燧遗址出土毛织残片共十二件，所见有氍毹（79·D·M·T16：04），深红色，经线为两股相纠的粗线，排列稀疏，纬线单股细密，织物厚实美观，类似今日之毛呢。[①]

毡（T13：03）可作为坐垫。敦煌马圈湾烽燧遗址见有毡的残片，白色，以棕色薄毡做边缘装饰，并以棕色双线作十字交叉图案，坐垫中心以棕色毛线作单线品字形图案。

罽，指彩色染经剪绒的毡，可作坐垫之用，也可用作炕、床、卧榻之上的卧具。《说文·系部》："罽，西胡毳布也。"段玉裁注："毳者，兽细毛也。用作为布，是曰罽。"马圈湾烽燧遗址出土的罽为平纹组织，组织细密，作黄地棕色方格图案，工艺水平极高（T7：017）。

十一　承尘

承尘，是为防止梁上的灰尘掉落沾衣而悬挂在床顶上的一种家具。河西汉简中有相关记载：

承尘户巾兼条缋纵　　　　　　　　　　　　敦简 2356A

卧内中韦席承尘　　　　　　　　　　　　　E. P. T6：9

"承尘"与"尘承"二者互逆，文义相同，其中敦简 2356A 简文为《急就篇》卷三原文，颜师古对此有注解："承尘，施于床上，以承尘土，因为名也。"《释名·释床账》也曰："承尘，施于上，承尘土也。"四川成都青杠坡三号墓出土的传经画像砖上可见这种家具的样式（图四十三）。

十二　屏风

门屏风少一　　　　　　　　　　　　　　　82.1

---

① 甘肃省博物馆、敦煌县文化馆：《敦煌马圈湾汉代烽燧遗址发掘简报》，《汉简研究文集》，甘肃人民出版社 1984 年版，第 506 页。

《释名·释床帐》:"屏风,言所以屏障风也。""门屏风"为竖立在房屋门口,用于隐蔽和挡风的家具,与今日屏风之作用相同。《说文·尸部》:"屏,蔽也。"《史记·孟尝君传》:"孟尝君待客坐语,而屏风后常有侍史,主记君所与客语。"

以上所述屯戍吏卒的室内设施或家居布置来自考古发现的实物和汉简资料中所见而论。当然,汉代河西屯戍吏卒所居室内陈设应该不仅仅是上述情况,应当更丰富一些,但囿于考古实物的缺乏和资料的不足,只能论及于此。从不多见的上述对象或设施中,我们不难看到河西屯戍吏卒生活相当艰苦,其生活用具简单、粗陋,只为方便使用为目的,毫无装饰、奢华之感。

第四章　河西塞防建筑的规划与营建特点

第一节　烽燧的建筑方法与材料

河西汉塞是由边城、鄣、烽燧、关、长城等设施组成的庞大的军事防御体系，其中烽燧最为常见，遗址保存相对较好。有的烽台遗址尚存，且堠楼、女墙、备用"积薪"、攀登绳索以及木制门框等也保留至今，为研究带来了便利，因此，我们重点探讨一下河西屯戍地区烽燧的形制、建筑方法和材料。

烽燧以侦察眺望、燃火举烟示警而得名。一般而言，烽燧由烽台、望楼、套间小屋、厕所、畜圈以及坞院等几部分组成，其相互间的位置组合关系基本形成定制："烽台的台多为方形，底边长5—8米，高2—8米之间，收分明显，平顶"[1]，上建有小屋一间，即望楼，即汉简中的"堠""堠楼"等，望楼四周的女墙，多以土墼砌筑，高约1.5米左右，墙顶平砌，无雉堞或瞭望孔等设施。望楼一面开门，敞露无屋顶，部分烽燧上有半露的遮阳草篷，执勤戍卒可以坐于篷内。登望楼的方法各有不同，一般较高的烽燧多用台阶，顺烽燧墙壁由一侧转向另一侧入门，较低矮的烽燧则借砌于墙内的拉绳、脚窝攀登而上，亦或用木梯。烽台与望楼之间，墙面平齐，无明显标志。有的烽台侧面还与坞墙相接，坞内建有数间套房，或置土炕，或置灶台，是屯戍吏卒的起居之所。坞墙之外，另建厕所、畜圈、水井以及杂务用房等。

---

[1] 陈菁：《两汉时期河西地区烽燧亭障规划营建刍议》，《甘肃社会科学》2006年第2期。

烽燧的建筑方法

依据目前的考古发掘，烽燧的建筑方法大致分为三类：

1. 以土墼或土墼夹杂芦苇砌筑　土坯砌墙是我国先民曾广泛采用的一种建筑形式。这种土坯叫"土墼"。《急就章》颜师古注曰："墼者抑泥土为之，令其坚激也。"土墼的做法是用水和泥，加上打碎的草秸，灌到同样的方形木模里面，做成一块块的土坯子，晒干后用来筑墙。河西屯戍地区的一部分烽燧亭鄣或坞墙采用这种砌筑方式。考古发现的玉门花海Y33（T44b）烽燧为"土墼砌筑，土墼尺寸 37×17×12 厘米，现存 16 层土墼"。[①] 有的土墼内掺合苇筋、沙砾、石子等材料以进一步加固烽燧。如敦煌市西北 D29（T16）烽燧以"土墼砌筑，土墼间夹杂一层芦苇，土墼尺寸 38×18×12 厘米，土墼内含红色土"。[②]（图八十八）

图八十八　敦煌市西北 D29（T16）烽燧

2. 夯筑法　也叫板筑法，先在地上立两行木柱固定位置，柱里放板，这种挡土板叫"板"，两行木板之间加以黄土，用夯一层层地夯实，这叫"筑"，然后撤去板即成。"夯土筑成的烽燧遗址，夯土层的厚度一般在 3、4 英寸左右。"[③] 夯层中还常残留有连接夹板用的以红柳拧成的绳索，为了

---

① 吴礽骧：《河西汉塞调查与研究》，文物出版社 2005 年版，第 122 页。
② 同上书，第 77 页。
③ [英] 奥雷尔·斯坦因：《西域考古记》，广西师范大学出版社 1998 年版，第 415 页。

加强夯层的黏合力，夯层间竖插有许多红柳尖桩，有的尖桩上还缠有红柳枝或芨芨草。

图八十九　敦煌市北工墩 D101 烽燧

甘肃考古工作者发现的敦煌市北工墩 D101 烽燧，黄土夯筑，用红柳、芦苇、砂石层层夯筑（图八十九），这种建筑方法，首先挖掘夯筑烽燧基础，其次将红柳或芦苇等柴草切割成若干段，扎成小捆平铺在地面上，再次将砂石用水搅拌后夯筑在红柳层或芦苇层上，最后再用红柳或芦苇捆压在砂石上，层层抵换夯压而成。采用这种建筑方法的地区往往水分含较高的盐碱成分，搅拌后的砂石易凝结，十分坚固，加上红柳、芦苇中也含盐碱，与砂石层凝结成为一体，风沙吹不动。

斯坦因在《西域考古记》中称，他所看见的长城"用苇草捆成一定的间隔，同泥层交互砌成一道正规的城墙，全部经过盐卤渗透之后，坚固异常。墙外面同内部成捆的苇杆成直角形，还放有别的苇杆，捆扎得很仔细，形如束柴，砌成堤形。苇杆束一致长八尺，厚约八寸。从保存的很好一段墙，可看出其厚达八尺，高达七尺，因盐卤之浸透，墙壁已成半化石状态"[①]。

1981—1984 年，西北师范大学陈守忠教授等一行对河西长城西段进行实地考察，也看到这种情景："玉门关外 10 余公里的一段，保存得极为完整，以当地芦苇、红柳等和沙砾，层层夯筑，层间黏结得非常牢固，今

---

① ［英］奥雷尔·斯坦因：《西域考古记》，广西师范大学出版社 1998 年版，第 369 页。

已近于'石化',可谓我国古代独创的'混凝土'城墙,内倾的高处烽燧遗迹相望,烽台多以黄土,芦苇为基,上部以土坯垒砌,高者可达10余米。"①

3. 以胡杨木棒为骨架,以碱土块、石块、泥块中夹芦苇、红柳、胡杨枝,分层垒筑这种结构的亭燧,其墙面处理方法跟土墼砌筑方法完全相同。如敦煌市牛头墩D19(T10)烽燧,结构为土石块、胡杨、芦苇分层叠砌(图九十)。

图九十 敦煌市牛头墩D19(T10)烽燧

由上例子可得出汉代河西烽燧建筑材料因其地理位置、地貌、植被、土质与水资源等因素而各塞段都有所不同。材料选用皆为就地取材,具体做法是:

1. 当地土多,且容易取水的地方,使用土墼砌筑。砌法以错缝平砌,每层土墼间不用草泥粘接,每隔几层土墼间夹以芦苇或红柳、茇茇草等纵横交叉铺叠做骨架。

2. 当地林木多的地方,则用粗壮的胡杨、白杨、红柳木头排列整齐,横铺在地,作为基础,再用黄土或沙石层层夯筑。

3. 当地草多的地方,用当地生长的芦苇、茇茇草等为建筑材料。

4. 当地无草木或林木时,则用黄土夯筑或石头砌筑,夯土层的厚度一般在3—4英寸左右。如卅井塞一烽台已倾成一高2.5米的砾石堆,其

---

① 张青:《浅谈芦苇在秦汉长城基础中的应用》,《科技信息》2008年第3期。

中 T115 烽台用沙石板砌成。① 黑城东南 A17 烽燧下部用沙石板砌成，中间夹芦苇层，保存完好，南部有一长方形房子，用河卵石为基础，门朝南。②

河西汉塞所经之处，有沙漠、戈壁、河流、湖泊、山脉、绿洲……其地形地貌可谓千差万别，工程营建也不尽相同，屯戍士卒本着"因地制宜、就地取材"的原则，将唾手可得的红柳、芦苇、胡杨棒等植物杆茎运用于塞垣的构筑之中，河西汉塞也由此成为独具特色的汉代边塞建筑。

第二节　塞防上房屋的营建方法

塞防上的城、障、烽燧处皆置有房屋供吏卒居住。从现有的考古资料来看，河西塞防上的房屋建筑多受中原建筑文化的影响，同时结合了当地的实际条件。河西屯戍吏卒绝大多数是中原各地的农民和手工业者，他们迁入河西后也把先进的生产技术带到河西，促进了河西建筑技术的发展和进步。

汉代中原的房屋建筑，从考古资料看，地基及围墙采用夯筑法，隔墙用土坯建筑。屋顶采用斗拱式建筑，室内有柱子顶住上梁。室内墙壁涂白灰。屋顶用瓦，前沿檐端饰有瓦当，上有图案花纹等。

汉代河西边塞房屋建筑在充分吸收中原建筑文化的基础上，结合当地的地形、环境因地制宜，多种建筑方法综合运用，从而形成比较有特色的汉塞房屋建筑特色。

夯筑法在龙山时代已经出现，至汉代建筑技术已充分成熟。黄土加压，形成密度较大的夯土，既防潮，又达到较高的强度。考古所见边城或鄣基本上都是夯筑，如地湾城，考古编号为 A33，有鄣，鄣墙板筑，鄣内有若干房子也为板筑。③

土坯砌墙在河西屯戍地区的房屋建筑中同样采用。安西县 A93 八棱

---

① 薛英群：《居延汉简通论》，甘肃教育出版社 1991 年版，第 66、68 页。
② 同上书，第 58 页。
③ 同上书，第 193—194 页。

墩烽燧，"附近有房屋遗址，土墼砌筑，长 10 米，宽 5 米"。[①] 金关 J24（T461）烽燧南的"堡墙以小土墼砌筑，面积 16×11 米"。[②] 玲北塞 A10 坞堡也为"土墼砌筑，一直一横，夹泥压缝，土墼中羼杂有碎芦苇"。[③]

中华民族是世界上历史悠久，富于创造性的伟大民族。我们的祖先从很早的时候起，就用自己的勤劳和智慧创造出多种形式的具有独特风格的建筑，其中最早的就是穴式建筑。《太平御览》卷 78 引项峻《始学篇》载："上古皆穴居，有圣人教之巢居，号大巢氏，今南方人巢居，北方人穴处，古之遗俗也。"半地穴式建筑是新石器时代我国先民广泛采用的一种居所建筑。所谓半地穴式建筑，就是先在地面上挖一个圆形或方形浅坑，然后在坑上修建一个窝棚式的房屋。这种建筑形式在中国新石器时代早期就已经出现。如河北武安磁山遗址[④]、广东韶关走马岗遗址[⑤]、陕西西安半坡和临潼姜寨遗址[⑥]，都发现了数量不等的新石器时代的半地穴式建筑。

半地穴式建筑有它独自魅力的特点，即冬暖夏凉，节省空间和材料，因此，这种建筑形式自新石器时代出现后继而在历史上存在了很长的一段时间，即使后来建筑的发展都已经出现了宫殿式的地面建筑，而这种建筑依然存在，小方盘城以东 37 号烽燧、敦煌素油土烽燧一侧的半地穴式房屋建筑就充分说明了这一点。

套房式房屋为河西屯戍地区广泛采用的一种房屋结构方式。这种结构分为套室、套室—厅型、套室—夹道型。

敦煌马圈湾烽燧东侧的一方堡内有过厅和套房四间，标注为 F1、F2、F3、F4。F1 位于北侧，4.0 米×1.97 米，房门南开；F2 位于 F1 的南侧，与过厅 F4 相通，无门，4.5 米×2.7 米；F3 位于 F2 的南侧，2.92 米×2.23 米；F4 为过厅，位于 F2 的西南角，西与坞门相通，2.15 米×1.73 米；F5 在 F4 的东侧。[⑦]

---

① 吴礽骧：《河西汉塞调查与研究》，文物出版社 2005 年版，第 113 页。
② 同上书，第 127 页。
③ 同上书，第 133 页。
④ 石永士：《河北考古工作中发现的先秦房屋建筑遗存》，《文物春秋》1995 年第 4 期。
⑤ 杨杰：《广东地区早期房屋建筑遗存分析》，《广东广播电视大学学报》2008 年第 2 期。
⑥ 郭宝发：《中国早期建筑的地基地面处理》，《文博》1990 年第 5 期。
⑦ 吴礽骧：《河西汉塞调查与研究》，文物出版社 2005 年版，第 63 页。

最能说明这种套房式结构的例子当属甲渠候官遗址坞内的套房了，依据考古工作者绘制的平面[①]：图上其中 F21—F31 这十间房屋层层相套，由 F31 入内为 F29 和 F30，二者相邻。F29 的北侧为 F27，这是一间过厅，厅侧左右设 F25、F28、F26。在 F25 的周围又有 F24、F21、F22、F23。这种套房式结构房内有房，门内有门，如行走于迷宫中一样变幻莫测（图九十一）。

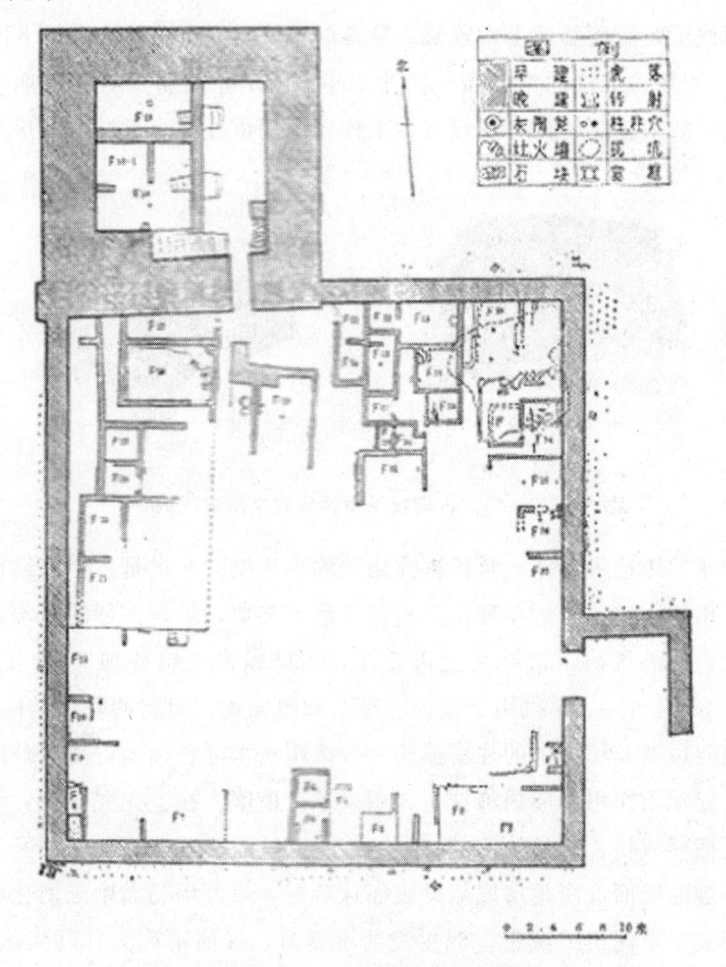

图九十一　甲渠候官遗址平面

[①] 甘肃省文物工作队、甘肃省博物馆：《汉简研究文集》，甘肃人民出版社 1984 年版，第 479 页。

大木作是我国木构建筑的主要支承结构，可分为柱、梁、枋、檩等。汉代中原的建筑物屋顶荷载由柱、梁组成的木框架承托。这种建筑形式在新疆罗布泊楼兰古城发掘中也见到。发掘出有东汉前期的三开间官署建筑遗址，都为土坯砌筑，东西宽约 12.5 米、南北长约 8.5 米。三间房的东西两厢采用大木做框架，红柳枝做骨架，外涂草泥。① 还出土数枚木制栌斗，分圆形、方形。额济纳旗纳林河西岸的破城子甲渠候官治所也见到大木充当柱梁，南侧郭墙下发现烧毁坠落的木柱、斗等，柱，残高 85 厘米，径 15.5 厘米，上端圆榫上插一栌斗，斗口弧形，约属于西汉中期，这是现存较早的木建筑构件，从而考古工作者推测该处曾有木结构的房屋建筑（图九十二）。②

图九十二　内蒙古破城子甲渠候官之所发现的栌斗

栌斗，即柱头大斗，常跟拱连用，称为斗拱。斗拱是古代木结构建筑中常采用的木件，分为斗和拱。斗是斗形木垫块，拱是拱形的短木，拱架在斗上，向外挑出，拱端之上再安斗，逐层纵横交错叠加。《营造法式》称斗拱为"铺作"。斗拱用于柱顶、额枋和屋檐式构架间的联络结构。

河西边城及鄣燧中的住房建筑一般采用土木混合结构，房屋外围为夯土墙，起承重作用，屋内施柱子，用来承重横梁。柱上先置斗拱，斗拱之上承托横梁或枋。如卅井塞 T128、T136 房屋的墙壁上都施有柱子。

亭燧的墙面及所附房屋墙壁表面抹草泥，草泥用马粪中未消化的草根和泥而成，草泥组织缜密，泥皮光洁不裂口，汉简中称为"马矢涂"。泥皮的表面再刷上粉，即汉简中所谓"涂塈"，如：

---

① 新疆楼兰考古队：《楼兰古城址调查与发掘简报》，《文物》1988 年第 7 期。
② 甘肃省文物工作队、甘肃省博物馆：《汉简研究文集》，甘肃人民出版社 1984 年版，第 480 页。

土恶 涂亭燧　　　　　　　　　　　　E.P.F22：672

《急就章》："拟涂堊墍"，颜师古注曰："泥涂，作泥以涂饰之及塞巢穴也。堊，白土也。"由颜注可知，在筑墙以后，人们要用泥摸好细缝，再涂上白色的土。《释名·释宫室》："堊，亚也；亚，次也。先泥之，次以白灰饰之也。"《释名·释官》："墍犹㮣，㮣，细泽貌也"，即精细的涂饰。涂塈可不断地修复墙面，保持墙面完整、美观、防潮，在边塞还有易识别的特点。

汉代边塞屯戍制度明确规定，戍卒必须定期在建筑物上涂草泥粉刷。如下面简文记载：

□泥以涂外垣高出人头上广袤各三尺
其外□垣共累自塗内外垣亦可　　　E.P.F8：5

正月十一日辛巳卒十三人
其一人养
四人治堠塗
四人诣官廪
四人运水
定作十三人　　　　　　　　　　　E.P.T65：268

由上例简文看出，亭燧外垣、屋内墙壁都是士卒要涂的区域。还规定外垣的涂面要"高出人头上广袤各三尺其外"。

斯坦因考古中在"营房正对着烽燧的北面和东面，烽燧的墙面仍留有厚达 2—3 英寸的灰泥和白灰，这方面的专家分辨出了不少于 13 层白灰涂层以及四五层灰泥涂层，这里的发现很可能验证简文……不断粉刷烽燧的墙面不仅是为了修复墙面而且使烽燧在光线暗淡或者天空灰暗的时候也能从远处看得更清楚"[1]。敦煌马圈湾烽燧台阶东侧的墙壁，由于多次粉刷，

---

[1] ［英］奥雷尔·斯坦因：《西域考古记》，广西师范大学出版社 1998 年版，第 377 页。

"草泥皮竟达 28 层之多"①。

在一些烽燧的小屋的墙上除了刷白灰涂层外，还做其他颜色的装饰，如伊肯河东岸 A14 烽燧东和南面的小屋墙上除了刷白外，还用"红、黑两色绘饰"。甲渠塞 A3 烽台东部联有一小屋，也是"白灰墙上绘黑、红道"。甲渠塞 A2 烽台联一房子，"有一处墙上涂白，绘有红道"。② 烽燧在旷野中远远望去，色彩亮丽，标志鲜明。

火墙是利用炉灶的烟气通过空心短墙来采暖的装置，和火炕类似。利用火墙构造特点来取暖在汉代已经被使用。西安阎家村汉代建筑遗址的炉灶，其排烟道先曲折，后直上通于户外，近似后世的火墙。据居延考古工作者介绍，河西塞防也使用火墙取暖。马圈湾烽燧 F2 室内东北角有一灶，灶后烟道通北墙，墙外即 F1 土炕。在敦煌广汉燧的东侧小房的南墙为空心结构，内外壁以单层土墼垒砌。甲渠候官遗址坞内西侧有一最大的一间房（F16），其墙为火墙。③ 居延甲渠第十六燧共有 5 间房屋，其中"F2 灶台所在墙角处有一个四分之一圆柱体状的烟道，上部封顶，烟火沿南墙向西进入 F3，再折向北，顺 F3 西墙到西北角烟囱冒出，由此形成火墙。火墙是用芦苇以三列麻绳编制的苇帘，两面抹泥后，斜立于火墙底部的二层台阶之上。台阶宽约十厘米，距地表高约四十厘米，苇帘下侧与台阶外侧平齐，上侧斜靠于墙壁之上，形成中部斜向空间，用来走烟取暖。苇帘高约一米，厚五厘米，外侧抹泥加厚与墙壁成一斜向平面"④。

汉代还流行用砖铺地，铺地砖多为条形，排列方式多样，地砖的表面刻有花纹，有回形、菱形、卷云纹等。考古工作者在河西塞防考古中也见有用砖铺地的，如在被命名为 K_{710} 城的城门进门 5 米处见到有"铺地砖多块"⑤，P8 烽台东北角数米处有四块石板铺成的方形地面，在卅井 T138 烽台的西北角还有用土坯或石条所铺的十字形地面，这种样式还见于

---

① 甘肃省博物馆、敦煌县文化馆：《敦煌马圈湾汉代烽燧遗址发掘报告》，《汉简研究文集》，甘肃人民出版社 1984 年版，第 499—512 页。
② 薛英群：《居延汉简通论》，甘肃教育出版社 1991 年版，第 57、60、61 页。
③ 吴礽骧：《河西汉塞调查与研究》，文物出版社 2005 年版，第 139 页。
④ 魏坚：《额济纳旗汉代居延遗址调查与发掘述要》，《额加纳汉简》，广西师范大学出版社 2005 年版，第 10 页。
⑤ 甘肃省文物工作队：《额济纳河下游汉代烽燧遗址调查报告》，《汉简研究文集》，甘肃人民出版社 1984 年版，第 80 页。

T140 烽台处。①

台阶是由居室通往烽燧的通道，居延、敦煌的坞、烽燧皆有出入、上下之台阶或阶梯，如金关 F2 及敦煌凌胡燧 TV1b、马圈湾烽燧的烽台近侧的土坯窄阶，土阶以上，为安全计，另设木梯、绳梯上下。甲渠塞 A7 烽台的台南有一屋，有三级通上台的台阶。伊肯河东岸 A14 烽台有台阶通向相邻的小屋。②

除土木混合建筑结构外，河西一带也采用砖木结构的建筑，此类建筑样式多用在城楼建筑中。城楼是边城里的标志性建筑之一，也是为了瞭望和登高远望之便。下面一简为边城郡县有城楼的实例，从中可见边城建筑技术。

　　建武四年三月壬午朔丁酉，万岁候长宪□☑
燧●谨召恭诣治所，先以证县官，城楼守衙☑　E.P.F22：328

河西塞防上城楼的样子，现存考古遗址无，但从发掘出土的汉代画像石、壁画或明器中可略知一二。据画像石所见，函谷关的东门，门楼高大，达三层之多。③和林格尔汉墓壁画的宁城图上画了"宁城东门"、"宁城南门"和"宁城西门"三座城门，而西、南二门均见有门楼。④

1969 年在武威雷台汉墓出土一座绿釉陶碉楼明器，碉楼正面开门，四周围以院墙，门侧各出一拱，一斗三拱，门边开窗。院内用隔墙分为一个大院和一个小院，院内四角有望楼，望楼之间用飞桥相连（图九十三）。此碉楼明器见证了汉代河西地区

图九十三　武威雷台汉墓出土的碉楼

---

① 薛英群：《居延汉简通论》，甘肃教育出版社 1991 年版，第 66、68 页。
② 同上书，第 57—61 页。
③ 王仲殊：《汉代物质文化略说》，《考古通讯》1956 年第 1 期。
④ 罗哲文：《和林格尔汉墓壁画中所见的一些古建筑》，《文物》1974 年第 1 期。

高超的楼宇建筑技术，也说明当时河西地区砖木结构建筑广泛存在。河西戍边士卒除了戍边防守、担任警戒任务外，还兼做修屋的任务。

> 二月九日己卯卒十三人
> 其一人养，四人诣官廪，八人治屋　　E.P.T65：287

河西塞防上的房屋建筑在广泛使用中原一带的房屋建筑方法上，因地制宜，多种建筑方法混合使用，不但从客观上促进了中原建筑文化在河西地区的传播，而且丰富了我国古代的建筑内容，其建筑对以后的河西一带的建筑发展可谓贡献卓著。

第三节　边塞建筑规划设计与营建特点

汉代河西边塞守御，上承战国秦代之制，下启魏晋以来之法，在军事史上占有重要地位。河西汉塞地处汉匈战争的前沿，无论是边城、鄣，还是坞壁、烽燧，其在规划设计时，都充分考虑了如何提高建筑设计中的防御能力，体现了汉代大型建筑工程的规划设计与营建水平。

一　设计营建边城、鄣、坞壁、烽燧、长城等建筑形式来达到防御的目的

古代筑城的目的之一就是为了防止外敌入侵，提高军事上的防御能力。早在西周宣王时，就有专门筑城防御猃狁的事。如《诗·小雅·出车》："出车彭彭"，"城彼朔方"。师古曰："言猃狁既去，北方安静，乃筑城以守。"战国时，秦、赵、燕等国为防御北方游牧民族南下，在其北方边境地区设立边城。《史记·廉颇蔺相如列传》：李牧"破东胡，降林胡，单于奔走。其后十余岁，匈奴不敢近赵边城"。至汉时，政府为防止西北方的羌族、北方的匈奴族的入侵，除修筑长城外，还在长城沿线设立军事性质较强的城市。当时"北边边塞西自敦煌，东至乐浪凡二十一边郡"[1]。"中国为内郡，缘边有夷狄鄣塞者为外郡"[2]。

---

[1] 陈梦家：《汉简缀述》，中华书局1980年版，第39页。
[2] （汉）班固：《汉书》卷8《宣帝纪》。

从河西屯戍区的边城设计与建筑来看，边城中的瓮城、马面、角楼等防御设施是边城设计中的突出特点。

瓮城是古代城市中的主要防御设施之一，是在城门外口加筑小城，高与大城相同，其形圆者似瓮，故称瓮城。瓮城设在侧面，当敌人攻入瓮城时，如将主城门和瓮城门关闭，守军即可对敌形成"瓮中捉鳖"之势。从而增强了战斗的防御能力。汉宜禾县古城、龙勒县古城、广至县古城等都设有瓮城。汉瓜州城的城垣四周有瓮城，西、南、垣各有1个，北垣有2个。

城墙的墙体外侧，每隔一定距离，就会有凸出于墙体外侧的一段，这就是马面（或称为敌台、墩台、墙台）。平面有长方形和半圆形两种，因外观狭长如马面而得名。马面的使用是为了与城墙互为作用消除城下死角，自上而下从三面攻击敌人。（宋）陈规《守城录·守城机要》中的记载：马面旧制六十步立一座，跳出城外不减二丈，阔狭随地利不定两边直觑城角，其上皆有楼子。在使用冷兵器的时代，这个距离恰好在弓矢投石的有效射程之内，能够自上往下从三面攻击城下的敌人。《墨子》之《备梯》与《备高临》二篇内所述"行城"与"台城"者即为马面。表明至少在战国时，马面已被用于城市防御了。在马面上放置垒石，是作为防御兵器之用。汉宜禾古城除东城墙外，其他三面都设有数量不等的马面，其中南、北面各有2个马面，西垣有4个，马面顶宽7米，凸出城垣5米。汉瓜州城的城垣上有24个马面，东、西垣各有5个，南、北垣各有7个。

城墙的拐角，两墙垂直相交，有两个受敌面，这对于城池的防守者来说，有利也有弊。为了扬长避短，古代城池的构筑者，便把城墙拐角构成一个防守中心，把此处的城墙加高加厚，以提高其防护能力和屏障效果；而居高临下的位置也利于观察、射击；增筑战斗平台，上起楼舍，加大了作战活动范围，可以集结更多的防守兵力，利于最大限度地消灭敌人，保护自己，这就是角楼的产生过程。角楼也是一种用于边城防御中的特殊建筑，它分布在城墙四隅，可供防御者登临瞭望敌情。

角楼在文献中最早见于《周礼·考工记》，称"隅"，其高度较城墙高两丈。"营国"一节规定："天子之城高七雉，隅高九雉。"城隅即城角，即是说城的四角处比城的其他墙面要高出2丈。这一筑城形式，虽然其上有无楼橹尚无定论，但大概可以看成角楼的雏形。

角楼在河西边城中多见，如汉大湾城的内城西南角和西墙北端各有一角楼，高4.5米，基座5米×5米，介于两望楼的角下出汉简数枚，可证这是汉代边城的建筑特色。①

鄣为塞上险要之处修筑的小城堡，可登临远眺，视察敌情，是汉代边塞地区专置的一种防御建筑。一个鄣内还统领若干烽燧，烽燧的作用为传边警，通消息，防止外寇入边。

坞壁是鄣、燧的辅助设施。长城是汉王朝为抵御匈奴而修置的墙垣，是集阻止、据守及掩蔽等功能于一体的线式防御工程建筑物。它越山岭，穿沙漠，过草原，经绝壁，蜿蜒绵亘于汉王朝北部及西北部的边防线上。长城与边城、鄣、烽燧、坞壁一起构筑了一道坚固的防御体系，有利地遏制了匈奴、羌等北方与西北方民族对中原民族的侵扰。

二 采用多重城垣相套的防御设计特点

边城的布局采用外城、内城等多重城垣相套的平面形式，"层层相套，多重护卫"，从而达到提高防御的能力。如大湾城，由内城、外城和鄣三个主要部分。内城在外城的东北角，面积为140米×190米，东西方向，它和外城一样，皆基宽2米，板筑，墙高1.65米×2米。西墙和南墙的西段，均已不存；南墙残长100米，北、东墙与外城平行，相距约10米。北墙中有一门，内城有许多不明显的房基遗迹。外城大于内城，它与内城的东北角都是直角，墙内有一道宽5米的浅壕，南段较宽，其上又有一条窄沟，鄣在内城的西南部分，面积为90米×70米，南北方向；居延城，里面是障，外面还有坞。在这座鄣的南部连一小方堡；汉冥安城的西北角有小城，东西宽60米，南北长75米，至今保存较好。

河西地区的汉宜禾古城，位于戈壁沙漠高地，《汉书·地理志》广至条载："宜禾都尉治昆仑障。莽曰广垣。"《后汉书·地理志》敦煌郡条目中只列广至名而未详述。《甘肃通志》广至古城条载："汉置，属敦煌郡，后汉因之，晋元康五年分置宜禾县属晋昌郡。"宜禾古城也分大城和小城②，大城：夯筑，夯层厚8厘米，城垣底宽8.3米，顶宽3.8米，东西280米，南

---

① 薛英群：《居延汉简通论》，甘肃教育出版社1991年版，第78页。
② 岳邦湖、钟圣祖：《疏勒河流域汉代长城考察报告》，文物出版社2001年版，第91页。

北 360 米，残高 7.5 米。大城的东北角与小城西垣相接。小城为方城，夯筑，夯层厚 8 厘米，城垣底宽 8.3 米，顶宽 4.9 米，残高 10 米。

汉瓜州城也为内城、外城的建筑形式。这种多重城的布局特点也是加强边城防御能力方面的一种设计与布局特点。

河西四郡的都尉、候官所驻障，皆筑有供吏卒居住的坞院。坞的布局特点也采用层层相套，多重护卫的特点。如肩水候官驻所地湾城 A33，在方形版筑小堡之外共有三重坞院，第一重面积为 55 米×48 米，与小堡西壁相接；第二重坞院残缺不全，由小堡东南角开始向正南伸展 30 米后转而向西延伸；另外在第一道坞墙以北 20 米处，还有一道版筑坞墙长约百米。又如肩水金关遗址，其关墙南侧为一东南敞口之坞院，院内西南角筑有烽燧堡屋，整个平面呈三重环套之格局。再如甲渠候官驻地 A8 遗址，其方形小堡位于坞院外西北角，可视为两重环套之格局。在军事科技尚不发达的冷兵器时代，这种重城重坞环套的布局手法在增强建筑物纵深防御性能方面可谓功效显著。①

三　城、鄣、坞壁、烽燧内多处皆安置防御装置，以达到防御之目的

匈奴军队擅长骑射，所谓"儿能骑羊，引弓射鸟鼠，少长则射狐菟"，"士力能弯弓，尽为甲骑"，鉴于此，烽燧、城、障及长城在营建的过程中，采取了相应的措施，以阻挠敌军人马进犯，防止弓箭偷袭。如河西屯戍区的鄣、坞上一般置转射（图九十四），用于射击或窥探敌情。

坞外遍布"虎落"，入侵者若踩上去便会伤脚，从而达到歼敌的目的。障内设置多处隐秘的暗室或夹壁以备不测。在河西汉代边塞建筑遗址的发掘工作中，考古工作者常发现一些结构特殊而又用途不明

图九十四　转射

---

① 陈菁：《两汉时期河西地区烽燧亭障规划营建刍议》，《甘肃社会科学》2006 年第 2 期。

的房间，有的类似暗道，有的四面有壁而缺少门户。如疏勒河流域距吐火洛泉20公里的T.6.c烽燧、盐池湾东侧戈壁的T.12.a烽燧、大方盘城东北塞墙内侧T.19烽燧遗址以及哈拉湖南岸距大泉8公里的T.22.d烽燧遗址等。① 对于这些遗迹的功用，专家学者曾作出种种猜测与假设，有人猜想这些遗迹是火墙一类的采暖设施；有人根据其与烽台的位置关系，认为这些"隔道"与烽台修筑有关②；还有人根据汉简资料和文献记载，认为这些房间是匿财藏身的密室，即史籍中提到的"复壁"或"非常屋"③为猝然而发之战乱、祸变时，隐居、藏匿之处。《后汉书·赵岐传》记载，赵岐避仇逃亡被孙嵩迎入家中款待，"藏岐复壁中数十年"。又《后汉书·皇后纪·献帝伏皇后》载，曹操"遣华歆勒兵入宫收后，后闭户匿壁中。歆坏户发壁，牵后出"。除暗室或夹壁外，夹道的修筑也具备防御功能。位于大方盘城35号烽燧南侧有一夹道，长2.95米，宽1.1米。垣高0.95米、宽0.3米。夹道南为第二夹道，长3米，宽1.2米。④ 夹道的设置不仅见于烽燧，边城中也见，如汉宜禾古城的小城南有一门，门外有一夯筑的夹道墙，向南延伸22.4米，又转向西与大城的东北角相接。汉冥安县治新城在门的东西两侧各有一土墩，两土墩的外侧各有一宽3.5米、残高5.5米夯筑过的夹道墙，墙向南延伸成门道，门道向内延伸很长。汉转台庄城也有用土墼垒砌成夹道墙，中间用土填夯，宽1.5米，墙总宽2.58米。⑤ 这种夹道的设置也作防御或藏身之用。

四　城、鄣、烽燧设计中注重门户的防守

门户是边塞防御建筑中的又一重点，是阻止外敌入侵的重要通道，河西边塞的防御建筑中，通过采取多种措施，加强对门户的守卫。

1. 门楼或门　金关关门是两座对峙如阙的长方形夯土楼橹，各方6.5

---

① 陈菁：《两汉时期河西地区烽燧亭障规划营建刍议》，《甘肃社会科学》2006年第2期。
② 林梅村、李均明：《疏勒河流域出土汉简》，文物出版社1984年版，第13—14、20页。
③ 初师宾：《汉边塞守御器备考略》，《汉简研究文集》，甘肃人民出版社1984年版，第199页；王子今：《汉代建筑中所见"复壁"》，《文物》1990年第4期。
④ 岳邦湖、钟圣祖：《疏勒河流域汉代长城调查报告》，文物出版社2001年版，第38页。
⑤ 同上书，第88—89页。

米×5 米，残壁最高处 1.12 米，最厚处为 1.2 米，收分很不明显，基部砌一层大土坯，楼橹中间的门道宽 5 米。从门前口东侧发现烧残的大门构件可推测立柱顶部曾有过桥或门楼建筑。戍卒可在其上登高远眺，视察敌情。关门内外和阕柱两侧也发现与破城子相似的虎落尖桩，以备外敌的袭击。此外，边城、鄣、烽燧、坞壁上皆有门可进入。门的设计上匠心独具，以防外敌的入侵。

2. 偃户　初师宾先生疑"为启闭便利的小门"。① 是坞上的防御设施之一。汉简中有：

坞上偃户不利　　　　　　　　　　　　　E.J.T23：788

3. 县户　即悬户，初师宾先生考证为重门。设在正门即外大门以内，门道两壁有颊或池槽为门扇上下升降之轨道，门扇吊在颊槽上方，有"垔"予以固定，即所谓："户上悬户；上施绞车、绳索"，"可以随时上下启闭，当城鄣门被突破，悬户既可闸下，同时也可诱敌深入，降悬门围堵，聚歼入城之敌"。② 汉简中有相关记载：

☒□户上县户册户☒　　　　　　　　　　E.P.T26：16

金关遗址 F1 的东北门道深 1.3 米，内外共设两门，均残存地袱、门颊等。其中外门地袱有门枢臼窝，乃普通门扇，内门距外门仅 1 米，该处层设置立颊，结构与外门不同。敦煌马圈湾烽燧坞堡门道较长，有两道门户残迹，初师宾先生推测为悬户。③

4. 辟门蒺藜　为护门的尖状障碍物，是仿野生植物蒺藜多刺之形制造的竹、木、金属等各类蒺藜，阻止敌人的进攻。木蒺藜，考古发现较多，"其形状不一，制作均小巧精致，有的两端削锐尖，有的如两枚箭镞相连，有的十字形四尖，中心穿孔，数每可穿插成长串；有的为短木棒上

---

① 初师宾：《汉边塞守御器备考略》，《汉简研究文集》，甘肃人民出版社 1984 年版，第 217 页。
② 同上书，第 199 页。
③ 同上。

植竹、木刺"① 等，这些小型的木蒺藜，零星地撒置鄣燧的门户、路径附近，用来刺伤敌人。

5. 户关　指门扇、门闩及其门上的立木等门的基本装置。《墨子·备城门》曰："门植、关必环锢，以锢金若铁镍之。门关再重，镍之以铁，必坚。梳关，关二尺，梳关一览，封以守印，时令人行貌（视）封，及视关入桓浅深。"植，《一切经音义》："户旁柱曰植"，即门扇上下为枢的立木。关，《说文》"以木横持门户"，俗称门闩，在门壁两侧直立的楹木上凿孔，可容杠木两端，即所谓"视关入桓浅深"之桓；为防止户关松动、脱落，关桓上凿穿，或设鼻纽，贯以木楗，禁锢关门，称戊或牡。关木上的楗孔、鼻纽等设施称闭、牝。

　　□关折　　　　　　　　　　　　　　　127.22

　　门关、楪□皆以蒲　　　　　　　　　　136.23

由上例看到门关也是边塞防御设施之一，门关若坏，戍卒必须按时修好。"门关、门扇、门植均用金属包裹、加固，关木上下两重。"② 河西边塞烽燧遗址多见户关的部分设施。甘肃考古工作者在小方盘城以西2号烽燧发现的门，残存门的立柱，立柱宽0.15米，厚0.08米，立柱凿0.13米×0.13米的方形孔，立柱残高0.6米；3号烽燧发现的门为木质门，两块方木柱对称立于门甬道两侧，方木宽0.29米、厚0.10米、高1.52米，方木凿孔四个，孔径0.13米×0.12米，孔距0.11—0.15米，方孔门内侧0.8米为第二道门，已残毁，仅保留一木柱。两道门的设置，考古工作者认为有不同作用，第一道门两侧对立的木柱各凿四个方孔，可能是用来插门杠，以阻止牲畜出入，第二道门则是封闭式的，起防风避寒、增加安全的作用③。当然防御外敌也是作用之一。

6. 回门　指回转曲折的门径、门户。门是内外交通的出入口，最易

---

① 初师宾：《汉边塞守御器备考略》，《汉简研究文集》，甘肃人民出版社1984年版，第201页。
② 同上书，第208页。
③ 岳邦湖、钟圣祖：《疏勒河流域汉代长城调查报告》，文物出版社2001年版，第13页。

受到攻击,因而在营建中对其设置格外慎重。在多重坞院环套的平面格局中,门不正对,道不直通,各个出入口错开布置,内外坞院之间的联系路径因此而变得迂回曲折。甲渠候官治所 A8 遗址仅在坞院东墙偏南处设一出入口,门外另筑一堵开口向南的曲尺形护墙,护卫其东、北两面,从而限制了敌军的进攻方向,使城门不至于直接暴露于敌人的攻击之下,具有很强的防御性;敦煌马圈湾、甲渠第四燧坞院之间的门道,皆于门外另筑一堵障墙,迎门挡住入口,形成狭窄曲折的路径;宜禾古城的城南有一门,门外有一夯筑的夹道墙,向南延伸22.4米,又转向西与大城的东北角相接;大湾城的门口内有两堵短墙;金关 F1 的门户,其"布局颇为曲折,由北向南进入,亦迎面堵一墙,必须西折,经另一门户转向南,才能进入堡屋之内。这些措施在军事防御上相当有益,一是从正面屏卫保护门户,二是限制敌人的进攻方向,三是便于内部据守"。[1]

五 边城周围修筑数量不等的烽燧,起瞭望和报警作用

如汉冥安县古城四周有烽燧六处,距离边城 180—500 米处。汉宜禾古城的城西 1 公里处有 1 座汉代烽燧,已残毁。南约 1 公里处也有烽燧一座。距宜禾古城 7 公里处的龙勒山顶有烽燧一座,这座烽燧是当时为防御南羌北犯所修建的军事防御设施。汉旱湖脑城位于安西县境内,在城东南约 250 米处有 1 座烽燧,城北约 330 米处有 1 座,城西南 300 米处有 4 座。汉遮要置鄣城西北 50 米处也见有烽燧一座。[2]

六 边城的城垣四周多挖有壕沟,起护城作用

如破城子古城的城垣四周有壕沟,上宽 18 米,底宽 9 米、深 2.6—3.5 米。[3] 安西县的汉旱湖脑城周围也发现护城的壕沟。

---

[1] 邸玮:《汉长城玉门关段遗址保护规划研究》,西安建筑科技大学硕士学位论文,2007 年,第 25 页。
[2] 参见岳邦湖、钟圣祖《疏勒河流域汉代长城调查报告》,文物出版社 2001 年版,第 88 页。
[3] 同上书,第 95 页。

七　无论是城、鄣还是烽燧，都有登高望远的制高点，如边城中的角楼、烽燧顶部的候楼等

候楼专用于侦察敌情，迎门有遮蔽风雨、矢石的土墙。有些城鄣的不远处也有瞭望台，起登高望远功效，如小方盘城的东南角有瞭望台，台残高1.5米，西北角鄣墙有一道裂隙，存残苴一件。

经过两千多年的沧桑巨变，河西汉塞已为断墙残垣，但从遗留下的废墟遗迹中，我们仍可窥见当时屯戍吏卒的居住环境和生活状况。他们在条件艰苦、生活艰难的情况下固守着国防，用生命谱写了一段可歌可泣的历史。塞防的营建设计与规划让我们见证了屯戍吏卒的聪明才智。汉塞的修筑，体现了屯戍吏卒因地制宜，就地取材，创造出来的伟大工程。考古工作者深入河西一带的烽燧考查时，发现"铺卧于一望无际的大漠中的河西汉塞，延伸数百米、数千米乃至数十公里，远远望去，如同一条笔直的长线竟然不见一丝弯曲，真是奇观和奇迹！汉武帝下令修建长城时，所用的测量仪器、测量技术手段是不很发达的，但是，令人惊奇的是，对长城的测量极其准确，几百米、几千米乃至数公里的戈壁上，远远望去，长城如同一条笔直的长绳，没有一点弯曲之感（地形变化例外）。而且，长城、烽燧、障城的夯筑质量极好，历经两千年的风沙侵蚀，至今仍历历在目，实属难得"[①]。修筑汉塞条件之艰苦，工程之浩大，工程质量之高，让我们叹为观止，为之折腰佩服！河西汉塞的设计与修筑，直接目的是军事防御的需要，对汉帝国的长治久安也起到了不可估量的作用。它不仅加强了汉朝西部地区的防务，而且保护了陆路交通，促进了汉朝与欧亚各国的政治往来和经济文化交流。

[①]　岳邦湖、钟圣祖：《疏勒河流域汉代长城考察报告》，文物出版社2001年版，第5页。

第四编

行 篇

第一章　河西交通道路的开辟与管理

在出土的河西汉简中,"行"字经常出现,其中与交通或吏卒出行有关的应用大致有三类:一是指交通工具的车、马出行类;二是和邮驿制度相关的"以邮行"、"以亭行"、"吏马驰行"、"以次行"等;三是指行塞类,包括官员巡行边塞、视察边防与戍卒巡行天田、视察敌迹。

第一节　河西交通道路的开辟

行必有路。河西地区交通道路的开辟,是随着中原王朝在河西军事战争的胜利及政治斗争的较量下逐步开辟的。河西地区为一条东南—西北走向的走廊地带,南有祁连山地,北有北山山地,东临黄河,西至玉门关,东西长约1000公里,走廊最宽处百余公里,最窄处仅3公里左右,是中原通向西域的咽喉要道。公元前2世纪,盘踞河西的匈奴势力逐渐强大,其在驱逐月氏之后,又"定楼兰、乌孙"① 等国,统治西域26国。元朔四年(前125),卫青自云中至陇西逐走匈奴,给以匈奴沉重打击。元狩元年(前122),骠骑将军霍去病多次攻打河西,出陇西,在"过焉耆山千余里,得胡首房万千余级,得休屠王祭天金人"后。又在其夏,骠骑将军"复与合骑候数万骑出陇西、北地二千里,过居延,攻祁连山,得胡房三万余级、裨小王以下十余人"。几次大的战役之后,匈奴主力受到沉重打击。是后"匈奴远遁,而幕南无王庭。汉度河自朔方以西至令居,往往通渠置田官、吏卒五六万人,稍蚕食,地接匈奴

---

① (汉)司马迁:《史记》卷110《匈奴列传》。

以北"①。

　　西汉控制了河西广大地区之后，在河西设立武威、酒泉、张掖、敦煌四郡，并在敦煌郡设置阳关、玉门关，这就是史书上记载的"列四郡，据两关"。② 河西四郡的设置，或与重大军事行动有关，或属交通方面之必需，如置酒泉郡以通西域诸国；设武威、张掖以隔绝羌胡；敦煌郡的设置则与李广利伐大宛有密切关系。太初元年（前104），汉王朝为扩大在西域的影响，派李广利伐大宛，为军事转输的需要设置敦煌郡。西汉王朝占领河西及河西四郡的设置，标志着河西走廊这条道路的正式开通。

　　公元前138年，张骞应募出使西域，目的是联合大月氏、乌孙合击匈奴。这时河西地区为匈奴浑邪王、休屠王所占据，结果张骞被俘十余载，与汉朝断绝音讯。数年后，张骞逃出匈奴的控制，并寻得大月氏，但大月氏已无心与匈奴开战。公元前119年，西汉对匈奴发动第三次军事反击，并取得重大胜利，匈奴王庭被迫迁到大漠以北。为了防止匈奴势力再起，汉政府派张骞为中郎将，出使乌孙。张骞第二次出使的任务，为劝说乌孙重返故地，与汉朝共同对抗匈奴。但乌孙国王已年迈，子侄们为继承王位而争斗，国内混乱，无意东归。张骞两次出使西域的目的虽未达到，但其意义和影响远远超出他的直接使命。特别是张骞出使西域，虽然没有联络上大月氏，但了解到了西域和匈奴的许多情况，并把这些情况向汉王朝做了详细的报告，急于想和西域诸国交往的汉王朝，于是下决心开辟河西走廊这条中西交通要道。张骞第二次出使西域，亲临大宛、大月氏、大夏、康居等国，而且所闻有奄蔡、安息、条支、黎轩、身毒等国。获得了有关西域的大量信息，扩通了西域之门，从此，以河西走廊为纽带的丝绸之路正式开通。

第二节　以河西为中心辐射的主要交通路线

　　丝绸之路是中原王朝同世界各地交往的生命交通线，河西走廊是这条

---

① （汉）司马迁：《史记》卷110《匈奴列传》。
② （汉）班固：《汉书》卷96《西域传》。

道路的关键。河西地理位置正处于中原、西域、青藏高原、蒙古高原四大区域交汇之地，东逾黄河可达关中；西走阳关、玉门关可通西域；南经祁连诸山口可出青海；北过居延、武威可去漠北。既控制着东西方交通的主要干线，又扼守着南北进出河西走廊的多个隘口，阻挡了匈奴和西羌北下或南上河西走廊的要途，战略地位极其重要。据文献和相关专家考证[①]，河西是多条道路汇集的交通要地。

一 从武威（姑臧）出发的交通要道

1972年，汉居延甲渠候官遗址（今内蒙古额济纳旗破城子）出土了一枚珍贵的记载汉代交通道路、驿置间里程的简，即 E.P.T59：582 简。内容如下：

　　长安至茂陵七十里

　　茂陵至茯置卅五里

　　茯置至好止七十五里

　　好止至义置七十五里

　　月氏至乌氏五十里

　　乌氏至泾阳五十里

　　泾阳至平林置六十里

　　平林置至高平八十里

　　（以上为第一栏）

　　媪围至居延置九十里

　　居延置至觻里九十里

　　觻里至觻次九十里

　　觻次至小张掖六十里

　　删丹至日勒八十里

---

① 参见《汉书·西域传》《后汉书·西域传》《魏略·西戎传》《通典》《唐代交通图考》《汉代河西走廊东段交通路线考》《汉代西北驿道与传置——甲渠候官、悬泉汉简〈传置道里簿〉考述》《汉代玉门关及其入西域路线之变迁》及《汉代河西军事地理研究》（首都师范大学博士学位论文，2011年）诸文。

日勒至钧著置五十里

钧著置至屋兰五十里

乌兰至坚池五十里

（以上为第二栏）

1990—1992年汉代悬泉置遗址也出土一枚里程简，即Ⅱ90DXT0214①：130简，云：

仓松去𫛭鸟六十五里

𫛭鸟去小张掖六十里

小张掖去姑臧六十七里

姑臧去显美七十五里

（以上为第二栏，第一栏缺）

坚池去觻得五十四里

觻得去昭武六十二里府下

昭武去祁连置六十一里

祁连置去表是七十里

（以上为第三栏）

玉门去沙头九十九里

沙头去乾齐八十五里

乾齐去渊泉五十八里

右酒泉郡县置十一，六百九十四里

（以上为第四栏）

这两枚简相互补充，为我们研究河西走廊的交通道路提供了绝好的资料，李并成先生依据这两枚简牍，详细考证了汉代河西走廊东段的交通路线。李并成先生认为汉代长安通往河西走廊的东部重镇武威（姑臧）有南、北两道。其中北道若从武威（姑臧）出发，经小张掖（今武威东河乡王景寨村）、揟次（今古浪县土门镇）、觻里（今古浪县大靖镇）、居延置（今景泰县寺摊乡白茨水村）、媪围（今甘肃省景泰县吊沟古城）、于索桥渡口渡过黄河，沿河谷行之长安。全程约 720 公里，约合汉里 1730 里；南道由武威（姑臧）出发，越乌鞘岭，经令居、兰州、陇西（襄武）、天水（上邽）、越陇关、沿渭河行之长安。全程长达 880 公里，合汉 2116 里，较北道远出 160 公里，合汉里 385 里。①

二　由敦煌出发的交通要道

敦煌为汉代丝绸之路的重心，这里有敦煌通往长安的丝绸之道路，也有从敦煌出发到西域的道路。

1. 敦煌通往长安的丝绸之路道

何双全先生依据悬泉遗址出土的Ⅱ90DXT0214①：130 简和 E. P. T59：582 破城子简，勾勒出一幅较为完整的从长安到敦煌的路线②，此路线若从敦煌出发反之到长安则为：敦煌—甜水井—安西—桥湾—玉门—嘉峪关—酒泉—高台—临泽—张掖—山丹—永昌—武威—古浪—景泰—皋兰—甘肃靖远—六盘山—宁夏固原—平凉—泾川—甘肃宁县—彬县—淳化—泾阳—咸阳至陕西西安的丝绸之路主干线。这条路是西汉乃至东汉时很重要的一条交通大动脉，不仅是丝绸之路，而且是集政治、经济、军事、商贸、交通邮驿为一体的大通道。

2. 敦煌通往西域的道路

丝绸之路开通后，中国的丝织品经敦煌的玉门关、阳关后输入西域及亚欧一些国家。在长期的丝绸贸易中，中外商人逐步开辟了由敦煌出发到西域乃至亚欧广大国家的路线，这些路线据文献记载或专家考证，主要有南道、中道、北道、新道、伊吾道。

2.1　南道　据《汉书·西域传上》载："自玉门关、阳关出西域有两道，从鄯善傍南山北，波河西行至莎车，为南道。"即由阳关西行，沿着白龙堆沙漠和塔克拉玛干沙漠南缘，经楼兰（即鄯善，今若羌东北）、且末、于阗（今和田南）、莎车等地，越过帕米尔高原，到达大月氏（今阿姆河流域中部），再往西可达知支（今伊拉克或阿拉伯）、大秦（今地中海

---

① 李并成：《汉代河西走廊东段交通路线考》，《敦煌学辑刊》2011 年第 1 期。
② 何双全：《汉代西北驿道与传置——甲渠侯官、悬泉汉简〈传置道里簿〉考述》，《西北史研究》（第二辑），甘肃文化出版社 2002 年版，第 536—550 页。

一带）等。

　　南道的开通始于赵破奴楼兰之战，《汉书》卷61《张骞传》载："楼兰、姑师小国，当空道，攻劫汉使王恢等尤甚。而匈奴奇兵又时时遮击之。使者争言外国利害，皆有城邑，兵弱易击。于是天子遣从票侯破奴将属国骑及郡兵数万以击胡，胡皆去。明年，击破姑师，虏楼兰王，酒泉列亭障至玉门矣。"①"至宣帝时，吉以侍郎田渠犁，积谷，因发诸国兵攻破车师，迁卫司马，使护鄯善以西南道。"②《汉书·西域传上》将玉门关与阳关并列，可知西汉时，出两关后，道路似有交叉。吴礽骧先生实地考得南道阳关至鄯善段的具体路线，"自阳关西出后，越沙丘至崔木土沟，再西南至多坝沟，折西北至湾窑，沿途有汉烽指路，蜿蜒古道，历历在目，湾窑即西汉大煎都候鄣遗址，南道至此与北道合。自此西行，至羊塔格库都克。元凤前，与北道同向西北，至楼兰分歧。南道向西南，沿车尔臣河西行，元凤后，于羊塔格库都克西南分歧；南道向西南，经库木库都克、土牙、班扎布拉克、羊达什喀克等，至鄯善国"。③

　　2.2　中道　据《三国志·魏志·乌丸鲜卑东夷传》注引《魏略·西戎传》云："从玉门关西出，发都护井，回三陇沙北关，经居卢仓，从沙西井转西北，过龙堆，到古楼兰，转西诣龟兹，至葱岭为中道。"

　　2.3　北道　即《汉书·西域传上》所说的北道，"自玉门、阳关出西域有两道。……自车师前王庭随北山，波河西行至疏勒，为北道，北道西逾葱岭则出大宛、康居、奄蔡焉"。马雍先生详细考证了此段路线的具体走向："出敦煌玉门关往西绕过三陇沙（今疏勒河西端沙漠）之北，横越白龙堆（之盐碛地），经楼兰（今罗布淖尔北岸），折向北至车师前国（今吐鲁番西），再转向西南，沿塔里木河河谷，取道焉耆（今焉耆县附近）、龟兹（今库车县附近）、姑墨（今阿克苏县附近），再往西南，至疏勒（今疏勒县附近），由疏勒往西，越过葱岭，到达大宛（前苏联费尔干纳）。"④关于此段路线《汉纪》也有相关记载："汉出西域有两道：南道从楼兰，

---

① （汉）班固：《汉书》卷61《张骞传》。
② （汉）班固：《汉书》卷70《郑吉传》。
③ 吴礽骧：《汉代玉门关及其入西域路线之变迁》，《敦煌玉门关阳关论文选萃》，中华书局2003年版，第186页。
④ 参见马雍《从新疆历史文物看汉代在西域的政治措施和经济建设》，《文物》1975年第7期。

北道从车师。"武帝太初元年（前104）、太初二年（前103），李广利西伐大宛就是利用了此路。《汉书》卷61《李广利传》载，"既西过盐水，当道小国各坚城守，不肯给食，攻之不能下"，"至轮台，轮台不下，攻数日，屠之。自此而西，平行至宛城"。1979年至1980年新疆社会科学院考古所同志在孔雀河谷发现的烽燧遗址和发掘的东汉墓就处在这条古道上①。公元前67年，郑纪破车师所经也是走这条路线。吴礽骧先生还实地考得玉门关至楼兰段的具体走向，认为："自玉门关西出后，当沿长城内侧西行，至马迷兔附近折向西南，经吐火洛、天桥墩泉至湾窑，此处与南道回合，然后沿库姆塔格沙漠北缘与榆树泉盆地结合之泉水带西行，至哈拉齐，转向北至居卢訾仓遗址，后越白龙堆至楼兰。"②

2.4 新道 北道出玉门关后，首先遇到白龙堆盐泽，《汉书·匈奴传》孟康注曰："龙堆形如土龙，身有头无尾，高大者二三丈，鄙者丈余，皆东北向，故而以象形名其地也。"这里不但无水，风沙呼啸，极易迷失方向，这是促成新道开通的原因之一。西汉末年，驻高昌的戊己校尉徐普为减少绕楼兰赴玉门关的路程，且为了避开白龙堆之险，议开新道。《汉书·西域传下》中有记载："元始中，车师后王国有新道，出五船北，通玉门关，往来差近。戊己校尉徐普欲开以省道里之半，避白龙堆之厄。车师后王姑句，以道当为拄置，心不便也。"《三国志·魏志·乌丸鲜卑东夷传》注引《魏略·西戎传》详云该道的走向："从玉门关西北出，经横坑，避三陇沙及龙堆，出五船北，到车师界戊己校尉所治高昌，转西与中道合龟兹。"吴礽骧先生也详细考证了此段路线"自小方盘城西出后，经临要燧（T11、D20）、D18（T9a），折向西北，渡疏勒河，经何黑咀井，折向北，经红柳井子，直向北，经东盐湖西，达噶顺戈壁（莫贺盐碛）南侧，沿碛南之突出山、龙头山，转西北至鄯善，径兰干至高昌，而后经和硕、焉耆、库尔勒、轮台等至龟兹"③。

2.5 伊吾道 《后汉书》卷88《西域传》云："自敦煌西出玉门、

---

① 吐尔逊·艾沙：《罗布淖尔地区东汉墓发掘及初步研究》，《新疆社会科学》1987年第4期。
② 参见吴礽骧《汉代玉门关及其入西域路线之变迁》，见《敦煌玉门关阳关论文选萃》，中华书局2003年版，第186页。
③ 同上书，第189页。

阳关，涉鄯善，北通伊吾千余里。自伊吾北通车师前部高昌壁千二百里，自高昌壁北通后部金满城五百里。此其西域之门户也，故戊己校尉更互屯焉。伊吾地宜五谷桑麻葡萄，其北又有柳中，皆膏腴之地，故汉常与匈奴争车师、伊吾，以制西域焉。"此道由敦煌北行千余里至伊吾，折西行至车师前国，又北至后国金满城，因地经伊吾故称伊吾道。关于此道，《资治通鉴·东汉明帝纪》也有记载，永平十五年（72），命窦固、耿秉、耿忠等议击匈奴事，耿秉议曰："当先击白山，得伊吾，破车师，通使乌孙诸国以断其右臂；伊吾亦有匈奴南呼衍一部，破此，复为折其左角，然后匈奴可击也。"又《后汉书·窦固传》记永平十六年（73），窦固、耿忠"率酒泉、敦煌、张掖甲卒及卢水羌胡万二千骑出酒泉塞，至天山，击呼衍王"，"呼衍王走，追至蒲类海，留吏士屯伊吾卢地"。十七年（74）夏，"复出玉门至伊吾"，"遂定车师而还"。窦固第二次出击匈奴所经路线即伊吾道路线。

三 由张掖出发的路线

张掖郡也是河西交通道路的重要枢纽，由张掖郡出发，通往其他地方的重要交通道路有关中道、扁都口道和居延道。

1. 关中道　此道路与敦煌通往长安的丝绸之路道在张掖郡重合，并一直到达都城长安。

2. 扁都口道　扁都口道因沿线经过祁连山脉中的扁都口山隘而得名。这条路线从张掖出发，经六坝、民乐、永固、入益民渠、越冷龙岭南行到峨堡、绕过托勒山（又称俄博南山）、经门源，溯北川河至西宁。永固是山前草原地带，地平，多岔道，若从凉州出发，经永昌、新城子、马营，也可入永固，而后与张掖道合。另若从山丹出发也可入永固，与张掖道合。此道是沟通祁连山南北交通的重要通道①。东汉延熹三年（160），段颎追杀羌民，即通过此路。《后汉书》卷65《段颎传》："余羌复与烧何大豪寇张掖，攻没钜鹿坞，杀属国吏民，又招同种千余落，并兵晨奔颎军。颎下马大战。至日中，刀折矢尽，虏亦引退。"汉政府在此路沿线设置烽

---

① 贾文丽：《汉代河西军事地理研究》，首都师范大学博士学位论文，2011年，第31页。

燧，派驻军队把手保护此道。沿该口峡谷"自南而北集中了羊胸子烽、土牛城烽、台子坡烽、李家庄烽和马营墩烽，共5烽"。①

3. 居延道 居延道由张掖出发，向西北沿弱水（今额济纳河），穿越巴丹吉林沙漠西部到达古居延海（今额济纳旗北），再向北进入蒙古高原，即沿今额济纳河北去的居延塞道。沿此道向北为匈奴故地"龙城"所在地，控制此道路进则可向北进击匈奴，守则护通向西域的丝绸之路，还可断绝匈奴与祁连山南北的羌民势力联通，故此道是汉王朝的重要军事运输线和战略前沿，此道沿线今仍可见连绵不断的烽燧亭鄣。

四 由酒泉出发的交通道路

汉代酒泉地处河西走廊的腹心地带，是多条交通线路的交汇地②。由酒泉郡郡治禄福县向东出表是可达张掖去往关中，为关中道；向西在今安西分为西南、西北两条路，西南可直达敦煌，由敦煌出阳关或玉门关后进入西域的南北两道；西北行可通往今哈密（古称伊吾）；向南经酒泉南山山口可达青海，为酒泉南山道；向北可达蒙古高原，为居延道。向达先生由此指出："汉武帝开河西四郡，立酒泉以为中权重镇，北控居延，南枕祁连，西有敦煌以为前卫，东有武威、张掖以为后路，卒能击破匈奴，以雪高祖之耻。时移代异，而形势依然。"③

上述河西地区诸条道路彼此联系，互相沟通，构成一个开放式的河西交通网络体系。有些道路至今存在，如斯坦因在甘肃长城考古时也发现了河西古道，他看到，在"这段长城边上，巡逻士兵和其他人踩出来的古代道路非常清晰，即使在烈日高照下也是如此，沿着它走约1.5英里可到达沼泽地东边，道路总是与长城保持9码左右距离，路面宽1.5英尺到2英尺，低于路旁4英寸到5英寸。当我于1914年再次来到这里，我能确认自己对这段奇特的汉代古道的观察并对它怎么会经受住这么长岁月的风沙侵蚀而不再诧异"④。

---

① 李并成：《河西走廊中部汉长城遗迹考》，《敦煌学辑刊》1994年第1期。
② 贾文丽：《汉代酒泉郡的交通及其军事战略地位》，《内蒙古社会科学》（汉文版）2012年第1期。
③ 向达：《唐代长安与西域文明》，生活·读书·新知三联书店1957年版，第342页。
④ [英]奥雷尔·斯坦因：《西域考古记》，广西师范大学出版社1998年版，第379、388页。

第三节 关防道路管理与通关凭证

在河西主要交通道路要塞口，政府都要置关来管理。《吕氏春秋·仲夏》："门宫无闭，关市无索。"高诱注："关，要塞也。"可见关是置于要塞上的一种设施。《汉书·高帝纪》："秦富十倍天下，地形强，今闻章邯降项羽，羽号曰雍王，王关中。即来，沛公恐不得有此。可急使守函谷关，毋内诸侯军，稍征关中兵以自益，距之……"可见函谷关是秦汉时拱卫关中的战略要塞。《周礼·地官司徒·序官》云："'司关'注：'关'，界上之门。"疏："'司关'者，关为国境之门。"可见关还是一种门界，用于区分国界、区域界等地理划分意义上的界线。如玉门关、阳关是区分河西与西域的界线，关内是河西，关外是西域。

依据居延、敦煌汉简所记，汉代河西地区的关主要有玉门关、阳关、肩水金关和卅井县索关，它们分别置于河西走廊西部、北部通驿大道的要口，且靠近塞垣内侧，在中西交通史上占有重要地位。

学界一般认为，汉玉门关位置位于敦煌郡内，但具体位置有分歧。纪永元、纪忠元二位先生曾将诸家观点作了详尽的汇总[①]。据二位先生的汇总，沙畹先生的观点为：汉武帝太初以前之玉门关应在敦煌以东，敦煌西北之玉门关则是太初以后改置者；王国维先生也赞同此说，并称太初以前的玉门关即今玉门县；劳榦先生主张汉代最早的玉门关在敦煌以东，不在王国维所说的玉门县，可能在嘉峪关或赤金峡，玉门关在太初四年后迁往小方盘城，阳关遗址应在古董滩；向达先生考得敦煌南湖的古董滩为阳关古城，此论为学界所接受。他还主张汉代玉门关自始置至终汉之世俱在敦煌，关址就在小方盘城。以向达先生为代表的观点从 20 世纪 40 年代直到 60 年代在史学界一直占据着主导地位；陈梦家先生认为两汉的玉门关一直在敦煌县之西，不曾东迁或先在敦煌之东而后西迁者。西汉时，玉门关与玉门县并存，小方盘成应是玉门都尉治所，玉门关口应在 T14 古城之西或西北；吴礽骧先生认为敦煌马圈湾遗址为西汉玉门候官治所，玉门关

---

① 纪永元、纪忠元：《敦煌玉门关阳关论文选萃》，中华书局 2003 年版，第 347 页。

为玉门关候所辖,其确切位置在马圈湾遗址西南 0.6 公里,东汉时治所东移到小方盘城;赵评春认为确属由敦煌以东地区迁于敦煌西北者,玉门关原在玉门市西北赤金堡一带,太初三年迁至玉门县,西迁后的玉门关当在小方盘城及其北侧烽燧;李并成先生认为玉门关应在嘉峪关西北约 10 公里处黑山南部的石关峡。玉门关的规模据《沙洲地志》载:"玉门关,周回一百二十步,高三丈。"

阳关位于今敦煌市城西南约 70 公里的南湖乡古董滩一带。据《沙洲地志》记载:"阳关,东西二十步,南北二十七步。右在(寿昌)县西两十里,今见毁坏,基址见存。西通石城、于阗等南路。以在玉门关南,号曰阳关。"

金关据考古发掘,位于今甘肃省金塔县天仓乡北约 25 公里的黑河东岸、汉张掖郡肩水都尉肩水候官治所(今地湾城,A33)北部 600 米处,遗址犹存。是汉军进出河西南北的居延古道要隘咽喉,拱卫着南面不远的肩水都尉府、肩水候官屯戍重地。取名"金关",意为最重要的关口。

悬索关据考在居延都尉辖区内,关址至今尚未找到,李并成先生考证"悬索关当位于今布肯托尼之地"①。吴礽骧先生进一步认为其当在"今额济纳旗南、额济纳河东岸布肯托尼(A22)附近的卅井塞上"②。悬索关与金关遥遥相望,二关之间烽燧相连,形势险峻,固守着河西门户。

关上设有管理机构及驻关人员,其中都尉府为关上领导机构,最高长官称为关都尉。《汉书·魏相传》:"函谷,京师之固,故以丞相弟为关都尉。""关都尉,秦官。"③ 敦煌汉简 1108 号简上也见"关都尉"一职,知阳关、玉门关皆设关都尉。依照居延汉简所见,居延卅井县索关归居延都尉管辖,肩水金关归肩水都尉管辖。

关都尉其下属有候,如:

●三月吏员薄(簿)。长以下卅二人,卅一人长,秩四百石,守阳关候一人,丞秩一百石,见……　　　　　　　Ⅱ0215③:29

---

① 李并成:《汉悬索关考》,《敦煌研究》2004 年第 4 期。
② 吴礽骧:《河西汉塞调查与研究》,文物出版社 2005 年版,第 146 页。
③ (汉)班固:《汉书》卷 19《百官公卿表》。

陈梦家先生认为"关候是守关口的一候官，下属有候丞及关尹。在文献上其地位较高"[①]。《后汉书·西域传》述阳嘉四年（135），"乃令敦煌太守发诸国兵及玉门关候、伊吾司马……救车师"，说明玉门关候有屯兵可调。

由考古发现和简牍记载可知，玉门关候不仅驻军守备玉门关，同时还统领着十多个烽燧。据吴礽骧先生考证："玉门关候东界，与汉龙勒县东界是一致的"，其西界"在显明燧西三里。因此玉门关候辖区，其东西直线为三十四公里"，在其辖区内，"燧长为二十九人，而现今尚存之东西走向的烽燧仅十七座"[②]。

关内具体日常事务多由关啬夫主持。

   六月辛未府告金关啬夫久……   183.15

   肩水关啬夫光以小官印兼行候事……   199.1

关啬夫之副手为关佐，如：

   元康元年七月壬寅朔甲辰关啬夫广德佐熹敢言之
   敦煌寿陵里赵负趣自言夫祈为千秋燧长往遗衣
   以令出关敢言之   敦简796

   ☐关啬夫李钦六月食☐   73E.J.T3：73

涉及关务的官员尚见有守丞，如：

   府告居延甲渠鄣候卅井关守丞匡十一月壬辰檄言……
                 E.P.F22：151A

---

① 陈梦家：《汉简缀述》，中华书局1980年版，第198页。
② 吴礽骧：《玉门关与玉门关候》，《文物》1981年第10期。

李均明先生认为："称'丞'者通常为县、候官及以上级别的官员。"[①] 此简所云守丞当为都尉府派驻之官员，监督通关事务。

设关之目的是为了军事防御，若遇外族入侵或叛乱，关上的屯驻军队就会关闭城门，出兵防御。故边关配备专门的侦察骑兵，以备非常之需，如：

  ……以食肩水斥候骑士十九人……　　　　303.23

在和平时期，关还有控制人员往来、检查违禁物品、缉拿罪犯、征税等作用。故守关吏卒对出入关人员皆要盘查登记。

关门处常留存有关吏对过关人员的登记记录，任何人或车马过关都要登记，下面是在金关遗址发现的对过关人员出入关的简文记录：

  ☐四月乙丑守亭长良出　　　　73E.J.T3：76

  ☐皮氏縢里王雷年卅八☐
  妻子大女觛得当穿富里☐☐成禹年廿六
  子小女候候年一岁车一二两　　　　73E.J.T3：88

  河津关毋苛留止如律令敢言之……☐　　　　73E.J.T10：15

  卒南阳杜衍利阳里公乘陈副年卅五长七尺二寸出　　73E.J.T3：49

  治渠卒河东汾阴承反里公乘孙顺年卅三出　　　　73E.J.T3：50

  戍卒梁国睢阳新☐里公乘孙☐年廿六九月丙寅出癸巳　140.3

  卒南阳山都习里公乘扁登年卅六长七尺二寸出　　73E.J.T3：51

---

① 李均明：《汉简所反映的关津制度》，《历史研究》2002 年第 3 期。

☑□吏□□移簿大守府九月壬子入关十一月庚辰出关

73E.J.T10：64

吏庶士以下及出塞候者□☑　　　　　　　　E.P.T7：14

书佐忠时年廿六长七尺三寸黑色牛一车乘第三百九十八 出　280.3

由以上记录可看出，过关者有边塞吏、卒，也有普通百姓。关吏对每一位过关者都备有记录，包括过关者的姓名、身份、郡县、里、年岁、身长、肤色、事由等详尽的记录，由此可见汉代河西屯边地区关防制度设置非常精细和严密。

张家山汉简《津关令》规定：

□、御史请诸出入津关者，诣入传□□吏（？）里□长物色□瑕见外者及马职（识）物关舍人占者，津关谨阅，出入之。县官马勿职（识）物者，与出同罪。制曰：可。

此简文字大意为：过关者首先把具有个人身份凭证的传交给关吏查验，关吏据以核对传与人员物资是否相符。核对的内容包括个人身份、年龄、身体特征、居住地及马的标志等。即使公务用马，无标识者也不许出关，说明关防管理制度相当严格，禁止军队吏卒及普通百姓轻易出入关。

张家山汉简《津关令》还规定：

御史言，越塞阑关，论未有□，请阑出入塞之津关，黥为城旦舂；越塞，斩左止为城旦；吏卒主者弗得，赎耐；令、丞、令史罚金四两。智（知）其情而出入之。及假予人符传，令以阑出入者，与同罪。非其所□为□而擅为传出入津关，以传令阑令论，及所为传者。县邑传塞，及备塞都尉、关吏、官属人、军吏卒乘塞者□其……牧□□塞邮、门亭行书者得以符出入。制曰：可。

据此简所见，关防管理有严格的法令程序，没有关防许可越塞会受到严厉的制裁，只有持有政府颁发的关防印信才能出关或入塞，严禁无证及持用非法证件出入。对违禁者处以"城旦舂"、"城旦"、"罚金"等刑罚。另外，对"假予人符传"、"擅为传出入者也处以刑罚"。这既是为了防御匈奴入侵，也是加强边塞管理的一项有效措施。依据传世文献和出土汉简，汉代关防印信[①]有符、传、致、过所、棨、节、繻等。

一 符

《玉篇》："符，符节也，分为两边，各持一以为信。"《说文解字·竹部》云："符，信也，汉制以竹长六寸分而相合。"由此我们可以理解为符是一种信物凭证，长度约为汉尺六寸，有两半，相合为证。《史记·封禅书》云："（秦）以冬十月为年首，色上黑，度以六为名。"张晏注："水，北方，黑。水终数六，故以方六寸为符，六尺为步。"《秦始皇本纪》亦云："数以六为纪，符、法冠皆六寸。"可见秦汉时符皆长六寸。汉尺六寸多，合今十四厘米强。符的质地有竹制，也有木制，我国考古工作者在新、旧居延汉简中，发现过一定数量的符，符皆为木质。

汉时符作为出入关传凭证，分左右两半，符上有刻齿，刻齿的位置位于正对文字面的右侧。刻齿或一处、二处、三处不同，位于简上、中、下部不等。合符后刻齿会相对接，方予以通行。如：

使者符合乃☐   332.12

金关为出入六寸符   11.8

符上穿孔以便系绳携带，敦煌酥油土烽燧遗址发现的符，下端有一孔，过孔上系一黄绢绳，显系佩戴用的。李均明先生对此有详细考证[②]。

[①] 关于汉代印信制度的讨论，学界曾有过广泛的讨论，如薛英群《居延汉简通论》第七章之第二十七节，汪桂海《汉符余论》，李均明《汉简所见出入符、传与出入名籍》、《封检题署考略》、《汉简所反映的津关制度》，唐晓军《汉简所见关传与过所的关系》，程喜霖《汉简所见关传向过所演变》等，本节是在广泛参考诸家讨论的基础上作一综合性讨论和总结。

[②] 李均明：《封检题署考略》，《文物》1990 年第 10 期。

凡出关者，不论因公还是因私，都要领取符作为身份的凭证。汉有"左上右下"、"左内右外"之制，欲出入者持右符，左符留关，事毕，即与左符合验。

甲渠八月二十六日庚午遣燧长斡况徙☐覆众迹虏到故二候官知虏所出符符左留官　　　　　　　　　　　　　　E.P.T26：6

此例中有两符，燧长持符右，符左留官。入关后验符，两符相合才能入。河西边塞，"上至都尉府，下至候官、部、烽燧，皆有自行制作的符信"。① 符依据使用对象和范围的不同可分为以下几种：

1. 烽燧官吏及其家属出入关符

永光四年正月己酉橐佗延寿燧长孙时符
妻大女昭武万岁里孙第卿年廿一
子小女王女年三岁
弟小女耳年九岁
皆黑色　　　　　　　　　　　　　　　　　　29.1

永光四年正月己酉橐佗吞胡燧长张彭祖符
妻大女昭武万岁里☐☐年卅二
子大男辅年十九岁
子小男广宗年十二岁
子小女女足年九岁
辅妻南来年十五岁
皆黑色　　　　　　　　　　　　　　　　　　29.2

此类符文，署明吏及其家属之姓名、性别、关系、年龄、肤色等，以便过关时核验。

---

① 汪桂海：《汉符余论》，《简牍学研究》（第三辑），甘肃人民出版社2002年版，第233页。

2. 出入关门的编号出入符

始元七年闰月甲辰居延与金关为出入六寸符券
齿百
从第一至千
左居官右移金关
符合以从事●第八　　　　　　　　　　　　65.7

始元七年闰月甲辰居延与金关为出入六寸符券
齿百
从第一至千
左居□□□□□
合以从事●第十八　　　　　　　　　　　　65.9

元凤四年二月癸卯居延与金关为出入六寸符券
齿百
从第一至千
左居官右移金关
符合以从事●第九百五十九　　　　　　74E.J.T26：16

　　以上三枚简是三件十分难得的出入关符的实物材料，符文中"居延"为居延都尉府之简称。金关是肩水都尉府所辖的一处重要关口，位于居延都尉府和肩水都尉府的接会处，是进入河西腹地、北通居延都尉的重要门户。"左居官，右移金关"之"官"指居延都尉府所辖的殄北、居延、遮虏、甲渠、卅井诸侯官，它们与金关分属于两个不同的都尉府。由符文可知，这些符是居延都尉府与肩水都尉府共同制作，编号从第一至第一千。上述符为第八、第十八和第九百五十九。符的右半在金关，左半在居延都尉府下的各个候官[①]。"齿百"二字详见于敦煌酥油土烽燧遗址发现的警

---

① 汪桂海：《汉符余论》，《简牍学研究》（第三辑），甘肃人民出版社2002年版，第229页。

候符上。

3. 报警用的警候符

边塞候望戍卒若发现有外敌入侵，立即报警，报警时则持特殊的"警候符"。1981年，敦煌文化馆人员在敦煌酥油土烽燧遗址发现"警候符"一枚，符文云：

平望青堆燧警候符左券齿百　　　　　　　　　　　38∶39

此符为木质，长14.5厘米，宽1.2厘米，符下端有一小孔，穿有一条黄绢绳，残长7.5厘米，为挂符及佩戴之用。[①] 此符上右侧有一刻齿，刻齿中有半个墨书"百"字，"细察刻齿的刻痕与'百'字墨迹，似先刻齿并书写'百'字，然后一剖为二"[②]，足见"齿百"之意。符上刻齿用来合符以示信，《说文段注》云："两家各一之书牒，分刻其旁，使可两合以为信。"

4. 戍卒值勤时佩戴的直符

直符一日一夜谨行视事钱财物臧内户　　　　　　　52.45

5. 戍卒巡视烽燧携带日迹符

第六平旦迹符　　　　　　　　　　　　　　　　E.P.T49∶69

这是戍卒巡逻塞防时所佩戴的日迹符。当然，此符不仅在塞防上有，在关防上也有，考古所见的肩水金关就包括关门、坞、烽台等设施，是集关检、候望、戍守、报警为一体的边塞防御机构，故以上几类符应该都有。

---

① 薛英群：《居延汉简通论》，甘肃教育出版社1991年版，第446页。
② 敦煌县文化馆：《敦煌酥油土汉代烽燧遗址出土的木简》，《汉简研究文集》，甘肃人民出版社1984年版，第6页。

二　传

传，也是出入关的物质凭证。《史记集解》如淳曰："两行书缯帛，分持其一，出入关，合之乃得过，谓之传也。"崔豹《古今注》言："凡传皆以木为之，长五寸，书符信于上，又以一板封之，皆封以御史印章，所以为信也，如今之过所也。"传的制作材料据上引《史记集解》和《古今注》的记载，可知或以缯帛或以木板做成。考古工作者在河西一带尚未发现缯帛之传，所见传皆为木质，大小形制略无定制。"传上也未见有'御史印章'，但有的正面写上一个大大的'传'字，醒目易辨"[①]。传的尺寸不一，由《古今注》引文知为五寸，而根据《汉书·平帝纪》"在所为驾一封轺传"，如淳注："诸当乘传及发驾置传者，皆持尺五寸木传信，封以御史大夫印章。"此处传的长度为尺五寸。

肩水金关出土的简文中多见传的记载，如：

关出入传　　　　　　　　　　　　　　73E.J.T7：158A

□□则皆毋官狱征事当为传谒移　　　　73E.J.T10：227

一张传分为两份，一份存于关防管理机构中，另一份发放给过路行人，行人过关时，如果所持的传与政府存留的能够合在一起，方可允许通过。

李均明先生认为："传分公务用传及私事用传，功能与陈请手续有别。公务用传常由县级以上机构颁发，传上署有持传人应享受的待遇。"[②] 下例两简为公务用传之抄录件：

神爵四年十一月癸未，丞相史李尊，送获（护）神爵六年戍卒河东、南阳、颍川、上党、东郡、济阴、魏郡、淮阳国诣敦煌郡、酒泉郡。因迎罢卒送致河东、南阳、颍川、东郡、魏郡、淮阳国并督死卒传槥。为驾一封轺传。御史大夫望之谓高陵，以次为驾，当舍传舍，

[①] 薛英群：《居延汉简通论》，甘肃教育出版社1991年版，第419页。
[②] 李均明：《汉简所反映的关津制度》，《历史研究》2002年第3期。

如律令。　　　　　　　　　　　　I0309③：237

　　元延二年七月乙酉居延令尚丞忠移过所县道河津关遣亭长王丰以
诏书买骑马酒泉敦煌张掖郡中当舍传舍从者如律令守令史诩佐裦
　　七月丁亥出　　　　　　　　　　　　170.3A

此两例为公务用传之实录，第一条简文为丞相史李尊迎送戍卒时所带的传。执此类公务用传者沿途传舍可提供食宿，关津也允许通过；第二条简文为亭长王丰被派到酒泉、敦煌、张掖郡中买马时所持的公务用传，执此传者县道河津关不止留，沿途须"当舍传舍"。

私事用传，有一定的申请手续，出行者先向所在乡提出申请，说明出关的理由，然后由乡啬夫审核确实"毋官狱征事"，即非正在服劳役、兵役、刑役人员，符合过关条件之后，再由乡啬夫报所在县、道批准后由掾、令史具传各关口放行。

申请人有资格限制，对于一些特殊情况，也有相应的规定。悬泉置汉简中有一件相关的中央诏书可说明问题：

　　　当徙边未行，行未到若亡勿徙，赦前有罪，后发觉勿治。奏当当
　　上勿上，其当出入其□□□在所县为传，疑者谳廷尉，它如律令。丞
　　相御史分行诏书，为驾各……①

罪犯是不可以申请出入关隘的符传的，但是在获得国家的赦免，恢复合法身份后，具备"在所县"开具"传"的资格。

　　五凤元年六月戊子朔癸巳东乡佐真敢言之宜乐里李戎自言为家私市
安张掖界中谨案戎毋官狱征事当为传谒移廷敢言之　73E.J.T10：312A

此例中"毋官狱征事"，是获取传的前提条件。传上还需说清出关理

---

① 胡平生、张德芳：《敦煌悬泉汉简释粹》，上海古籍出版社2001年版，第15—16页。

由，方能通过，如李戎出关的理由为"为家私市长安"。

由于符、传皆为过关凭证，故有人认为符、传实为一物，如《汉书·宣帝纪》颜师古注、《王莽传》孟康注等。但也有一部分专家持不同意见，如李均明先生认为二者形制不同："传长而符短，传长汉尺一尺上下，而符仅六寸，传长达尺五寸；符有刻齿而传无；传有私事、公事之分，传皆明书所行目的地；符由可相吻合的若干片组成，故在特殊情形下不必拘泥具体形状；汉简所见出入符多专供某一机构所辖范围的内部人员及其在外家属使用，而传之使用者来自全国各郡县，范围极广。"[1]

劳榦先生在《居延汉简考证》"符券"一节亦论述了二者的区别："虽同为符传，而其持有人身份及过关时之性质，与传的命意亦自有别。传者，就过关之事而言；符者，就传上可以相合之证而言。"[2]

林剑鸣先生认为传与符主要在形式上不同："一般地说，传之形式比较简单，仅记年月而已；符之中又分为三种：一、符卷，记符卷齿，记号数，不记人名，不分左右。二、仅记用符之人名、年龄、籍贯、仪表，无刻齿、无号数。三、记用符之人名、年龄、号数及所载之物。传、符专用于关津吏之查验，以证明持证者之身份。"[3]

陈直先生认为："文献多称传，而木简者传符并称。""以木简来分析，其区别在符有齿，传无齿，符纪数，传不纪数。传与符可算为一类。符分左右，先寄右符至所到地区，用于合符。传等于后来之路证，过所性质，与传相近。"

陈直先生与林剑鸣先生的观点基本相似。

以上观点是当今学术界对"符"、"传"的不同认识，虽有分歧，但比较全面地分析了二者的区别，为我们全面认识符、传提供了方便。从学界的讨论中，有一点我们可以确定，即符与传都是过关的信物凭证。

三 节

节，是一种高级出行凭证，多数为皇帝派出的使节所持的凭信，用作

---

[1] 李均明：《汉简所见出入符传与出入名籍》，《文史》第19辑，中华书局1983年版，第27页。
[2] 劳榦：《居延汉简考证》，商务印书馆1949年版。
[3] 林剑鸣：《简牍概述》，陕西人民出版社1984年版，第129页。

代表皇帝出征、监察、办理重大案件、出使外国等重大事务的身份证明。《周礼·地官·掌节》云："凡通达于天下者，必有节，以传辅之。"郑玄注曰："必有节，言远行无有不得节而出者。辅之以传者，节为信耳，传说所赍操及所适。"

节的种类甚多，形状各异，用途有别。《周礼·秋官·小行人》云："达天下之六节，山国用虎节，土国用人节，泽国用龙节，皆以金为之。道路用旌节，门关用符节，都鄙用管节，皆以竹为之。"

1957年安徽寿县出土的竹节状错金"鄂君启"铜节，是楚怀王发给鄂君启的水陆通行符节，节为青铜所制，两组，每组5枚，合起来成竹筒状，上面有错金铭文，写着持节者所拥有车船、通行路线等事项，持此节者，关津不止留，沿途传舍免费提供食宿，此节现藏于中国历史博物馆。

调动军队也持节。《汉书·高帝纪》高帝元年冬十月注引颜师古曰："节以毛为之，上下相重，取象竹节，将命者持之以为信。"这种节是一种符节。

节还用于驿传邮递，如作龙首状的"王命传"铜龙节，湖南长沙出土，属于战国中晚期，龙节长条形，上宽厚下窄薄，一端较大，另一端较小，头下部两侧各有一圆穿，可以系结绳组，便于携带；两面刻铭文"王命，命传赁一檐似之"九字，龙节是使者持之远行可得食宿的证件。

无论"鄂君启"节、"王命传"节，无论它是铜质的还是竹质的，持节者，各关口放行，沿途住宿伙食一律由传舍供给。汉代有专职管理符节之事的官员，《后汉书·百官志三》"宗正大司农少府"条记"符节令一人，六百石"。

四 致与致籍

通知书形式的凭证称"致"或"致籍"，亦用于出入关津，如：

民出入关致籍　　　　　　　　　　　　73E.J.T3：47 A

囗凡出入关传致籍　　　　　　　　　　50.26

☒闰月吏民出入关致籍　　　　　　　73E.J.T1：4

□以传致复致出名籍☒　　　　　　　73E.J.T7：49

愿令史案致籍出册留如☒　　　　　　73E.J.T10：218A

以上为出入关所用的"致"或"致籍"，作用与传相类。区别在于"传"适用地区广，而"致"通常只适用于指定地点，并附有详细的人、马及物品清单。

持传人一路凭"传"为通行证，经过关塞时，先按其身份、事由、出入关时间予以登记，还将持传人的年龄、容貌、籍贯及携带马匹、物品等记录在案，以便出入时查验。《二年律令·津关令》简498—499有：

诸出入津关者，诣入传□□吏（？）里□长物色□瑕见外者及马职（识）物关舍人占者，津关谨阅，出入之。

从此例看来，登记持传者的信息是关津法令之一，关防人员必须依法执行。

关防登记者除了登记持传人的身份、相貌、事由等信息外，还将持传者所持的传也照样抄两份做副本，其中一份留关备份叫"副卷"，如下面简文所示：

门亭鄣河津金关毋苛止录复传敢言之　　　36.3

元始三年十二月，吏民出入关传副誊　　　73.E.J.T3

上报之本曰"致籍"，又简称"致"，以备返回过关时验证核对，陈邦怀先生指出："致籍不仅为出入关所用，吏、卒对于上级亦用致籍。"[①] 关

---

① 陈邦怀：《居延汉简考略》，《历史教学》1964年第2期。

津要塞，对国家政府来讲意义重大，对出入关塞之人的动向，政府要及时详细地了解，致籍要按规定依时上报，并以簿籍的形式上交，使太守府能随时了解各关津人们出入情况，河西出土的汉简可见致籍簿，如：

竟宁元年正月吏妻子出入关致籍　　　　　　E.P.T51：136

在李均明先生统计的"簿集类"中就列举了不少此类名籍[①]，如吏民出入籍、致籍、出关致籍、出入关传致籍、吏妻子出入关致籍等，这些都可以简称"致籍"。因此，"致籍"一词准确含义当如薛英群先生所云为妥，就是"各关塞河津上报太守府的出入关之名籍"[②]。

五　繻

作为个人出入关的凭证还有繻。《史记》张晏注曰："繻，符也，书帛裂而分之，若契券矣。"苏林注曰："繻，帛边也，旧关出入皆以传。传烦，因裂繻头合以为符信也。"

由上可见繻为帛制，可一裂为二，出行者和关防人员各持其一，过关时再合起来，以作为出入境的凭证，是在"传烦"的情况下才出现的替代品。《终军传》载："军从济南当诣博士，步入关，关吏予军繻，军问以此何为？吏曰：'为复传，还当以合符。'军曰：'大丈夫西游，终不复传还。'弃繻而去。军为谒者，使行郡国，建节东出关，关吏识之曰：'此使者乃前弃繻生也。'"[③] 由此可见，终军本前往长安"诣博士"，入关之前，路上当另有通行证件，入关时的"繻"由关吏发放，仅作出关时"合符"验证之用，而终军本是有目的、有准备而入关，故弃而不用，而关吏也没有强命终军用"繻"。

由上还可以推测一下"繻"的使用时间，终军为汉武帝时人，故"繻"的出现至少在汉武帝时，至东汉还在使用，《后汉书·郭丹传》记载："（丹）后从师长安，贾符入函谷关。"李贤注曰："符即繻也。"

[①] 李均明：《古代简牍》，文物出版社 2003 年版，第 179 页。
[②] 薛英群：《汉代符信考述（下）——居延汉简研究》，《西北史地》1983 年第 4 期。
[③] （汉）班固：《汉书》卷 64《终军传》。

六　棨

棨，是一种出入边塞关口的特别通行证，一般赐给具有特殊身份的皇亲国戚和高级文武官吏。《汉书·文帝纪》十二年"三月，出关无用传"。李奇注曰："传，棨也。"师古注曰："古者或用棨，或用缯帛。棨者，刻木为合符也。"可见，棨也是如同符之类的信物。《说文解字》云："棨，传信也。"

汉代的棨依其形式可分为棨戟、棨传、棨信三种。棨戟是汉代官员出行的一种仪仗用戟，其特点是戟头上戴有绢质的套。《汉书·韩延寿传》颜师古注："棨，有衣之戟也，其衣以赤黑绢为之。"

棨传是出入宫门的凭证，《后汉书·百官志二》："凡居宫中者，皆有口籍于门之所属。宫名两字，为铁印文符，案省符乃内之。若外人以事当入，本（宫）〔官〕长史为长史为封棨传；其有官位，出入令御者言其官。"《汉官仪》也曰："凡居宫中，皆施籍于掖门，案姓名当入者，本官为封棨传，审印信，然后受之。"

棨传在边塞关门是否也使用不得而知，但棨信确证为官员出入关塞用的凭证之一。1973年甘肃居延肩水金关遗址出土了一件"西汉张掖都尉棨信"[①]，现藏甘肃省文物考古所。红色缯制作，长21厘米，宽16厘米，长方形，上方缀系，用以悬挂，正面墨笔篆书"张掖都尉棨信"六字，据考证这就是当时作为身份证明的一种符信，悬于杆上作为出入关证件。《古今注》说："信幡，古之徽号也，所以题表官号，以为符信，故谓为信幡也。"因棨信用缯制作，因此"棨信"之"棨"亦写作"綮"。《说文解字》："綮……致缯也，一曰徽，识信也，有齿。"[②]

七　过所

"过所"也是通行凭证的称谓。《周礼·地官·司官》贾疏云："过所文书，若下文节传，当载人年几及物多少。至关至门，皆别写一通。入关家门家，乃案勘而过。其自内出者，义亦然。"可见过所也为过关凭证，

[①] 李学勤：《谈张掖都尉棨信》，《文物》1978年第1期。
[②] （汉）许慎：《说文解字·糹部》，浙江古籍出版社1998年版，第649页。

记载所执者的年龄、长相等信息，过关时，关防人员再抄一份，以便入关时查验。《汉书·文帝纪》师古注曰："传，若今过所也。"此处将"传"与"过所"释为作用相同的一类凭证。《释名·释书契》言："过所至关津以示之也，传，转也，移转所在，识以为信。"此语中将"传"与"过所"分别加以注释，看来二者是有区别的。前引崔豹《古今注》一书也言"凡传……所以为信也，如今之过所也。"看来二者的区别只是时间与名称称谓的不同。过所的使用方法比"传"更为简化。居延汉简中发现有专用的过所木牌，在一木板上用隶书书"过所"二字（39.2），其他过所文书如下：

永始二年三月丙戌朔庚寅，泺涫长崇、守丞延，移过所，遣□佐王武逐杀人贼朱顺敦煌郡中，当舍传舍，从者如律令

悬泉汉简Ⅰ0110①：5

☑□居延都尉行塞蓬燧移过所　　　　45.28

甘露二年十二月丙辰朔庚申西乡啬夫安世敢言之富里薛兵自言欲为家私市张掖酒泉武威金城三辅大常郡中谨案辟兵毋官狱征事
当得以令取传谒移过所津关毋苛留止如律令敢言之
十二月庚申居延守令千人属移过所如律令
掾忠佐充国　　　　　　　　　　　73E.J.T10：313A

过所　□　建武八年十月庚子甲渠守候良遣临木候长刑博
过所　□　便休十五日门亭毋苛留如律令　E.P.F22：698A、B

由于传的申请和办理手续比较复杂，至汉武帝初年，已不能适应社会经济发展的需要。《汉书·匈奴传（下）》云："明年（甘露二年），呼韩邪单于款五原塞愿朝，三年正月，汉遣车骑都尉韩昌迎，发过所七郡，郡二千骑为陈道上。"这一史料中最早出现"过所"一词。师古注"过所"一词为"所过七郡"，可见这时的"过所"为动词"经过"之意。过所如何

成为关防凭证？依据汉简记载，我们常见传与过所置于一处使用，如下面三简所示：

●封传，移过所，毋苛留。　　　　　　E.P.T50：39

☐取传谒移过所县道☐　　　　　　　　73E.J.T7：159

☐来假传出过所令门亭毋苛☐　　　　　73E.J.T10：339

《周礼·地官·司关》郑玄注"传，如今移过所文书"之语，然郑玄为东汉人，其言只可证明东汉时确有过所而已。李均明先生认为"东汉末以后'传'便称作'过所'"①。唐晓军先生则证明："关传演变为过所的时间发生在西汉昭帝（前94—前74年）和东汉武帝建武八年（32年）之间。"② 程喜霖先生认为"大概汉武帝元鼎六年间，'过所'称谓出现，从关传演变出名为'过所'的通行证，中经昭、宣、元、成诸帝，过所行用逐渐广泛，然而终西汉一代，吏民度关主要使用传，与此同时传与过所合一，或与过所文书并行于世，从而关传路证逐渐消亡，最后由过所取而代之"③。

学界的讨论道出了传向过所的演变是逐步或渐进的一个过程，首先，办理关传的手续太烦琐，先由出入关者申请于乡啬夫，乡啬夫出具证明并报请县令（长）批准，批准之后再由文书吏签发，这种往来手续繁杂，不能适应社会发展之需要。其次，关传文书中常用的套词"谒移过所"等在使用过程中逐步独立出来，成为专有名词——"过所"，同时省去了关传文书中的上级"批准"语如"愿以令取传"、"当以令取传"等。当关传文书正式被过所文书取代后，原来的修饰语"过所"从动词"经过"变为出入证的专有名词。如下面几枚简已不见传，发展为出入关的凭证"过

---

① 李均明：《汉简所反映的关津制度》，《历史研究》2002年第3期。
② 唐晓军：《汉简所见关传与过所的关系》，《西北史地》1994年第3期。
③ 程喜霖：《汉简所见关传向过所演变》，《简牍学研究》（第二辑），甘肃人民出版社1997年版，第126页。

所"了：

  ……移过所县邑毋苛留如律令令史宫 73E.J.T2：9B

  ☒移过所县道官河津金关毋苛☒ 73E.J.T4：101

  ☒长安狱丞禹兼行右丞事移过所县邑如律令☒ 73E.J.T10：229A

八　诏令

对特定情况及身份的人，还以诏令批办出入关口，《张家山汉简·津关令》规定：

  □、相国上中大夫书，请中大夫谒者、郎中、执盾、执戟家在关外者，得私置马关中。有县官致上中大夫、郎中，中大夫、郎中为书告津关，来，复传，津关谨阅出入。马当复入不入，以令论。相国、御史以闻。制曰：可。

  相国、御史请郎骑在关外，骑马节（即）死，得买马关中人一匹以补郎中为致告买所县道，县道官听，为质〈致〉告居县，受数而籍书马职（识）物、齿、高，上郎中。节（即）归休、(徭) 使，郎中为传出津关，马死，死所县道官诊上。其诈贸易马及伪诊，皆以诈伪出马令论。其不得□及马老病不可用，自言郎中，郎中案视，为致告关中县道官，卖更买。制曰：可。

以上两例所规范的对象，皆为朝廷诸机构人员，诏令授权郎中为其开具出入关津证明书以出入关。

第四节　关防的作用

一　严防匈奴等关外民族的入侵，保证关内的安全

肩水金关关门内外两侧发现的虎落尖桩，排列"呈正方形，有的桩埋

在方形坑中，有的在下部刻一缺槽，再横贯一横木"①，这是为防止外敌入侵而置的防御设施，另外关门处还见有烽燧设施，其目的都是为了加强防御，以保证关内的安全。

二　帮助缉拿罪犯

关口是罪犯出入的主要通道，关防仅放行持有合法证件者出入，有关通缉犯的情况皆在关津张榜公布，见于金关遗址的通缉令，如：

> 诏所名捕平陵长藿里男子杜光字长孙故南阳杜衍……初亡时驾騩牡马乘阑车黄车茵张白车蓬骑騩牡马因坐役使流亡□户百廿三擅置田监史不法不道丞相御史□执金吾家属所二千石奉捕。　183.13

三　严格控制违禁物品出入关

主要是马匹、金铜、弩机等，这些都是战争中使用的主要物品，无正当理由出入者为违禁，予以扣押。② 诸物资中，对马的控制最严。《津关令》规定：

> 其买骑、轻车马、吏乘、置传马者，县各以所买名匹数告买所内史、郡守，内史、郡守各以马所补名为久久马，为致告津关，津关谨以藉（籍）、久案阅，出。诸乘私马入而复以出，若出而当复入者，出，它如律令。御史以闻，请许，及诸乘私马出，马当复入而死亡，自言在县官，县官诊及狱讯审死亡，皆津关。制曰：可。

此令意在控制马之大量流通，仅供急需。《汉书·景帝纪》："御史大夫绾奏禁马高五尺九寸以上，齿未平，不得出关。"《汉书·昭帝纪》："罢天下亭母马及马弩关。"孟康注："旧马高五尺六寸齿未平，弩十石以上，

---

① 甘肃省文物工作队、甘肃省博物馆：《汉简研究文集》，甘肃人民出版社1984年版，第485页。

② 参见李均明《汉简所反映的关津制度》，《历史研究》2002年第3期。

皆不得出关。"

四 控制人口流动，严防编户齐民外逃出关

古代中国，国家对人口进行严密、直接的掌控。郡县所辖之民都是国家的编户齐民，是赋税、徭役之源。但是，编户齐民为了逃避沉重的赋税和徭役经常越塞出关，这种情况在汉、匈之间都有发生，给国家的人口管理带来麻烦。在汉、匈双方关系友好时，一般会针对该问题商定处理办法。《汉书·匈奴传》记载，汉文帝时，与匈奴和亲。后二年，汉遗匈奴书，谈到逃亡人口问题，"俱去前事，朕释逃亡虏民，单于毋言章尼等"。据颜师古注，"逃亡虏民"即汉人逃入匈奴者，章尼是当时背叛单于、归降汉朝者的名字。这大约是汉朝第一次向匈奴提出解决逃亡人口问题的意见。和亲之约确定之后，文帝向全国下达诏书，再次对人口逃亡的处理办法作了说明："匈奴大单于遗朕书，和亲已定。亡人不足以益众广地，匈奴无入塞，汉无出塞，犯今约者，杀之。可以久亲，后无咎，俱便。朕已许。其布告天下，使明知之。"汉与匈奴之间相互约定，都要防止人口逃亡到对方，对非法越过边塞者，一律处死。

汉代法律对以不合法的方式出入塞者，称为"越塞"。张家山《二年律令·津关令》中就有对"越塞"、"阑关"的相应惩处的规定：

> 御史言，越塞阑关，论未有□，请阑出入塞之津关，黥为城旦舂；越塞，斩左止（趾）为城旦；吏卒主者弗得，赎耐；令、丞、令史罚金四两。智（知）
> 其请（情）而出入之，及假予人符传，令以阑出入者，与同罪。
> 非其所□为□而擅为传出入津关，以传令阑令论，及所为传者。
> 县邑传塞，及备塞都尉、关吏、官属人、军吏卒乘塞者□其□
> □□□□日□□牧□□塞邮、门亭行书者得以符出入。制
> 曰：可。

这一条是张家山汉简《二年律令·津关令》中论及越塞阑关最全面的一条，其中规定"阑出入塞之津关"之刑罚是"黥为城旦舂"，越塞较为

严重的是斩左止（趾）后再为城旦。如果主要负责人"吏卒主者"没能将阑关越塞者缉拿归案，就要受到"赎耐"之罚，而间接的责任人令、丞、令史也要罚金四两，若这些官吏知情纵容，那么就与阑关越塞者同罪。

西汉法律中对官吏惩处的规定很细致、很严格，就算是因缉拿罪犯而出入关塞的吏卒，要将名籍上报，如果过期不返且没有延期申请的要受罚，《二年律令·津关令》规定：

> 相国、御史请缘关塞县道群盗、盗贼及亡人越关、垣离（篱）、格堑、封刊，出入塞界，吏卒追逐者得随出入服迹穷追捕。令将吏为吏卒出入者名籍，伍人阅具，上籍副县廷。事已，得道出入所。出人盈五日不反（返），伍人弗言将吏，将吏弗劾，皆以越塞令论之。

汉政府通过严格举措阻止了匈奴等关外民族的入侵，保证了关内的安全。对违禁物品的出入控制，有效保护了关内军需物资的正常需要；关信制度一方面满足了过关人员的基本需要，另一方面也利于防止编户齐民的外逃，保证了国内基本的赋税征收和徭役征发。

第二章　屯戍地区的交通运输工具

从相关资料来看，河西屯戍吏卒驻守边防，出行办事，或步行，或乘车，或骑乘马、驴、骆驼等牲畜。因此，屯戍系统所用的交通工具可分为畜类和车类两种类型。

第一节　畜类运输工具

畜类运输工具在两汉河西边塞地区主要有马、牛、驴、骆驼等，河西汉简有记载，如：

候马二匹　　　　　　　　　　　　　　515.45

马一匹白牡齿七岁高六尺　　　　　　　65.12

□□□□□家属六人官驼二匹食率匹二斗
　　　　　　　　《疏勒河流域出土汉简》附罗布淖尔简41

驼一匹谷十石五斗　　　　　　　　罗布淖尔汉简1057A

驿骑驴一匹　　　　　　　　　　　　　敦简849

牛一黑特左斩齿八岁挚七尺三寸☐　　　517.14

364

上例中"候马"指候所乘之马;"橐马"即骆驼;"驿骑驴"指驿站所骑乘的驴。牛、驴、骆驼在边塞地区常用来负重及运输物资,偶尔也有用来骑乘的;马既可骑乘,也可拉车。河西边塞以马的使用程度最为广泛,其次为牛车、驴车和骆驼车。

河西屯戍地区,马的用途体现在四方面:

其一,战争骑兵用马。骑兵作为兵种出现在战国时期,至秦汉之际日趋成熟,以至由战术配合作战转变为以主力兵团出现的战略骑兵,终将传统的战车挤出战争舞台,成为战场的主导大量。①

"车骑者,天下武备也。"② 在楚汉战争中,汉军骑兵异军突起,屡立战功,由此成为汉朝军队中的一支重要力量。武帝时反击匈奴,前后动用骑兵 120 万,每次参战的骑兵多达 10 多万。《汉书·武帝记》:元朔六年(前 123)"大将军卫青将六将军兵十余万骑出定襄";元狩四年(前 119)汉军北伐匈奴,卫青、霍去病各率骑兵 5 万,"私负从马达十四万匹";天汉四年(前 97)"遣贰师将军李广利将六万骑、步兵七万人出朔方"。山东枣庄桑村镇出土的一块画像石,画面右侧表现的是一座巍峨高阙,阙门内外有守关卒。阙外汉军骑兵与胡兵正在厮杀。③ 居延汉简也有关于骑兵的记录,如:

以食斥候胡骑二人五月尽☐   182.7

史将军发羌骑百人司马新君将度后三日到居延
居延流民亡者皆已得度今发遣之
居延它未有所闻   E. P. F22:325B

上例中"胡骑"、"羌骑"为属国都尉统领下的上述民族骑兵,是汉王朝骑兵的组成部分。

其二,车骑仪卫用马。汉代的各级官员,上自皇帝,下至县令,均有

---

① 何平立:《略论西汉马政与骑兵》,《军事历史研究》1995 年第 2 期。
② (汉)班固:《汉书》卷 24《食货志》。
③ 李锦山:《鲁南汉画像石研究》,知识产权出版社 2008 年版,第 270 页。

数量不等的马匹以充车骑仪卫,并运用法律手段,严格规定了车骑使用管理的权限,形成了一套系统的车骑仪卫使用管理制度,以"别尊卑之序"。①《三辅黄图》载天子出行车驾次第,"谓之卤簿,有大驾、法驾、小驾",最大规模的为大驾,有"属车八十一乘,法驾半之,备千乘万骑"。各级官员自"公卿以下至三百石长导从……三车导,主簿、主记两车为从,县令以上加导斧车","公以下至二千石,骑吏四人,千石以下至三百石县长二人"。②所以汉代官员出行、郊游、赴宴、田猎都必备车骑,"车如流水,马如游龙"③,声势浩大。

甘肃武威雷台东汉墓中出土铜马39匹,铜牛1头,铜车14辆,铜俑45件,组成了一个庞大的阵势。最前方是举世皆知的铜奔马为前导;然后是17名骑士组成的行列:2骑吏并列为领,15名骑士两列为从;随后为主骑1匹,从骑4匹;稍后是斧车1辆,辂车4辆,各有1马系驾,"御奴"5人,从婢2人;再后为"冀张君"及"夫人"乘骑车马,共3马、2车、3奴1婢;"守张掖长张君"及"前、后夫人"乘骑车马,共3马、2车、3奴2婢,"守左骑千人"乘骑车马,共1车,1马,2奴;最后为"辇车"3辆,马3匹,牛车1辆,牛1头,驾车奴1人,从婢8人④(图九十五)。雷台东汉墓出土的车马阵容从侧面反映了河西地区官吏出行时车骑仪卫阵势。

图九十五　武威雷台汉墓出土的持戟铜骑士

其三,邮驿用马。西汉时,既沿用前代的传车制度,又采用逐渐盛行的驿骑制度。"驿马三十里一置"。邮驿传送公文文书,备有专门的马匹以供使用,如:

---

① 王裕昌、宋琪:《汉代的马政与养马高峰》,《西北师大学报》(社会科学版)2004年第11期。
② (南朝宋)范晔:《后汉书》卷29《舆服志》。
③ (南朝宋)范晔:《后汉书》《明德马皇后》。
④ 甘博文:《甘肃省武威雷台东汉墓清理简报》,《文物》1972年第2期。

驿马一匹骓马交　　齿四岁高五尺八寸上调习　　142.26

诏书书到……至旁近郡以县厩置驿骑行　　E.P.F22：69

其四，亭鄣烽燧内军用马。鄣烽燧为边塞防御设施，其内常备有马匹，吏卒出行办理公务可骑乘，戍卒巡逻可骑乘，鄣燧官员诣官奏事或行塞可骑乘等。这种马称为"乘马"或"占用马"等，如下面简文记载：

☐乘马二匹　　73E.J.T5：41

建平三年闰月辛亥朔丙寅，禄福仓丞敞移肩水金关居延坞长王戎所乘用马各如牒书到出如律令　　15.18

☐张掖酒泉郡乘家所占畜马☐　　19.44

占用马二匹当舍郡邸从者☐　　73E.J.T9：153

依汉简中所记，候长、候史、尉史等官员有专有的马匹，如下面简所示：

☐候马九匹☐　　90.30

☐廿七日出粟一石食尉史马　　142.29B

甲沟庶士候长王恭马一匹☐☐☐三岁高五尺柒寸　　E.P.T65：267

马的用途之广，使统治者视"马者，兵甲之本，国之大用"[①]，重视对马的饲养与管理。太仆是专管养马事务的机构，下设太仆丞，郡县设马

---

① （南朝宋）范晔：《后汉书》卷24《马援传》。

丞，在王国设仆及其属吏厩长、厩丞等，负责马政。地处西北边疆的居延地区，也有"昭武厩令史"、"吞远厩"、"□郅连厩"及"马丞"等厩名及官名①，左图为居延屯戍遗址出土的木版画，上面绘有居延地区所养的马匹及车马画面（图九十六）。

图九十六　居延新出土的木板画

政府颁布"复马令"，"令民有车骑马一匹者，复卒三人"。② 鼓励私人养马，使得民间养马之风盛行。河西走廊，自武威以西"地广民稀，水草宜畜牧，故凉州之畜为天下饶"。③ 民间养马业的发展使得戍边的戍卒也都有各自的私车私马，如下简：

　　□□□出门乘私马三匹□　　　　　　　73E.J.T7：101

　　坐从良家子自给车马为私事论疑也□□书到相二千石以下从吏毋
过品刺史禁督且察毋状者如律令　　　　40.6

　　□破房里左长寿马一匹　　　　　　　　28.16

这些私马连同主人一起戍边，并且成为官吏任职的条件之一。下面简中候长、候史、尉史都与其私马一起在边防服役并任职。

　　给候长候史私马□　　　　　　　　　　E.P.T59：674

　　□廿七日出粟一石食尉史马　　　　　　142.29B

---

① 王裕昌、宋琪：《汉代的马政与养马高峰》，《西北师大学报》（社会科学版）2004年11月。
② （汉）班固：《汉书》卷24《食货志》。
③ （汉）班固：《汉书》卷28《地理志》。

368

由于民间养马业的兴盛,以至官马不足时,政可从民间购买。居延汉简也有关于官方买马的记录:

买马南三月五日　　　　　　　　　　　　　　E.P.T59:522

元延二年七月乙酉居延令尚丞忠移过所县道河津关遣亭长王丰以
诏书买骑马酒泉敦煌张掖郡中当舍传舍从者如律令　170.3A

马是边塞使用频率最高的畜类,政府尽一切可能满足边塞对马匹的需要。《汉书·昭帝纪》:"愿省乘舆马及苑马,以补边郡三辅传马。"汉简中也有相关记载,如:

入传马三匹皆牡受郡库　　　　　　　　　　Ⅰ0115④:13

即由郡库下拨给边塞驿站的三匹传马。
政府采取严格的措施来管理官马,以保证边塞对马的正常使用。
严禁偷盗、屠宰马牛等牲畜。《盐铁论·刑德篇》云:"今盗马者死,盗牛者加。"从法令上看,盗马比盗牛的罪行相对来说还要严重,居延汉简中也有"毋得屠杀牛马"的法令条文,如:

建武四年五月辛巳朔戊子甲渠塞尉放行候事敢言之府移使者□所
诏书曰毋得屠杀马牛有无四时言
●谨案部吏毋屠杀马牛者敢□□掾谭　　　E.P.F22:47

优良种马禁止外流。《汉书·昭帝纪》说:"禁马高五尺九寸以上,齿未平,不得出关。"河西边塞地区马匹多在五尺九寸以上,如下面两匹马的身高皆在五尺九寸以上:

马一匹白牡齿七岁高六尺　　　　　　　　　　65.12

369

甲沟庶士候长苏长马一匹马龙　　牝齿七岁高五尺八寸

E. P. T65：45

说明优良种马在边塞使用很广泛。

第二节　车类运输工具

车作为人类重要的交通运输工具，在我国具有悠久的历史，传说黄帝最早发明了车，故号轩辕氏。车的定义因其形而得名。《说文》曰："车，舆轮总名，象形也。"《释名》："古者'车'声如'居'，言所以居人也；今曰'车'。车，舍也，行者所处，若居舍也。"可知车是古代人们出行时常乘的交通工具之一。《周礼·考工记总叙》云："作车以行陆，作舟以行水。"说明车是陆地常用的交通工具。

汉代的车按畜力有马车、牛车、驴车、橐车等几种，其中马车是最普遍的出行乘坐工具。

一　马车的主要用途

汉代马车的用途与马的用途大体相似，主要体现在四方面：

1. 战争用车　《六韬·犬韬·均兵》"车者，军之羽翼也，所以陷坚阵，要强敌，遮走北也"。《江解》"羽翼者，军之有车，犹鸟有羽翼，凭之而奋飞也"。殷商到战国时期，车战一直盛行，战车得到迅速发展，战车多少成为衡量诸侯国强弱大小的重要标志。当时天子兵车万乘，诸侯兵车千乘。《司马法》："一车甲士三人"，"步卒七十二人"。

骑兵的发展来自战国时期，赵武灵王实行胡服骑射后，中原民族才从游牧民族那里学来了骑马。胡服骑射从根本上转变了汉民族的用马习惯，把马从专为拉车更多地转向作为坐骑。这样，原来由马拉车组成的战车，代之以机动、灵活、迅速的骑兵和徒兵。

山东沂南北寨出土的画像石上，其中门楣上绘有《胡汉战争图》，"胡人阵营参战骑兵四人，步兵十三人"。"参战的汉军分战斗部队和指挥系统两部分，前锋是参战步兵，两列22人，皆抗刀持盾；指挥系统是一辆轺车，车上一主一奴。辎车前后各两骑从，均执槌荷矛。骑从前还有四名头戴高帽双手秉钺的仪仗，仅仅跟随作战步兵之后。胡人头戴尖顶高帽，脑后还飘扬着巾带。"[1] 由此画像石可反映出汉代的战争以骑兵为主，但车在战争使用中依然存在。如河北高庄汉墓出土的 1 号车即为战车，在 1 号车的出土地点，考古工作者还发现在车舆的中心部位，是鼓的遗迹。在御官俑下面，清理发现有承弓器 2 件，弩机 1 件，位于车舆的左侧，御首的左侧。车右轮部位有一块长方形的漆花朽革，内有一束铁铤铜镞。漆花朽革可能是装箭的箙，长 40 厘米，御官俑的背部有 1 把氧化非常严重的铁剑。此车为真车活马埋葬。马车的衡，截面为椭圆形，外髹朱漆，中间粗，两端细，长 137 厘米；軏位于衡两端，軏角向外弯曲，两軏的内侧间距 11 厘米，外侧间距 39 厘米；轴为一朱漆木灰痕，长 285 厘米；轴上有伏兔和其他饰件，轮牙上绘朱、黑两色漆，轮高约 11 厘米，内直径约为284 厘米；舆四周为朱漆木栏杆；车盖直径约 298 厘米，有 28 枚盖弓帽。[2]（图九十七）

图九十七　高庄汉墓 1 号车复原图

依文献所见，汉代的战车有轻车、戎车、軿车、云车等类型。轻车，即用以冲击敌阵的战车，武帝时，"虎贲校尉掌轻车"。在对匈奴作战中，"轻车突骑，则匈奴之众易扰乱也"；戎车，是配备战鼓和羽、幢等装饰的

---

[1] 朱正昌：《汉画像石》，山东友谊出版社 2002 年版。
[2] 河北省文物研究所、鹿泉市文物保管所：《高庄汉墓》，科学出版社 2006 年版，第 90 页。

战车，据《后汉书·舆服志》载："戎车，其饰皆如之，蕃以矛麾金鼓羽析幢麾"；关于䩺车，《史记·淮南衡山列传》记载："作䩺车镞矢"，《集解》引徐广曰："䩺车，战车也"；云车，见《后汉书·光武帝纪》记载："遂围之数十重，列营百数，云车十余丈，瞰临城中，旗帜蔽野，埃尘连天，钲鼓之声闻数百里。或为地道，冲䩺橦城。"

2. 吏卒公务出行用车（具体见本编第二章第二节第四部分）。

3. 邮驿用车（具体见本编第三章）。

4. 行塞用车（具体见本编第四章）。

以上是汉代马车的主要用途，考古工作者在居延破城子曾发掘出土有木版画一幅（图九十八），此画出土时已残缺，但从仅有的一些画面中我们也可得知河西边塞马车的使用情况。画面上有车轮子的痕迹，轮子一边很多匹马正在疾驰，从中可见马车已是河西边塞的交通工具之一。

图九十八　居延破城子出土的木版画车马图

二　车马等级概念

车马等级概念传说早在奚做夏车正的时候，就有所谓的"尊卑上下，各有等级"的概念。《论语》："颜渊死，颜路请子之车以为之椁。子曰：'吾不徒行以为之椁，以吾从大夫之后，不可徒行也。'"可见贵族不乘车似乎是失身份的事情。

汉代的车马制度始创于汉景帝中元五年（前145年），以后继位的皇帝又都陆续修补，于是形成了一套完整而又复杂的乘车制度。《后汉书·舆服制》可见汉代的用车制度。在汉代，车是一个人身份的象征，乘车与否代表了一个人身份的高低，车形的差异，驾车牲畜的不同多寡，也是区别车主身份高低的标志。"乘车者，君子之位也，负担者小

372

人之事也"①,"贾人不得乘马车"②,可见车的等级概念。在用车方面,形成王室、官吏、军用以及庶民等各阶层体系完整的用车制度,"以副其德,彰其功"、"显其仁,光其能。"

汉代,"天子所乘曰路"。《释名·释车》:"路亦车也。谓之路者,言行于道路也。金路、玉路,以金玉饰车也,象路、革路、木路,各随所以为饰名之也。"据《后汉书·舆服志》载:"乘舆、金根、安车、立车,轮皆朱班重牙,贰毂两辖,金薄缪龙,为舆倚较,文虎伏轼,龙首衔轭,左右吉阳筩,鸾雀立衡,文画辀,羽盖华蚤,建大旗,十有二斿,画日月升龙,驾六马,象镳镂钖,金鍐方釳,插翟尾,朱兼樊缨,赤罽易茸,金就十有二,左纛以犛牛尾为之,在左騑马轭上,大如斗,是为德车。五时车,安、立亦皆如之,各如方色,马亦如之。白马者,朱其髦尾为朱鬣云。所御驾六,余皆驾四,后从为副车。"天子用车除乘舆、金根、安车、立车等之外,据用途不同,还有耕车、戎车、猎车等。诸侯王"主车四维"。诸王、列侯、秩万石的丞相等出行时,其主车四维,驾二马至四马。导从有斧车、贼曹车、督盗贼车、功曹车、主簿车、主记车,车前伍佰八人,骑吏四人以上。四维是盖与舆连接的四条纮绳。《淮南子·厚道训》:"横四维而含阴阳,纮宇宙而章三光。"高诱注云:"纮,网也,若小车盖四维之纮绳。"

各级官吏所乘的车的区别主要从车上构件的质地(金、银、铜等)、车马饰的图案(龙、凤、虎、豹等)、车盖的大小与用料(布、缯等)、车篷的形状、驾车的马匹数量等方面划分。《太平御览·车部二》引《孙吴兵法》有这方面的详细记载:"大使车,立乘,驾驷,赤帷。持节者重道从,贼曹皆两大车,伍百璪弩十二人,辟车四人,从车四人。从车乘元,单导减半。小使车,不立乘,有騑,赤屏泥油,重绛帷,导无斧车近,小使车兰舆赤毂、白盖、赤帷,从驺骑四十人。此谓追捕、考案、有所敕取者之所乘也。其送葬曰挈已下,驷车,而后还。公卿中二千石郊庙、明堂、祠陵法出,皆大车,立乘、驾驷。他出乘安车。大行载车,其饰如金根,加施组,组连璧交结,四角金龙首、衔璧,垂五

---

① (汉)班固:《汉书》卷56《董仲舒传》。
② (南朝宋)范晔:《后汉书》志29《舆服志上》。

彩，析羽，流苏，前后云气画裳，灵文画曲辀。长舆车等，大仆御，驾六希者，淳白骆马，施色以黑药灼其身为虎文。又曰：诸车之文：乘舆，倚龙伏虎，灵文画辀，龙首、鸾衡、班轮，升龙飞䝙。皇太子、诸侯，倚虎伏鹿，灵文画辀，辀吉阳筩；朱鹿班轮文，飞䡈旗旗，九斿降龙。公列候，倚鹿伏熊，黑辀，朱班轮，鹿文，飞九斿降龙。卿朱两辀，五斿降龙。二千石以下，各从科品。诸辀车以上，軛皆有吉阳筩。"

汉代车舆制度不但继承和发扬了前代的车舆制度，官吏乘何种车有讲究，而且有多少导从车及骑吏，也是乘车者官位大小的象征。《后汉书·舆服制》除规定大小贵族和官吏本人乘坐的主车外，还规定了导从车和骑吏的数量。

1. 官秩中二千石、二千石、比二千石的上卿、郡守（太守）等高官。主车亦四维，驾二至四马。导有斧车，属车有功曹、贼、督盗贼、主簿、主记诸车，骑吏四人，伍佰四人。

2. 官秩千石、六百石的郡丞、县令等。主车四维，驾一马；导从有斧车、贼曹车、督盗贼、功曹车、主簿车、主记车；骑吏二人，车前伍佰四人。

3. 官秩三、四百石之县长等。主车亦有四维，驾一马，导从有骑吏二人，车前伍伯二人，属车中无斧车，仍有贼曹、功曹、督盗贼、主簿、主记车。

4. 官秩二百石以下小官吏。主车四维，驾一马，二百石有车前伍伯二人，无其他导从。百石主车有四维，驾一马，无导从。

不同官吏有不同级别的车马导从。据《汉书□百官公卿表》载："中尉，秦官，掌徼循京师，有两丞、候、司马、千人。武帝太初元年更名执金吾。"《汉官六种》载："执金吾比千石，丞六百石。……缇骑二石（人），五（百）十人，舆马导从，充满于路。……持戟五百二十人，舆服导从，光满于道，群僚之中，斯最壮矣。"长清孝堂山石祠横贯三壁上的"大王车马出行图"，大王出行行列以两名持弓伍伯为前导，其后分别为导骑两名、持弓伍佰一名、持戟步卒五名、骑吏四名、单驾轺车两辆、骑吏两名、持戟步卒两名。祠堂后壁，后面上部的"大王车马出行图"中间部分，有各式车马四辆、骑吏30名，最前面为骑吏两名，其后有立乘三人的二马轺车两辆。其中前面的轺车后部都斜插着两根戟，12名骑吏两列紧随在轺车之后，接着是两名持戟步卒和12名骑吏。后面是华丽的鼓乐车，两名骑吏和富丽堂皇的"大王车"三字题记。祠堂后壁底部的"二千石"出行图上，前列以六辆单驾轺车为前导；其后为四名骑吏和两名伍佰；第七辆车是张有四维、车后有"二千石"题记的主车；主车后面两辆单驾轺车和一名骑吏；最后是执板躬身送行者。① 这幅画面反映出汉代二千石官吏车马出行之场面。

在汉代车制中，盖是重要组成部分，其所以重要，一方面是因为它具有实用价值，即可以避风遮雨，御寒阻暑，成为车上不可缺少的属件。《方言》曰："盖在上，如屋舍之复盖。"另一方面，汉人有"盖圆象天"之说，车上置盖，犹如顶上有天，故盖又被统治阶级赋予政治上的意义。《周礼》曰："轮人为盖，达常围三寸。……上欲尊而宇欲卑。上尊而宇卑，则吐水疾而溜远。盖已崇，则难为门也；盖已卑，是蔽目也。是故盖崇十尺。良盖弗冒弗纮，殷敏而驰不队，谓之国工。盖之圜也，以象天也；盖弓二十有八，以象星也。"统治阶级从盖的颜色、盖的布料、盖的饰件等方面做出一些区别，以示尊卑有序。

青盖、华盖是帝王专乘的车盖颜色。崔豹《古今注·舆服》云："华盖，黄帝所作也，与蚩尤战于琢鹿之野，常有五色云气，金枝玉叶，止于帝上，有花葩之象，故因而作华盖也。"《后汉书·安帝纪》："八月，殇帝崩，太后与兄车骑将军邓骘定策禁中。其夜，使骘持节，以王青盖车迎帝，骘于殿中。"

皂盖，据《后汉书·蔡邕传》及《续汉志》注，知汉"中二千石、二千石皆皂盖，朱两轓"。《东观汉记·魏霸》："伯孤兄弟子来候，伯以所乘车马遗送之，归至成皋，郎官有乘皂盖车者。"

白盖，据《汉书·舆服志》记："二百石以下白布盖……"

据《汉书·百官公卿表》记载：爵：一级曰公士，二上造，三簪袅，四不更，五大夫，六官大夫，七公大夫，八公乘，九五大夫，十左庶长，

---

① 韩宏：《汉画像石车马出行图中车马与吏制关系的思考》，《美与时代》2008年第3期。

十一右庶长，十二左更，十三中更，十四右更，十五少上造，十六大上造，十七驷车庶长，十八大庶长，十九关内侯，二十彻候。皆秦制，以赏功劳。其中第八级爵"公乘"，注引师古曰："言其得乘公家之车也。"是说此爵位以上可以享受乘坐国家车舆。至十七级爵"驷车庶长"，注引师古曰："言乘驷马之车而为众长也。"十八、十九、二十级爵地位更高，所乘车舆更奢华，彰显其尊贵。

汉代河西屯戍地区既有来自中央巡行边塞的高级官员，又有屯边守卫的官员，边塞官吏中自二千石至百石吏不等。因此，官阶不同，其乘车类型和从车当不同。

三　汉简所见屯戍地区的车类

（一）轺车

轺车是汉代最常见的一种马车车型。《释名》："轺，遥也，遥，远也，四向远望之车。"即四面敞露之车，乘车者视线无遮挡，可以看到很远的方向。轺车形制较小，《汉书·食货志》颜注说："轺，小车也。"由于车形制小，故速度快，所以也被称为轻车。《史记·货殖列传》"轺车百乘"，师古注："轺车，轻车也。"李尤《轺车铭》曰："轮以伐步，屏以蔽容。"说明轺车是汉代人们出行的主要交通工具。

河西边塞官吏出行乘轺车，如：

居延守徼宁常轺车一乘　　　　　　　　　　51.6

守属胡长轺车一乘用马一匹骠牡齿五岁☐　　73E.J.T3：31

居延计掾卫丰子男居延平里卫良年十三
轺车一乘马一四十二月戊子北出　　　　　　505.13

☐亭长孙千秋年卅八长七尺五寸黑色轺车一乘马一匹弩☐
　　　　　　　　　　　　　　　　　　　　73E.J.T4：111

上述简文记载中，居延守徼、守属胡长、居延计掾、亭长出门皆乘轺车。实际上，从汉简记载来看，普通士卒或平民百姓也可乘轺车，如下面简所示：

☐奉世年卅长七尺五寸黑色轺车一乘☐　　　3E.J.T4：53

☐皂单衣小头字子文轺车一乘马一匹骓牡齿八岁高五☐
　　　　　　　　　　　　　　　　　　　　73E.J.T3：77

公乘李福年廿六长七尺二寸黑色轺车一乘马一匹剑一
　　　　　　　　　　　　　　　　　　　　73E.J.T9：82

敦煌效谷宜王里琼阳年廿八轺车一乘马一匹闰月丙午南入
　　　　　　　　　　　　　　　　　　　　505.12

上述简文中的人物皆无官职，但都驾轺车出行，说明轺车是汉代最普通的代步工具。

轺车以马为驾驶对象，《史记集解》引徐广注云："轺，马车也。"轺车上所驾马匹，从一匹马至四匹马皆有。《史记·季布列传》索隐："轺车，轻车，一马车也。"武威磨嘴子48号西汉墓出土的彩绘铜饰木轺车，装双辕，只驾一马。居延汉简中也有大量的关于屯戍吏卒乘坐一匹马轺车的简文记录，如下列简所示：

轺车一乘马一☐　　　　　　　　　　　　　341.25

☐延广都里陈得俱乘所占马一匹轺车一乘谒　73E.J.T10：134

轺车一乘骊牡马一匹齿十三☐　　　　　　　73E.J.T7：59

☐未央马一匹轺车一☐　　　　　　　　　　73E.J.T10：197

轺车有驾两匹马的，《文选·吴都赋》六臣注吕向曰："两马驾车曰轺，轺，轻车也。"居延简中也有相关记载，如：

☒名　　轺车一乘用马二☒　　　　　　　　　　350.34

弩一矢廿同☐轺车一乘马二匹　　　　　　　　36.6

☒用马二匹轺车一乘☐☐☒　　　　　　　　　44.15

客子渔阳郡路县安平里张安上　马二匹　轺车一乘　甲附 40
居延守左部游徼田房年卅五岁轺车乘马二匹　　73E.J.T3：115

居延司马从史觚得☐益昌里冯昌年卅一轺车一乘马二匹
　　　　　　　　　　　　　　　　　　　　73E.J.T8：54

还有驾三匹马及以上的情况，河南郑州新发现的汉代画像砖有三马轺车，车上一御手，乘坐一人。[①]

河北高庄出土的 2 号车[②]为驷马驾的轺车，此车出土时，车舆呈圆角扁方形，舆广 140 厘米，进深 120 厘米，残高 50 厘米，舆上有栏杆，每条栏杆的间隔约 9 厘米，栏杆宽 2 厘米，栏杆内外横向蒙上革，车外壁绘彩色图案，花纹精美。舆后为门，门正中饰一铺兽，门左侧有一铜拉手，车门上也有图饰。舆内左后部有一长 16 厘米、宽 14 厘米、残高 20 厘米的白膏泥台，推测可能为车座。车盖有 40 枚盖弓帽，盖弓帽范围内有青灰色织品朽痕，推测为车篷。车舆左右两侧有车耳。车轮直径 108 厘米，车牙上髹朱、黑二色漆。车轴的长度约 251 厘米，根据复原后的车即墓主人的身份判断，此车为驷马轺车。

轺车除了交通乘坐外，也可用作战车，《晋书·舆服志》云："轺车，

[①] 郑州市博物馆：《河南郑州新发现的汉代画像砖》，《文物》1988 年第 1 期。
[②] 河北省文物研究所、鹿泉市文物保管所：《高庄汉墓》，科学出版社 2006 年版，第 124—131 页。

古之时军车也。"轺车还可作为驿站传递文书的交通工具。史载轺传即是古代驿站使用的车子，一马曰轺车，二马曰轺传。

轺车也可以牛驾，谢承《后汉书》："许庆字子伯，家贫，为郡督邮，乘牛车。乡里号曰'轺车督邮'。"

轺车的形制，河西考古发掘中多有实物出土。武威磨嘴子48号西汉墓出土一彩绘铜饰木轺车，装双辕，驾一马。轺车通高97厘米、长80厘米，分车舆（厢）、轮、辕、槽、伞盖等部分。舆为横长方形，前轼及两輢刻出方格形栏杆（轸），轼的右部有覆瓦状护栏，上施红彩。舆下垫伏兔二枚，架轴上。轮毂为壶形，辋六块，竹辐十六根，辕后端连舆底，前端上翘如蛇首状，中部各嵌一铜环。舆前横置编结的竹槽。伞盖柄两节，有铜箍连接，柄端按盖斗，插十六根弯曲的竹弓，弓端套铜盖弓帽，盖顶为圆形皂缯，边缘裹细竹圈，固定在盖弓帽的小棘上。车厢底部右侧高起，即所谓茵，是为官吏专设的坐垫；右輢内侧施朱彩，可能是表示朱"轓"的象征，是官品等级的标志。[①]（图九十九）

图九十九　武威磨嘴子48号汉墓出土的轺车

由上图看到，轺车车厢较小，中间立一柱，以撑伞盖，车上乘坐两人，右边为官吏乘坐，左边为御车人。轺车上设盖以遮挡风吹日晒，汉简有证，如：

　　大车轺车各一有盖。　　　　　　　　　　　　《散》605

　　轺车一乘盖一绣坐巾一。　　　　　　　　　　《散》641

[①] 甘肃省博物馆：《武威磨嘴子三座汉墓发掘简报》，《文物》1972年第12期。

辒车除了以所驾的马匹分类外，还可根据车上的伞盖颜色分青盖辒车、皂盖辒车、白盖辒车等车型。此外，辒车还可根据车輎分朱左輎辒车和朱两輎辒车。

輎是装在车轸上部用以遮住车轮顶部的挡泥板，多呈长方形，外侧有垂下的边板。在辒车上若多加一对輎即为輎辒车或朱輎车。"朱輎车"是汉代较高级官吏乘坐的一种车舆，根据乘坐者官职的高低，又有朱左輎和朱两輎的区别。《汉书·景帝纪》载景帝中元六年（前144）五月下诏："令长吏二千石车朱两輎，千石至六百石朱左輎。"司马彪撰《续汉书·舆服志》所载东汉官吏的车舆制度也有类似的规定，"中二千石、二千石皆皂盖，朱两輎。其千石、六百石，

图一百　成都扬子山2号墓輎车画像砖

朱左輎，輎长六尺"。左图一百为四川成都扬子山2号墓出土的輎车画像砖。

（二）方相车

方相车也即方箱车或方厢车，"相"与"箱"、"厢"互通假，同指车体，指方形车厢的马车，是河西边塞地区用来运输货物的马车。因此，方相车也称为役车。《巾车》："庶人乘役车"，注曰："方箱，可载任器以供役。"居延汉简可见吏卒乘方相马车的实例，如：

居延丞印方相车一乘用马一匹骓牡齿十岁高六尺，
闰月庚戌北☐　　　　　　　　　　　　　　　　　　53.15

长安宜里阎常字中允出乘方相车驾桃华牡马一匹齿十八岁　62.13

1955年8月，考古工作者在兰州市华林坪发掘了一座东汉晚期墓，编号M11，出土一铜车，通高23.9厘米、宽30厘米、长63厘米。车厢为长方形，长27.5厘米、宽17厘米、高11厘米；左、右、后三面皆有栏板，无

门，车内可装载较轻便货物，与方相车的记载较吻合。①（图一百零一）

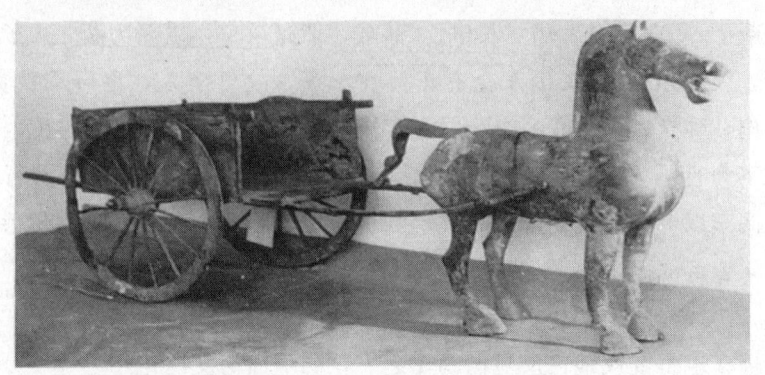

图一百零一　兰州出土的方相马车

（三）兰车

裘锡圭先生对兰车曾作考证，其结论云："兰车，兰舆车大概都说是车舆没有皮革或缯帛裹覆，木栏裸露在外的车子，这种车统治者在丧事时使用，一般人大概不会有这种限制。"② 从居延汉简所见，河西屯戍地区也有兰车：

茂陵果城里候普年卅乘兰车十二月丁亥南入　　502.6

按照裘锡圭先生的结论进一步推理，兰车既然是木栏裸露的车子，则"兰车"还可理解为"阑车"，"阑""栏""阑"互相通假，《释名·释车》："槛车，上施阑槛以格猛兽，亦囚禁罪人之车也。"所谓阑槛，即车舆四面及顶部均用栏杆遮挡。居延汉简有一例，如：

初亡时驾騩牡马乘阑车黄车茵张白车蓬　　183.13

此简文所记为边塞某士卒外逃的内容，逃亡时所乘之车为阑车。依据简文内容，兰车或阑车是车箱的四周有栏杆裸露、栏杆之上张有车篷、车

———
① 陈炳应：《兰州、张掖出土的汉代铜车马》，《文物》1988年第2期。
② 裘锡圭：《汉简零拾》，《文史》第12辑，中华书局1981年版，第32页。

内有车茵的马车。这种车一般也作丧车用,《周礼·春官·巾车》云:"木车蒲蔽。"郑玄注引汉郑司农曰:"蒲蔽,谓赢兰车,以蒲为蔽,天子丧服之车,汉仪亦然。"又因车上有车茵和车篷,故可坐人,也可承载货物。如上例,乘坐者多为普通士卒。兰车还可用作战车,《六韬·均兵》:"令我士卒为行马、木蒺藜;掘地匝后,广深五尺,名曰命笼。人操行马进步,阑车以为垒,推而前后,立而为屯;材士强弩,备我左右。然后令我三军,皆疾战而不解。"

(四)辎车

辎车也是屯戍地区所见的马车之一,如下面简文所记:

□䌓车二百廿八两 73E.J.T5:12

"䌓"同"辎"。此例是关于肩水金关地区所记载的某一时间段内出入关的辎车总数量。从辎车的统计数量看,此类车也为屯戍地区常见的一种马车。

四百廿人伐运薪上转薪立疆落上蒙辎车
袤二百六十一丈率人日涂六尺二寸奇六尺　　E.P.T59:15

此例中士卒用辎车运载薪,《释名》:"辎车,载辎重,亦卧息其中之车也。辎,厕也,所载衣物杂厕其中也。"可见辎车主要是边塞地区运载货物的辎重车。

辎车在汉代还可为妇女乘坐,《三国志·士燮传》:"妻妾乘辎軿,子弟从兵骑。"汉代妇女所乘坐的辎车样式,据山东福山出土的汉画像石上的重舆辎车看,这种车四周有布帘遮蔽,其中车前方的布帘可卷起,两侧有小窗口可向外观看,曲辕卷篷,车内坐人,御者在舆前驾车。(图一百零二)

(五)牛车

以牛驾车自古已有,《周易·

图一百零二　山东福山出土画像石上的辎车

系辞下》："服牛乘马，引重致远，以利天下。"古代牛车地位较低贱，被称为"平地载任之车"①，上层人士很少乘用。西汉初年，"自天子不能具钧驷，而将相或乘牛车"。② 这是在国家经济凋敝情况下的不得已行为。到汉景帝平定七国之乱后，只有"诸侯贫者或乘牛车"。③ 之后，随着汉王朝国力的强大，牛车更是被视为地位低贱者所乘车。章帝时，巨鹿太守谢夷吾"以行春乘柴车，从两吏，冀州刺史上其仪序失中，有损国典。左转下邳令"。④ 柴车指牛车。《后汉书·韩康传》"太守以乘牛车而得咎"，可见牛车的规格之低。牛车在汉代一辆值两千钱，而马拉的轺车值万钱。⑤ 到东汉晚期，自灵帝、献帝后，牛车的命运方发生变化，从天子到庶人都乘牛车。袁绍青年时善交友，他家门前的牛车"填接街陌"。⑥《后汉书·宦者列传》左悺等四候"其仆从皆乘牛车而从列骑"，可见这时的牛车规格已经上升了。

汉代的牛车分篷车和敞车两种。篷车在车厢上装卷篷，敞车无篷，有些牛车车前有门窗，门窗上下有栏杆，舆后栏有门可以开闭；其模型在武威旱滩坡出土的木俑牛车模型上可见。（图一百零三）

图一百零三 武威旱滩坡出土的牛车

牛车通常为直辕、两辕，《周礼·考工记总叙》："大车任载而已，故短毂直辕。"《周礼·辀人》孙诒让注引王宗涑云："析言之，曲者为辀，直者为辕。小车曲辀，一木居中，两服马驾辀左右。任载车直辕，两木分左右，一牛在两辕中。"

汉代牛车采用直辕形式，支点较低，较曲辕马车平稳、安全。武威雷

---

① （元）王祯：《农书》卷17《大车》，清末铅印本，西北民族大学图书馆藏书。
② （汉）司马迁：《史记》卷30《平准书》。
③ （汉）司马迁：《史记》卷59《五宗世家》。
④ （南朝宋）范晔：《后汉书》卷82《方术列传》。
⑤ 谢桂华、李均明、朱国炤：《居延汉简释文合校》，文物出版社1987年版，37.35。
⑥ （南朝宋）范晔：《后汉书》卷74《袁绍传》。

台汉墓出土的铜牛车模型为双辕，前端缚一半环状牛轭，轭驾一牛，轮较小，低于车厢，后有栏板，略高于边栏，上有横杆，车厢前空无栏，上坐一"驾车奴"，手执一赶牛棒御车。以上出土牛车模型都是直辕、两辕。

上述图中牛车的车厢面积相对较小，只能容一两人或载少量货物。但边塞地区牛车主要是负重，尤其要运输粮食等战备物资，此类牛车似乎有点不实用。考古所见山东沂南北寨汉墓画像石庖厨宴饮图上，有三辆并排的牛车，其中一辆车上的粮食已卸，车边有两头牛正在歇息。另二辆牛车上的粮食还没来得及卸下[①]，图上的牛车为敞车，且车前没有栏杆，跟现在河西地区的牛车模型很接近。车厢面积大，直辕，可用来装载面积较大的货物，很适合边塞地区的物资运输。（图一百零四）

图一百零四　山东沂南北寨汉墓画像石庖厨宴饮图

武威磨嘴子汉墓出土的牛车共三组，大小形制基本相同，车厢有栏板，车内有粮食残迹，可证也为载物之牛车。（图一百零五）

图一百零五　武威磨嘴子汉墓出土的牛车

---

① 王洪震：《汉画像石》，新世界出版社 2011 年版，第 38 页。

第四编　行篇

河西出土的汉简大多反映的是从西汉中期至东汉早期的屯戍事务，这一阶段牛车的地位，从大量的简文记载看，主要为奴隶、平民百姓或普通士卒乘用，地位较低下，如：

　　□大奴未央　牛车　　　　　　　　　　　274.13

　　河南郡鯈氏武平里程宗年七尺二寸黑色牛二车一两□
　　　　　　　　　　　　　　　　　　　73E.J.T4：52

　　觻得富昌里李禹牛二车一两□　　　　73E.J.T10：162

　　觻得安定里赵林大奴宜牛车一两□　　　73E.J.T9：42

　　□□氏池安汉里不更祝都赢年十五长七尺寸
　　黑色牛车一两　　　　　　　　　　　　73E.J.T9：41

牛车除了是地位低贱者的出行工具外，主要的用途还是载物。其车厢容积比之马车较大，所以又被称为"大车"。《易·大有》："大车以载。"汉简也有大车的记载：

　　甲渠言谨验问尉史张诩燧长张宗謷产诩宗各有大车一两
　　用牛各一头余以使相□　　　　　　　　E.P.F22：657

　　□□大车一两用牛各一头□　　　　　　E.P.F22：752

《汉书·儿宽传》："民闻当免，皆恐失之，大家牛车，小家担负，输租襁属不绝。"河西屯戍地区的粮食、衣物等军资运输也主要依靠牛车。牛车所载粮食的重量，通常为汉制大石二十五石，多者一般不超过三十石。如：

385

入粟大石廿五石车一两正月乙未　　　　　　156.22

入粟大石二十五石车一两输甲沟候官始建国五年六月　16.2

入粟三十斛车一两　　　　　　　　　　　　E.P.T14：5

入粟大石五十石车二两输吞远燧仓始建国天风一年三月乙丑将
输守尉尊　　　　　　　　　　　　　　　　E.P.T65：412

以上简文所列车载重量多为大石廿五石，唯新简为三十石。《韩非子·外储说上》引《墨子》曰："吾不如为车輗者巧也，用咫尺之木，不费一朝之事，而引三十石之任。"《九章算术·均输》："一车载二十五斛。"与上引简文记载一致。内郡士卒前往边塞服役，由于路途遥远，他们往往乘牛车前往，如：

新卒假牛车十五两　　　　　　　　　　　　E.P.T53：188

入二年戍卒牛车十三两　　　　　　　　　　E.P.T56：133

当地政府在派送士卒服役时，通常以十人为一车编组前往。青海大通上孙家汉墓出土军法令简文：

卒各十人一车　　　　　　　　　　　　　　《散》418

《秦简·金布律》："……十人，车牛一两，见牛者一人。"从河西出土的汉简所见，戍卒也是每十人为一车，如：

●右第三车十人　　　　　　　　　　　　　276.3

■右新阳第一车十人　　　　　　　　　　　515.16

右第一车十人　　　　　　　　　　　　　　　　29.9

从前文衣篇和食篇的论述中我们知道，戍边士卒的衣装由专车运送到边地；当边地粮食供应不足时，内郡各县也派戍边士卒用牛车将粮食运输到边塞地区。《汉书·公孙贺传》载："使内郡自省作车，又令耕者自转。"服虔注曰："诈令内郡自省作车转输也。边屯无事之时，宜自治作车，以给军用。"颜师古注曰："令郡自省减诸余功而作车也。"由此可见，内郡自制车辆，运载粮草到边郡。《九章算术·均输篇》："今有均输粟，甲县一万户，行道八日；乙县九千五百户，行道十日；丙县一万三千五百户，行道三日；丁县一万二千二百户，行道二十日，各到输所。凡四县赋当输二十五万斛，用车一万乘，欲以道里远近，户数多少衰出之，问粟车各几何？"文中算题粟的运输都是以县为单位。可证屯戍地区的一部分粮食也由内郡供应，内郡派专车运往边塞。汉简有证：

☐有二千两车在居延北汝往当见车　　　　　E.P.F22：449

为保证运载物资的牛车能按时将物资运送到边地，相关部门对运载物资的牛车上配发符、传凭证，在经过关津路口时，不得苛留，一律放行。

部载米糒毋苛留如律令　　　　　　　　　　E.P.T13：3

☐里贳陵里年卅长七尺三寸黑色牛车一两符第六百八　11.4

京兆尹长安棘里任☐方弩一矢廿四剑一牛车一两挟持库丞印封隔
　　　　　　　　　　　　　　　　　　　　280.4

除了内郡派往边塞的牛车外，屯戍边塞也养有大量官牛，自备一批牛车。敦煌汉简记载当时屯戍地区有大量的官牛。

牛万八千　　　　　　　　　　　　　　　　　敦559

其一群千一百头……牛凡百二十头　　　　敦618

□十头犊廿凡六百五十头　　　　　　　　41.11A

这些官牛中除屯田用牛外,应该包括一部分运输物资的牛。边塞物资运输所用牛主要称为官牛,如:

出茭八十束以食官牛　　　　　　　　　　217.13

也有私牛借公家使用的,如:

昭武万岁里男子吕未央年卅四五月丙申入用牛二　15.20

由于牛车是边塞地区运载物资的重要工具,所以,边塞对牛车有专门的管理,其中专门管理车辆的官吏称"将司御",如:

牒书除将司御三人一牒元凤四年四月甲寅朔甲寅
☑司御者三人□☑　　　　　　　　　　73E.J.T10:260

还建有"牛车名籍",对每一头牛的特征有详细记录,如下面几枚简所示:

□牛车名籍　　　　　　　　　　　　　　43.25B

☑牛车如牒簿出入敢言☑　　　　　　　　218.5

牛车由于担负物资运输,因此多有折伤,边塞规定对于折伤车辆也要造册,如:

伤牛车出入簿　　　　　　　　　　　　　E.P.T56:315

折伤车辆经检查确认后,还必须修缮以供继续使用,如:

　　地节三年四月丁亥朔丁亥将兵护民田官居延都尉☐库守丞汉书言
戍卒且罢当豫缮治车毌材木☐　　　　　　E.P.T58:43

　　☐丑朔甲寅居延库守丞庆敢言之缮治车卒☐朝自言赍买衣财物客
卒所各如牒律　　　　　　　　　　E.P.T58:45A

此简所指为缮治车事,由于破损较多,有关人员请求拆下其中一辆旧车,以其零部件修理其他破车。牛车破损,需要登记造册。

　　破七两完请破一两以缮十六两唯☐　　　E.P.T53:35

　　☒永光四年十月尽五年九月戍卒折伤牛车出入簿　E.P.T52:394

各种车辆,尤其是牛车,运送辎重,皆易磨损,故牛车上常备备用件及维修工具,如:

　　第廿九车父白马亭里富武都
　　桐六其一伤　斧二　大钳一　斤二　小钳一　　67.2

　　入什器
　　车伏一枚　高果一枚　车放安一枚　具四分　木㸚　一枚
　　　　　　　　　　　　　　　　　　　　　　85.28

　　戍卒梁国睢阳第四车父宫南里马广
　　锚二　承钰二破　锯二　釜一完　　　　303.6

"什器"是牛车上所载生活器具和车辆备件的通称。

389

第三章 河西地区的驿、邮、置与文书传递

第一节 河西地区的驿、邮、置

边塞地区,乃关乎国家安全的军事前沿基地,各种军事情报必须迅速传递到朝廷,朝廷命令及诏书也需及时下达到边塞;奔赴于内地至边塞的官吏中途要休息;商胡客贩、来来往往的运输车队需提供给养;各国使者中途也要接待,为此,在丝绸之路的河西交通主干道上,每隔一定距离,政府设驿站、"列邮、置于要害之路",配备一定数量的马匹、车辆,以便及时将各类官方文书传递出去。驿、邮、置的建立,保证了河西边塞军务、政令的上传下达,也为过往行人及车辆提供了便利,在当时的河西交通线上,"驰名走驿,不绝于时月;商胡客贩,日款于塞下"[①]。

一 驿

驿是河西交通线上所设的通信和接待系统。《说文》:"驿,置骑也。"段玉裁注:"言骑以别于车也。驲为传车,驿为置骑,二字之别也……置骑,犹孟子言置邮。"[②]《西域传》颜师古注中,也将"骑置"释作"驿骑"或"驿马"。他认为:"传者,若今之驿,古者以车,谓之传车,其后又单置马,谓之驿骑。"顾炎武《日知录·驿》云:"汉初尚乘传车,如郑当时、王温舒皆私具驿马。后患其不速,一概乘马矣。"可见驿是用马单骑传递军事文书的邮政机构。汉简所记"会水驿"(E.P.T51:555)、

[①] (南朝宋)范晔:《后汉书》卷88《西域传》。
[②] (汉)许慎撰、(清)段玉裁注:《说文解字注》,成都古籍书店1981年版,第496页。

"城北驿"（E.P.T59：268）、"驳南驿"（502.7）、县（悬）泉驿等都是河西屯戍地区驿政机构。凡公文传递、军情上报等"公事自有邮驿"①，这在居延汉简中有反映，如：

诚北部建武八年三月军书课
●谨案三月毋军候驿书出入界中者……　　　　E.P.F22：391

入北第一橐书一封居延丞印十二月廿六日日食一分
受武强驿卒冯斗即弛刑张东行　　　　　　　　E.P.T49：28

大将军印章诣中郎将驿马行十二月廿二日起☐　E.P.T49：11A

●不侵部建武六年四月驿马课　　　　　　　　E.P.F22：640

上面四条简文中，第一条简文记录了诚北部"三月毋军候驿书"，看来平时的军书传送由驿站传递；第二条简文是驿站的驿卒冯斗负责传送的入北第一橐书，书信上盖有居延丞印章；第三条简文是大将军发给中郎将的书信，通过骑乘驿马传送；第四条简文是不侵部建武六年四月的驿马课簿，可见河西军事文书的传送主要靠驿站的驿卒传递。

驿站传递的军书多为边塞紧急军情的文书，如西域都护段会宗为乌孙兵所围，"驿骑上书，愿发城郭敦煌兵以自救"。②《李陵传》载，天汉二年（前99年），李陵自请以五千步卒北击匈奴，武帝诏陵"以九月发，出遮虏鄣，至东浚稽山南龙勒水上，徘徊观虏，即亡所见，从浞野侯赵破奴故道抵受降城休士，因骑置以闻"。颜师古注云："骑置，谓驿骑也。"汉宣帝时，"习知边塞发奔命警备事"的丞相驭吏，"见驿骑持赤白囊"，即知为边郡"奔命书"。《汉书·丙吉传》云："适见驿骑持赤白囊，边郡发奔命书，驰来至。"可见边地急报由"驿骑"传递。

驿站除了传递文书外，也兼任其他公事，《后汉书·袁安传》载："袁

---

① （南朝宋）范晔：《后汉书》卷45《袁安传》。
② （汉）班固：《汉书》卷70《陈汤传》。

安初为县功曹，奉檄诣从事，从事因安致书于令。安曰：'公事自有邮驿，私请则非功曹所持。'"足见汉代一般的"公事"往来是由邮驿系统承担的。这种"公事"涉及人员往来、信息传递和物资运送等诸多方面。

河西地区的交通干道上，每隔一段距离便有一驿，驿的设置若与部、燧等处在同一点上时，则部、燧等附带具有驿的职能，如居延地区的止害驿（28.9）、万年驿（40.23）同时也是燧名。

甲渠城北燧长徐恽有劾缺恽燧居主养驿马　　E.P.F22：352

城北既是驿名，又是燧名。驿内养驿马二匹。简中城北燧长徐恽因故被弹劾，他原来居于燧内负责养马，可知城北燧设有驿，而且燧、驿合一，并备有驿马。

☐四月戊辰朔丁丑城北候☐
驿一所　马二匹　　鞍勒各一☐　　　　　18.18

从此简来看，城北还是部候名，驿内养驿马二匹。

俱南燧长范谭留出入檄适为驿马运饼庭荴廿石致止害燧
　　　　　　　　　　　　　　　　　　　　E.P.T59：72

此简也证明俱南既为燧名，又为驿名。

候长候史马皆廪食往者多羸瘦送迎客不能竟界　E.P.S4.T2：6

候长、候史所乘之马，还用于迎来送往，说明该部具有驿的职能。

●不侵部建武六年四月驿马课　　　　E.P.F22：640

▨始建国天凤二年正月尽十二月邮书驿马课　E.P.F25：12A

●邮书驿马课　　　　　　　　　　E. P. F25：12B

"驿马课"是记录驿马的文书。以部为单位上报"驿马课",说明作为边塞基层防御组织之一的部,同时也负责本区域驿的事务。此三简内容不尽相同,但均与驿马有关。居延一带的驿务也是当地边塞防御系统中日常戍务的重要组成部分。这也印证了王国维、贺昌群等前辈学者关于"汉代边塞邮驿即寓于亭燧之中"的论断是正确的。

二　置

"置"也指驿站。《史记·孝文本纪》二年十二月,文帝令"太仆见马遗财足,余皆以给传置",其注引《广雅》云:"置,驿也。"《汉书·文帝纪》颜师古注:"置者,置传驿之所,因名置也。"置也具有通信功能,《后汉书·郭太传》注引《广雅》云:"邮,驿也;置亦驿也。"由此可知,置也是河西交通线上的通信驿站。

置内设有养马的厩,如:

通道厩佐元凤五年十二月谷出入簿☑　　　73E. J. T10：295

通道厩计余元凤六年四月谷出入簿☑　　　73E. J. T10：137

厩佐苏博十一月甲子出用马☑　　　　　　73E. J. T3：68

厩,本意"马棚",又泛指牲口棚,凡饲养马、牛牲口的地方皆可称厩。置内饲养马、牛牲畜的地方称为"厩置"。《汉旧仪》"补遗"曰:"赦令下……国各分遣使传厩车马,行属县,解囚徒。"《汉书·朱买臣传》云朱买臣为会稽太守,长安厩吏乘驷马车来迎。说明厩置亦有车马备行。厩置的设置在秦时已有,至汉承之。《晋书·刑法志》引《魏新律序》曰:"秦世旧有厩置、乘传、副车、食厨。汉初,承秦不改。"《史记·田儋列传》云横乘传诣洛阳,"未至,三十里至尸乡厩置"。《集解》引臣瓒曰:"厩置,置马以传驿也。"

1990年至1992年，甘肃省文物考古所主持发掘的汉代悬泉置是目前我国发现的最早的汉代邮驿机构。该遗址的发掘及大量的简牍文书的出土，为我们了解汉代置的职能、规模及具体运作情况提供了十分丰富的资料见证。遗址位于今敦煌与安西两市县交界处，当时属敦煌郡效谷县。该置位于西域通往中原的古丝绸之路主干线上，北面就是汉长城，地理位置重要。遗址面积2.25万平方米。考古工作者清理了悬泉置坞堡院内外的全部建筑遗址，发现了坞堡及坞堡内外房址27间。坞院50米见方，门东向，西南角有30米见方的马厩区。清理灰坑10余座（图一百零六），发掘出自武帝元鼎六年（前111年）至东汉永初元年（107年）的有字简牍2.3万余枚，帛书、纸文书和各种遗物7万件。① 悬泉汉简涉及大量的驿置职能的各种簿籍，如车簿、道里簿、车马名籍、戍卒名籍、驿卒名籍等，较为完整地反映了汉代驿置的职能与功用，极为宝贵。通过该置出土的《传马名籍》，可见置有传车、传马，为过往使者、官员使用。专家考证"悬泉置有官卒徒御37或47人，传马40匹左右，传车少时6乘，多时15乘，分管具体事务的吏员有置丞、至啬夫、仓啬夫、置佐、置令史、置史、置司御、厩佐、传舍佐、邮书令史等，分担具体工作的有置卒、置御、置奴等"②。通过《过长罗侯费用簿》、《案问助御禀食悬泉事册》等册书知置可为过往客人提供饮食。出土简文多处记有"当舍传舍，从者如律令"字样，可见置内有传舍供客人休息。还见有许多诏书、律令等邮书类文书，可见置与驿的职能基本相同，都属于服务性的机构，传递文书，接待过往使者、官吏及其随从人员，为他们提供食宿便利。

　　河西地区置的设置，以酒泉郡而言，"交通线路全长六百九十四汉里，

图一百零六　敦煌悬泉置遗址全景图

---

①　甘肃省文物考古所：《甘肃敦煌汉代悬泉置遗址发掘简报》，《文物》2000年第5期。
②　张德芳：《简论悬泉汉简的学术价值》，《敦煌悬泉汉简释粹·附录》，上海古籍出版社2001年版，第202页。

类似悬泉置的置共有十一个，敦煌郡……总共有九个"①。刘进宝先生通过考证认为："在汉代，置不同于一般邮亭，往往设立于两个县相邻的县界上，作为重要的中转邮驿，因之其机构较大，级别较高。"②

居延汉简中屡见有"驿一所，马二匹"这样的记载，就驿马数量论，显然不能与悬泉置数十匹马的规模相比。也可知驿的规模小于置，其地位也较置为低。

置之管理范围之内，又有规模较小的骑置。张经久、张俊民二位专家认为"骑置"在置之下，一般有四人，其中一人为吏，驿骑三人，马三匹。其规模大小状况与边境防御系统中的亭大小相近，惟其是传递紧急文书的机构，备有三匹马而已。③

有人统计出敦煌郡境内有效谷、遮要、悬泉、鱼离、广至、冥安、渊泉、龙勒和玉门置共9所。还设万年驿、悬泉驿、临泉驿、平望驿、龙勒驿、甘井驿、田圣驿、遮要驿、效谷驿、鱼离驿、常和驿、毋穷驿共12所驿。有甘井骑置、遮要骑置、平望骑置、悬泉骑置共4个骑置，广至县有万年骑置等。④

三 邮

邮，指传递文书的邮站。《孟子·公孙丑》（上）引孔子曰："德之流行，速于置邮而传命。"说明邮是用于宣布政书命令的机构。《墨子·杂守篇》云："筑邮亭者圜之，高三丈以上。"可见邮还筑有亭，故二者连称为邮亭。《汉书·黄霸传》言"吏出，不敢舍邮亭"，《后汉书·赵孝传》载孝"从长安还，欲止邮亭"等语也可证邮亭可连称。

邮亭是汉代政府在全国各地广泛设置的通信机构，王充《论衡·谈天篇》云："邮亭着地，亦如星舍着天也。"以邮亭比天上的星宿，足见汉代

---

① 张俊民：《悬泉置遗址出土简牍文书功能性质初探》，《简牍学研究》（第四辑），甘肃人民出版社2004年版，第64页。
② 刘进宝：《汉代对敦煌的开拓与经营》，《敦煌阳关玉门关论文选萃》，甘肃人民出版社2003年版，第20页。
③ 张经久、张俊民：《敦煌汉代悬泉置遗址出土的"骑置"简》，《敦煌学辑刊》2008年第2期。
④ 李并成：《汉敦煌郡境内置、骑置、驿等位置考》，《敦煌研究》2011年第3期。

邮亭设置之繁密。邮亭不仅在内地有，而且在边郡也有设置，《汉书·赵充国传》云："计度临羌东至浩亹，羌虏故田及公田，民所未垦，可二千顷以上，其间邮亭多坏败者。"河西汉简也云：

  居延县以邮亭行　　　　　　　　　　　　　E. P. T53：71B

  报边当令邮亭从□☑　　　　　　　　　　　73E. J. T3：21

  系□□罪责□□部邮亭□不在　　　　　　　37.34

据汉悬泉简牍不完整的记载，当时敦煌一带的驿道上有山上亭、临望亭、远望亭、临泉亭、悬泉亭、毋罢亭、毋罪亭、毋究亭、毋穷亭、平望亭、小效谷亭、遮要亭、安民亭、长乐亭、乐义亭、新马亭、安乐亭、安汉亭、甘井亭、西门亭等邮亭①。其中悬泉置领属的邮亭，目前可知者，有临泉亭、悬泉亭、无罢亭、平望亭等。每亭设亭长1人、戍卒2人，邮人2—3人。

邮亭与驿、置并为大道上有关交通通讯的设施，且往往重叠于一处互相通用。

邮亭的职能就是传递文书情报，如《汉书·京房传》建始二年二月，京房"去新丰，因邮上封事"。颜师古注："邮，行书舍也，若今传送文书矣。"汉简也云：

  马一匹高六尺　居延都尉府以邮行　　　　　81.8B

  肩水候以邮行　　　　　　　　　　　　　　74.4

邮亭内还有供行人休息的传舍，《汉书·黄霸传》云："吏出，不敢舍邮亭。"师古注曰："邮，行书舍，谓传送文书所止处，亦如今之驿馆矣。"

---

① 吴礽骧：《敦煌悬泉遗址简牍整理简介》，《敦煌研究》1999年第4期。

《后汉书·赵孝传》其注云："邮亭，行书之舍，亦如今之驿及行道馆也。"同书《平帝纪》元始五年春正月诏有"宗师得因邮亭书言宗伯，请以闻"语。可见邮亭、驿站内皆有供行人休息的住所。汉简中也载：

　　传舍以邮行行其传舍以邮行　　　　　　　　　　　24.3

如同驿在靠近候鄣、烽燧时，其驿务寓于烽燧中一样，当邮亭的设置路经烽燧时，邮亭可由烽燧代替，故烽燧又可称为亭燧或燧亭。由此《说文》云："燧，塞上亭，守烽者也。"居延汉简也云：

　　居延都尉章
　　甲渠鄣候以亭行　　　　　　　　　　　　　　　E.P.T51：145

宋会群、李振宏二位先生曾考证出居延地区的邮驿亭燧有"城北燧（属城北部）、临木部、不侵部、当曲燧（属不侵部）、万年燧（属吞远部）、武疆燧（属城北部）、吞远置（属吞远部）等，都在伊肯河南部，是河南道上塞"。[①]

一般来说，"汉代边郡驿道沿线之驿置邮亭，位于部都尉辖境者，由驿道所经各侯官管辖；位于郡县辖境者，由各县丞管辖。各县驿置领属的邮亭燧，在龙勒县境南道上，现存汉代烽燧1座（D101）；在敦煌县境北道上，现存汉代烽燧1座（D103）；在效谷县境驿道上，现存汉、晋坞堡2座，汉晋烽燧6座"。[②]

邮负责传递皇帝诏令及紧急、重要的官府文书。张家山汉简《二年律令·行书律》规定："令邮人行制书、急书"，同书还言"邮人行书，一日一夜行二百里……书不当以邮行者，为送告县道，以次传行之"。"书不急，擅以邮行，罚金二两"。文内"制书"指皇帝诏令，"急书"指紧急文

―――――――――――

[①] 宋会群、李振宏：《汉代居延地区邮驿方位考》，《河南大学学报》（社会科学版）1993年第1期。

[②] 吴礽骧：《河西汉塞调查与研究》，文物出版社2005年版，第90页。

书^①，仅此类文书"以邮行"，一般文书则由县、道上设置的驿、置"以次传行"了。

从汉简资料记载来看，置也具有传递诏书的职能，如：

县厩置驿骑行诏书　　　　　　　　　　　　　　E. P. F22：64A

我们前面还讨论了驿站也具有传递紧急军书的职能。三者既然都有这种职能，孰是孰非，似乎在文献记载中有矛盾。由于张家山汉简《行书律》是汉代的法律条文，因此，综合分析，可理解为"制书"、"急书"由邮亭传递，若边塞个别邮亭与驿或置合并，则驿或置也可传递"制书"、"急书"类文书；若邮亭与驿、置同为交通线上的通信机构，则邮亭首当其冲，首先传递这类文书。

邮的主要职能是传递文书，食宿服务方面相对简单，只是为过往官员提供临时休息的场所，不提供车马或传食的特殊服务。《二年律令·行书律》规定：

邮各具席设井磨吏有县官事而无仆者邮为炊有仆者叚（假）器皆给水浆

席、井、磨都是休息及饮食等日常生活所必需的设施，"县官事"即官府的公事。官吏有公事，途中可在邮临时休息，如果没带仆人，邮人代为他们做饭；如果有仆人随从，则由仆人做饭，邮只提供炊具和水浆，不提供做饭原料。^② 置或驿不但为公事人员提供食宿服务，而且还提供车马交通工具，从出土的大量悬泉汉简内容记载足可证明这一点。

邮驿传递文书时所经之道称为驿道。关于河西地区的驿道，吴礽骧先生曾撰《河西汉代驿道与沿线古城小考》^③ 一文。据吴文，汉代经河西四

---

① 于振波：《秦汉时期的邮人》，《简牍学研究》（第四辑），甘肃人民出版社 2004 年版，第 32 页。

② 同上。

③ 吴礽骧：《河西汉代驿道与沿线古城小考》，《简帛研究》，广西师范大学出版社 2001 年版，第 336—357 页。

郡的驿道分北驿道和南驿道。北驿道西出长安,过茂陵、好止、漆县、阴盘、至安定郡高平县向北,沿乌水,经宁夏海原、甘肃靖远渡黄河入河西走廊,驿站在武威郡内经苍松、鸾鸟、媪围、居延、觻里、揟次、小张掖、姑臧。驿站在张掖郡经显美、番和、日勒、删丹、钧蓍、屋兰、氐池、觻得、昭武、祁连置。在酒泉郡经表是、乐涫、绥弥、禄福、天依、乾齐。在敦煌郡经渊泉、广至、冥安、效谷、敦煌、龙勒。

南驿道的走向由长安西出,沿渭河北岸经渭城、槐里、武功、虢县、沿汧水,经雍县、汧县,出陇关,越陇山,经天水郡陇县、平襄县转西南经襄武、首阳,越高城岭,沿陇水至陇西郡狄道县,渡洮河、大夏川水、离水、黄河至金城郡允吾县,于郑伯津渡湟水,经破羌、安夷、西平亭越养女山、渡浩门河,至令居,沿乌亭逆水向西北越乌鞘岭,经仓松、鸾鸟,至小张掖,与北驿道合。

邮、驿、置的设置距离一般都是因地制宜,变通处理。如邮的设置距离,从《汉官仪》看:"五里一邮,邮间相去二里半",但《二年律令·行书律》又规定:"十里置一邮。南郡江水以南,至索(?)南水,廿里一邮……卅里一邮,地险狭不可邮者,得进退就便处。"驿的设置,《后汉书·舆服志》有载"驿马三十里一置"。《后汉书·和帝纪》"十里一置,五里一候"。从破城子和悬泉置出土的里程简看驿或置的距离设置,其距离设置"与自然地理条件和沿途政治、军事据点的疏密等因素有关"。①

第二节 驿、邮、置内的交通工具

驿、邮、置内有专门的马、车供骑乘,其中驿、置内的马称驿马或传马。敦煌悬泉置出土有《传马名籍》,而居延汉简内也有大量的驿马或传马记录,如:

传马十二匹　　　　　　　　　　　　　　212.69

---

① 见居延汉简 E.P.T59:582 及悬泉汉简Ⅱ90DXT0214①:130。

驿马一匹骓駮牡齿四岁高五尺八寸上调习	142.26
☐以食候马传马萃马	497.2
河平四年十月庚辰朔丁酉肩水候丹敢言之 谨移传驿马名籍☐☐敢言之	284.2A

传，为驿传，指交通线上适当设置的驿站来替换车马的意思。为了能将文书信件及时上传下达，驿内常有备用马，驿使带着文书信件路经驿站时，将疲惫之马换乘驿站内的备用马，然后立即向前奔赴，至下一驿站时，继续换乘，直至公文的传递完成。这种文书的传递是通过不断地换乘马匹来完成，故驿马也叫传驿马或传马。

就居延汉简所反映的情况来看，各驿配备的马匹数量有限，一般只有一两匹，如：

至害驿马一匹	E.P.T43：109
燧驿马一匹骓牡☐	78.36
城北燧驿马二匹毋鞍勒	E.P.T59：268
四月戊辰朔丁丑诚北候☐ 驿一所马二匹鞍勒各一☐	18.18

当然，驿骑也并不仅限于马，敦煌汉简中就有"驿骑驴一匹"（849年）的记载。至于用牛、马、驴、骡驾车转运，在史籍中更是屡见不鲜。如东汉杜茂镇守北边，建置屯田，以"驴车转运"[①]；武都郡曾因"运道艰险，舟车不通，驴马负载，僦五致一"[②]。《续汉书·礼仪志》云，郡国守相、县令长及二百石以上黄绶县丞尉死，"皆赐常车驿牛赠祭"。《三国

---

① （南朝宋）范晔：《后汉书》卷22《杜茂传》。
② （南朝宋）范晔：《后汉书》卷58《虞诩传》。

志·陆逊传》载,吴黄武七年(228年)陆逊大败曹休军,"斩获万余,牛马骡驴车乘万两,军资器械略尽"。汉简中又有"橐佗持食救吏士命"(敦简124)、"得骑驼三百二匹"(敦简1163B)等记载,足见牛、驴、骡、骆驼等用于驮运和骑乘。①

汉代驿骑虽日渐盛行,但并未完全排斥驿车。《后汉书·王莽传》云:"乃流菜于幽州,放寻于三危,殛鲧于羽山,皆驿车载其以尸传致。"窦景春先生认为"古之三危是以敦煌三危山而得名的一个广义地名,包括罗布泊以东、疏勒河以西的广大地域"。这是汉代边塞使用驿车的例证。如同驿马可称为传马一样,驿车也可称为传车,如:

传马十二匹传车二乘　　　　　　　　　　　212.69

河西边塞的邮亭既然要传递紧急文书,故亭内也有车、马,如:

十二月庚戌使敦煌亭长邮车六两　　　　　　敦简1227

鸿嘉四年十月丁亥,临泉亭长衷敢言之:谨案,亭官牛一,黑,牿,齿八岁夬鼻,车一两(辆)　　　Ⅰ0110①:1

驿、邮、置内的这些车马都由官府管理。公差吏卒,邮递往返,皆可使用。使者巡行边地,如需向朝廷奏事,也以"驿马上之"。②

第三节　驿传车马制度

邮亭的车马仅限于传递书信,而驿、置内的车马不但用于传递文书诏令,还用于边塞公事人员乘用。《周礼·行夫职》载:"掌邦国传遽之小事,美恶而无礼者。凡其使也,必以旌节。虽道有难而不时,必达。"郑《注》:"传遽,若今时乘传骑驿而使者也。"

---

① 高荣:《秦汉驿制诸问题考述》,《鲁东大学学报》2011年第1期。
② (南朝宋)范晔:《后汉书》卷61《周举传》。

一　传车的种类和乘传者身份

汉代的传车使用有严格的等级划分，传车的种类依据乘传人的使命、身份地位和所驾马匹多少划分，以示尊卑等级的差别。《汉书·高帝纪》："乘传诣雒阳"，如淳注："律，四马高足为置传，四马中足为驰传，四马下足为乘传，一马二马为轺传。"一马二马所驾之车为轺车，详见前文轺车一节。如淳注文将四匹马拉的传车分置传、驰传、乘传三种类型。高足、中足、下足显然是表示马的优劣良驽的等级。

乘传者，四马下足，大概是普通的传马，为一般公使乘坐居多。如孔仪、东郭咸阳"乘传举行天下盐铁，作官府"。①《后汉书·冯异传》载光武"遣异与铫期乘传抚循属县"。②

四马中足的驰传当为传马中的快速者，多为皇帝派出的使者乘坐，如司马相如曾以中郎将的身份被皇帝派往巴蜀，司马相如和"副使王然于、壶充国、吕越人驰四乘之传"③，王莽即位后，"分遣五威之吏，驰传天下，班行符命"④，使诸侯臣服。"五威之吏"也是王莽派出的官方使者。《后汉书·王允传》也记："刺史邓盛闻而驰传辟为别驾从事。"

置传者，四马高足，当为传马中的骏马，一般为千石以上的官吏乘坐。《汉书·刘屈氂传》载，汉武帝征和三年（前90年）秋，戾太子兵入丞相府时，丞相长史乘"疾置"以闻。丞相长史是协助丞相管理文书等事务的高级官吏，秩级为千石，相当于丞相的秘书长。乘疾置，即乘疾传高速面奏太子谋反。

由此看来，乘传、驰传、置传此三者在车马速度上、官阶上、乘传人的身份上，都是逐步递进和上升，后者比前者依次速度要快、官阶和身份地位要高。

六马和七马驾的传车叫"六乘传"和"七乘传"，只有皇帝或代表皇帝身份的人才可乘坐。《后汉书·舆服志》谓皇帝坐"德车"，"驾六马"。

---

① （汉）司马迁：《史记》卷30《平准书》。
② （南朝宋）范晔：《后汉书》卷17《冯异传》。
③ （汉）司马迁：《史记》卷57《司马相如列传》。
④ （汉）班固：《汉书》卷14《诸侯王表序》。

另有五时车、安车、立车等皆以六马驾车。① 《汉书·吴王濞传》云:"条侯(周亚夫)将乘六乘传会兵荥阳。至洛阳,见剧孟,喜曰:'七国反,吾乘传至此,不自意全。'"文内条侯因代表皇帝身份出征,才得以乘六乘传。昭帝死后无嗣,大将军霍光征昌邑王刘贺典丧,昌邑王"乘七乘传诣长安邸"②,此处昌邑王身份特殊,欲被立为皇帝,故乘七乘传。可见,传车的不同类别,决定于封建的等级制度。

二 乘传的功用

传车虽为公务用车,但不是任何人都可乘用,据文献记载,乘传的功用有以下方面:

1. 事件紧急时所用

刘邦临死时,因疑樊哙有异心,欲夺其兵权,于是速派"陈平亟驰传载(周)勃代哙将"③,以收迅雷不及掩耳之效,掌握主动权。"吴楚反时,条侯(周亚夫)为太尉,乘传车将至河南"④,"会兵荥阳",为平定七国之乱赢得了时间,巩固了汉王朝政权。汉高帝十一年,贲赫也是"乘传诣长安"⑤,向上密告黥布谋反。

2. 使臣出行乘坐

从文献记载来看,这类使臣依身份还可分为三类:

(1) 代表皇帝身份出行的高级使臣,如前文所举条候、代王、昌邑王刘贺等所乘的六乘或七乘传车。

(2) 较高级使臣出使用车,如前文所举司马相如所乘四马中足传车。

(3) 一般公使出行用车,如前举孔仪、冯异等所乘四马下足传车。

3. 千石以上的高级官吏出行用车

此类官吏有丞相及其派出的高级属臣、御史及其派出的高级使臣。《二年律令·置吏律》简213—214规定:

---

① (南朝宋)范晔:《后汉书》卷29《舆服志》。
② (汉)班固:《汉书》卷63《武五子传》。
③ (汉)司马迁:《史记》卷56《陈丞相世家》。
④ (汉)司马迁:《史记》卷124《游侠列传·剧孟传》。
⑤ (宋)司马光:《资治通鉴》卷12,中华书局1956年版,第397页。

郡守二千石官，县道官言边变事急者，及吏迁徙、新为官、属尉、佐以上毋乘马者，皆得为驾传。

《太平御览》卷652"赦"条引《汉旧仪》也曰："每赦……分遣丞相、御史，乘传驾，解囚徒，布诏书。郡国各分遣使，得传厩车马，行属县，解囚徒。"

4. 刺史行部所用

《太平御览》卷256"良刺史"（上）条引谢承《后汉书》曰："陈留百里嵩……为徐州刺史，境遭旱，嵩行部，传车所经，甘雨辄注，东海金乡、祝其两县，僻在山间，嵩传驷不往。"《汉书·武帝纪》载元封五年（前106）"初置刺史部十三州"。师古注引《汉仪》云："初分十三州，假刺史印绶，有常治所。常以秋分行部，御史为驾四封乘传。到所部，郡国各遣一吏迎之界上。"

5. 低级官吏因公出行

如前文第二章轺车一节所讨论的居延守徼、□亭长、居延计掾等小官出行乘坐。

6. 搜寻史书者所用

《太平御览》卷235"太史令"条引《汉旧仪》云司马迁"年十三，使乘传行天下，求古诸侯之史记"。

7. 押解罪犯和护送戍卒时使用

《史记·扁鹊仓公列传》云仓公"以刑罪当传西之长安"，注曰："传，乘传送之。"东汉顺帝时，"永昌太守冶铸黄金为文蛇，以献梁冀"，被益州刺史"纠发逮捕，驰传上言"。戍卒被送往边塞戍边，也由专人乘传车护送，如悬泉汉简言：

神爵四年十一月癸未丞相史李尊送护神爵六年戍卒……为驾一封轺传……　　　　　　　Ⅰ90DXT0309③：237

8. 迎送异国贵人、使者

由大量的悬泉汉简简文记载看，异国贵人、使者来汉，沿途驿置供给食宿，回去时，朝廷遣使者或守属、卒史等乘传护送出境，有的甚至"送至葱岭而还"（Ⅱ90DXT314②395）。如敦煌遮要置以"骑轺重车"送"归义候使者"（90DXT0114①44）。《汉书·西域传》载甘露三年（前51年），乌孙公主上书言"年老土思，愿得归骸骨，葬汉地。天子闵而迎之"。悬泉简牍记有，"甘露三年十月，为丞相属王彭，护乌孙公主及乌孙贵人、从者、道上传车马"（92DXT1412③100）及"甘露三年十月，持传马送公主檄书"（Ⅱ90DXT0114③522）。

9. 国家对某些特殊人物的优待

如西汉建立后，刘邦使田横来朝，"田横乃与其客二人乘传诣雒阳"[①]。又如宣帝召见龚遂，"闻遂对，甚说……加赐黄金，赠遣乘传"[②]。

10. 公车征辟所用

《汉书·平帝纪》载元始五年"征天下通知逸经、古记、天文、历算、钟律、小学、《史篇》、方术、《本草》及以《五经》、《论语》、《孝经》、《尔雅》教授者，在所为驾一封轺传，遣诣京师"。

三　乘用传马、传车者凭证

凡公事乘用传车、传马者，还需有传信才能使用，"传"以木刻，长一尺五寸，上盖有御史大夫的印章。封印多少不仅与乘驾传车的数量与质量有关，而且也与官员的身份及事态缓急有关。不可随意调动或私自乘用。《汉书·平帝纪》元始五年春正月诏注引如淳说，"律：诸当乘传及发驾置传者，皆持尺五寸传信，封以御史大夫印章。其乘传参封之。参，三也。有期会累封两端，端各两封，凡四封也。乘置驰传五封也，两端各二，中央一也。轺传两马再封之，一马一封也"。即调发"四马高足"所驾"置传"持五封传；调发"四马中足"所驾"驰传"持四封传；调发"四马下足"所驾"乘传"持三封传，调发"轺传"，用二马者要持二封传，用一马者持一封传即可。可见，传车使用需有"传信"为凭。传信封印的多少，与持传者的身份地位及其所用车马的等级有关，故有五封至一封之别，这是等级制度在符传制度上的又一反映。如无传信，则不能享受驿站提供的食宿与

---

① （汉）司马迁：《史记》卷94《田儋列传》。
② （汉）司马迁：《史记》卷119《循吏传》。

车马服务。王莽规定"吏民出入，持布钱以副符传，不持者，厨传勿舍，关津苛留"。颜师古注云："旧法，行者持符传，即不稽留，今更令持布钱，与符相副，乃得过也。"① 汉初《户律》也规定："其献酒及乘置乘传，以节使。"② 可见，传信、符传、节都是乘用传车的凭证。

四 驿传用马、牛、驴皆有标识特征

"驿马课"、"传驿马名籍"是专门记载传驿马的册籍，册籍上详细记载了马匹数量、毛色、牝牡、年齿、身高等特征，如以下各简：

驿马一匹骍駮　　牡齿四岁高五尺八寸上调习　　142.26

□官□驿马一匹骊駮牡左剽齿十四岁高五尺八寸　　231.20

传马一匹，骓，乘，左剽，八岁，高五尺八寸，中，名曰仓波，柱

传马一匹，骝，乘，左剽，决两鼻，白背，齿九岁，高五尺八寸，中，名曰佳，□柱，驾。　　V1610②：15、16

骍为毛皮红色的马；駮为一种颜色夹杂别种颜色的马；骊为纯黑色的马；骝为黑鬃黑尾巴的红马；骓为青色的马；牡为雄性的马；牝为雌性的马。森鹿三先生指出："'乘'同'骒'，指去势马。"③《说文·马部》："骒，辖马也。从马，乘声。"段玉裁注："骒，谓今之骟马也。"故上述简中的"乘"实为"骒"字，指去势的雄性马（即骟马）。

上述"传驿马名籍"还在年齿之前记"左剽"、"两剽"（149.23）等特征。《说文·刀部》："剽，砭刺也。从刀，票声。"段玉裁注云："谓砭之、刺之，皆曰剽也。砭者，以石刺病也；刺者，直伤也。""剽"，即指

---

① （汉）班固：《汉书》卷99《王莽传》。
② 张家山汉墓竹简整理小组：《张家山汉墓竹简》二四七号墓，文物出版社2001年版，第175页。
③ ［日］森鹿三：《论居延简所见的马》，《简牍研究译丛》（第一辑），中国社会科学出版社1983年版，第86页。

在马（驴、驼）的身上刺印或烙印。而"左剽"是说印迹在左边，"两剽"则指留有两处印迹。

  牛一黑牡左斩齿三岁久左□☒　　　　　　　　510.28

  ☒尺七寸久左肩□　　　　　　　　　　　　　517.16

  钟政■私驴一匹騅牡两，齿六岁久在尻□　　敦简536

  "久"是驿传用马、驴等身上的火印。《睡虎地秦墓竹简》："其腹有久故瘢二所。"《仪礼·既夕礼》："皆木桁，久之。"注："当为灸。""灸"字本义为"长时间火灼穴位"，"久"同"灸"引申为用火灼后的印迹。

  上述各简中"久"的位置或在肩口，或在尻，与"剽"的意思相同，说明都是指传驿马、牛、驴等身上所作的特殊标示。

  出茭卌束闰月乙卯以食送使者叶君柱马八匹壹宿南　E.P.T51：85

  出粟小石九石六斗鸿嘉二年六月辛卯
  甲渠候官令史……传柱马食　　　　　　　　E.P.T4：91

  一石二斗给柱马食　　　　　　　　　　　　E.P.T5：34

  此三例中都有"柱马"的记载，高荣先生将"柱马"释为"主马"，即驾车之辕马。①《说文·木部》："柱，楹也，从木主声。"段玉裁注云："柱之言主也，屋之主也……柱引申为支柱、柱塞，不计纵横也。"居延所出有一残简云：

  主马十四匹四日殄北卒马十四匹一宿去药马八束半

---

  ① 高荣：《汉代"传驿马名籍"简若干问题考述》，《鲁东大学学报》（哲学社会科学版）2008年11月。

主马四匹三日药马八束半　　　　　　　　E. P. T52：226

该简中的"主马"即为"柱马",为传马之"主"者。与"柱马"相对的还有"卒马",如:

觚得骑士定安里杨霸卒马一匹　　　　　　560.8

"卒"通"倅",《汉书·赵充国传》云:"至四月草生,发郡骑及属国胡骑伉健各千,倅马什二,就草,为田者游兵。"颜师古注曰:"倅,副也。什二者,千骑则与副马二百匹也。""卒马"当即赵充国所说的"倅马",亦即副马,为军队中的备用之马。

在汉简中,"卒"又通"萃","卒马"还写作"萃马",如"萃马一匹"(116.57)。

上述列举的传驿马简文中还多叙述马的年龄,马的年龄主要依据马齿来判断。《齐民要术》卷6《养牛马驴骡》详细记载了马的年龄和马齿的关系:马"一岁,上下生乳齿各二;二岁,上下生齿各四;三岁,上下生齿各六;四岁,上下生成齿二;成齿,皆背三入四方生也;五岁,上下着成齿四;六岁,上下着成齿六。两厢黄,生区,受麻子也;七岁,上下齿两边黄,各缺区,平受米;八岁,上下尽区如一,受麦;九岁,下中央两齿白,受米;十岁,下中央四齿臼;十一岁,下六齿尽臼;十二岁,下中央两齿平;十三岁,下中央四齿平;十四岁,下中央六齿平;十五岁,上中央两齿臼;十六岁,上中央四齿臼"。[①] 意思是说,马三岁以前生乳牙,满三岁进四岁时才长出成年牙,到十二岁时,中间的下齿开始变平;十五岁以后,中间的上齿出现臼状。说明马匹三岁到四岁才算成年,到十二岁以后下齿渐平,出现衰老的迹象。但刚成年的马匹还需经过一段时期的调教驯服,才能使用。由此看来,"汉代马的正常服役年龄应是五至十二岁"。[②]

[①] (北魏)贾思勰:《齐民要术》,江苏古籍出版社2001年版,第182页。
[②] 高荣:《汉代"传驿马名籍"简若干问题考述》,《鲁东大学学报》(哲学社会科学版) 2008年11月。

实际上，"马匹在十二岁以后开始衰老只是就一般情况而言"[①]，若边塞缺马，即使有的马匹超过十二岁，仍可使用，居延汉简所见就有齿十四岁（231.20）、十六岁（149.23、E.P.T59：81）和十八岁（62.13、147.152）的传马。

五　严格传马管理

睡虎地秦简《厩苑律》规定，如果"马牛死者，亟谒死所县，县亟诊而入之，其人之其弗亟而令败者，令以其未败直（值）赏（偿）之"。[②]

张家山汉简也见类似规定：

> 亡、杀、伤县官畜产，不可复以为畜产，及牧之而疾死，其肉、革腐败毋用，皆令以平贾（价）偿。人死、伤县官，贾（价）以减偿。

此外，相关责任人也要依令赔偿。凡"传马死二匹，负一匹，直（值）万五千，长、丞、掾、啬夫负二，佐负一"。[③] 可见当时对传马死亡的责任追究还是非常严格的。因此，各地对传马的毛色、性别、标记、年齿、身高、名号、病状、诊治过程及痊愈或死亡等情况都有详细的记载和报告。如下简：

> 建昭元年八月丙寅朔戊辰，县（悬）泉厩佐欣敢言之：爰书：传马一匹马者（驳），牡，左骠，齿九岁，高五尺九寸，名曰马者鸿。病中肺，欬洟出橐，饮食不尽度。即与啬夫遂成、建杂诊：马病中肺，欬洟出橐，审证之。它如爰书。敢言之。　　Ⅱ0314②：301

六　传车的管理、保护和维修

为了保证边塞信息传递的通达，政府对各驿置所使用的传车管理相当

---

① 高荣：《汉代"传驿马名籍"简若干问题考述》，《鲁东大学学报》（哲学社会科学版）2008年11月。
② 睡虎地秦墓竹简整理小组：《睡虎地秦墓竹简》，文物出版社1978年版，第33页。
③ 胡平生等：《敦煌悬泉汉简释粹》，上海古籍出版社2001年版，第18页。

严格，驿站内不仅有专门的《驿马名籍》，详细记载了每匹传马的颜色、性别、编号、年龄、身高、特征、专用名等，而且有专门的《传车簿》、《出传车簿》、《传车被具簿》、《传马出入簿》等簿籍，对每一辆传车的使用情况亦详细记录。

各级邮驿组织定期（逐月、逐季或逐年）上报车辆"完"、"敝"状况的文书，对于破旧的传车也要登记入账，如：

　　□其六十五两折伤□卅二两完　　　　　　　582.16

　　元康三年计册（无）余完车　　　　　　　　10.20

平时注意对传车的保养，破旧的传车必须维修，张家山汉简《金布律》①规定：

　　亡、毁、伤县官器财物，令以平贾（价）偿，人毁伤县官，贾（价）以减偿县官器敝不可缮者，卖之。

睡虎地秦简《金布律》也规定：

　　传车、大车（即牛车）轮，葆缮参邪，可殹（也）；韦革、红器相补缮。取不可葆缮者，乃粪之。

《悬泉汉简释粹》10208②：1—10简为《传车颤瞿簿》，详细记录了悬泉置共有传车六辆、颤輁三辆，在阳朔元年使用和损坏的情况：

　　……□敦煌……
　　……故完，可用。
　　……乘，敝，可用。

---

① 张家山二四七号汉墓竹简整理小组：《张家山汉墓竹简》，文物出版社 2001 年版，第 191 页。

第四传车一乘，敝，可用。

第五传车一乘，攀完，轮辕敝尽，会楅（辐）四折伤，不可用。……

第六传车一乘，攀左轴折，轮辕敝尽，不可用……

亶（毡）攀一，左轴折。

亶（毡）攀一，左轴折。

亶（毡）攀一，左轴折。

阳朔二年闰月壬申朔癸未，县（悬）泉置啬夫尊敢言之，谨移传车亶颤攀薄（簿）一编敢言之。

汉初《金布律》也规定："亡、毁、伤县官器财物，令以平贾（价）偿，人毁伤县官，贾（价）以减偿。县官器敝不可缮者，卖之。"故各县、置要对其所属传车马及其他器具进行详细登记，并以正式公文上报，"告县、置食传马皆为口札，三尺廷令齐一三封之"。

第四节　诏令文书的传递

在河西地区的交通大道上，驿骑、传车或邮车飞速来往，可谓一片繁忙景象。邮驿人员将各种军事情报及时传递到中央，也将中央的最新诏令迅速传达到边塞。从史书和出土简文来看，河西边塞地区诏令文书的传递方式，常见有"行者走"、"以邮行"、"以亭行"、"以次行"、"燧次行"诸术语。

1. 行者走

河西汉简可见到"行者走"之类语，如：

甲渠候官行者走即日食时付吞远　　　　　　　E. P. T53：85

甲渠候官行者走己亥日中起城北　　　　　　　E. P. T53：53

"行者走"为倒装句，即走行者或步行者。由于人的体力限制，"行者走"所传递的文书为当日即能到达的文书。吞远即吞远部，是甲渠候官下属的一个部。① 从上述 E. P. T53：85 简文记载来看，由甲渠候官发往吞远部的书信在该日的食时到达，这也是步行者能力所能达到的任务。

"行者走"与"以轻足行"者同义。"轻足"当指善行走者。《吴子·图国》："能逾高超远，轻足善走者，聚为一卒。"《淮南子·齐俗训》："江河沉决一乡，父子兄弟，争升陵陂，上高邱，轻足先升，不能相顾也。"晋·葛洪《抱朴子·崇教》："驰轻足于险峻之上，暴僚隶于盛日之下。""以轻足行"即快速步行传递文书的一种方式。《睡虎地秦简·田律》记载，当各地灾害发生时，"近县令轻足行其书，远县令邮行之，尽八月囗囗之"。即远离郡县的由邮亭传递信息，较近距离的则由相关人员步行传递信息。可知"以轻足行"或"行者走"通常适用于近距离、非紧急类文书传递。

2. 以邮行

前举《睡虎地秦简·田律》中，当各地灾害发生时，其中"远县令邮行"，说明"以邮行"适用于远距离的信息传递。张家山汉简《二年律令·行书律》对"以邮行"的文书有更详细的规定：

> 诸狱辟书五百里以上，及郡县官相付受财物当校计者书，皆以邮行。令邮人行制书、急书，复，勿令为它事。书不急，擅以邮行，罚金二两。书不当以邮行者，为送告县道，以次传行之。

从简文记载来看，凡超过 500 里路程的司法刑狱类"狱辟书"、经济类"郡县官相付受财物当校计者书"、皇帝下发的"制书"及边塞军事"急书"以邮行。《汉书·高后纪》师古注："天子之言，一曰制书，二曰诏书。制书者，谓制度之命也。"如果擅自用"以邮行"的方式传递并不紧急的文书，要被罚金二两。不宜"以邮行"的文书，可送交当地县、道官府依次传递。以下两封信中一封是从肩水候官发出的书信，另一封是从居延都尉府发出的书信，这两封信都"以邮行"。

肩水候官以邮行　　　　　　　　　　　　　　　　53.18

---

① 陈梦家：《汉简缀述》，中华书局 1980 年版，第 61 页。

　　　　居延都尉府以邮行　　　　　　　　　　　81.8B

"以邮行"的文书，在河西地区主要以车递、马递完成。

　　　　马一匹高六尺　居延都尉府以邮行　　　　81.8B

　　　　十二月庚戌使敦煌亭长邮车六两　　　　敦简1227

此简文中邮书依靠马匹传递完成。

3. 以亭行

即由邮人将文书依亭次第传递，汉简有"以亭行""亭次行"等语，如：

　　　　甲渠候官以亭行　　　　　　　　　　　279.11

　　　　张掖甲渠塞尉印甲渠官亭次行　　　　E.P.T65：328

　　　　周并私印甲渠官亭次行九月癸丑卒以来·一事　E.P.T26：7

"以亭行"只能说明文书传递按亭站依次传递，并不能反映以何种工具传递。西北汉简中多见"以亭行"的简，但都没有说明以何种工具传递，如：

　　　　居延仓长甲渠候官以亭行九月辛未第七卒欣以来　E.P.T51：140

　　　　居延都尉章甲渠郭候以亭行九月戊戌三堠燧长得禄以来
　　　　　　　　　　　　　　　　　　　　　　　E.P.T51：145

　　　　杨放印甲渠官以亭行七月丁卯卒同以来·二事　133.3

413

此三简均为"以亭行"的邮书记录，收件者为甲渠候官或鄣候，寄件者分别为居延仓长、居延都尉和杨放印，这三件文书由燧长或燧卒送达，与前述"以邮行"的文书并无不同。说明位处交通线上的各部、亭（燧），还肩负邮亭的职能，边塞文书由各亭燧代为传递。至于由何种工具传递也无记载。就居延汉简的记载来看，"以亭行"的文书基本上限于同一都尉府或同一候官内所辖区。"以亭行"者主要是距离较近的文书往来，因此这种形式传递的文书当也步行完成。

4. 以次行

即按顺序依次传递，《二年律令·行书律》简271有：

不以次罚金四两更以二次行之

之语。《睡虎地秦简·语书》也有：

以次传别书江陵布以邮行

秦简整理小组注："以次传，指本文书在郡中各县道依次传送。汉简多云'以次传'见《流沙坠简》烽燧类。"看来"以次行"即为"以次传"，多是近距离文书传递常用的方式，也是各邮亭之间、各驿置之间、各烽燧之间按顺序依次传递文书的方式，其传递工具或步行或以车、马代步皆有可能。

5. 燧次行

即以烽燧次第顺序传递文书。居延汉简中还有燧次行的简文记载，如：

肩水□燧次行　　　　　　　　　　　　　　288.32

玉门官燧次行
永和二年五月戊申朔廿九日丙子
虎猛候长异叩头死罪敢言之　　　　　　　敦简1974

敦简 1974 前的"玉门官"是该文书的"受书之官",致书者则是玉门候官下属的虎猛候长异。文中"叩头死罪敢言之"是汉代典型的上呈文书的行文格式,本简是虎猛候长异上呈玉门候官的文书,由烽燧依次上递,说明此类文书传递也是近距离传递。

汉简中还记有"驰行"、"吏马驰行"之语,如:

肩水候官吏马驰行印破十二月丙寅金关卒外人以来　　20.1

甲渠候官马驰行　　　　　　　　　　　　　　　　E.P.T56：1

匈奴人入塞天大风风及降雨不具烽火者亟传檄告
人走马驰以急疾为故　　　　　　　　　　　　　E.P.F16：16

"驰"有快速、火速之意。"驰行"、"吏马驰行",即指快速紧急传递文书而言。《汉书·丙吉传》有关于用"驿骑持赤白囊,边郡发奔命书,驰来至"的记载,可见以"吏马驰行"的传递方式,多用于边郡传递紧急文件。此类文书必为边塞重要的或紧急文书,当以邮行或驿站传递。

汉代对邮驿传递的速度和期限都有严格的规定。一般文书,在内地邮传速度一般为一天行二百里,如《二年律令·行书律》简 273 云:

邮人行书一日一夜行二百里。

对于边塞地区,因道路条件复杂:

书一日一夜当行百六十里　　　　　　　　　E.P.S4.T2：8A

对于紧急文书,《汉官仪》说:"奉玺书使者乘驰传,其骑驿也,三骑行,昼夜千里为程。"若留迟失时则加以严厉处罚,如:

不中程百里罚金半两过百里至二百里罚金一两过二百里二两

E. P. S4. T2：8B

万岁燧候长士吏传行各界迟时必坐之　　E. P. T57：40

正是由于严格的规定，汉代驿骑传递的速度极快。《汉书·赵充国传》言赵将军与羌人战于湟中，呈报军情时，"六月戊申奉，七月甲寅，玺书报从充国计焉"。《容斋随笔》也记相同事："赵充国在金城，上书言先零、罕羌事，六月戊申奏，七月甲寅玺书报从其计。按金城至长安一千四百五十里，往返倍之，中间更下公卿议臣，而上书至得报，首尾才七日。"前后往返共七日，去除朝议时间约一日，时速每日可达五百四十里。《汉书·王温舒传》谓王温舒迁河内太守后，"令郡具私马五十匹为驿，自河内至长安，……奏行不过两日"。据《续汉书·郡国志》，河内到洛阳凡一百二十里，洛阳去长安九百五十里，则从河内到长安为一千一百里左右，"奏行不过二日"，则每日行五百五十里左右。《汉书·昌邑哀王传》载霍光征其子贺入京时，"夜漏未尽一刻，以火发书"，即玺书在天亮前发出，"其日中，贺发"，即当天昌邑王贺不仅收到了朝廷的玺书，而且乘传出发了；"铺时，至定陶，行百三十五里，侍从者马死相望于道"，即当天黄昏时分就到达了定陶。从长安至定陶约为二千零二十里[1]，发玺书一整天多一点就到了，可见当时驿传效率之高。古诗有云："一

图一百零七　嘉峪关魏晋墓画像砖之飞驰的驿使

驿过一驿，驿骑如流星。"可见驿骑狂奔的速度。在嘉峪关魏晋墓彩绘砖画中，有一幅《驿使图》。画面上绘一位驿传信使，骑一匹枣红色骏马，手举信物，催马行进。驿马四蹄腾空，奔驰在戈壁绿洲的草丛中（图一百零七），这是古代驿使飞马传递信息的真实写照。

---

[1] 高敏：《秦汉邮传制度考略》，《历史研究》1985 年第 3 期。

第四章　河西屯戍区的行塞之行

第一节　边塞官员的行塞之行

"行"还指边塞官员巡行边塞，视察边务，这在汉简中多见，如：

□居延都尉行塞蓬燧移过所　　　45.28

疆移居延遣第廿八燧长则□行塞　34.18A、B

八月庚寅武威北部都尉□史安行塞敢言之大守府□鄣□候所观
□□□□表武威　　　　42.6A

□候行塞□（削衣）　　　73E.J.T10：59

吏周卿行塞即日宿吞远　　额济纳汉简 2000ES7SF1：6A

一般来说，边塞官员行塞目的在于检察防务，查漏补缺，具有监察性质。但行塞同时属于吏卒出行活动的重要内容之一，因此本章将着重从出行的角度加以讨论。

河西行塞官员按其内部职能可划分为屯戍系统诸官和持节领护诸官。

一　屯戍系统诸官的行塞

太守是河西边郡的最高行政官员，治理一郡大小事务，行塞是其主要职责。

　　　　大守君行塞候尉循行课马齿五岁至十二岁　　　　E.P.S4.T2：6

此例中大守即太守。太守行塞，由塞上候、尉等官员陪同。另外，太守循行边塞，还带领大量的兵员，如《汉官仪》："边郡太守各将万骑，行障塞烽火追虏。"因其率领万骑行塞，所以也被称为"万骑太守"，如：

　　●臣请列候中二千石诸侯相边郡万骑太守减中郎一人二☒
　　　　　　　　　　　　　　　　　　E.P.T51：480

都尉典掌一郡武职，是郡中的主要武官。居延汉简中记载有都尉行塞的，如：

　　☒居延都尉行塞蓬燧移过所　　　　　　　　45.28

　　●初元五年十一月都尉行塞候尉士吏候长钦　　E.P.T52：97

上面简文所记，都尉行塞，候尉、士吏、候长等边塞主要官员陪同检查。

边郡的太守府和都尉府亦合称两府，可开府置吏，自行辟召属官僚佐。两府亦经常派遣其属官僚佐行塞，如司马为都尉下属主要官员，常行塞检查戍务。

　　正月己丑官告候长利等前司马行塞……也
　　今司马移记令官逐甚急……　　　　疏勒河流域汉简 680

　　☒七月司马行塞☒　　　　　　　　　　　522.24

由上例看出，司马为不定期的行塞，通过突访来调查边防兵事。司马行塞时，边防候长等官员令部下急忙布置安排，可见其非常重视。

都吏为太守或都尉属官，分曹治事。《汉书·文帝纪》："二千石遣都吏循行，不称者督之。"如淳注："律说都吏，今督邮是也，闲惠晓事，即为文无害都吏。"师古注："循行有不如诏意者。"吴礽骧先生据简牍记载，认为"在汉代官府文书中，除丞相、御史、太守、都尉、候、千人、司马等高级官员，尊称其官名外，一切主管各级各类职能或承担某项使命的掾、史、守属、令史、士吏等属吏，均称'都吏'。'督邮'可泛称'都吏'，但'都吏'不一定专指'督邮'"。① 居延汉简记载有都吏行塞，如：

  ☐都吏当行塞言候长建☐   E. P. T52：383

  汉代部都尉下的候望系统实行候、部、燧三级制，与此相对应的职官是候官（塞尉、丞、掾、士吏、尉史、从史）、候长（候史）、燧长。
  候，属都尉节制，是都尉辖区内每百里之塞上的最高防守官员，秩比六百石，是西汉王朝塞上防守的官员，有候、鄣候、塞候等称呼，驻守于鄣内。候经常循行检查其管辖区的塞务，如：

  新始建国地皇上戊三年八月候行塞起居 E. P. F22：336

  长充候行塞书☐   E. P. T51：360A

  言府候行部庚戌宿临桐燧掾书传☐☐ E. P. F22：711B

  候行塞书到赏兼行候事☐☐……☐ 73E. J. T10：204

  以上简文是候行塞的记录，一个候管理若干燧，由于候管辖区较广，行塞期间，若不能回到部内，还可住在燧上。
  士吏、尉史是候的属官，专门负责循行，"近塞郡皆置尉，百里一人，士吏、尉史各二人巡行徼塞也"。② 汉简中也有：

---

① 吴礽骧：《说"都吏"》，《简牍学研究》（第四辑），甘肃人民出版社 2004 年版，第 179 页。
② （汉）班固：《汉书》卷 94《匈奴传》注引汉律。

☒□□士吏孟行塞☒　　　　　　　　　E.P.T51：688

史行部□☒　　　　　　　　　　　　233.7

丞也是候的属官，可代表候检查塞务。

令以春祠社稷今择日如牒书到令丞循行谨修治社稷

E.P.T20：4A

候长、候史执掌候内事务。关于候长候史的行塞的简牍有：

建始五年三月辛丑朔庚申……四候长嘉候行塞□兼……

E.P.T51：215

五月癸巳甲渠鄣候喜告尉谓第七部士吏候长等写移檄到士吏候长候史循行　　　　　　　　　　　　　159.17

育候史恭等前府君行塞　　　　　　E.P.T6：92

候长等各循行部严告吏卒明画天田谨迹候常☒ E.P.T5：59

……候长循行部竟　　　　　　　　E.P.F22：412

第廿三候长忠行塞还诣官正月戊寅蚤食入　257.31

坐候史齐行塞关弩二关戾□□□□部□调少□塞☒　14.6

燧是边塞最基层组织，由燧长负责，当上级部门的候长、候史等到燧内检查事务时，燧长陪同，此外，燧长自己也经常行塞检查燧务，如：

420

  第廿三燧长忠行塞还诣官正月戊寅蚤食入。 257.31

  ☑疆移居延遣第廿八燧长则☑
  ☑行塞 34.18A、B

  由上分析得知，河西边郡官员的行塞活动采用自上而下逐层检查的原则，中央政府所派官员循行检查边塞整体事务，太守、都尉检查其所辖的部、塞事务，候负责若干部，候长、候史负责若干燧，燧长直接负责某一燧的塞务，逐级检查，责任到人，以保证边塞各项事务有序进行。

  上级官员循行边塞时，边塞部燧的吏员除了亲自陪同外，还需亲自迎送过界。

  送丞相御史到当☑ 68.80

  候长候史马皆廪食往者多羸瘦送迎客不能竟界大守君当以七月行塞候尉循行课马齿五岁至十二岁 E.P.S4.T2：6

  官吏行塞时，或在路上的传舍休息，或在塞防上休息，韩延寿为左冯翊，在循行中"入卧传舍，闭阁思过"。[①] 塞防上相关机构也负责行塞官吏的饮食起居及车马安顿，如下面简文所示：

  出米七斗八升付北部候长褒良府君行塞积廿六人人三升
    73E.J.T3：99

  ☑官并到司马君都吏郑卿督烽火史周卿行塞即日宿屯远具吏卒
    额简 52000ES7SFI：6A

  ☑给假千人丞苏奉亲行塞南马三匹四二束 73.17

---

① （汉）班固：《汉书》卷76《韩延寿传》。

　　　　出苣三石四月庚辰候长霸以食橐他六匹行塞至廪宿匹二钧
　　　　　　　　　　　　　　　　　　　　　　285.11

　　上例第一条简文是北部候长褒良等二十六人行塞时所吃的米的记录；第二条简文是都吏郑卿、史周卿等人行塞时留宿屯远燧的记录；第三条简文是假千人丞苏奉行塞时，相关塞防提供的马匹及马料的记录；第四条简文是候长霸等一行行塞时，相关燧提供给骆驼食料的记录。由这四枚简上的简文记载来看，官员行塞的所有马匹和饮食起居都由相关塞防提供。由于塞防之间的间距一般较长，所以官员行塞一般都是骑乘马、骆驼等牲畜。当然，由于塞防上所需的马匹、食料有限，官员行塞，有时也有步行塞的情景，如：

　　　　塞上吏苦亡马若西出塞尉吏士吏候长候史燧长小吏
　　　　毋马步予卒步行塞不斋食　　　　　　　　E. P. T65：291

　　此简上所记录的就是当时由于"塞上吏苦亡马"，"尉吏、士吏、候长、候史、燧长、小吏"等"毋马、步行塞"的情况。
　　从以上官员行塞我们还发现，上级官员行塞时，不但下级官员往往陪同上级官员一起行塞，而且行塞官员的职级越高，随从者越多，加上上级官员出行时本身所带的官员、随从，一路上可谓浩浩荡荡、蔚然壮观。
　　汉朝是个注重礼制的等级社会，统治阶级往往通过乘舆形制、扈从仪仗等方面来明等级、别贵贱。行塞官员出行时，除了官员自己的车或马外，还有导骑、从骑、从车和从员等。这在汉简中也有相关记载，如：

　　　　卿从车☐（削衣）　　　　　　　　　　　73E. J. T10：421

　　　　从者居延广地里史昌年十一☐　　　　　73E. J. T10：263

　　　　从者居延肩水里大夫盖常年十三长六尺三寸黑色
　　　　皆以四月壬戌出　　　　　　　　　　　73E. J. T10：130

行塞时，官员乘坐的车为主车，随从乘坐的车为副车。主车往往居于车骑队中央，而副车则往往前面开道，后面还有副车跟随。由于官员身份地位以及出行使命不同，随从人员及车骑队列亦有一定差别。四川成都北郊出土的《骑吹》画像砖①，画面上有六匹彩头结尾的骏马，缓步而行，骑者头上着帻，各执乐器，有手执幢麾的；有执锤击鼓的；也有吹箫、竽的。"骑吹"又叫"鼓吹"，是在马上演奏的军乐队。蔡邕《礼乐志》曰："鼓吹，军歌乐也，谓之短箫铙歌。"《汉书·韩延寿传》载延寿在东郡试骑士"建幢棨，植羽葆，鼓车歌车"，可见鼓、幢等都是军队乐器。汉平帝元始二年（2年），曾以钲鼓给巡边大吏，可知巡边官吏巡行也有"骑吹"仪式。官吏巡行边塞，"骑吹"显示威风的仪仗。还有步兵做前导。四川德阳出土的《伍佰》画像砖②，画面四人，前二人执矛、刀，鸣声开道，后二人执綮戟，箭步飞奔。《后汉书·曹节传》李贤注引韦昭《辩释名》云："五百，字本为伍佰。伍，当也，伯，道也，使之导引当道陌中以驱除也。"可见伍佰是官吏出行时走在仪仗队前面作导引的步兵卫队。伍佰开道的人数由官吏的官阶而定。如《续汉书·舆服制》云："车前伍佰，公八人，中二千石、二千石、六百石皆四人，自四百石以下至二百石皆二人。"仪仗队内还有骑吏伴随。《续汉书·舆服制》说军旅出行时，"公以下至二千石，骑吏四人，千石以下至三百石县长，二人；皆带剑，持棨戟为前列……"成都出土的《四骑吏》画像砖③，画面中四骑吏乘坐骏马，手执戟幢，腰间佩剑。马头有饰，马尾有裹结，马昂首飞奔，威风凛凛。巡行官吏职位不同，所乘车的规格等级不同。《续汉书·舆服制》曰："大使车，立乘，驾

图一百零八　武威雷台汉墓出土的斧车

---

① 刘志远等：《四川汉代画像砖与汉代社会》，文物出版社1983年版，第8页。
② 同上书，第11页。
③ 同上书，第16页。

驷，赤帷。持节者，重导从，贼曹车、斧车……"这里持节官吏巡行时还有导从、导车。其中斧车为导车之一种，四川德阳出土的《斧车》画像砖，车中心竖一大斧，车后斜插棨戟，车上乘坐二人，各执一柄刀，刀斜置于肩上，显得威严。武威磨嘴子汉墓铜车马仪仗队列中也见一辆斧车（图一百零八）。汉制，"县令以上，加导斧车"。

巡行官吏常乘坐轺车，轺车依据其伞盖的颜色、用料、车辖及颜色，驾马的匹数等分类，官吏等级不同，所驾轺车的级别不同（前文已述）。见于成都市郊出土的《轺车骖驾》画像砖①，画中的一轺车是众导从所拥的主车。为三匹马拉的一辆轺车，车上有四维，车骑外加车耳，车盖前有悬结。车上乘坐二人，右为官吏，左为御者。四川新都县出土的《轺车骖驾》画像砖②，轺车也由三匹马所驾，车上乘坐三人，右二人为官吏，左边是御者，手执缰绳，其车厢和车耳都有明显的方格纹饰。车盖上四维被风吹起，画面生动有力。骖，为驾三匹马的车，乘此车的官吏不下于二千石。《续汉书·舆服制》刘昭注引《逸礼·王度记》说："天子驾六马，诸侯驾四，大夫三，士二，庶人一。"下图为王洪震《汉画像石》所收车马出行画像石图，图中最前有三导骑，中为驷马轺车，后为二马轺车，按照汉代车骑制度，应为王侯或郡守车队出行之场面的一个缩影。（图一百零九）

图一百零九　王洪震《汉画像石》之车骑出行

行塞官员循行检查塞务，本为好事，但由于官员行塞时所带的马匹和人员随从众多，给本就物质贫乏的边塞带来沉重的压力，进一步加剧了边塞吏卒的负担。

---

① 刘志远等：《四川汉代画像砖与汉代社会》，文物出版社1983年版，第21页。
② 同上。

二 持节领护诸官行塞

汉代持节领护诸官是指屯驻于边地的护羌校尉、护乌桓校尉、使匈奴中郎将、护羌使者等官员。汉武帝元鼎六年（前 111 年），"始置护羌校尉，持节统领焉"。护乌桓校尉亦是汉武帝时所置。"武帝遣骠骑将军霍去病击破匈奴左地，因徙乌桓于上谷、渔阳、右北平、辽西、辽东五郡塞外，为汉侦察匈奴动静。其大人岁一朝见，于是始置护乌桓校尉，秩二千石，拥节监领之，使不得与匈奴交通。"《续汉书·百官志》："护乌桓校尉一人，比二千石。"

天汉元年（100 年），武帝以苏武为中郎将，张胜为副中郎将，使持节出使匈奴，这是西汉时期中郎将出使匈奴之始。《续汉书·百官志》使匈奴中郎将条："使匈奴中郎将一人，比二千石。本注曰：主护南单于。"

持节领护系统亦负有"循行"之责。这在敦煌悬泉置新出土的汉简中就有：

护羌使者方行部有以马为盗长必坐论
过广至传马见四匹皆瘦问厩吏言十五匹送使者
太守用十匹　　　　　　　　　　　　Ⅱ0215③：83

护羌使者行期有日传舍不就……　　　Ⅱ0314②：72

护羌使者史书中不见，根据悬泉汉简记载，护羌使者并非临时所置的官员，可以开府治事，品级较高。[①] 除护羌使者外，悬泉汉简还见有"主羌使者、护羌都吏、主羌史"[②]。护羌使者"行部"，就是巡行所管辖部的区域，检查内容包括督导诏书律令的贯彻落实、纠举弹劾不法官吏。

内蒙古和林格尔发现的东汉墓壁画中，画有使持节乌桓校尉车马出行图，场面宏伟，上画有各种车辆 10 乘，不同色彩的马匹 129 匹，文武属吏、士卒、仆从等 128 人，充分反映了持节领护官员巡行时连车列骑、前

[①] 胡平生、张德芳：《敦煌悬泉汉简释粹》，上海古籍出版社 2001 年版，第 157 页。
[②] 张德芳：《敦煌悬泉遗址》，《敦煌玉门关阳关论文选萃》，中华书局 2003 年版，第 335 页。

呼后拥的豪华场面。画面分前、中、后三部分。前部从前室东壁左边开始，车骑分左中右三行纵队。左翼上方残余5骑，为首的一员骑黑马，榜题："雁门长史"，右翼下方残余六骑，阵容与左翼相似，中间簇拥着一行车乘，后一乘的上方旁题"校尉行部"，接着转入前室北壁中层右下方，在左右翼导骑中间有导车两乘，皆白盖，驾一马，导车后，在两面众多的车从中又有两乘黑盖轺车，驾两马，前车旁题"功曹从事"，后车旁题"别驾从事"，车后有车从。在上述车骑的上方，前列七骑。中间一黑领、朱衣、白绔的骑吏。随后四骑皆戴盔，着甲，其后又有七骑吏。在上述车骑的下方有四骑。中部有一列前卫七骑，拥护一主车，旁题"使持节乌桓校尉"主人乘黑盖施耳轺车一两，车后有赤节，驾三匹黑马。①

持节领护官员出行时的场面，如同边郡官员出行时的场面一样壮观，汉代的这种官员巡行场面声势浩大，劳民伤财，进一步加速了汉王朝的衰落。

第二节 巡视天田及行塞凭证

候望系统在河西边塞防御体系中处于核心地位，因此，官员行塞主要围绕戍卒候望展开。巡视天田是其主要内容之一。

"天田"是河西边塞以长城为主体的军事防御工程体系的组成部分，是在塞上较为平坦的地方划出一块带状地，上面铺设细沙或细土，主要用来侦迹，即用来留存入侵塞上敌人的足迹，以便判断敌情并及时采取御敌措施，大多修造于长城、鄣、燧、关的外侧。《汉书·晁错传》苏林注曰："作虎落于塞下，以沙布其表，旦视其迹，以知匈奴来人，一名天田。"

"天田"的形状，一般呈长条形，其中长城墙垣外侧"天田"的长度相当长。《居延新简》内有"日迹行廿三里"（E.P.T51：411）的记载，足见"天田"的距离之长。河西戍边吏卒在边防戍守中，其任务之一就是"吏卒明天田，谨囗（273.29B）"，即按规定在每日巡视本燧、部辖区内"天田"，察看在前一天夜间，是否有人侵塞下之敌人留在"天田"上的足迹，借以判断敌情，以便采取御敌措施。居延汉简出土有大量的士卒巡视

---

① 内蒙古文物工作队：《和林格尔发现一座重要的东汉壁画墓》，《文物》1974年第1期。

第四编 行篇

检查"天田"迹象的日迹簿，如：

　　辛郭钤乙酉迹尽甲午积十日辛董圣乙未迹尽甲辰积十日辛郭赐之
乙巳迹尽癸未积九日凡迹廿九日毋人马兰越塞天田出入迹
　　　　　　　　　　　　　　　　　　　　　　　　18.8

　　雒光九月癸未尽丁酉积十五日迹李安九月戊戌尽壬子积十五迹赵
赐九月旦省诣茭凡积卅日□□　　　　　　　132.29

　　临木燧卒三人
　　辛陈卢癸未日迹尽壬辰积十日毋人马兰越塞天田出入迹
　　辛泛口癸巳日迹尽壬寅积十日毋人马兰越塞天田出入迹
　　辛口汉癸卯日迹尽壬子积十日毋人马兰越塞天田出入迹
　　凡积卅日　　　　　　　　　　　　　　E. P. T43：32

　　第十七队
　　七月癸酉卒张垣迹尽丁亥积十五日
　　七月戊子卒吴信迹尽壬寅积十五日
　　七月癸酉卒郭昌省茭
　　凡迹积卅日毋人马兰越塞天田出入迹　　E. P. T51：211

"迹"指"天田"上留下的敌人出入足迹。据以上四枚简反映看，各燧每个月上报一次戍卒巡逻检查"天田"日迹情况的日迹簿。日迹簿需要标明燧名、该月担任日迹任务的戍卒姓名、每名戍卒日迹的时间是从何日开始至何日结束、分别共计多少日，还要将本燧未担负该月日迹的戍卒姓名及其从事的具体工作予以说明，最后将本燧该月日迹情况作一总结，一般记作"凡迹积廿九日（或卅日），毋人马越塞天田出入迹"。当然若有越塞也定当记录在案，如：

　　收降候长赏候史充国

四月乙巳日迹积一日毋越塞兰渡天田出入迹乃丙午出一干时房可
廿余骑卒出快沙中略得迹卒赵盖众丁未日迹尽甲戌积廿八日毋越塞兰
渡天田出入迹　　　　　　　　　　　　　E.P.T58：17

　　每个燧通常配备三名戍卒，在正常情况下，三人轮番值勤，担负每天
的巡视天田任务。戍卒日迹的具体时间安排有两种。最常见的方式是每名
戍卒按照先后次序，分别连续值勤十天，遇到小月则最后一名戍卒只值九
日，上述即属于这种情况；另一种值勤时间的安排方式是，三人轮番值
勤，每人值一日之后，即由下一位接替。下面三枚简反映的即是：

不侵燧卒更日迹名
（以上为第一栏）
郭免　　乙亥 戊寅 辛巳 甲申 丁亥 庚寅 癸巳 丙申 己亥 辛丑 癸卯
李常有　丙子 己卯 壬午 乙酉 戊子 辛卯 甲午 丁酉 庚子 壬寅
李相夫　丁丑 庚辰 癸未 丙戌 己丑 壬辰 乙未 戊戌省不迹
（以上为第二栏）　　　　　　　　　　　E.P.T56：31

丙寅王敞迹 ㄴ 壬申王敞迹 ㄴ 丁卯陈乐成迹　癸酉陈乐成迹
●凡积卅日　　　　　　　　　　　　　　E.P.T56：289

第十六燧长王□□　　乙巳王敞迹／　　壬子王延迹 ）
戍卒王延　　　　　丙午王延迹 ）　　癸丑王敞迹／
戍卒王敞　　　　　丁未陈乐成迹 ㄴ　甲寅陈乐成迹▨
戍卒陈乐□　　　　戊申王敞迹／　　乙卯王延迹 ）
卒王延省　　　　　己酉王延迹 ）
　　　　　　　　　　　　　　　　　　　E.P.T56：290

　　这三条简文中，其中第一条简文是不侵燧三名戍卒某月更替值勤的记
录，乙亥为该月一日，丙子为二日，丁丑为三日，庚寅为四日……显而易
见，三名戍卒是每人值勤一天，轮番更替。到该月辛丑这一天（二十六

日），戍卒李相夫被借调走，不再值勤日迹，因此，辛丑、壬寅、癸卯三天的日迹依次由郭兔、李常有两人轮值。最终合计此月 29 天的日迹，其中郭兔 11 天，李常有 10 天，李相夫 8 天。第二条和第三条简文也是戍卒每天轮流执勤巡逻的日迹记录。简文中的勾校符"√"是执勤戍卒每天巡逻检查天田后留下的确认符号，相当于我们今天的值班记录。

边塞哨防直接关乎到国防安全得失，故除了戍卒每天巡视检查"天田"敌迹外，塞防上燧长、士吏、候长、候史也必须每天巡视一次，检查"天田"，如：

  候长武光候史拓闰月辛亥尽己卯积廿九日日迹从第卅燧北尽骈庭
  燧北界毋兰越塞天田出入迹　　　　　　　　E. P. T52：82

  候长充候史谊三月戊申尽丁丑积卅日日迹从第四燧南界北尽第九
  燧北界毋兰越塞天田出入迹　　　　　　　　E. P. T56：25

  燧长旦蚤迹士吏候长以日中迹　　　　　　　E. P. F22：167

  候长寿候史胜之七月丙午日迹尽乙亥积卅日
  从第十燧南界尽第十六燧北界毋越塞天田出入☑　E. P. T56：22

一般来说，上级或中央政府派下来的官员行塞都是例行公事，起监督作用，而塞防上的官员行塞则是每天都必须要做的工作。从简文看，候长、候史平常大约是一起巡视所辖地段各烽燧的。候长、候史中有一人另有其他事务缠身，无法执行日迹任务，只能由另一位单独出巡。候长和候史月内每天都必须行塞检查所管塞段，至月底，将行塞结果汇总形成吏日迹簿。每天行塞检查时间不固定，从简文看，或在早上，或在中午。

  候长等各循行部严告吏卒明画天田谨迹候常☑　E. P. T5：59

  日迹行廿三里久视天田中目玄有亡人越塞出入☑
  它部界中候长候史直日迹卒坐匿不言迹☑　　E. P. T51：411

从上面两例看，候长每天行塞部内，敦促部内吏卒明画"天田"，查看敌迹，安排部下做好候望工作，若有戍卒玩忽职守，不认真检查"天田"时，将会严惩不贷。简 E.P.T51：411 是候长、候史行塞中检查发现"有亡人越塞出入□它部界中"而执勤戍卒"坐匿不言迹"的情况。

汉代对官吏在行塞过程中的管理相当细致，其在循行时所经过部段的烽燧、留宿的烽燧、行走的时间以及回来诣官汇报的时间都要详细记录，以备查核。汉简有：

  第廿三燧长忠行塞还诣官正月戊寅蚤时入   257.31

  闰月十三日到以十四日□□□□以十五日还到□六日行部视病者
正月旦到　十   E.P.T8：13

  言府候行部，庚戌宿临桐燧，掾书传□☑   E.P.F22：711B

为了敦促吏卒做好每天的巡视天田工作，塞防上对每个防区的里程都做了精确的计量，以方便计时和考核官吏，如：

  去北界一里百五十五步　去第十二燧三里十
  去南界一里百一十五步　去第十燧二里二百   E.P.T52：107

  候长寿候史胜之七月丙午日迹尽乙亥积卅日
  从第十燧南界尽第十六燧北界毋越塞天田出入☑   E.P.T56：22

  候长充候史谊三月戊申尽丁丑积卅日日迹从第四燧南界北尽第九燧北界毋兰越塞天田出入迹   E.P.T56：25

  甲渠廿六燧北到第廿七燧二里百八十一步   E.P.T5：17

当执勤戍卒巡视时，发现"天田"上有敌人足迹"失亡"，就要立即

"举烽报警",还要"以迹候设兵",采取紧急御敌措施,确保边境地区的安宁,如:

　　●匈奴人渡三十井县索关门外道上燧天田失亡举一蓬坞上大表一
燔二积薪不失亡毋燔薪它如约　　　　　　E. P. F16：6

　　☐☐☐头死罪敢言之辅备边竟以迹候设兵　E. P. T51：468

若遇刮风下雨,烽火无法及时传递消息,则"人走马驰"飞速传递敌情,使边防军队迅速集结,以做正面应对,如:

　　匈奴人入塞天大风风及降雨不具蓬火者亟传檄告人走马驰
以急疾为故　　　　　　　　　　　　　　E. P. F16：16

为了做好边塞防务工作,边塞明令规定:

　　吏毋得离署　　　　　　　　　　　　　3.28

　　署,"是官方办事机构的泛称,也就是署衙的简称或代名词,而非专指某一级机构,更不是燧的又一称谓"。[①]
　　河西边塞是国家的军事要地,关乎国家安全,因此,任何人出入关塞都要登记,没有关防许可越塞会受到严厉的制裁,只有持有政府颁发的关防印信才能出关和入塞,严禁无证及持用非法证件出入。凡行塞者,皆需持有符、传、过所或文书之类的证明,方可通行或执行任务,这既是为了防御匈奴入侵,也是加强边塞管理的一项有效措施。《汉书·杨仆传》:"士卒暴露连岁,为朝会不置酒,将军不念其勤劳,而造按巧,请乘传行塞,因用归家,怀银黄,垂三组,夸乡里,是三过也。"从文中记载看,"乘传行塞"是行塞的一项基本规定。

---

① 薛英群:《居延汉简通论》,甘肃教育出版社1991年版,第300页。

汉简中也有，如：

　　☒□□敢言之乃壬子直符谨行视☒　　　231.12

　　□□直符一日一夜谨行视事钱财物臧内户　52.45

直符是行塞时官吏所佩戴的符，符常分符左、符右两半，如下列为第廿三候长的符左和符右。

　　第廿三候长迹符左
　　第廿三候长迹符右　　　　　　　　　E.P.T44：21、22

　　☒□居延都尉行塞蓬燧移过所　　　　45.28

出土简牍表明，戍卒每天巡逻时携带有日迹符券。

　　十二月戊戌朔博望燧卒旦徼迹西与青堆燧卒会界上刻券乁
　　十二月戊戌朔青堆燧卒旦徼迹东与博望燧卒会界上刻券乁 显明
　　　　　　　　　　　　　　　　　　　敦简1392AB

　　四月咸胡燧卒旦迹，西，与玄武燧迹卒会界上，刻券。敦简229

　　第六平旦迹符　　　　　　　　　　　E.P.T49：69

　　根据这三枚简，各燧值勤巡逻的戍卒都是在早晨天刚亮（"旦"）的时候就出发，值勤时需要携带日迹符券，为了验证他们巡逻到了本燧所辖地段的终点，两个相邻烽燧的戍卒需在交界处相会并相互刻券，以做证明，符号"乁"是两戍卒执勤回合时留下的记录符号。

第五章　屯戍吏卒衣食住行引发的几点认识

河西地区的屯戍斗争随着巩固国防、开疆拓土战略的推进而不断加强，终汉世之末而不辍，显示了积极的国防意识和进取精神。与此紧密相关的屯戍吏卒衣食住行问题引人关注，发人深思。通过对上述各种情况的归纳与分析，笔者有以下几点认识，聊作归结。

一　中央集权的优势和对大一统政治格局的重视

汉继秦兴后，重建大一统中央集权的政治格局，在历经汉初的休养生息和文景之治及至汉武之世，大一统中央集权在诸多挑战中逐步走向巩固。在政权内部逐步解决问题的同时，沿边少数民族特别是以匈奴为代表的北方和西北的民族势力，对大一统局面的巩固和发展不断带来压力。鉴于对大一统政治格局的清醒认识和重视，西汉政权上自帝王将相，下自布衣学士，主流意识上的抗击侵扰、巩固国防、维护统一、发展经济的要求使屯戍边地成为维护这一局面的重要手段而付诸实施，并将维护统一与集权的主体意识与巩固国防、威慑四方的实际行动相结合。从上述大规模衣食筹集、转输和管理等情况看，汉政权投入了大量的精力来保障供给。有时甚至不惜代价，没有坚定的对大一统格局的信念和持之以恒的决心是做不到这一点的。

同时，也正是由于大一统中央集权局面的逐步巩固和这一体制的积极效应而使屯戍吏卒衣食供给得以有效的维持，集中力量办大事的优势凸显无疑。遍及全国、数量庞大的兵员征发，显然是专制主义中央集权的国家机器发挥其征发兵役之职能所致。[1] 而"千里负担馈粮"、"自山

---

[1] 李宝通：《唐代屯田研究》，甘肃人民出版社1997年版，第8页。

东咸称其劳",遍布大江南北的食粮转输和调拨,大规模的屯田生产,以及为转输衣食而展开的交通道路开辟,车马征集和管理等,诸如此类没有强有力的中央集权的发动和掌控是不可能实现的。正是有了统一发展的政治局面,有了强有力的中央集权,屯戍斗争中吏卒的衣食供给才有了良好的保障,屯戍吏卒才能安心戍边,也才有了巩固国防、开疆拓土的辉煌业绩。所以,"大一统的中央集权体制,是先秦以来种种政治模式和社会理想的一个历史选择,在汉帝国得到充分应用,成效卓越,俱显其能"[①]。

二　两汉物质文明和精神文明的凸显

吏卒的衣食住行既反映了两汉时期军事后勤保障力量,又凸显了这一时期的物质文明和精神文明的发展程度。

衣装本身就是物质与精神的结合体。吏卒衣装的质料是物质,但剪裁、款式所体现的则是精神层面的文化意蕴,"贵贱有级,服位有等"。吏卒衣装的色彩与政治相联系并具有尊卑的象征,"见其服而知贵贱"。我国古人所提倡的"天人合一"及"阴阳五行"等哲学思想,在吏卒衣装中同样得到了彻底的贯彻。

两汉时期,由于物质生活和科学技术的限制,车是人们出行时常乘的交通工具,按畜力有马车、牛车、驴车、橐车等几种,其中马车是最普遍的出行工具。

在汉代,车也同样被赋予政治等级概念。车是一个人身份的象征,乘车与否代表了一个人身份的高低,"乘车者,君子之位也,负担者,小人之事也",官阶不同,所乘车的构件质地、车盖颜色、马匹数量、导从及骑吏数量也不同。

河西边塞官吏出外办理公事主要乘轺车。轺车除了以所驾的马匹分类外,还可根据车上的伞盖颜色、车辐来区分。方相车、兰车为普通士卒所乘车。

在传车的使用上同样有严格的等级划分,传车的种类依据乘传人的使

---

① 冯天瑜:《中国文化发展轨迹》,上海人民出版社 2000 年版,第 152 页。

命、身份地位和所驾马匹多少划分，以示尊卑等级的差别。

西汉初年，"自天子不能具钧驷，而将相或乘牛车"。这是在国家经济凋敝情况下的不得已行为。到汉景帝平定七国之乱后，只有"诸侯贫者或乘牛车"。到东汉晚期，从天子到庶人都乘牛车，可见社会物质文明程度总是与其精神文明程度发展相一致。通过对汉代河西屯戍吏卒衣食住行问题的剖析，再现了这一时期社会的物质文明和精神文明发展程度。

三　国家管理能力的加强

屯戍吏卒的衣食供给，涉及了相当繁杂的程序和管理事宜。从吏卒衣装的授出、运送、领取到平时的管理；从大规模的食粮筹集、转输、仓储到分配，这一系列环节，没有周密的计划，良好的组织，以及协调的部署，显然也是无法到位的。国家对屯戍吏卒衣食问题的有效运作，最大程度保障了吏卒衣食供给，有利于屯戍任务的完成。动则几千套的衣装、数万石甚至上百万石的食粮征集和转输，各种军事信息的上传下达，以及驿传邮置内的车马调动，正是由于有了有效的组织、周密的计划和良好的管理，才未引起大的混乱，充分显示了汉政权在相关问题上的处理能力，显示了中央集权体制适应当时社会状况，发挥积极效用的诸方面，反映了汉政权国家管理能力的加强。

四　随时宜而变革的精神

汉代河西屯戍系统衣食住行的供给问题，在某种程度上又反映了政府随时宜而变革的积极态度，如在食粮的转输问题上，一改先时只准输粮者本人亲自护送而为可雇"僦人"转输，不仅适应了形势发展的需要，又能使一些人可以避免长途转输之累而安心于生产，对社会经济的发展有较大的好处。更为突出的表现就是汉代汲取了秦代未有效采取屯田与戍守相结合的戍边制度的历史教训，积极地发挥屯田对于戍守的重要功能。大规模军事性屯田的开展，不仅有效地补充了屯戍军粮之需，而且，屯田管理系统的复杂性，一方面反映了屯田形式内容的多样化，另一方面也表现了封建地主阶级在其上升阶段致力于生产管理的探索和创新精神，它和屯田制度的创设一样,都是值得后人重视的。① 这也开了后世同类行动的先河,成为戍边斗争、巩固国防的一种重要的政治、军事战略,历代沿之而不衰。需要强调的是,关于军事性屯垦的渊源,或早起于先秦,秦代虽未认真实行但可行性始终存在。② 而将屯垦与戍边斗争有机结合,并且发挥了重要作用的有效实践,确以汉代为创先。

五 人文关怀的较好表现

从前述相关情况可见,汉政府人文关怀精神在河西屯戍吏卒衣食住行方面都得到了较好的体现。

1. 衣装方面

吏卒衣装主要由官府提供,官府分夏、冬两次时间配发,说明政府尽量满足屯戍吏卒基本穿着配备。

为激励边防士卒守边信心,安抚士卒家属,汉政府还对赴边士卒战死或意外病死者赐给衣棺,发给抚恤金,送归所居县内好生安葬,体现了汉政府的人道主义关怀。

2. 食粮方面

吏卒粮食的配给较为充足,其所得食粮配给量和消费额都足以保证他们的生活正常需要,相关汉简中有不下百余条的各类余粮账簿记录,即为很好的注脚。至于供给波动或不足的情况多发生在战事吃紧、长途远征或经济波动之时,这也是客观形势使然。

关于强调食粮的供给和重视对士卒食粮落实情况的督察。这种情况,前面分析已有涉及,此处补引几例简文以便更明确之。

  ☑边谷重   61.11

  ☑官谷如律令   271.4B

---

① 李清凌:《两汉在西北的屯田制度》,《简牍学研究》(第二辑),甘肃人民出版社1997年版,第168页。

② 李宝通:《唐代屯田研究》,甘肃人民出版社2001年版,第4、5页。

部载米糒毋苛留如律令　　　　　　　　E.P.T13：3

几条简文明确指出供边谷物的重要性，并以"如律令"等法律的强制性措施来执行，足见对这一活动的重视。

☐等毋令失食　　　　　　　　　　　E.P.T10：11

杂予阁谨以文理遇士卒毋令冤失职务称令意
且遣都吏循行廉察不如护大守府书致
案毋忽如律令掾熹属寿给事佐明　　10.40

新始建国地皇上戊三年十月三日行塞劳敕吏卒记
　　　　　　　　　　　　　　　　E.P.F22：242

●天子劳吏士拜　╱　它何疾苦禄食尽得不　╱吏得毋侵冤＝
假贷不赏有　　　　　　　　　　　　　E.P.F22：243

●吏士明听教
告吏谨以文理遇士卒　╱　病致医药加恩仁恕务以爱利省＝
约为首　╱　毋行暴殴击　　　　　　E.P.F22：245—246

几例简文可以说是政府加强对戍边士卒关怀情况的缩影，强调要"谨以文理遇士卒"，"吏得毋侵冤"，并时有"循行廉察"。而"文理"的重要内容就简文所记有两方面，一为"致医药加恩仁以爱"，另一就是"毋令失食"、查"禄食尽得不"，重视士卒食粮的落实情况。

在屯戍系统的食粮供给中，戍吏和戍卒基本上享受了同等的待遇。从例引、归纳情况看，吏、卒粮食配给额基本为同一标准，均以小石"三石三斗三升"为常例，即使有时略有差别，也是微乎其微的，如简文157.2所示，多为"一斗一升少"的区别，可视为大体相同。特殊情况如"施刑士"供应量有时似低幅略大，有"三石"、"二石九斗"之数计者，但其他

437

卒员和吏员也有月领三石者，且类似例子并不多见，未看出有过分的歧视现象。同时，从相关记录看，对吏、卒所配给的食粮品种和其他副食品补给中也看不出有多大差别。体现了对屯戍卒的尊重和关怀。

大量的廪粮记录，反映出屯戍吏卒不仅可以在特定的时段内带家属戍边，而且家属还享受了国家提供的较充分的生活保障，甚至奴、私属等人员也得到了基本相同的待遇。这对屯戍吏卒的身心健康有极大的好处，也是人文关怀精神的体现。

3. 住的方面

汉王朝在河西一带修筑防御建筑只是为了防止匈奴等族入侵汉境的权宜之计，非长久居住之地，因此，屯戍吏卒居住环境艰苦。即便如此，汉政权还是尽可能地满足屯戍吏卒的基本生活需要。居住的屋内有供睡觉的火炕、床，之上铺设席、毡、被子等寝具，有简单的使用家具和炊事用具，表达了汉政权对屯戍吏卒最基本的物质关怀。

4. 行的方面

驿传邮置内为办公吏卒提供车辆食宿，也是对吏卒最基本的关怀。

六 屯戍吏卒衣食住行的客观影响

1. 对河西经济的影响

汉王朝在河西边郡的屯田活动，主要从当时政治、军事需要的角度出发，其直接目的是为了解决驻军粮食不济的困难，并没有真正从开发河西的角度去考虑。但是，它所产生的客观效果远远超过了统治者的初衷。河西屯田使得代田法、牛耕、井渠法等先进的农耕技术传播到河西边郡，进一步促进了河西农业生产的发展。由衣装不足而出现的种桑养蚕技术也将家庭手工业技术引入河西，由此改变了河西原来的社会经济结构，使河西由单一的畜牧业经济区发展成为畜牧业、农业和家庭手工业结合的地区。

屯戍吏卒在衣装不足、食粮不济、副食品缺乏时，还可在边郡的市上购买，有利于边地经济的互通有无，还丰富了边地商业经济的内容，也促进了边地商业经济的繁荣。

2. 对河西交通建设的影响

河西地区原为匈奴所控制，与内地交通隔绝，河西一带的交通系统建设首先具有服务于政治和军事的特征。河西交通道路的开辟主要目的是连通西域诸国，保证"丝绸之路"畅通和军资转输的需要。但正是这一举措，使河西与中原内地及西域诸国的交通道路联系起来，从而促进了河西与中原内地及西域的交通建设；河西一带水草丰美，马、牛居多，由于边塞军资转输需要，出现了专门以受雇运货为生的运输专业户。各种车辆的增多也促进了本地车辆制造业的发展，所有这些也带动了河西交通运输的繁荣。

3. 对河西地域建筑文化的影响

"文化是历史的积淀，它存留于建筑之间。"[①] 河西汉塞是汉王朝为阻隔匈奴、羌等少数民族入侵汉境而修筑的防御设施。河西汉塞存留至今虽已成断垣残壁，但汉塞独特的设计理念早已深深植根于河西人心中，历经千百年而不衰；江山代移，但当初修筑汉塞时所用的技术和建筑方法毋庸置疑地被保留并传承下来，最终形成为一种独特的河西地域建筑文化。这种地域建筑文化是建立在地区的气候、技术、文化及与之相关联的象征意义的基础上，许多世纪以来，不仅一直存在，而且日渐成熟。

河西汉塞因其服务于军事防御的需要，在建筑设施的规划设计、营建方法及防御装置方面的匠心独运，对如何提高中国古代塞防的军事防御能力的影响尤其深远。

河西走廊位于多民族交接的边疆之地，"南蕃北房"，地理位置重要，历来都是各民族间厮杀竞夺的重要区域。汉代如此，汉以后诸代，河西仍然是军事争夺频繁的地区，这种状况反映到区域建筑上，使后期的河西建筑直接模仿了汉塞的这种防御性建筑特点。创自汉塞的郭坞建筑在汉末三国尤其是魏晋南北朝时在河西地区依然盛行，嘉峪关魏晋墓的画像砖上即为坞壁式住宅型制。敦煌莫高窟257窟西壁下部北段须摩提女故事画中出现宅第一区，宅第"外建城墙一周，城体褚黄色，似表示土筑，墙顶双线，代表夯土墙上加筑的女墙，女墙上连列城堞，有堞眼"。[②] 住宅在演化过程中曾经形成过一种典型的民居形式——堡。

[①] 李鹰：《河西走廊地区传统生土聚落建筑形态研究》，西安建筑科技大学硕士学位论文，2006年，第3页。

[②] 敦煌文物研究所：《敦煌莫高窟北朝壁画中的建筑》，《考古》1976年第2期。

"堡"是集防御与居住于一体的聚落。比较典型的如民国时期民勤县瑞安堡,既是庄院住宅又是防御堡寨。瑞安堡堡墙高大,四角设角堡,中端置楼台,堡内也设有回门、暗道、暗室、射击孔等防御性设施。

比堡建筑规模更小者则称庄子,其庄墙也修置的很高,起到防御性质。庄堡内居民"家自为守"、"人自为战"[①],这种防御式建筑也直接来自汉塞的防御设计理念。

除坞壁建筑外,城墙、边城等防御性建筑在汉之后也继续效仿和发展。敦煌莫高窟249窟绘有城一座。"仅见山面,正中辟门,两旁对称为城墙,沿墙及转角也都建了一系列墩台,在墙体和墩台上也施堞及堞眼"。[②] 明朝的嘉峪关长城一直延伸至嘉峪关,其关城是明代最具代表性的防御建筑,由内城、瓮城和外城组成,平面呈梯形,城头垛口林立。

战国、秦汉之际,河西的居民主要是月氏、乌孙和匈奴等游牧民族,他们逐水草而居。从嘉峪关黑岩画、《汉书·武帝纪》狩猎贡品表分析,证实了当时人类的居住形态主要是适应游牧部落的生活特征。

河西归汉以后,为了抵御匈奴、羌等外族入侵,汉王朝开始在河西边塞地区修筑了大规模城、鄣、坞壁、烽燧等防御设施。这些防御设施从建筑学史的角度来说,在河西地区是一项前所未有的开拓性创举,它完全改变了河西居民先前的居住与建筑模式。修筑汉塞者主要是中原移民。这些移民在修筑汉塞时,不但因地制宜,创造性地利用了当地的建筑材料,还把中原最先进的建筑技术用于汉塞建筑中,使得河西建筑呈现前所未有的新态势。

河西地区属温带干旱性气候。夏热冬冷,春、秋多风,降雨量少,日温差大,植被稀疏,戈壁沙漠居多,地基主要以砂夹石、黏性土构成。特定的气候条件和地质条件决定了特定的建筑材料和相关构造方式。梁思成先生曾指出:"建筑之始,产生于实际需要,受制于自然物理,非着意与创新形式,更无所谓派别。其结构之系统及形制之派别,乃其材料环境所形成。"[③] 河西汉塞在建筑技术上既应用了中原建筑技术,又注意结合当

---

① 田澍:《明代甘肃镇边境保障体系述论》,《中国边疆史地研究》1998年第3期。
② 敦煌文物研究所:《敦煌莫高窟北朝壁画中的建筑》,《考古》1976年第2期。
③ 梁思成:《中国建筑史》,百花文艺出版社2005年版,第17页。

地地形、环境，因地制宜，夯筑法、土坯砌墙法等多种建筑方法综合运用，形成一种独特的汉塞建筑风格。

河西汉塞设计的技术思想是气候、地形地貌、地方材料等自然因素综合诱导的产物，因而具有地域性。这种地域技术又体现出一种地域文化特征，所以能在岁月的流变中长期存在。河西瑞安堡"在建造过程中除了采用生土版筑外，内部混合了红柳作为加强材料，表面用草泥抹平，再在表面使用一种当地材料'纸筋'作为装饰抹面层"。[1]"综观敦煌吐鲁番文书，应该确信，两汉以后，从魏晋至唐宋，在西北地区作为土坯意义上的'墼'一直被用于各种建筑"[2]，今河西元湖村落中，房屋墙体也为土坯砌成，内外墙抹灰为草泥。[3]

套房式房屋为河西塞防广泛采用的一种房屋结构方式，此类房屋结构时至今日敦煌居民也乐此不疲。

河西汉塞的修筑，让我们见证了当年建筑者开拓性的智慧和力量。由于长期的战乱和特殊的地理、地质条件，使得后世居民传承了汉塞独特的防御设计理念和因地制宜的建筑风格，这种理念和建筑风格逐代发展和演变，最终形成一种独特的河西地域建筑文化。

当然，屯戍吏卒衣食住行的诸多影响，事实上远超我们所述论的内容，其对河西地区归于一统的重要保障，给河西地区的社会进步产生了较强的激励效应，富有开拓性和发展性，俨然成为河西地区文明程度不断提升的重要因素，更使河西地区成为内地与边疆地区紧密联系与互通有无的桥梁纽带，对国家整体格局的形成和巩固意义重大，各方面的波及当更广泛，传布更深远。

---

[1] 王巍：《河西走廊地区寨堡建筑——民勤瑞安堡空间形态与建筑特色研究》，西安建筑科技大学硕士学位论文，2010年，第43页。
[2] 刘再聪：《说河西的墼——以敦煌吐鲁番出土材料为中心》，《华夏考古》2009年第2期。
[3] 苏积山：《对河西走廊元湖村落演变的研究》，西安建筑科技大学硕士学位论文，2006年，第38页。

参考文献

（晋）杜预：《春秋左传集解》，上海人民出版社 1977 年版。

（汉）班固：《汉书》，中华书局 1962 年版。

（汉）司马迁：《史记》，中华书局 1959 年版。

（汉）刘熙：《释名》，中华书局 1985 年版。

（汉）贾谊：《新书》，中华书局 1985 年版。

（汉）刘安：《淮南子》，《诸子集成》，中华书局 1954 年版。

（汉）史游：《急就篇》，商务印书馆 1936 年版。

（汉）董仲舒：《春秋繁露》，中华书局 1975 年版。

（汉）司马迁著，[日] 泷川资言考证，[日] 水泽利忠校补：《史记会注考证附校补》，上海古籍出版社 1986 年版。

（汉）徐天麟：《西汉会要》，上海人民出版社 1977 年版。

（汉）桓宽：《盐铁论》，上海人民出版社 1974 年版。

（清）段玉裁：《说文解字注》，浙江古籍出版社 1998 年版。

（唐）李延寿：《南史》，中华书局 1975 年版。

（晋）陈寿：《三国志》，中华书局 1959 年版。

（晋）刘徽：《九章算术》，《丛书集成新编》，（台湾）新文丰出版公司 1985 年版。

（晋）陆云：《陆士龙文集》，《文渊阁四库全书》，台湾商务印书馆。

（南朝宋）范晔：《后汉书》，中华书局 1965 年版。

（宋）李昉：《太平御览》，中华书局 1960 年版。

（清）孙星衍、周天游：《汉官六种》，中华书局 1990 年版。

（宋）沈括：《梦溪笔谈》，《丛书集成新编》，（台湾）新文丰出版公司

1985年版。

（清）端方：《陶斋藏石记》，兰州大学图书馆藏线装本，第四本。

麦晓颖、许秀瑛：《论语译注》，广州出版社2001年版。

谢桂华、李均明、朱国炤：《居延汉简释文合校》，文物出版社1987年版。

林梅村、李均明：《疏勒河流域出土汉简》，文物出版社1984年版。

甘肃省文物考古研究所等：《敦煌汉简》，中华书局1990年版。

甘肃省文物考古研究所等：《居延新简——甲渠候官与第四燧》，文物出版社1990年版。

吴礽骧、李永良、马建华：《敦煌汉简释文》，甘肃人民出版社1991年版。

胡平生、张德芳：《敦煌悬泉汉简释粹》，上海古籍出版社2001年版。

薛英群、何双全、李永良：《居延新简释粹》，兰州大学出版社1988年版。

魏坚：《额济纳汉简》，广西师范大学出版社2005年版。

甘肃省简牍保护研究中心、甘肃省文物考古研究所、甘肃省博物馆、中国文化遗产研究院古文献研究室、中国社会科学院简帛研究中心：《肩水金关汉简》（壹），中西书局2011年版。

张家山二四七号汉墓竹简整理小组：《张家山汉墓竹简》，文物出版社2001年版。

沈从文：《中国古代服饰研究》，上海世纪出版集团、上海书店出版社2002年版。

周锡保：《中国古代服饰史》，中国戏剧出版社1984年版。

高春明：《中国古代的平民服装》，商务印书馆国际有限公司1997年版。

何堂坤、赵丰：《中华文化通志·纺织与矿冶志》，上海人民出版社1998年版。

李仁溥：《中国古代纺织史稿》，岳麓书社1983年版。

朱和平：《中国服饰史稿》，中州古籍出版社2001年版。

孙机：《中国古舆服论丛》，文物出版社2001年版。

孙机：《汉代物质文化资料图说》，文物出版社1991年版。

彭卫、杨振红：《中国风俗通史》（秦汉卷），上海文艺出版社2002年版。

陕西始皇陵秦俑坑考古发掘队、秦始皇兵马俑博物馆：《秦始皇陵兵马俑》，文物出版社1990年版。

薛英群：《居延汉简通论》，甘肃教育出版社 1991 年版。
黄今言：《秦汉军制史论》，江西人民出版社 1993 年版。
谷霁光：《府兵制度考释》，台北弘文馆出版社 1985 年版。
王国维、罗振玉：《流沙坠简》，中华书局 1993 年版。
马长寿：《北狄与匈奴》，生活·读书·新知三联书店 1962 年版。
田光金、郭素新：《鄂尔多斯式青铜器》，文物出版社 1986 年版。
上海纺织科学院、上海丝绸工业公司文物研究组：《长沙马王堆一号汉墓出土纺织品的研究》，文物出版社 1980 年版。
熊铁基：《汉唐文化史》，湖南出版社 1992 年版。
黄文弼：《蒙新考察日记》，文物出版社 1990 年版。
黄文弼：《罗布淖尔考古记》，国立北平研究院史学所中国西北科学考察团理事会 1948 年版。
王三聘：《古今事物考》，《丛书集成初编》，中华书局 1985 年版。
高荣：《先秦汉魏河西史略》，天津古籍出版社 2007 年版。
翦伯赞：《秦汉史》，北京大学出版社 1983 年版。
朱正昌：《汉画像石》，山东友谊出版社 2002 年版。
钟敬文：《中国民俗》（秦汉卷），人民出版社 2008 年版。
汪受宽：《甘肃通史》（秦汉卷），甘肃人民出版社 2009 年版。
刘志远、余德章、刘文杰：《四川汉代画像砖与汉代社会》，文物出版社 1983 年版。
岳邦湖、钟圣祖：《疏勒河流域汉代长城考察报告》，文物出版社 2001 年版。
陈梦家：《汉简坠述》，中华书局 1980 年版。
陈直：《居延汉简研究》，天津古籍出版社 1986 年版。
李均明、刘军：《简牍文书学》，广西教育出版社 1999 年版。
郭道扬：《中国会计史稿》，中国财经出版社 1982 年版。
崔瑞德、鲁惟一：《剑桥中国秦汉史》，中国社会科学出版社 1992 年版。
宋杰：《〈九章算术〉与汉代社会经济》，首都师范大学出版社 1994 年版。
刘光华：《汉代西北屯田研究》，兰州大学出版社 1988 年版。
张维华：《中国长城建置考》，中华书局 1979 年版。

参考文献

赵俪生:《古代西北屯田开发史》,甘肃文化出版社 1997 年版。

李宝通:《唐代屯田研究》,甘肃人民出版社 1997 年版。

河北省文物考古研究所:《安平东汉壁画墓》,文物出版社 1990 年版。

李根蟠:《中国农业史》,台湾文津出版社 1997 年版。

蔡万进:《秦国粮食经济研究》,内蒙古人民出版社 1986 年版。

傅筑夫、王毓瑚:《中国经济史资料·秦汉三国编》,中国社会科学出版社 1982 年版。

俄军:《甘肃省博物馆文物精品图集》,三秦出版社 2006 年版。

吴礽骧:《河西汉塞调查与研究》,文物出版社 2005 年版。

马怡、张荣强:《居延新简释校》,天津古籍出版社 2013 年版。

[英] 奥雷尔·斯坦因:《西域考古记》,广西师范大学出版社 1998 年版。

甘肃省文管会:《甘肃酒泉县下河清汉墓清理简报》,《文物》1960 年第 2 期。

湖北孝感地区第二期亦工亦农文物考古训练班:《湖北云梦睡虎地十一座汉墓整理简报》,《文物》1976 年第 9 期。

新疆维吾尔自治区博物馆:《新疆民丰县北大沙漠中古遗址墓葬区东汉墓合葬墓清理简报》,《文物》1960 年第 6 期。

徐州博物馆:《徐州狮子山兵马俑坑第一次发掘简报》,《文物》1986 年第 12 期。

朱国炤:《上孙家寨木简初探》,《文物》1981 年第 2 期。

郑州市文物考古研究所、荥阳市文物保护研究所:《河南荥阳裴村汉代壁画墓调查》,《文物》1996 年第 3 期。

杨家湾汉墓发掘小组:《咸阳杨家湾汉墓发掘简报》,《文物》1977 年第 10 期。

大通上孙家寨汉简整理小组:《大通上孙家寨汉简释文》,《文物》1981 年第 2 期。

洛阳市文物工作队:《洛阳金谷园车站 11 号汉墓发掘简报》,《文物》1983 年第 4 期。

吴礽骧:《河西汉塞》,《文物》1990 年第 12 期。

甘肃省文物考古所:《甘肃敦煌汉代悬泉置遗址发掘简报》,《文物》2000

年第 5 期。

甘肃居延考古队：《居延汉代遗址的发掘和新出土的简册文物》，《文物》
    1978 年第 1 期。

嘉峪关市文物清理小组：《嘉峪关汉画像砖墓》，《文物》1972 年第 12 期。

宁夏回族自治区博物馆同心县文管所、中国社会科学院考古研究所宁夏考
    古组：《宁夏同心县倒墩子汉代匈奴墓发掘报告》，《考古》1989 年第
    1 期。

于炳文：《汉代朱轓轺车试考》，《考古》1998 年第 3 期。

徐苹芳、陈公柔：《关于居延汉简的发现及研究》，《考古》1960 年第
    1 期。

候仁之等：《乌兰布和沙漠的考古发现和地理环境的变迁》，《考古》1973
    年第 2 期。

甘肃省博物馆：《武威雷台汉墓》，《考古学报》1974 年第 2 期。

中国科学院考古研究所洛阳发掘队：《洛阳西郊汉墓发掘报告》，《考古学
    报》1963 年第 2 期。

杨泓：《中国古代的甲胄》（上篇），《考古学报》1976 年第 1 期。

乌恩：《中国青铜透雕带饰》，《考古学报》1983 年第 1 期。

上官绪智：《秦汉时期士兵衣服是官给还是私备问题考辨》，《南昌大学学
    报》2004 年第 3 期。

黄金贵：《"橐"、"囊"辨释》，《徐州师范学院学报》（哲学社会科学版）
    1994 年第 1 期。

蔡子谔：《关于中国服饰审美文化的审美价值》，《社会科学战线》1999 年
    第 3 期。

赵斌：《秦汉中国北方游牧民族服装形制及特点初探》，《人文杂志》2001
    年第 2 期。

要彬：《论胡服的价值》，《天津工业大学学报》2004 年第 5 期。

赵沛：《居延汉简所见边军服装的配给与买卖》，《辽宁大学学报》（哲学社
    会科学版）2004 年第 3 期。

毛新华、董祖权：《秦汉时期的服饰文化》，《安顺学院学报》2009 年第
    6 期。

王子今：《居延汉简所见"戍卒行道物故"现象》，《史学月刊》2004 年第 5 期。

李世芬：《"炕"文化及其演变形态》，《华中建筑》2007 年第 5 期。

李均明：《汉简所反映的关津制度》，《历史研究》2002 年第 3 期。

陈菁：《两汉时期河西地区烽燧亭障规划营建刍议》，《甘肃社会科学》2006 年第 2 期。

陈直：《汉代的马政》，《西北大学学报》1981 年第 3 期。

丁邦友、魏晓明：《从出土简牍看汉代马价》，《鲁东大学学报》（哲学社会科学版）2008 年第 11 期。

高荣：《汉代"传驿马名籍"简若干问题考述》，《鲁东大学学报》2008 年第 11 期。

高荣：《秦汉驿制诸问题考述》，《鲁东大学学报》2011 年第 1 期。

贾文丽：《汉代酒泉郡的交通及其军事战略地位》，《内蒙古社会科学》（汉文版）2012 年第 1 期。

雷黎明：《从〈说文解字·车部〉字研读我国古代的车文化》，《晋中学院学报》2006 年第 4 期。

李并成：《汉代河西走廊东段交通路线考》，《敦煌学辑刊》2011 年第 1 期。

李强：《说汉代车盖》，《中国历史博物馆馆刊》1994 年第 1 期。

王裕昌、宋琪：《汉代的马政与养马高峰》，《西北师大学报》（社会科学版）2004 年第 11 期。

舒韶雄：《中国古代车与马之关系》，《湖北广播电视大学学报》2003 年第 1 期。

李并成：《河西走廊东部汉长城遗迹考》，《西北史地》1994 年第 3 期。

高荣：《简牍所见秦汉邮书传递方式考辨》，《中国历史文物》2007 年第 6 期。

唐晓军：《汉简所见关传与过所的关系》，《西北文地》1994 年第 3 期。

林干：《匈奴墓葬简介》，《匈奴史论文集》，中华书局 1983 年版。

高敏：《试论汉代"吏"的阶级地位和历史演变》，《秦汉史论集》，中州书画社 1982 年版。

李振宏：《汉代居延地区屯戍吏卒的经济生活》，《简帛研究汇刊》（第一辑），中国文化大学史学系、简帛学文教基金会筹备处 2003 年版。

王子今：《汉代丝路贸易的一种特殊形式——论戍卒行道贳买衣财物》，《简帛研究汇刊》（第一辑），中国文化大学史学系、简帛学文教基金会筹备处 2003 年版。

劳榦：《汉代兵制及汉简中的兵制》，《国立中央研究院历史语言研究所集刊》，1942 年。

黄烈、黄文弼：《历史考古论文集》，文物出版社 1989 年版。

袁仲一、张占民：《秦俑研究文集》，陕西人民美术出版社 1990 年版。

甘肃省文物工作队等：《汉简研究文集》，甘肃人民出版社 1984 年版。

中国社会科学院简帛研究中心：《简帛研究译丛》（第一辑），湖南出版社 1996 年版。

甘肃省文物考古研究所：《秦汉简牍论文集》，甘肃人民出版社 1989 年版。

王震亚、张小锋：《汉简中的戍卒生活》，《简牍学研究》（第二辑），甘肃人民出版社 1997 年版。

李均明：《车父简考辨》，《简牍学研究》（第二辑），甘肃人民出版社 1997 年版。

汪桂海：《汉符余论》，《简牍学研究》（第三辑），甘肃人民出版社 2002 年版。

高荣：《秦汉的邮与邮人》，《简牍学研究》（第四辑），甘肃人民出版社 2002 年版。

于振波：《秦汉时期的邮人》，《简牍学研究》（第四辑），甘肃人民出版社 2004 年版。

张俊民：《悬泉置遗址出土简牍文书功能性质初探》，《简牍学研究》（第四辑），甘肃人民出版社 2004 年版。

吴礽骧：《说"都吏"》，《简牍学研究》（第四辑），甘肃人民出版社 2004 年版。

吴礽骧：《对河西汉塞的几点认识》，《秦汉史论丛》（第九辑），三秦出版社 2004 年版。

纪永元、纪忠元：《敦煌玉门关阳关论文选萃》，中华书局 2003 年版。

何双全:《汉代西北驿道与传置——甲渠侯官、悬泉汉简〈传置道里簿〉考述》,《西北史研究》(第二辑),甘肃文化出版社 2002 年版。

邸玮:《汉长城玉门关段遗址保护规划研究》,西安建筑科技大学硕士学位论文,2007 年。

贾文丽:《汉代河西军事地理研究》,首都师范大学博士学位论文,2011 年。

王树金:《秦汉邮传制度考》,西北大学硕士学位论文,2005 年。

朱慈恩:《汉代边防职官行塞制度述论》,华东师范大学硕士学位论文,2006 年。

插图来源

图一：汉代讲经画像石，王洪震《汉画像石》，新世界出版社 2011 年版。

图二：戴进贤冠的汉代居延官吏，张朋川《河西出土的汉晋绘画简述》，《文物》1978 年第 6 期。本图为笔者摹图。

图三：武威磨嘴子汉墓 62 号墓出土的武冠，甘肃省博物馆《武威磨嘴子三座汉墓发掘简报》，《文物》1972 年第 12 期。

图四：戴鹖冠的汉代居延武官，张朋川《河西出土的汉晋绘画简述》，《文物》1978 年第 6 期，本图为笔者摹图。

图五：武氏祠画像石中的子路像，贾玺增《中国古代首服研究》，东华大学博士学位论文，2006 年，图 4—34。

图六：居延遗址出土的木版画，甘肃居延考古队《居延遗址的发掘和新出土的简册文书》，《文物》1978 年第 1 期，图版三。

图七：邓县长冢店汉画像石，《南阳汉画像石》编委会《邓县长冢店汉画像石墓》，《中原文物》1982 年第 1 期，图版六：2。

图八：天迥山汉墓击鼓说唱俑，涂师平《中国滑稽戏的鼻俑——东汉"击鼓说唱俑"鉴赏》，《宁波通讯》2010 年第 11 期。

图九：东汉持箕持锤俑，李铁锤《汉代社会生活的生活写照——四川汉代陶俑》，《收藏界》2012 年第 7 期。

图十：武威雷台汉墓戴帻的骑士俑，俄军《甘肃省博物馆文物精品图集》，三秦出版社 2006 年版。

图十一：湖北江陵马山一号楚墓出土的深衣，贾玺增、李当岐《江陵马山一号楚墓出土上下连属式袍服研究》，《装饰》2011 年第 3 期。

图十二：武威磨嘴子汉墓出土的屯戍人物，俄军《甘肃省博物馆文物精品图集》，三秦出版社 2006 年版。

图十三：河北望都出土的壁画，郝建文《神秘的望都汉代壁画墓》，《当代人》2009 年第 6 期。

图十四：河南密县打虎亭汉画像石，孙机《汉代物质资料图说》，文物出版社 1991 年版。

图十五：望都壁画伍佰形象，郝建文《神秘的望都汉代壁画墓》，《当代人》2009 年第 6 期。

图十六：长清孝堂山石室画像石，王曦《长清孝堂山石祠汉画像石考释与文化艺术价值探析》，山东大学硕士学位论文，2008 年，图十三（线图）。

图十七：山东济宁博物馆藏画像石，江继甚《汉凤楼藏汉画像石选》，上海书店出版社 2000 年版。

图十八：江陵马山楚墓出土的绔，湖北省荆州地区博物馆《湖北江陵马山一号楚墓》，文物出版社 1985 年版。

图十九：镇江周瑀墓出土的南宋开裆绔，芦茵《中西方裤子文化比较》，清华大学硕士学位论文，2004 年。

图二十：新疆民丰出土的绔，芦茵《中西方裤子文化比较》，清华大学硕士学位论文，2004 年。

图二十一：山东沂南北寨出土的汉画像石，王凤娟《汉画像石与齐鲁风俗》，山东师范大学硕士学位论文，2005 年。

图二十二：荥阳汉墓陶楼上的人物，贾峨《荥阳汉墓出土的彩绘陶楼》，《文物》1958 年第 10 期，内封图。

图二十三：敦煌屯戍遗址出土的枲履，甘肃省文物考古所《敦煌汉简》，中华书局 1991 年版，图版壹玖肆。

图二十四：乐浪彩箧冢出土的东汉舄，孙机《汉代物质资料图说》，文物出版社 1991 年版。

图二十五：徐州狮子山兵俑所着革鞮，徐州博物馆《徐州狮子山兵马俑坑第一次发掘简报》，《文物》1986 年第 12 期。

图二十六：敦煌悬泉遗址出土的革履，甘肃省文物考古研究所《甘肃敦煌汉代悬泉置遗址发掘简报》，《文物》2000 年第 5 期。

图二十七：斯坦因考古记所见汉代绳鞋，[英]奥雷尔·斯坦因《西域考古记》，广西师范大学出版社1998年版。

图二十八：敦煌悬泉置出土的枲肥，甘肃省文物考古研究所《甘肃敦煌汉代悬泉置遗址发掘简报》，《文物》2000年第5期。

图二十九：马王堆一号汉墓出土的绢袜，孙机《汉代物质资料图说》，文物出版社1991年版。

图三十：马圈湾T12：0121出土的麻布袜，《敦煌汉简》，中华书局1991年版，图版壹玖肆。

图三十一：内蒙古额济纳河流域K732房址发掘的青铜带扣，黄晓宏、张德芳等译《内蒙古额济纳河流域考古报告》，学苑出版社2014年版。

图三十二：山西候马出土的腰束绅带人物，孙机《中国古舆服论丛》，文物出版社2001年版。

图三十三：河北燕下都遗址出土的系革带铜人，孙机《中国古舆服论丛》，文物出版社2001年版。

图三十四：杨家湾出土的汉代兵俑所着行縢，杨泓《中国古代的甲胄》（上），《考古学报》1976年第1期。

图三十五：洋海ⅠM21号墓出土的臂韝，迟文萃《古代臂韝刍论：以契丹臂韝为中心》，辽宁师范大学硕士学位论文，2012年。

图三十六：带双臂韝的杨家湾兵俑，迟文萃《古代臂韝刍论：以契丹臂韝为中心》，辽宁师范大学硕士学位论文，2012年。

图三十七：面衣，朱和平《中国服饰史稿》，中州古籍出版社2001年版。

图三十八：酒泉下河清汉墓出土的桑树壁画，张朋川《河西出土的汉晋绘画简述》，《文物》1978年第6期。

图三十九：河南永城出土的画像石，江继甚《汉凤楼藏汉画像石选》，上海书店出版社2000年版。

图四十：济宁博物馆藏画像石，江继甚《汉凤楼藏汉画像石选》，上海书店出版社2000年版。

图四十一：河南永城出土的画像石，江继甚《汉凤楼藏汉画像石选》，

上海书店出版社 2000 年版。

图四十二：山东苍山县出土的胡汉战争画像石，王洪震《汉画像石》，新世界出版社 2011 年版。

图四十三：成都青杠坡汉墓出土的画像砖，刘志远《四川汉代画像砖与汉代社会》，文物出版社 1983 年版，图八六。

图四十四：山东沂南汉墓壁画，孙机《中国古舆服论丛》，文物出版社 2001 年版，图版 70—22。

图四十五：内蒙古二十家子出土的铁铠，杨泓《中国古代的甲胄》（上），《考古学报》1976 年第 1 期，图十四。

图四十六：穿铠甲的陕西杨家湾兵俑，杨泓《中国古代的甲胄》（上），《考古学报》1976 年第 1 期，图十五。

图四十七：河南陕县汉墓陶俑，杨泓《中国古代的甲胄》（上），《考古学报》1976 年第 1 期，图十六。

图四十八：河南新野汉墓画像砖，杨泓《中国古代的甲胄》（上），《考古学报》1976 年第 1 期，图十七。

图四十九：狮子山Ⅵ型陶俑胄，王恺、葛明宇《徐州狮子山楚王陵》，生活·读书·新知三联书店 2005 年版。

图五十：临淄齐王墓铁胄，孙机《中国古舆服论丛》，文物出版社 2001 年版，图版 37—5。

图五十一：辽阳北园汉墓壁画，孙机《中国古舆服论丛》，文物出版社 2001 年版，图版 37—7。

图五十二：秦始皇兵俑，陕西始皇陵秦俑坑考古发掘队、秦始皇兵马俑博物馆《秦始皇陵兵马俑》，文物出版社 1990 年版。

图五十三：徐州狮子山兵俑，徐州博物馆《徐州狮子山兵马俑坑第一次发掘简报》，《文物》1986 年第 12 期。

图五十四：秦兵俑铠甲，杨泓《中国古代的甲胄》（上），《考古学报》1976 年第 1 期，图十二。

图五十五：杨家湾兵俑铠甲，杨泓《中国古代的甲胄》（上），《考古学报》1976 年第 1 期，表二图。

图五十六：徽山县出土的汉画像石，王思礼《山东徽山县汉画像石调

查报告》,《考古》1989 年第 8 期。

图五十七：汉代画像石之胡人形象,王洪震《汉画像石》,新世界出版社 2011 年版。

图五十八：汉砖胡骑,王洪震《汉画像石》,新世界出版社 2011 年版。

图五十九：济宁博物馆藏画像石,江继甚《汉凤楼藏汉画像石选》,上海书店出版社 2000 年版。

图六十：蒙古诺颜乌拉 6 号匈奴墓出土的胡服,张睿丽、赵斌《秦汉匈奴服装形制初探》,《西域研究》2008 年第 2 期。

图六十一：武威磨嘴子 72 号汉墓木简画,张朋川《河西出土的汉晋绘画》,《文物》1978 年第 6 期。

图六十二：敦煌悬泉置出土的农作物种子,甘肃省文物考古所《甘肃敦煌汉代悬泉置遗址发掘简报》,《文物》2000 年第 5 期,图二九。

图六十三：武威磨嘴子 53 号墓木屋后壁之喂猪图,张朋川《河西出土的汉晋绘画简述》,《文物》1978 年第 6 期。

图六十四：居延遗址出土的渔网,甘肃居延考古队《居延汉代遗址的发掘和新出土的简册文物》,《文物》1978 年第 1 期。

图六十五：蒙古额济纳旗 K749 城北 4.5 公里的汉代居民用的磨盘,吴礽骧《河西汉塞调查与研究》,文物出版社 2005 年版,图版 130。

图六十六：马圈湾烽燧 F2 之灶,《敦煌马圈湾烽燧遗址发掘报告》,《文物》1981 年第 10 期。

图六十七：武威雷台汉墓出土的釜甑,甘肃省博物馆《武威雷台汉墓》,《考古学报》1974 年第 2 期,图版一百。

图六十八：箅,南京博物院、宜兴市文物管理委员会《江苏宜兴西溪遗址发掘纪要》,《东南文化》2009 年第 5 期,图四：11。

图六十九：敦煌屯戍遗址出土的取火具、钻杆,《敦煌汉简》,中华书局 1991 年版,图版壹玖陆。

图七十：甘肃省博物馆藏烧烤炉,王文元《汉代河西走廊戍边将士的闲暇生活》,http://blog.sina.com.cn/lanzhoulaowang,2014 年 7 月。

图七十一：斯坦因发现的编号为 T.Ⅷ.0010 木碗,[英] 奥雷尔·斯

坦因《西域考古记》，广西师范大学出版社 1998 年版。

图七十二：居延遗址出土的漆碗，甘肃居延考古队《居延汉代遗址的发掘和新出土的简册文物》，《文物》1978 年第 1 期。

图七十三：居延屯戍遗址出土的木匕，甘肃居延考古队《居延汉代遗址的发掘和新出土的简册文物》，《文物》1978 年第 1 期。

图七十四：进食器：案，孙机《汉代物质文化资料图说》，文物出版社 1991 年版，图版 56—1。

图七十五：汉代居延城粮仓遗址，向达《斯坦因西域考古记》，中华书局 1987 年版。

图七十六：玉门关汉代粮窖遗址，向达《斯坦因西域考古记》，中华书局 1987 年版。

图七十七：玉门都尉府鄣城遗址，吴礽骧《河西汉塞调查与研究》，文物出版社 2005 年版，彩版 15。

图七十八：嘉峪关壁画中的坞，嘉峪关市文物清理小组《嘉峪关汉画像砖墓》，《文物》1972 年第 12 期，图版捌。

图七十九：T.Ⅷ烽燧遗址附属房屋 i 内部，发掘前，[英] 奥雷尔·斯坦因《西域考古记》，广西师范大学出版社 1998 年版。

图八十：肩水金关遗址平面，甘肃居延考古队《居延遗址的发掘和新出土的简册文书》，《汉简研究文集》，甘肃人民出版社 1984 年版，图 13。

图八十一：嘉峪关墓壁画坞与坞外帐篷，嘉峪关市文物清理小组《嘉峪关汉画像砖墓》，《文物》1972 年第 12 期，图三六。

图八十二：嘉峪关墓壁画营垒，嘉峪关市文物清理小组《嘉峪关汉画像砖墓》，《文物》1972 年第 12 期，图版陆。

图八十三：长沙马王堆汉墓出土的蒲席，孙机《汉代物质资料图说》，文物出版社 1991 年版。

图八十四：河北望都 2 号汉墓床，孙机《汉代物质资料图说》，文物出版社 1991 年版。

图八十五：山东安邱汉画像石，中国画像石全集编辑委员会《中国画像石全集》（第 3 辑），山东美术出版社、河南美术出版社 2000 年版，图 147。

图八十六：武威磨嘴子汉墓出土的木几，甘肃省博物馆《武威磨嘴子三座汉墓发掘简报》，《文物》1972 年第 12 期。

图八十七：武威雷台汉墓出土的石灯、连枝灯、铜灯，甘肃省博物馆《武威雷台汉墓》，《考古学报》1974 年第 2 期，图版拾壹、拾叁、拾捌。

图八十八：敦煌市西北 D29（T16）烽燧，吴礽骧《河西汉塞调查与研究》，文物出版社 2005 年版，图版 53。

图八十九：敦煌市北工墩 D101 烽燧，吴礽骧《河西汉塞调查与研究》，文物出版社 2005 年版，图版 93。

图九十：敦煌市牛头墩 D19（T10）烽燧，吴礽骧《河西汉塞调查与研究》，文物出版社 2005 年版，图版 39。

图九十一：甲渠候官遗址平面，甘肃居延考古队《居延遗址的发掘和新出土的简册文书》，《汉简研究文集》，甘肃人民出版社 1984 年版，图 12。

图九十二：内蒙古破城子甲渠候官发现的炉斗，周学鹰《解读画像砖石中的汉代文化》，中华书局 2005 年版，图 7—1—3，7—1—4。

图九十三：武威雷台汉墓出土的碉楼，俄军《甘肃省博物馆文物精品图集》，三秦出版社 2006 年版。

图九十四：转射，甘肃省文物考古研究所《敦煌汉简》，中华书局 1991 年版，图版壹玖陆。

图九十五：武威雷台汉墓出土的持戟铜骑士，俄军《甘肃省博物馆文物精品图集》，三秦出版社 2006 年版。

图九十六：居延新出土的木板画，甘肃居延考古队《居延汉代遗址的发掘和新出土的简册文物》，《文物》1978 年第 1 期。

图九十七：高庄汉墓 1 号车复原图，河北省文物研究所、鹿泉市文物保管所《高庄汉墓》，科学出版社 2006 年版，第 90 页。

图九十八：居延破城子出土的木版画车马图，张朋川《河西出土的汉晋绘画简述》，《文物》1978 年第 6 期。

图九十九：武威磨嘴子 48 号汉墓出土的轺车，甘肃省博物馆《武威磨嘴子三座汉墓发掘简报》，《文物》1972 年第 12 期。

图一百：成都扬子山 2 号墓辒车画像砖，孙机《汉代物质资料图说》，

文物出版社 1991 年版。

图一百零一：兰州出土的方相马车，陈炳应《兰州、张掖出土的汉代铜车马》，《文物》1988 年第 2 期。

图一百零二：山东福山出土画像石上的辎车，孙机《汉代物质资料图说》，文物出版社 1991 年版。

图一百零三：武威旱滩坡出土的牛车，党寿山《甘肃省武威县旱滩坡东汉墓发现故纸》，《文物》1977 年第 1 期。

图一百零四：山东沂南北寨汉墓画像石庖厨宴饮图，杨宁《图石为书：山东汉画像石造型文化特质研究》，广西师范大学硕士学位论文，2007 年。

图一百零五：武威磨嘴子汉墓出土的牛车，俄军《甘肃省博物馆文物精品图集》，三秦出版社 2006 年版。

图一百零六：敦煌悬泉置遗址全景图，吴礽骧《河西汉塞调查与研究》，文物出版社 2005 年版。

图一百零七：嘉峪关魏晋墓画像砖之飞驰的驿使，甘肃省文物队《嘉峪关壁画墓发掘报告》，1985 年版，图版八七。

图一百零八：武威雷台汉墓出土的斧车，俄军《甘肃省博物馆文物精品图集》，三秦出版社 2006 年版。

图一百零九：王洪震《汉画像石》之车骑出行图，王洪震《汉画像石》，新世界出版社 2011 年版。